辽宁省教育厅科学研究经费项目（WQN2019ST03）

世界女排强队进攻表现特征研究

杜 宁 著

中国社会出版社
国家一级出版社·全国百佳图书出版单位

图书在版编目（CIP）数据

世界女排强队进攻表现特征研究／杜宁著 . —北京：中国社会出版社，2020.3

ISBN 978-7-5087-6330-9

Ⅰ.①世… Ⅱ.①杜… Ⅲ.①女子项目-排球运动-运动队-进攻（运动技术）-研究-世界 Ⅳ.①G842.19

中国版本图书馆 CIP 数据核字（2020）第 045018 号

书　　名：	世界女排强队进攻表现特征研究
著　　者：	杜　宁

出 版 人：	浦善新
终 审 人：	李　浩
策划编辑：	孙武斌
责任编辑：	李新涛

出版发行：	中国社会出版社	邮政编码：	100032
通联方式：	北京市西城区二龙路甲 33 号		
电　　话：	编辑部：（010）58124841		
	邮购部：（010）58124848		
	销售部：（010）58124845		
	传　真：（010）58124856		
网　　址：	www.shcbs.com.cn		
	shcbs.mca.gov.cn		
经　　销：	全国各地新华书店		

中国社会出版社天猫旗舰店

印刷装订：	河北鑫兆源印刷有限公司
开　　本：	170mm×240mm　1/16
印　　张：	20
字　　数：	350 千字
版　　次：	2021 年 1 月第 1 版
印　　次：	2021 年 1 月第 1 次印刷
定　　价：	70.00 元

中国社会出版社微信公众号

序　言

随着现代科学技术的迅猛发展，基于运动表现分析与诊断的运动技能优化，在激发人体潜能、挑战人类极限的竞技体育领域发挥着越来越重要的作用，同时运用大数据模型分析在竞技体育领域也得到了广泛的认同与高度重视。运动表现诊断在竞技体育与健身两大领域的成功案例与日俱增，体现了该学科具有很强的科学性与实用性。

杜宁博士的《世界女排强队进攻表现特征研究》即将由中国社会出版社出版，请我作序，作为他攻读博士学位的导师，在欣喜之余更备感荣幸。杜宁博士勤于学习，善于思考，勇于探索，敏于创新，我十分钦羡于他立身治学、德才兼修的学风与人格魅力。排球运动作为我国三大球中的优势项目，深受国人的喜爱，中国女排作为成绩突出的体育团队之一，激励着几代国人顽强拼搏。随着排球技战术的发展，进攻表现是排球项目中主动争分的重要环节，因此提高中国女排的进攻表现与侦测主要对手的进攻表现特征，具有极为迫切的现实意义和理论意义。杜宁博士的博士学位论文选题是我 2017 年承担国家体育总局奥运攻关课题《中国女排主要备战对手技战术特征研究》的子课题。从我对他的了解，其理论视野较为开阔，有着敏锐的眼光和独到的见地，适合于基础理论的创作研究。但该课题的顺利完成不仅需要深厚的理论基础，还需要掌握专业的技术和科学的分析方法，具有较大的挑战性。经过多次交流，杜宁博士以其对学术研究的执着追求、专业理论素养和技战术储备，以及论文结构框架的设计，打消了我的顾虑，我开始期待他的成功。

本著作以世界女排强队与顶尖运动员为研究对象，其技战术表现极具代表性。通过 2017—2019 年一系列世界女排大赛的实地调研、拍摄，从竞技参赛理论视角，定性和定量相结合揭示当今欧美女排强队的进攻结构与特征。这有助于探究现代排球运动技战术发展趋势与竞赛制胜规律，揭示现代排球运动不同司职位置队员的专位技战术特征,对指导现代排球进攻技战术训练具有较高的理论与实践应用价值;有利于为中国女排科学化训练与备战提供大数据支持与针对性参考,为东京奥运会再创佳绩提供对策和建议,满足我国在新奥运周期振兴三大球的战略需求。该著作提出了排球运动表现技战术诊断领域许多有价值的热点问题,也希望杜宁博士不骄不躁不放弃、乐思乐做多奉献,为排球运动表现技战术分析诊断作出更大的贡献。

李毅钧

2019 年 11 月 19 日于广州,华南师范大学

目 录

第一章 绪 论 ·· 001
 1.1 选题依据 ·· 001
 1.2 研究目的与意义 ··· 004
 1.3 研究工作流程图 ··· 005
 1.4 研究现状综述 ·· 005
 1.5 研究内容、技术关键、创新点 ·· 029

第二章 研究对象与方法 ·· 032
 2.1 研究对象 ·· 032
 2.2 研究方法 ·· 032

第三章 塞尔维亚女排进攻技战术特征分析 ······································· 037
 3.1 塞尔维亚女排参加世界大赛概况 ··· 037
 3.2 塞尔维亚东京奥运周期主力阵容配备分析 ···························· 038
 3.3 塞尔维亚女排进攻效果总体分析 ··· 040
 3.4 塞尔维亚女排一攻结构及效果分析 ····································· 047
 3.5 塞尔维亚女排防守反击结构分析 ··· 059
 3.6 塞尔维亚女排关键分阶段进攻战术分配分析 ························· 066
 3.7 针对塞尔维亚女排进攻的拦防对策 ····································· 069
 3.8 小结 ·· 071

第四章 意大利女排进攻技战术特征分析 …… 072
4.1 意大利女排参加世界大赛概况 …… 072
4.2 意大利东京奥运周期主力阵容配备分析 …… 073
4.3 意大利女排进攻效果总体分析 …… 074
4.4 意大利女排一攻结构及效果分析 …… 083
4.5 意大利女排防守反击战术结构与效果分析 …… 095
4.6 意大利女排关键分阶段进攻战术分配分析 …… 103
4.7 针对意大利女排的拦防对策 …… 106
4.8 小结 …… 108

第五章 巴西女排进攻技战术特征分析 …… 110
5.1 巴西女排参加世界大赛概况 …… 110
5.2 巴西女排东京奥运周期主力阵容配备分析 …… 111
5.3 巴西女排进攻效果总体分析 …… 113
5.4 巴西女排一攻结构与效果分析 …… 120
5.5 巴西女排防守反击结构及效果分析 …… 133
5.6 巴西女排关键分阶段进攻战术分配分析 …… 141
5.7 针对巴西女排进攻的拦防对策 …… 145
5.8 小结 …… 146

第六章 美国女排进攻技战术特征分析 …… 148
6.1 美国女排参加世界大赛概况 …… 148
6.2 美国女排主力阵容配备分析 …… 150
6.3 美国女排进攻效果总体分析 …… 151
6.4 美国女排一攻结构及效果分析 …… 159
6.5 美国女排防守反击战术结构分析 …… 174
6.6 美国女排关键分阶段进攻战术分配分析 …… 182
6.7 针对美国女排的拦防对策 …… 187
6.8 小结 …… 189

第七章　欧美与中国优秀女排运动员扣球技术特征分析 …………… 190
   7.1　欧美女排主攻、接应位置运动员扣球技术分析 …………… 190
   7.2　欧美女排副攻运动员扣球技术分析 ………………………… 241
   7.3　欧美女排与中国女排优秀运动员扣球技术对比分析 ……… 252
   7.4　欧美女排优秀运动员扣球技术的变化与运用分析 ………… 263
   7.5　小结 …………………………………………………………… 272

第八章　欧美女排进攻发展现状与趋势 …………………………… 275
   8.1　以攻为主、简单实效、全面发展 …………………………… 275
   8.2　接应二传在当今排球对抗中作用突显 ……………………… 278
   8.3　进攻区域选择趋于平衡 ……………………………………… 283
   8.4　欧美女排整体实力领先亚洲女排 …………………………… 285
   8.5　高度实力派与整体速度派相互促进 ………………………… 287

第九章　结论与建议 …………………………………………………… 289
   9.1　结论 …………………………………………………………… 289
   9.2　建议 …………………………………………………………… 291

参考文献 ……………………………………………………………… 292

附　录 ………………………………………………………………… 303

第一章 绪 论

1.1 选题依据

1.1.1 欧美女排强队代表当今女子排球运动发展的潮流与趋势

世界排坛的技术战术风格多年来形成了以快速多变为主体的亚洲型和以高打强攻为主体的欧洲型两种不同打法。随着国际交流的加强和技术战术的发展,两种不同风格不断取长补短,相互为用,逐步缩小两者之间的分野,趋向于互相糅合,结合运用,并根据本队的自身条件形成独特的打法和特点。亚洲女排在继续发展快速多变打法的前提下,努力提高强攻突破能力。欧洲、美洲女排在不断提高强攻水平的同时,积极吸取快速多变的打法。但欧美高水平运动员素以身材高大、弹跳出众、进攻实力强劲等优势占据着排球对抗中的主动,回顾历次世界排球大赛成绩不难看出,欧美女排(巴西、美国、塞尔维亚、意大利)凭借其突出的进攻能力一直占据着排球项目的霸主地位,具有现代攻势排球发展的代表性。

表1-1 2018年世界女排锦标赛最佳扣球队员排行榜(前11名)

排名	姓名	国家	位置	得分	失误	一般	合计	成功率%
1	博斯科维奇	塞尔维亚	接应	176	50	102	328	53.66
2	希拉	意大利	主攻	141	22	121	284	49.65
3	埃格努	意大利	接应	275	83	205	563	48.85
4	斯洛特耶斯	荷兰	接应	233	68	186	487	47.84
5	米哈伊洛维奇	塞尔维亚	主攻	148	41	124	313	47.28
6	朱婷	中国	主攻	202	36	206	444	45.50
7	龚翔宇	中国	接应	111	15	118	244	45.49
8	坦达拉	巴西	接应	119	41	136	296	40.20

续表

排名	姓名	国家	位置	得分	失误	一般	合计	成功率%
9	波塞蒂	意大利	主攻	93	26	118	237	39.24
10	金伯利·希尔	美国	主攻	122	38	173	333	36.64
11	乔丹·拉尔森	美国	主攻	120	31	177	328	36.59

国际排联官网：http://japan2018.fivb.com/en/competition/statistics.

2018年世界女排锦标赛进攻得分榜前11名仅朱婷、龚翔宇两名亚洲籍球员上榜（见表1-1），其余均来自塞尔维亚、意大利、美国等欧美国家。通过查阅相关文献发现，以往学者对进攻效果、成功率等技术统计研究居多，但通过高速摄像与Data volley侦测软件对欧美女排的进攻打法及世界顶尖运动员的进攻技巧、手法等进行深入研究尚未见到。本研究对欧美女排的进攻特征进行深入梳理，帮助我们认识和把握进攻技战术的潮流与趋势，对指导现代排球进攻技战术训练具有理论与实践应用价值，对丰富我国排球专项理论也有助推作用。

1.1.2 中国女排新奥运周期面临的机遇与挑战

通过东京奥运周期中的2017年世界女排大奖赛、2018年世界排球联赛、2018年女排世锦赛各参赛球队的表现与战绩，可看到欧美女排的上升势头迅猛，欧洲的塞尔维亚、意大利分获2018年世锦赛的冠亚军。美洲的巴西、美国多次获得世界大赛冠军，代表世界女排潮流，并是中国女排主要对手，中国女排与其对阵战绩负多胜少。

如今的中国女排世界排名暂居第二，但这并不代表我们具有网上的绝对实力，美国、塞尔维亚、巴西、意大利等队群雄逐鹿、各具特点。在郎平指导执掌教鞭的奥运周期，中国女排三大赛中暂没赢过美国，五战皆负。从与巴西、塞尔维亚、意大利等强队的交手记录看，同样不容乐观。

回顾近年的世界排球赛事（见表1-2），中美女排共交手9次，7负2胜；与巴西女排共交手6次，2胜4负；与意大利女排交手7次，2胜5负；与塞尔维亚女排交手6次，4胜2负。2017世界女排大奖赛总决赛南京站，中国女排在主力队员全部出战的情况下，仅获第四名。2017大奖赛香港站、南京站总决赛，中国女排连续两度不敌塞尔维亚；澳门站中国女排以0∶3不敌意大利，昆山站中国女排0∶3再次负于美国。

表 1-2　2010—2018 年中国女排与欧美四国女排强队世界大赛胜负统计表

球队	胜/负	2011世界杯	2012奥运会	2014世锦赛	2015世界杯	2016奥运会	2018世界联赛	2018世锦赛	总计
中VS美	胜							2	2
	负	1	1	1	1	1	2		7
中VS巴	胜					1	1		2
	负	1	1	1					4
中VS意	胜			1		1			2
	负	1		1			1	2	5
中VS塞	胜	1	1		1	1			4
	负					1	1		2

注：简写分别代表中国、美国、巴西、意大利、塞尔维亚。

欧美女排强队具有高大化、力量化、男子化、全面化的网上进攻实力，一直以来是中国女排的主要对手，本研究试图通过东京奥运周期欧美女排强队的进攻技战术特征进行系统研究，揭示欧美女排的技战术运用特点，为中国女排科学化备战与训练提供对策与参考。

1.1.3　对世界高水平排球竞赛对抗过程侦测与诊断的需要

知己知彼方能百战不殆，面对诸多女排强队对我们的窥探，以塞尔维亚、意大利为首的欧洲劲旅和老牌世界强队巴西、美国均给中国女排带来了新的挑战。根据排球项目制胜特点，结合以往排球科研工作者的研究基础，本研究对欧美女排强队队伍的进攻技战术特征与表现进行诊断与分析，采用高速摄像机拍摄欧美顶尖运动员扣球技战术的实施，采用专业高速相机自带系统软件分析动作结构特征，并结合排球技战术分析软件 Data volley 为核心诊断工具，通过整合进攻技战术效果数据，综合描述球队实战对抗中的进攻运用过程，提高数据分析的可用性。打破以往研究通过录像观察结合手工统计的传统方法，了解欧美女排国家新奥运周期的进攻实力，为教练员与运动员提供翔实的技战术表现反馈。世界优秀女排队伍对抗过程中球速快，攻防回合多，技战术表现形式多样复杂。每个回合的攻防对抗需要多项技术串联完成。随着现代信息技术及运用理念的不断演进，排球比赛技战术信息分析手段与方法从技术角度已经实现了手工制表采集数据向以计算机专业软件为核心进行数据采集处理与分析过程的转变。

1.1.4　排球技战术信息分析手段与方法革新的需要

意大利体育部同美国微软公司合作开发的排球统计软件 Data volley 是目前在世界范围内广泛使用的排球专业技战术侦测软件。该软件操作是用代码的形式把比赛过程用计算机键盘进行录入，可以统计全队和每个运动员的详细信息，并通过战术代码的设定可以统计各种技术和战术的应用情况。目前世界主要强队都开始运用该软件在赛前对手分析、比赛临场数据采集与处理和赛后总结分析三个方面，而且也越来越多地运用于平时训练对于本队信息数据的采集与分析，极大地提高了训练效率。Data volley 的出现，大大提高了运动队的分析工作效率，建立了以专门分析软件为基础的排球信息分析系统。

这种以计算机软件为核心的排球技战术信息分析系统已经可以帮助教练员在赛前通过对对手任何一名队员的主要技战术应用效果、各轮次进攻区域、二传组织进攻区域分布、扣球及发球主要路线等重要信息的分析，了解对手的细致情况。目前，该信息分析系统已经在世界高水平运动队中广泛应用，但在我国尚不普及，相关研究与应用甚少。此外，我国目前排球教科书中对赛前侦测对手、赛中临场统计、赛后认识调训方面的论述较空泛，笔纸统计等方法手段居多，没有高科技侦测手段与软件的相关理论介绍与操作解释。以世界顶级运动员技战术特征为侦测对象，通过对该先进设备与软件的操作进行介绍与实践应用，充实排球教材与排球专项理论相关内容。

在科技高速发展的今日，高水平运动项目借助高科技手段进行科学、系统研究是当今发展的主题与趋势。通过对欧美女排强队进攻技战术效果的统计分析并结合高速摄像解析，对当今世界女排强队进攻体系进行深入细致的对比分析，发现问题，找出差距，学习国外女排强队典型的进攻打法及运用效果，为我所用，有针对性地提出科学合理的训练方法；跟踪拍摄、拍录欧美女排近三年来比赛影像资料，动态研究其人员配备及进攻特征；为提高中国女排备战 2020 年东京奥运会提供技术保障和支持。

1.2　研究目的与意义

1.2.1　本研究的研究对象为世界女排强队与顶尖运动员，其技战术表现极具代表性。从竞技参赛理论视角，定性和定量相结合揭示当今欧美女排强队的进攻结构与特征，有利于探究现代排球运动技战术发展趋势与竞赛制胜规律；揭示现代排球运动不同司职位置队员的专位技战术特征，对指导现代排球进攻技战术训练具有较高的理论与实践应用价值。

1.2.2　有利于为中国女排科学化训练与备战提供大数据支持与针对性参考依据，为东京奥运会再创佳绩提供对策和建议，满足我国在新奥运周期振兴三大球的战略需求。

1.3　研究工作流程图

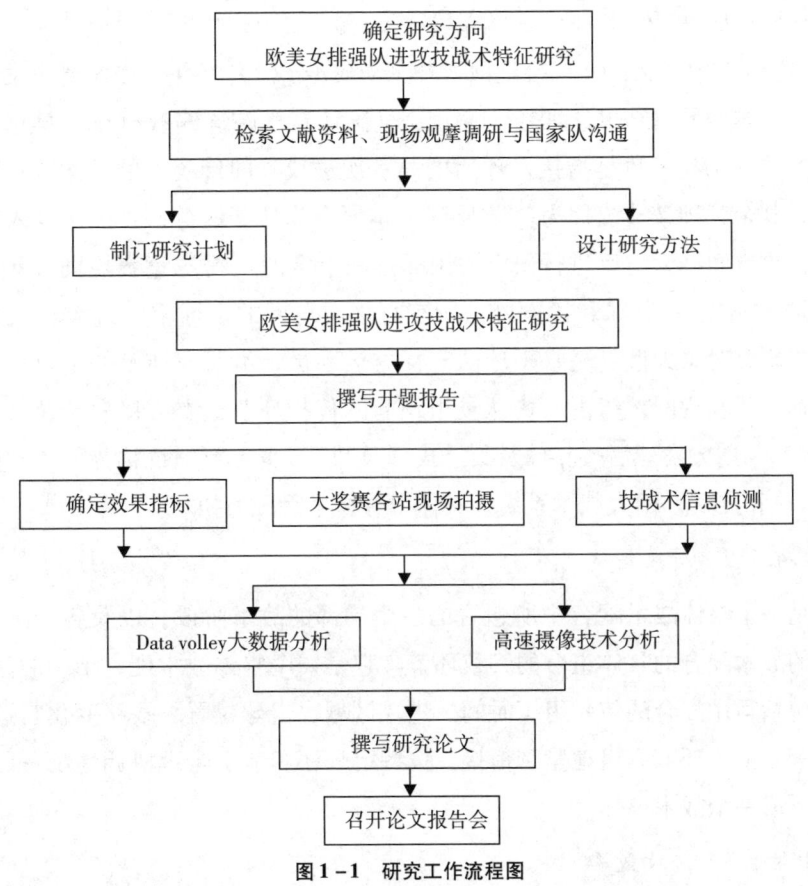

图 1-1　研究工作流程图

1.4　研究现状综述

排球系隔网对抗性集体项目，排球比赛存在着两对主要矛盾，第一是发球—接发球对抗；第二是传攻系统与拦防系统的对抗。这两对矛盾中还包含了许多进攻保护、防守反击等技术串联。争分的关键主要集中在"网口上"，比赛过程中的对抗在进攻与防守之间不停转换，随着运动员身体素质的不断加强，仅以顽强防守是不能获得比赛中的主动的，进攻是球队得分取胜的最主要手段，如何提高进攻效率，评价与分析进攻方式及效果是国内外许多专家、学者们关注的问题。因此，关于进攻技战术类别的研究诸多学者发表了自己的观点与建议。

1.4.1 相关概念界定

1.4.1.1 进攻

《辞海》中释义：（1）接近敌人并主动攻击。（2）在斗争或竞赛中发动攻势。我国排球界总结出"四攻"系统，全国体育学院统编教材在《排球运动教程》中认为，一攻是指接发球后的第一次进攻，即传统上的一次攻；除一攻外，其余三种又被统称为"防反"[①]。本研究为便于区分，将一次攻未得分后的再攻也归纳为防反进行研究。国际排联审定的《排球竞赛规则（2017—2020）》中规定除发球和拦网外，所有直接向对方的击球都是进攻性击球[②]。鉴于本研究对象为世界高水平球队与优秀运动员，本研究涉及的进攻技战术不包括发球和拦网，指由二传队员组织起的传扣环节：本方接发球及其进攻（一攻）与本方发球后接扣球及其进攻（反攻），也可习惯统称为一攻和反攻（含保攻和推攻）两大战术系统，具体得分技术手段为扣球。

1.4.1.2 进攻结构

是一个整体战术配合中所包含的多个局部的战术阶段，以及各个阶段过程中的战术配合的具体组合的细致环节。它是一个整体战术配合结构的基础，其中包括运用配合的传扣组织时间、进攻区域、击球位置、线路变化与选择、球速等。上述环节有机地紧密衔接，按特定顺序和节奏合理协调地统一起来，从而形成一个战术整体。

1.4.1.3 进攻效率

根据当前国际排联官网的统计标准和 Data volley 软件的设定模式，将扣球得分与拦网、失误等实战对抗相结合，扣球效率 =（扣球得分 − 扣球失

---

① 黄汉升：《球类运动——排球》，北京·高等教育出版社，2005 年版。
② 《排球竞赛规则（2017—2020）》，北京·人民体育出版社，2017 年版，第 43 页。

误-扣球被拦死）/扣球总数。

1.4.2 国外有关高水平排球运动队技战术的研究与述评

1.4.2.1 国外关于高水平球队竞技表现的相关研究

Gustavo De Conti Teixeira Costa 等人运用抽样调查法、对比分析法对巴西男子超级联赛2014—2015赛季的142场比赛中不同位置的进攻效果进行分析。根据比赛时机和进攻类型的不同，不同进攻位置的进攻效果也不同[①]。

Alfonso, Jóse 等人把二传手组织进攻的节奏、快攻组织指标、一般进攻组织指标及组织进攻的效果定义为几个相关联的变量，通过这几个变量的关系认识二传的战术能力，并进行数理统计分析[②]。

Gustavo De Conti Teixeira Costa, José Alfonso, Renato Vieira Barbosa 等人研究分析了18场巴西女子超级联赛2011—2012赛季的比赛中接发球质量、扣球速度以及拦网对扣球进攻的影响，建议降低扣球速度，使攻手有更多的时间进攻，可以有效得分[③]。

Mareli & Cacute 等将意大利 AI 级排球联赛一支队伍的20场次比赛76个单局按胜负局分开，对进攻阶段扣球、防反阶段扣球、接发球、拦网和发球等因素进行统计学判别分析，发现胜局和败局间的战术效果在（$p<0.001$）水平上差异显著[④]。

Castro 等人选取2013年男子世界杯的28场比赛进行分析，把进攻效能划分为进攻节奏、进攻类型和对方拦网人数三个基础的变量。对比得出强力进攻和进攻节奏增加了扣球得分的可能性，高速进攻节奏和对方双人、三人拦网的频率反映了有效进攻的难度。进攻者面对不利的条件时，仍设法进行强

[①] Costa et al. Volleyball: Analysis Of Attack Performed From The Backcourt On Men's Brazilian Volleyball Super League (Brazilian Championship) [J]. Rev Bras Cineantropom Desempenho Hum 2017, 19 (2): 233-241.

[②] Alfonso, Jóse Mesquita, Isabel Marcelino, Rui. Analysis Of The Setter's Tactical Action High-Performance Women's Volleyball [M]. Kinesiology, 2010: 82-89.

[③] Costa, G. C. T. et al. Predictors Of Attack Efficacy And Attack Type In High-level Brazilian Women's Volleyball. [J]. Kinesiology 46 (2014) 2: 242-248.

[④] Tomica Rešetar, Mareli & Cacute, Nenad Janković. Discriminant Analysis Of The Sets Won And The Sets Lost By One Team In A1 Italian Volleyball League-A Case Study [M]. Kinesiology, 2004: 75-82.

力攻击，确保了一个较高的进攻得分保障①。

Antonio García-de-Alcaraz（2015）分析男性排球运动员在不同年龄段及不同类别的技术战术表现，采用描述性和相关的组间和组内观察设计，探讨了排球扣球技术演变的各种原因，以及对不同类别比赛训练过程的影响②。

Han Joo Eom 和 Robert W. Schutz 学者通过运用计算机记录系统分析了第三届国际排球杯的72场男子比赛，发现在所选的八项技术中，拦网和扣球技术是决定团队成功的最重要因素③。J. M. Palao，J. A. Santos 和 A. Ureña 研究了高水平排球中团队水平对发球、接发球、扣球、拦网及防守等技术水平的影响，他们认为拦网是区分第1级和第2级团队的技能。同时，接发球、扣球、拦网和防守的成功率也与团队水平有着很大关系④。排球是一个团体项目，但在排球比赛中，发球技术无须队友配合，独自一人即能完成，因此，更加考验场上发球运动员的各方面综合素质和技战术运用能力。Carmen Fernandez-Echeverria，Alexander Gil 和 Alberto Moreno 等学者认为，可以通过站立发球、发在球员结合区域以及有自由人以外的其他球员接发球来实现提高发球效能的目的⑤。Laios Yiannis 和 Kountouris Panagiotis 也认为优秀男子排球队发球效率的提高，接发球失误有所增加，反映了各队从发球中得分的战术变化，这种战术发展在拉力赛积分系统引入后，有益于赢得比赛胜利⑥。

排球比赛中，扣球是最直接的得分手段。Antonio García-de-Alcaraz，Enrique

---

① Castro, Jose Souza, Adriano. Mesquita. Isabel. Attack Efficacy In Volleyball etite Male Teams [J]. Perceptua & Motor Skills, 2013: 395–408.

② Taylor & Francis. Effect of age group on male volleyball players' technical-tactical performance profile for the spike. International Journal of Performance Analysis in Sport, 2015, vol. 15 (2), 668–686, August.

③ Han Joo Eom, Robert W. Schutz. Statistical Analyses of Volleyball Team Performance. Research Quarterly for Exercise and Sport. 1992, 63: 1, 11–18.

④ J. M. Palao, J. A. Santos, A. Ureña. Effect of team level on skill performance in volleyball. International Journal of Performance Analysis in Sport. 2004, 4: 2, 50–60.

⑤ Carmen Fernandez-Echeverria, Alexander Gil, Alberto Moreno, Fernando Claver & M. Perla Moreno. Analysis of the variables that predict serve efficacy in young volleyball players, International Journal of Performance Analysis in Sport. 2015, 15: 1, 172–186.

⑥ Laios Yiannis & Kountouris Panagiotis. Evolution in men's volleyball skills and tactics as evidenced in the Athens 2004 Olympic Games. International Journal of Performance Analysis in Sport. 2005, 5: 2, 1–8.

Ortega 和 José M. Palao 通过研究比赛类别、扣球速度和扣球成绩之间的联系，发现在高级别比赛中，快速攻击可以提高比赛节奏，有助于提高扣球的效率[1]。而 Norman Stutzig (Dr.)，Bernd Zimmermann，Dirk Büsch & Tobias Siebert 则通过观察顶级国际比赛中的 236 局比赛录像并进行分析后，认为中、慢进攻节奏的反击，可以提高优秀男子排球的团队表现[2]。

Miguel Silva，Tina Sattler 和 Daniel Lacerda 等人采集了 2010 年到 2012 年的排球世锦赛、欧洲联赛、世界杯以及奥运会共 49 场比赛为样本，以研究排球规则轮次对比赛结果的影响。经过 Data volley 统计软件的分析，发现第 1，4 和 6 轮次对比赛胜利贡献较大[3]。此外，二传是组织进攻环节的核心，在排球比赛中，二传手往往身兼多职，一次有效的组织进攻，可以充分发挥攻手的进攻效果。同时，二传在前排区域时，需要参与拦网，在后排区域时，需要插上传球，跟进保护防吊球等，因此也要拥有较好的防守能力。于是，针对相同的样本，Miguel Silva，Daniel Lacerda 和 Paulo Vicente João 学者针对二传防守位置的不同，运用 Data volley 的统计分析，发现当二传位于后排防守区域时，接发球失误、反击得分、传球失误和攻击得分对比赛结果有直接影响[4]。此外，二传在前排区域时，传球质量、传球失误和分配球等对于比赛的结果有着至关重要的影响[5]。

Natalia Valladares，Vicente García-Tormo 和 Paulo Vicente João 对 2014 年意

---

[1] Antonio García-de-Alcaraz, Enrique Ortega, José M. Palao. Effect of age group on male volleyball players' technical-tactical performance profile for the spike. International Journal of Performance Analysis in Sport. 2015, 15: 2, 668–686.

[2] Norman Stutzig (Dr.), Bernd Zimmermann, Dirk Büsch, Tobias Siebert. Analysis of game variables to predict scoring and performance levels in elite men's volleyball. International Journal of Performance Analysis in Sport. 2015, 15: 3, 816–829.

[3] Miguel Silva, Tine Sattler, Daniel Lacerda, Paulo Vicente João. Match analysis according to the performance of team rotations in Volleyball. International Journal of Performance Analysis in Sport. 2016, 16: 3, 1076–1086.

[4] Miguel Silva, Daniel Lacerda, Paulo Vicente João. Match analysis of discrimination skills according to the setter defence zone position in high level volleyball. International Journal of Performance Analysis in Sport. 2014, 14: 2, 463–472.

[5] Miguel Silva, Daniel Lacerda, Paulo Vicente João. Match analysis of discrimination skills according to the setter attack zone position in high level volleyball. International Journal of Performance Analysis in Sport. 2013, 13: 2, 452–460.

大利世界排球锦标赛中的 102 场比赛进行统计分析后，发现发球命中、一传到位与起球是影响比赛获胜的因素，而发球失误则与比赛失败相关[①]。

Patsiaouras Asterios，Charitonidis Kostantinos 和 Moustakidis Athanasios 以 2006 年世界锦标赛中 6 个男子国家队为样本，通过运用 CEV 记录，并后期统计分析得出"进攻失误""跳发球得分""快攻失误"和"跳发球"对比赛结果有预测作用，而"一攻球"和"快球进攻"则是球队能力的决定性因素[②]。

综上所述，现代科技手段的融入，使得排球技战术分析更为便捷，结果更为精确，研究内容也更丰富和多元化，在一定程度上推进了现代排球运动技战术的发展。综上所述，国外有关排球技战术的研究多集中于得失规律，两项技、战术的相关性，研究方法也多偏向于量性研究。

1.4.2.2　国外关于扣球技术运动学研究概况

国外有关扣球技术统计和运用的相关研究较少，对扣球技术研究多集中在扣球动作对运动员伤害、教学中技术学习、力学分析等方面，因而就有关国外扣球技术使用技术统计方面的相关研究获得资料较少，这里不再叙述。而运用三维运动学对扣球技术动作研究的文献相对较多。相对欧美其他国家，日本运用生物力学进行排球相关研究较多，相应研究成果在中国报道和引用得较多。日本筑波大学以朽偰申二教授为中心的"排球研究会"，以求构建和完善"排球学"的理论结构[③]，研究对象为世界一流排球队。20 世纪 70 年代初，日本学者丰田博[④]利用比赛获得的优秀运动员扣球图片，对扣球起跳时运动员不同关节角度变化进行了研究。认为优秀运动员扣球起跳在缓冲时腰

[①] Natalia Valladares, J. Vicente García-Tormo, Paulo Vicente João. Analysis of variables affecting performance in senior female volleyball World Championship 2014. International Journal of Performance Analysis in Sport. 2016, 16: 1, 401 – 410.

[②] Patsiaouras Asterios, Charitonidis Kostantinos, Moustakidis Athanasios, Kokaridas Dimitrios. Comparison of technical skills effectiveness of men's National Volleyball teams. International Journal of Performance Analysis in Sport. 2009, 9: 1, 1 – 7.

[③] 筑波大学体育系排球研究室：《最优排球选手的技术分析》，载《体育科研》1982 年第 10 期，第 19 – 21 页。

[④] 丰田博：《日本排球技术和战术》，北京·人民体育出版社，1979 年版，第 154 – 156 页。

的角度为 90°，膝关节角度为 100°～110°，踝关节角度为 80°～90°比较合理，同时认为腿部力量较差是导致水平较低运动员与优秀运动员关节角度差异的原因。1980 年，砂本秀羲[①]使用 5 台摄像机，对日本和古巴的比赛进行拍摄，并对所获得的影片进行解析，依据获得数据认为古巴队扣球高度、速度都优于日本队。1982—1986 年，日本筑波大学桥原孝博[②]、都泽凡夫[③]等人，通过对世界一流排球队比赛的拍摄，数字转化，并对不同选手扣球的助跑起跳、扣球高度、重心移动高度、起跳时、扣球时身体各相关环节角度等参数进行解析和提取，认为世界一流扣球手助跑结束获得的最大速度在 290～442 厘米/秒范围内，其最佳值为 400 厘米/秒，扣球挥臂速度在 15～17 米/秒。都泽凡夫[④]研究认为，优秀排球选手扣球起跳具有以下特征：第一，重心降低，身体前倾助跑；第二，助跑时重心的上下移动幅度较小；第三，后倾角要大，降低起跳时的重心速度，加大后倾角的角度，对于加大垂直移动距离有利。桥原孝博[⑤]通过研究排球队员前、后排扣球技术特征，认为后排扣球人体腰腹运动的幅度大于前排扣球，在击球高度方面，前排与后排扣球没有明显差别。而日本学者龟古纯一和我国学者苗大培等人合作[⑥]，用 DLT 方法，对 1991 年世界杯排球赛中男女优秀选手的前、后排扣球技术进行现场测试分析，研究结果则表明后排扣球击球点高于前排扣球，且具有工作半径大、挥臂速度快的特点；在助跑阶段，前、后排扣球助跑方向不同，前者表现为左右不均衡型，后者则为左右均衡型，后排扣球助跑速度大于前排扣球助跑速度；在起跳阶段，后排扣球的起跳高度高于前排扣球。1994—1996 年，日本排球

---

① 砂本秀羲：《日本—古巴对抗赛排球技术分析和比较》，日本体育协会科学研究报告，1980 年，第 60-68 页。
② 桥原孝博：《三次元映像撮影法によるバレーボール一流选手のスパイク动作に关する研究》，昭和 58 年度筑波大学院修士论文，1986 年，第 150 页。
③ 都泽凡夫：《バレーボールワールドガシブ 81 における一流选手のスパイク动作に关する实例の报告日本体育协会スポーツ》，科学研究报告第 4 报，1982 年，第 46-55 页。
④ 都泽凡夫：《优秀排球选手如何才能跳得高——来自生物力学的启示》，载《浙江体育科学》1986 年第 4 期，第 100-101 页。
⑤ 桥原孝博：《关于排球跳跃距离研究》，载《日本广岛体育学研究》1995 年第 21 (1) 期，第 25-30 页。
⑥ 苗大培、龟古纯一：《前排扣球和后排扣球技术的生物力学对比分析》，载《中国体育科技》1993 年第 30 (3) 期，第 55-60 页。

协会科研委员会八阪刚史①，采用三维高速录像对日本、美国、意大利等国家男排比赛中的扣球高度进行贮存和动作解析，认为日本男排平均扣球高度接近世界水平，世界冠、亚军的扣球高度优于其他国家。

欧美其他国家运用三维分析、运动生物力学研究相关排球扣球技术不是很多，而且相对较为分散。20世纪80年代初，加拿大M.奥黑曼②使用Locam摄影机拍摄国际级水平男排选手扣固定球的5次动作，取产生最高球速的动作进行生物力学相关分析，认为扣球所需要的力主要由肩部肌肉提供，前臂和接触球的腕部的鞭打动作的形成源自肩部伸肌（产生99.5焦耳功）收缩加速和肩部屈肌（消耗27.5焦耳功）减速；在扣球过程中，肘部伸肌和腕部屈肌没有产生任何冲力，因而在扣球训练中，发展肩部伸屈肌肉群的连续收缩最为重要。加拿大的Theresa Maxwell③运用Locam 16mm摄像机以100帧/秒的拍摄频率，对15名加拿大青年排球运动员的扣球技术进行了影片摄制，经PCD数字化解析仪解析，得出相关研究数据，发现技术好的运动员在完成扣球动作过程中，身体各环节的动能和速度是逐渐和连续变化的，且下肢动作具有稳定的特征；技术差的运动员，各环节动作非常不稳定；技术优秀运动员的扣球技术与屈臂型技术形似，具有共同技术模式，技术差的没有；在击球中，优秀运动员以髋关节为轴旋转，技术差者以躯干上部为轴。苏联的福明博士④运用摄影、肌电和测力装置对30名高级排球运动员的扣球技术进行了相关研究，获得大量参数，并运用相关分析和因子分析等方法对扣球技术的生物力学结构进行了深入的研究和探讨，得出了扣球的空间时间特征模式、扣球的因子结构。扣球的因子结构包括：时间结构因子、上肢动作协调和下肢动作协调因子、力学因子、动力学因子。

运用三维摄像、运动生物力学方法对排球技战术研究较全面，影响最为深远的是美国的生物力学博士艾里尔，他本人研究使用和发明的方法和动作

---

① 八阪刚史：《用DLT法对排球比赛中扣球高度的研究》，日本体育协会科学研究报告，1996年，第25-30页。

② M.奥黑曼：《排球扣球时摆臂的动力分析》，载《体育科技》1982年第4期，第42-42页。

③ Theresa Maxwell, Cineniatographie analysis of the volleyball spike of selected top calibre female athletes. Volleyball Teach, 1983, 7 (1): 21-26.

④ 福明：《排球正面扣球的生物力学结构》，载《译报》1985年第5期。

解析系统至今仍被广泛使用。1981年艾里尔[①]与美国奥委会合作，使用三维摄影方法对参加当年世界杯的女排队伍，中国、巴西、美国、苏联、日本、古巴和保加利亚7个队伍的比赛进行拍摄和深入研究，从而为研究优秀女排的技战术打法提供了详尽的数据，为美国女排实现实力的提升和取得优异比赛成绩打下了坚实的基础。在艾里尔博士提交给美国奥林匹克训练中心的报告数据显示，优秀女排队员扣球的最高时速为22.5米/秒，从击球到球着地的飞行时间为0.3秒；最低球速为15米/秒，飞行的时间为0.65秒；平均球速为19.8米/秒，标准差为2.51，平均飞行时间为0.45秒；扣球击球高度最高位2.95米，最低位2.65米，平均为2.80±0.07（米），一般击球点在网上50厘米左右。通过分析队员防守、移动的速度、球飞行的时间，该研究认为比赛中针对对方的扣球，如果前排拦网无效，后排防守队员很难移动到位进行有效防守。

综合国外学者的研究，日本学者在运用运动生物力学原理、三维动作解析等方法在排球技战术研究方面建树颇多，尤其是在扣球技术动作研究方面。通过对世界优秀男、女排球队比赛的录像、摄像，运用DLT法，动作解析，对选手扣球技术动作相关信息进行贮存、分类、解析而获得了大量客观数据，进而对数据进行对比分析，并结合人体解剖、生理、力学、运动学等方面知识，剖析优秀选手的特点，找出了差异，为鉴别、改进、指导运动员相关技术动作提供客观事实，为改进运动训练方法提供了依据。日本学者对扣球技术动作的三维研究主要体现在以下几个方面。第一，扣球技术动作整体研究。通过对比赛的录像，就不同优秀选手的扣球高度，助跑的步伐、速度，起跳时身体环节、角度等相关指标参数进行横向对比，以获得优秀队员扣球的相关指标参数，从而为普通排球队员提高扣球技术水平提供了数据参考。第二，扣球技术动作某一环节研究。对扣球助跑、起跳环节进行研究，通过对世界优秀运动员助跑起跳环节动作、角度等参数的解析和提取，以界定世界一流排球选手助跑起跳的动作特征，从力学、运动学角度分析相关参数数据的合理性、有效性。第三，不同位置起跳扣球的研究。比如前排一般扣球与后排一般扣球，就助跑起跳步伐、速度，击球高度进行对比分析，以找出不同队

[①] 刘志成：《运用电脑对排球扣球、发球和防守的生物力学分析》，载《中国体育科技》1986年第2期，第1–11页。

员在前排、后排扣球所具有的技术特征。

1.4.3 国内有关高水平排球运动队技战术的研究与述评

笔者通过查阅相关专著,在 CNKI、维普、万方数据库等数字期刊检索平台检索 2008 年至今主题词为"欧美高水平女排""女排技战术""进攻""技术"等并通过筛选,得到符合本研究主题的文献有 171 篇。通过统计发现,自 2008 年至今,每年有关女排技战术的研究文献数量总体呈上升趋势,其中 2013 年为一个峰值,约 31 篇,随后有小幅度波动(见图 1-2)。

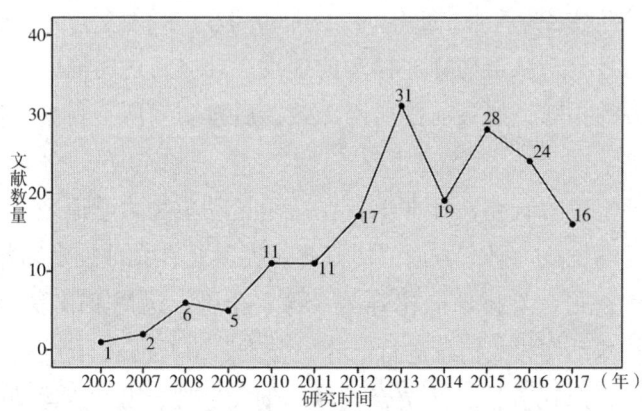

图 1-2 近二十年有关女排技战术研究文献的时间走势图

1.4.3.1 进攻技战术运用效果的研究与述评

王世伟、王艺和葛春林在《2014 年女排世锦赛中国队与其他强队技战术比较分析》中,对 2014 年女排世锦赛前四名的中国队与美国、巴西、意大利队间的 4 场比赛的技战术进行比较分析,发现中国女排发球、接发球环节薄弱;进攻点过于集中;拦防体系不够完善;关键比分上技术弱点放大化,并建议加强发球、接发球的训练;加强在一传、防守半到位情况下的战术进攻;完善拦防体系;加强心理训练、提高自信心[①]。

陈珂和祁博敏的《2013 年世界女排大奖赛总决赛中国队与巴西队技战术运用分析》中提到中国队和巴西队在一攻和反攻的所有进攻组织中,一传不

---

① 王世伟、王艺、葛春林:《2014 年女排世锦赛中国队与其他强队技战术比较分析》,载《成都体育学院学报》2015 年第 41(4)期,第 85-90 页。

到位时，普遍存在战术较低甚至没有战术进攻的调整攻和无攻球，且调整攻战术意识薄弱，线路打法单一[①]。

在《2011年女排世界杯中国队与意大利、美国、日本队一攻扣球效果对比分析》一文中，王鹏龙对2011年世界杯四强队伍的一攻效果进行了对比分析。他认为在强攻方面中国队弱于美国队，从不同位置来看中国队在2号位强攻太差，但强攻明显优于日本；快攻方面，中国队稍差于意大利队，尤其是在快攻的背飞扣球方面，但优于美国队；在后排进攻方面，中国队与美国队的差距很大，也稍逊于日本队。拦网方面，中国女排虽然在拦网高度上占有明显优势，但拦网技术不够细腻，拦死率较低，失误率较高[②]。

张欣在《第16届世锦赛中外女排一攻与防反效果比较研究》中，对第16届女排世锦赛中国队与古巴、俄罗斯、日本等共计11场比赛进行了分析统计后得出：中国队在一攻中运用副攻的战术得分率最高，在反攻中利用接应的得分率最高，但无论在一攻或反攻过程中，主攻的得分率均低于对手，应加强主攻手的进攻实力，在今后的比赛中才能与强队抗衡[③]。

许瑞勋和王贺振对2009年、2010年世界女排大奖赛总决赛中国女排参与的7场中一攻、防反、保攻和推攻的技战术运用情况进行分析发现，一攻成功率低于强队，同时也造成了强队很多防反的机会；面对强队的大力扣球，多样式、多点立体进攻，中国女排的防守显得不堪一击，在防反链整体战术运用效果上，对强队的威胁不大；保攻技术链保护起来的球质量不高，直接影响后面的两个环节，也使得整个效果显得不顺畅；推攻技术链的战术组成率上与强队差不多，但在扣死率上比对手低[④]。

安昊在《2015年女排世界杯中国队与塞、美、俄、日技战术对比分析》中认为，在一攻战术环节，结果均不存在显著性的差异，中国队运用强攻、

[①] 陈珂、祁博敏：《2013年世界女排大奖赛总决赛中国队与巴西队技战术运用分析》，载《四川体育科学》2014年第33（6）期，第51-56页。

[②] 王鹏龙：《2011年女排世界杯中国队与意大利、美国、日本队一攻扣球效果对比分析》，西安体育学院，2012年。

[③] 张欣：《第16届世锦赛中外女排一攻与防反效果比较研究》，载《沈阳体育学院学报》2011年第30（5）期，第135-136页。

[④] 许瑞勋、王贺振：《中国与世界女排强队四攻战术效果对比研究》，载《河南师范大学学报（自然科学版）》2011年第39（6）期，第161-163页。

后攻、二次攻以及被迫无攻的次数均低于对手；在快攻运用方面，高于对手。总得分率方面落后于塞、美、俄三队，只高于日本队；在反攻战术环节，中国队运用强攻的比例与对手存在显著性差异，其他方面的差异不明显，中国队运用强攻和被迫无攻的次数要低于对手；在快攻、后攻、二次攻运用方面，均高于对手。得分率方面低于美国队，高于塞、日两队，与俄罗斯队持平[①]。

王钊在《中国与日、韩、泰女排防反系统战术特征的对比分析》中，对中国女排在 2013 年世界女排大奖赛和女排亚锦赛以及 2014 年世界女排大奖赛中中国与日、韩、泰三国的比赛防反系统中主要技战术的运用效果进行对比，得出拦网方面，日本的拦网效果最好；后排防守方面最好的是泰国女排，泰国女排在防守强攻、后排攻时表现出色；反击扣球方面，中国女排的快变攻有一定的优势，但在前排强攻、后排强攻方面稍显逊色[②]。

张智琪在《2012 年奥运会中国女排与主要对手一攻扣球效果的对比研究》中，通过中国女排与巴西、美国、日本和韩国在一攻中扣球效果的对比研究得出，中国女排的战术攻效果较好，但是在强攻扣球方面还处在劣势，主要是成功率低而失误率高，二号位比四号位效果好。具体表现在后排进攻次数少，参与后排攻的队员较少，容易被拦防。主要对手的情况是战术攻效果比强攻效果要好，其中美国女排以大力扣球为主，日本、韩国和巴西女排进攻时会有针对性地选择防守较弱的队员和防守空当扣球，并且进攻时战术掩护相对比较多[③]。

刘德军在《中国女排一攻战术结构特征与效果分析》中认为，在中国女排参加的世界女排大奖赛决赛的五场比赛中，在所有组织的一攻进攻中，战术结构不尽合理，其中强攻的次数较多，战术攻的组织结构比较简单，针对不同的比赛，没有发挥出队员的个人优势。强攻主要集中在 4 号位，其他位置的强攻进攻较少，特别是后排进攻较少，没有充分利用场地的纵深组织立体进攻。战术攻组织的战术比较单一，主要集中在背飞、快球掩护下的平拉

---

① 安昊：《2015 年女排世界杯中国队与塞、美、俄、日技战术对比分析》，四川师范大学，2017 年，第 79 - 81 页。
② 王钊：《中国与日、韩、泰女排防反系统战术特征的对比分析》，鲁东大学，2015 年，第 80 - 83 页。
③ 张智琪：《2012 年奥运会中国女排与主要对手一攻扣球效果的对比研究》，西安体育学院，2013 年，第 28 - 32 页。

开扣球、快球掩护下的短平快和近体快球，队员在场上的跑动进攻较少。没有充分利用球网的长度和场地的纵深来组织战术攻①。

刘文在《中外女排进攻战术运用效果比较研究》中，通过中国女排在2011年女排世界杯上的战术运用效果进行统计分析，发现在一攻和防反中，中国队和打满五局的对手在强攻扣球上稍逊于对手，和未打满五局的对手相比，各项指标均优于对手；中国队在与对手打满五局的比赛中，对于对手有效拦防，中国队要在扣球时机和扣球路线上有所变化，提高快攻成功率。在与未打满五局的对手比赛过程中很好地运用了各种快攻战术，也取得了较好的进攻效果；后排进攻方面，中国队运用相对较少。1号位和6号位扣球次数最多，5号位扣球次数不多，应加强5号位扣球的意识，扩大后排攻区域②。

何会权在《伦敦奥运会中国女排与对手集体战术运用效果的对比研究》中认为，中国女排一攻中强攻实力不足，快攻串联简单，效果一般。中国队接扣球进攻时，过多依靠四号位强攻，后排进攻和快攻运用次数少，战术运用简单，对手防守难度不大。中国队接拦回球成功率较高，但是接拦回球进攻效果一般，进攻时还是过于依赖强攻，战术进攻运用少。中国队接传、垫球效果很好，接传、垫球进攻方面强攻次数多，但成功率低，掩护、平拉开、交叉进攻等战术进攻成功率较高③。

张兴林、李毅钧、钟秉枢、葛春林在《中国女排技术统计分析与变革启示：以2013年世界女排大奖赛为例》中，建议中国女排应改变"进攻结构"，坚持"快""变"，适当增加进攻点，尤其是后排进攻点，形成真正的"立体进攻"，提升队伍的整体进攻能力④。

张宏志在《伦敦奥运会中国女排与欧美强队技战术比较分析》中，对比了伦敦奥运会上中国女排与巴西女排、美国女排技战术的运用，得出中国女排在快攻数量上占有较大优势，进攻效果比对手略好，但快攻方式过于单一；

---

① 刘德军：《中国女排一攻战术结构特征与效果分析》，西安体育学院，2011年，第50-55页。

② 刘文：《中外女排进攻战术运用效果比较研究》，河南大学，2013年，第78-82页。

③ 何会权：《伦敦奥运会中国女排与对手集体战术运用效果的对比研究》，河北师范大学，2013年。

④ 张兴林、李毅钧、钟秉枢、葛春林：《中国女排技术统计分析与变革启示：以2013年世界女排大奖赛为例》，载《首都体育学院学报》2014年第26（2）期，第162-166页。

强攻和后排进攻及调整攻有改进与突破,但与巴西、美国队相比还存在较大差距[①]。

仲潇的《大奖赛上中国女排技战术运用效果分析》,只是片面地从中国女排发球效果、一传效果、进攻效果三方面进行分析,论文分析观点具有片面性,没能很好地通过大奖赛的所有赛程,真实、准确地反映中国女排实力。但是也有值得借鉴的地方,比如在进攻效果方面的研究中,他认为中国女排再攻能力有待提高,在平时的训练中应加强再攻的训练比重,尤其应加强扣调整球的能力,还应全面提高队员的身体素质,特别是弹跳力以及上肢力量和腰腹肌的力量,为提高进攻能力打下基础[②]。

金学斌、吴毅等在《第9届世界杯女排赛中国队及与比赛各对手战术运用效果比较分析》中,从战术运用的总体对比,2、4号位强攻对比,前排战术快攻对比,后排攻战术对比四个方面,对中古女排与对手的战术运用做了比较:认为在总的战术运用上,中国队成功率明显高于国外队总的成功率,中国队在2、4号位的强攻水平明显提高,在总体上比外国队有明显优势。但是与美国、古巴等强队比较还存在一定差距。在快攻组织上,中国队应该继续坚持自己的特色,战术上的快速多变应是以后坚持的方向。在利用后排进攻上,外国队比中国队具有明显优势,提高和加强后排进攻也是中国队以后训练的重点[③]。

王腾在《2013年世界女排大奖赛中外女排技术运用对比分析》中,对2013年世界女排大奖赛总决赛阶段,中国队与其对手塞尔维亚队、意大利队、美国队、日本队和巴西队技术运用方面进行了具体分析。中国女排与其对手都是以跳飘球为主,但中国女排发球进攻性不足,失误率较高;传球方面多采用跳传为主,隐蔽性好,速度快,传球稳定,但进攻线路不灵活,战术配置较单一;在扣球技术运用方面,中国女排与其对手主要运用强攻、快攻和

---

① 张宏志:《伦敦奥运会中国女排与欧美强队技战术比较分析》,载《体育文化导刊》2013年第3期,第62-65页。
② 仲潇:《大奖赛上中国女排技战术运用效果分析》,载《中国教育技术装备》2010年第25期,第159、165页。
③ 金学斌、吴毅、张新芳等:《第9届世界杯女排赛中国队及与比赛各对手战术运用效果比较分析》,载《西安体育学院学报》2004年第5期,第72-74页。

后排进攻三种扣球技术，其中强攻为主，快攻次之①。吴志伟在《2013年世界女排大奖赛总决赛中国队与各队技术运用效果对比分析》中，通过对2013年世界女排大奖赛总决赛中国女排与对手的五场比赛中各技术运用效果进行对比分析后发现，中国女排的发球以跳飘球为主，上手排飘球次之。而国外女排主要以跳飘球为主，上手飘球和大力跳发较少；中国女排与国外女排的二传准确性较高，失误率较低。中国女排的扣球成功率较高，尤其是4号位强攻。但较之其对手，进攻变化较少，对球场球网的纵深利用不够，较为单一②。

赵会青在《2015年女排世界杯朱婷个人进攻技术的研究》中，经过分析朱婷在第十二届女排世界杯上所有比赛场次的进攻技术，得出朱婷除拦网高度外，在身高、体重、扣球高度等方面有明显优势；强攻得分能力、突破对方拦网能力较强，但主要依靠4号位进攻，2号位和后排进攻能力较弱；发球稳定，失误率较低，但落点掌握不精确，攻击性不强；吊球得分率较高，但球的落点掌握不精确，在对阵灵活性较高的球队时，吊球防起率高③。

在《2014—2015年世界大赛中国女排与美国女排的技战术运用效果对比分析》中，程宇认为中国队在发球的成功率以及得分率、扣球的成功率、被拦回率以及被拦死率方面优于美国女排，扣球运用效果较好；进攻战术的运用效果方面，中国队主要的强攻以及后排攻的得分率高，但快攻相对较差④。

1.4.3.2 进攻技战术运用能力的研究与述评

在《中国与美国、巴西、意大利女排优秀主攻手攻防能力对比研究》中，赵一刚认为中国女排主攻发球得分率较低，破功率较好，但失误率相对较高，发球稳定性低；扣球能力方面，中国女排主攻扣球得分率较低，净得分相对较少；在进攻形式上，中国女排主攻强攻得分能力较弱，失误及被防起较多，

---

① 王腾：《2013年世界女排大奖赛中外女排技术运用对比分析》，太原理工大学，2015年，第80-82页。
② 吴志伟：《2013年世界女排大奖赛总决赛中国队与各队技术运用效果对比分析》，成都体育学院，2014年，第84-87页。
③ 赵会青：《2015年女排世界杯朱婷个人进攻技术的研究》，山东体育学院，2017年，第50-53页。
④ 程宇：《2014—2015年世界大赛中国女排与美国女排的技战术运用效果对比分析》，南京体育学院，2016年，第100-102页。

中国女排主攻快攻得分能力较好,被防起、被拦回较少,中国女排主攻后攻得分率和失误率均较高,净得分相对较少①。

杨江明、柯育平在《中美巴土四国女排发球和接发球技术比较研究》中表明:中国女排在发球稳定性上明显弱于美国,中国女排在发球攻击性方面不及美国队、巴西队和土耳其队,而巴西队、土耳其队的发球攻击性较强,但稳定性与美国队存在一定差距。中国女排接发球失误率最高,接球到位效果不佳,不能组织有效的一攻。中国女排在发球及接发球能力上与美国队、巴西队、土耳其队存在着较大差距②。

张玉红在《中国女子排球队进攻实力研究——以2012年伦敦奥运会为例》中认为,在队伍的总体进攻实力上,中国女排的整体水平与对手仍有较大差距,尤其是在前排强攻和后排攻击力方面;在进攻得分方式上,前排强攻和快攻是中国队得分的主要手段;主攻运动员进攻实力与对手有较大差距,是中国队进攻中明显的薄弱点;副攻运动员的进攻与美国、巴西相比,成功率偏低;接应运动员总体进攻效果优于交手队,但进攻打法及得分方式的侧重点不同;二传运动员主动进攻意识和进攻效果均好于各支交手队;中国队主攻、接应的进攻得分占全队进攻总得分的比例低于交手队③。

林梓洋在《中国女排和美国女排扣球进攻实力比较分析》中认为,中国女排的后攻具备一定的优势,但快攻在比赛中发挥较差,尤其是快球掩护下的第二点进攻效果较差,而且队员之间的跑动掩护进攻也较少。中国女排主攻的扣球进攻实力与对手基本相当,副攻的扣球进攻实力与对手存在较大差距,但接应的扣球进攻实力要明显强于对手④。

袁彤在《中外女排主二传队员竞技能力的比较研究》中对二传的竞技能力进行研究,结果显示,中国女排二传队员组织快攻和后排攻的成功率高于

---

① 赵一刚:《中国与美国、巴西、意大利女排优秀主攻手攻防能力对比研究》,鲁东大学,2016年,第80-83页。

② 杨江明、柯育平:《中美巴土四国女排发球和接发球技术比较研究》,载《体育文化导刊》2013年第2期,第66-69页。

③ 张玉红:《中国女子排球队进攻实力研究——以2012年伦敦奥运会为例》,载《体育研究与教育》2013年第28(2)期,第100-103页。

④ 林梓洋:《中国女排和美国女排扣球进攻实力比较分析》,载《当代体育科技》2017年第7(28)期,第215-216+218页。

其他各国女排，强攻的成功率低于其他各国女排，主二传队员后排插上组织进攻时，中外女排大都是组织快攻为主，其次是强攻[1]。

李斌和张孝民在《伦敦奥运会女排比赛中国队与四强球队主攻手进攻能力比较研究》中认为，在发球方面，中国女排主攻手的发球得分率明显好于四强球队，而且失误率控制得比较好，中国女排主攻手在发球方面比较稳定且具有一定的攻击性，发球效果较好；在扣球方面，中国女排主攻手扣球得分率最低，而且扣球失误率相对较高，扣球效果不够理想；在拦网方面，中国女排主攻手拦网得分较多，但是失误次数也比较多，拦网的效率并不高，拦网效果不佳[2]。

江炬分析了伦敦奥运会上我国女排与世界强队的差距，他认为我国女排的进攻方式单一，除发球能力较强外，扣球、拦网能力与巴西、美国等世界强队的差距较大；中国队的接发球成功率较低，防守能力不强。建议加强自身技术特色的体系建设，提高一传和处理关键球的能力，加快后备人才培养的步伐[3]。

舒为平、石翔宇、任静涛和赵娟认为我国女排强攻能力较为突出，跑动进攻能够有效牵制对手，后排进攻具有一定威胁；一传稳定性有所提高，到位率得到有效保证[4]。

韩静在《中外优秀女排主攻技术比较》一文中，对第16届世界女排锦标赛中俄罗斯队、巴西队、美国队以及中国队8名主攻运动员的竞技水平进行了比较分析。在扣球方面，俄罗斯和巴西两队的主攻手扣球成功率较高。在进攻能力方面，王一梅的扣球能力、拦网能力较强，发球威力较大，但是成功率较低。李娟无论是扣球能力还是拦网能力均一般，发球成功率较高，但是威力不大。俄罗斯队和巴西队主攻的整体进攻能力较强，尤其是加莫娃和

---

[1] 袁彤：《中外女排主二传队员竞技能力的比较研究》，山东师范大学，2010年。
[2] 李斌、张孝民：《伦敦奥运会女排比赛中国队与四强球队主攻手进攻能力比较研究》，载《安庆师范学院学报（自然科学版）》2013年第19（2）期，第98-101页。
[3] 江炬：《伦敦奥运会我国女排与世界强队差距分析》，载《体育文化导刊》2013年第10期，第51-54页。
[4] 舒为平、石翔宇、任静涛、赵娟：《备战里约奥运会：中国女排技战术特征研究》，载《成都体育学院学报》2016年第42（2）期，第69-75页。

纳塔莉亚[①]。

1.4.3.3 进攻技战术打法的研究与述评

时立新、宋永晶和杨青宝在《2008年北京奥运会巴西女排夺冠分析》中,对比了巴西、古巴、中国、塞尔维亚、日本、俄罗斯、美国以及意大利等国家女排的发球、扣球、拦网、防守、接发球等指标后,认为巴西女排技术细腻,强攻扣球灵活多变,通过变线、变点、打手出界、吊球等变化,能有效突破对方的拦网。打吊结合、高快结合对提高巴西队强攻成功率起到了一定的作用[②]。

刘文波和刘海龙在《中国女排与世界强队进攻打法运用效果的比较》中,对中国女排参加2004年世界女排大赛与进入前四名队伍的十场比赛的录像观察分析后发现,中国队在2号位的进攻上与世界强队有差距。应该加强运动员身体素质的训练,提升运动员的腰腹能力、个人战术能力,在吸收国外先进打法的同时,与本身快速多变的战术体系相结合,增加立体进攻的数量[③]。

张高飞在《第30届奥运会中外女排进攻技战术特点和效果的对比研究》中得出,从进攻战术总体的运用效果看,中国队在进攻战术运用中直接得分能力一般,中国队在进攻战术运用中被拦死的次数相对较高,主动失误的次数相对较少。中国队运用最多的强攻战术打法是4、2、6号位强攻。中国队在快攻运用能力上强于外国队,运用最多的快攻战术是背飞、背溜、近体快、短平快,在平快掩护攻运用能力上稍强于外国队。立体攻战术在世界女排比赛中仍处于初级阶段[④]。

卢光保对2014年世界女排锦标赛前4强的比赛进行技术统计分析,发现中国女排的扣球技术有了大幅度的提升,不再过多依赖快变战术,强攻扣球已成为主要火力点,但全面型强攻手有待培养。发球、拦防和传球等技术与

[①] 韩静:《中外优秀女排主攻技术比较》,载《体育文化导刊》2011年第7期,第46-49页。

[②] 时立新、宋永晶、杨青宝:《2008年北京奥运会巴西女排夺冠分析》,载《长江大学学报(自然科学版)理工卷》2008年第5(3)期,第98-100页。

[③] 刘文波、刘海龙:《中国女排与世界强队进攻打法运用效果的比较》,载《武汉体育学院学报》2011年第45(3)期,第93-97页。

[④] 张高飞:《第30届奥运会中外女排进攻技战术特点和效果的对比研究》,河南师范大学,2013年。

世界强队相比仍有较大差距①。

曾黎和黄延春在《中国和巴西优秀女排运动员近体快扣球技术的三维运动学对比分析》中，认为在助跑环节中国选手杨珺菁步幅较小、并步距离短、速度较快；在起跳环节杨珺菁倾向对速度的保持，起跳时间较短，巴西选手塔伊萨倾向对高度的追求，起跳时间较长；在空中击球环节，杨珺菁击球点较低、力量较小、速度慢，巴西选手塔伊萨击球点高、力量大、速度快。杨珺菁的击球力量约为 55 牛顿，塔伊萨的击球力量约为 104 牛顿。高点、大力、快速击球成为现代近体快球技术发展的主要趋势②。

黄延春在《世界女子排球竞技格局分析》中认为，以巴西、美国为首的美洲女排整体实力优势明显，但世界女排整体竞技实力的提升，使竞技水平差距在逐渐缩小。以技战术风格为依据，可以将世界女排的技战术打法分为四类：实力打法型、全面均衡型、高度力量型、快速灵活型。实力打法型的球队以美国队为代表，韩国、德国女排也属于此类。此类型球队强调技战术打法的先进性，较多引入男子排球的打法，同时强调突出个人的能力。全面均衡型以巴西女排为代表，多强调整体配合，且全队无明显的短板甚而是各点均有较高的竞技实力，进攻中强调快速、全面、拉开、防守平衡。高度力量型的国家以俄罗斯、塞尔维亚、荷兰女排为代表，此类型球队利用其身高和力量的优势，战术简单实用，击球点高。以亚洲的日本、泰国女排为主要代表的快速灵活型，主要特点为全队球员技术娴熟，防守、小球串联质量好，进攻快速、多变，攻击点多且富有变化③。

张宏、孟范生在《巴西女排各轮次一攻进攻规律研究》中总结了巴西各轮次的进攻效率。他发现巴西队第三轮进攻的运用比例最高，其次是第一轮和第五轮；第六轮是在一攻中进攻效率最高的轮次，其次是第二轮和第五轮。巴西队的第一、五、六轮以 4、2 号位进攻为主；第一、二、六轮次的后排立

---

① 卢光保：《中国女排与世界强队竞技能力对比分析》，载《体育文化导刊》2015 年第 4 期，第 116 - 119 页。

② 曾黎、黄延春：《中国和巴西优秀女排运动员近体快扣球技术的三维运动学对比分析》，载《广州体育学院学报》2017 年第 37（3）期，第 69 - 72 页。

③ 黄延春：《世界女子排球竞技格局分析》，载《体育文化导刊》2015 年第 4 期，第 132 - 135 页。

体进攻运用比率和成功率较高，后排立体进攻是巴西队的一大特点[①]。

赖亚文在《中日女排进攻技、战术特点比较研究》中，对2010年世界女排大奖赛中中国队与日本队的进攻技战术特点进行比较分析后，认为日本队在进攻节奏、进攻效果以及合理分配球方面均优于中国队。中国队存在2号位和后排攻薄弱、3点攻不如2点攻轮次绩效好的现象。应合理调整二传位置、发展远网进攻战术，进一步完善快变战术，并降低一传难度[②]。

黄延春在《中外优秀女排进攻结构差异及原因对比分析——以2013年中外女排大赛为统计样本》中，认为中国女排应该继续坚持快速多变的战术打法，做到以快攻为主并提升快攻的组织水平和攻击效果，加强反攻的使用。增加进攻得分点，增强多点、就近、就地反击的能力。进一步提升主攻的强攻能力，尤其是击球手法的多样性、变化性。副攻应加强与二传手、主攻手之间的配合和掩护，从而形成有效的立体进攻。主攻手应加快进攻的速度，加强进攻的力量，丰富手法技巧上的变化，进一步调配击球线路和落点[③]。

马倩在《世界高水平男女排进攻战术打法运用差异分析》中的研究结果显示，在进攻战术打法上，运用数量从多到少依次是强攻、快攻、平快掩护球、立体攻。扣死效果从高到低依次是平快掩护球、快攻、立体攻、强攻，并且平快掩护球的扣死率明显高于其他三种[④]。

郭希涛、陈诺、谢光辉在《2005年世界女排大奖赛中国女排与欧美女排扣球技战术运用分析》中认为，中国女排仍保持了快变灵活的特点与优势，快攻运用区域主要在2号位，快攻扣球质量强于欧美女排；以强攻夺取网上优势是欧美女排的共同特点，在快攻战术中主要采用在3号位区域的高点短

[①] 张宏、孟范生：《巴西女排各轮次一攻进攻规律研究》，载《河北体育学院学报》2010年第24（3）期，第74-77页。

[②] 赖亚文：《中日女排进攻技、战术特点比较研究》，载《成都体育学院学报》2011年第37（3）期，第38-41页。

[③] 黄延春：《中外优秀女排进攻结构差异及原因对比分析——以2013年中外女排大赛为统计样本》，载《河南教育学院学报（自然科学版）》2014年第23（3）期，第77-81页。

[④] 马倩：《世界高水平男女排进攻战术打法运用差异分析》，北京体育大学，2011年。

平快、近体快攻为主的扣球手段①。

赵斌在《2011年中外女排进攻战术特点及强弱轮次的比较研究》中，对比了中国与美国、塞尔维亚、泰国、俄罗斯、意大利、韩国、日本、巴西等国的战术特点和各轮次得失分情况。发现中国队后排进攻仍然是薄弱环节，进攻以2号位快变战术进攻为主，4号位强攻与3号位快球紧密配合的高快结合战术打法。中国女排各轮次得分同其他8个国家队相比，主要得分集中在前排3点的强轮次中，在弱轮次中失分较多，容易造成连续卡轮②。

张琦在《世界高水平女排进攻战术效果的分析研究》中，对2011年女排世界杯前五名队伍在不同进攻系统中的不同进攻战术打法进行研究和讨论，认为现代女子排球强攻依然是所有球队在进攻打法上的第一选择，但在接发球进攻中，中国队选择快攻作为第一攻击手段；在四个不同的进攻系统中，中国队与其他四支球队既有相同点又有差异性③。

史兰涛总结中国女排在进攻方式上更多地依赖快球进攻，但是在快攻的组织上缺乏战术变化，主要是以2号位的背飞、背溜进攻为主，3号位的快攻成功率较低。相比外国强队，2、3号位的快攻相对均衡，并且在快攻的组织上更快、更高，在拦防上对中国女排造成很大的难度，拦防效果也不好④。

由上，介于前人的研究，快攻是我国女排主要的进攻方式，但有碍于我国女排一传到位率的限制，成功率不高。

朱林等研究者在《中日女排一攻系统强攻效果分析》中指出，中国队与日本队相比较，在2、4号位强攻次数上明显较少，而在强攻扣过率上则明显较高；中国队在强攻得分、直接得分能力方面则较日本队存在一定差距⑤。

李毅钧、李华燕、邵东明和杨管在《中国女排2015年世界杯夺冠技战术

---

① 郭希涛、陈诺、谢光辉：《2005年世界女排大奖赛中国女排与欧美女排扣球技战术运用分析》，载《成都体育学院学报》2006年第5期，第75-77页。

② 赵斌：《2011年中外女排进攻战术特点及强弱轮次的比较研究》，西北师范大学，2012年。

③ 张琦：《世界高水平女排进攻战术效果的分析研究》，北京体育大学，2013年。

④ 史兰涛：《第11届女排世界杯中国队与外国强队技战术对比分析》，辽宁师范大学，2012年。

⑤ 朱林、张晶晶、于宁波：《中日女排一攻系统强攻效果分析》，载《体育科技文献通报》2013年第21（12）期，第72-74页。

特点分析与巴西奥运展望》中总结，意大利女排的主要进攻方式是强攻，攻手经验丰富，失误较少，不仅具有欧洲球队力量大、击球点高的特点，也融合了快和变的进攻特点[①]。

潘月红和任玉庆在《第 16 届女排世锦赛中国和俄罗斯进攻技战术运用效果的比较研究》中，总结俄罗斯女排进攻的特点是凭借队员的身高优势在高打强攻的基础上，融合亚洲快速多变的战术，尤其是 2 号位单脚背飞和 2、3 号位的跑动进攻以及与后排相结合的立体进攻，是俄罗斯女排进攻的特点[②]。

张之飞在其论文《2010 年世界锦标赛中国女排与世界强队技战术的对比研究》中，对比了中国、俄罗斯和日本几个主攻手的强攻后发现，从扣死率上来看，中国女排低于很多国家。可见，中国女排的强攻力量小、速度慢、落点不够刁钻、威力不够，经常会出现扣几次扣不死的现象，这也说明了中国女排的强攻不强的问题。建议中国女排应加强力量训练[③]。

综上所述，前人对我国女排以及欧美高水平女排的强攻有了一定的研究。相对于中国，欧美高水平女排借助身高和力量的优势，更多地选择高打强攻为主的进攻方式。

郑帅在《女排比赛进攻战术体系"后排进攻"的研究——以伦敦奥运会中国女排为例》一文中通过分析得出，中国女排在"后排进攻"运用次数上相对前两届奥运会有了明显的增加，相对国外强队还略有差距；中国女排在 6 号位的"后排进攻"效果明显好于 1 号位；在有前排进攻掩护的情况下"后排进攻"的效果明显好于没有前排掩护的"后排进攻"。但扣死率有所降低，被拦情况有所好转[④]。

高小梅在《中国女排后排进攻的特点与战术创新的研究》一文中，从中国女排后排进攻运用的次数、区域、落点、得分和进攻效果等几方面来总结

---

① 李毅钧、李华燕、邵东明、杨管：《中国女排 2015 年世界杯夺冠技战术特点分析与巴西奥运展望》，载《北京体育大学学报》2015 年第 38（11）期，第 120－125 页。

② 潘月红、任玉庆：《第 16 届女排世锦赛中国和俄罗斯进攻技战术运用效果的比较研究》，载《搏击（体育论坛）》2013 年第 5（2）期，第 76－78 页。

③ 张之飞：《2010 年世界锦标赛中国女排与世界强队技战术的对比研究》，河南师范大学，2012 年。

④ 郑帅：《女排比赛进攻战术体系"后排进攻"的研究——以伦敦奥运会中国女排为例》，成都体育学院，2013 年。

后排进攻的运用。她认为中国女排后排进攻运用的次数较少,缺乏后排进攻的意识。进攻区域主要集中在 2 号位和 3 号位,各种落点的分布比较均匀。建议中国女排后排攻的意识要加强,增加训练的力度,在平时的训练中要注重后排攻的掩护。扣球过程中要注重手型和打法,减少后排攻当中的失误,在训练中要注重创新①。

孙桂芳、孙桂芹、胡思诺和杨永明等学者认为,中外女子排球队后攻技术应用差距明显,战术实施主要在 6 号位和 1 号位,后攻成功率高;群体情感效应受比赛分值影响大,和合创新能力较弱。大胆创新,独辟蹊径,发挥个体优势,形成共生效应等和合效应训练,克服组织惯性,扩展 5 号位的战术实施,是中国女子排球队后攻技、战术整合的有效策略②。

姜宝和王超曾对 2011 年女排世界杯赛中日两队后排进攻效果进行对比分析。他们认为中国队现阶段的后排进攻仍处于单打独斗阶段。6 号位的后排进攻具有一定的威胁力,1 号位的后排进攻相对较弱③。

通过对近十年有关"欧美女排技战术"相关文献的归纳和梳理,我们可以发现,国外与国内有关排球技战术研究的关注点略有差异,国内的研究范围更为广泛。国外的相关文献多关注技战术之间的相关性研究,而国内则多以技战术的运用效果、得失分、打法特点等为主。国内外有关排球技战术的研究方法大致相同,但略有差异。国外的研究手段与方法多为抽样调查法与数理统计相结合,而国内的研究手段与方法则是以视频分析为主,并兼有更多样的研究方法和手段,为本研究的研究手段与方法的选取提供了参考与借鉴。

国内有关欧美高水平女排的风格特点、战术打法等的研究较少。技战术运用效果方面的研究多采用视频分析、数理统计和对比研究的方法。对于比赛中排球技战术的运用效果等的研究不够全面,多集中于一攻系统以及战术打法上。其中战术打法又多集中于强攻、快攻和后排攻上。学者们一致认为,

---

① 高小梅:《中国女排后排进攻的特点与战术创新的研究》,长江大学,2012 年。
② 孙桂芳、孙桂芹、胡思诺、杨永明:《2011 年世界杯中、外女子排球队后攻应用比较研究——兼谈和合效应对中国女子排球队伦敦奥运会参赛影响》,载《中国体育科技》2012 年第 48(4)期,第 32 - 36 页。
③ 姜宝、王超:《2011 女排世界杯赛中日两队后排进攻效果的对比分析研究》,载《运动》2013 年第 7 期,第 39 - 40 页。

我国女排在后排攻上较之欧美女排存在一定的差距，并未能形成真正的"立体攻"。本书将以此为突破口，对欧美高水平女排的技战术特点、打法风格等进行系统研究。

1.4.3.4 前人相关研究的总结及研究新视点

当今国际排坛速度的变化、网上高度的控制以及技战术的全面有效性成为高水平排球比赛的主要影响因素。国内外文献资料显示，进攻在排球比赛中的作用和地位均表现出高度的一致性。随着排球运动攻防节奏的提升，排球对抗形成了高度和速度相结合、全攻全守的新型技战术打法，被世界强队普遍运用。其中，突出进攻的实用性成为世界排球技战术的发展趋势。在比赛中，技战术的运用直接影响着排球比赛的结果。故此，世界高水平运动队均希望及时掌握了解对手的技战术特点，做到知己知彼、百战不殆。随着科技的进步，国内外对于技战术的研究方法层出不穷。从现有文献来看，国外相关研究内容多集中于运动员的比赛表现以及运动员技战术的运用对比赛结果的影响。

在进攻技术使用和分析层面，国内学者进行了较多相关研究，且多集中在进攻打法、使用次数和效果方面，对国内外不同球队，结合不同比赛及结果，进行了纵向与横向的对比，对中国女排和世界女排强队进攻打法差异和原因进行了不同轮次、不同攻防系统等的分析和阐述。目前，女子排球技战术打法依然是学者们的研究关切点，毕竟不同时期的比赛，女子世界排坛的技战术打法会有新的变化和特点，同时相关统计软件如 Data volley、Bvss 等被逐渐引入到常规技术统计中，但相关研究仅对统计软件作简要介绍和描述，并结合实战运用和分析的描述。排球技术经过百余年急剧变化和发展，已经相当成熟和完善，室内排球项目自 1964 年进入东京奥运会以来技战术的更新、演变不断发展，尤其是在进攻技战术的运用方面，在对空间、时间、高度、位置、节奏和变化等维度的利用上均有所体现，难以在技术层面有所突破，但就结合这些变化如何使用扣球技术和催生正向效果，无疑是世界顶尖攻手和一般攻手区别所在。因此，对目前欧美女排强队不同类型优秀攻手的进攻技战术使用特征进行研究，具有重要的应用价值和理论意义。同时，目前对对手主要进攻队员的战术组合、进攻特点，进攻的习惯线路、关键分战术分配等相关情况的分析和掌握，已成为世界各国女排教练和队员的关切，进而也成为理论研究的新领域。

国外有关排球技战术的研究多集中于得失规律，技战术相关统计，不同技术运用之间的相关性与比赛结果相关规律的研究。研究方法也多偏向于定量研究，采用研究手段多以录像观察为主，没发现采用高速摄像以及专业排球侦测软件对球队技术进行诊断与分析的文献。

前人在运用三维运动学方法对扣球技术研究方面，进行了较多的研究，主要集中在不同运动员扣球的挥臂动作，助跑起跳的速度、各关节角度及变化，击球高度等方面，针对扣球动作不同技术环节的运动学指标进行不同的探讨和研究，获得了相应的研究成果。目前，运用三维拍摄，结合肌电分析、测力台、神经冲动测量对扣球技术进行综合研究开始出现，但多数在实验环境中进行，并未贴合实战情景，因此存在难以与比赛实战对接的不足。综合学者以往对进攻方面的研究，存在研究对象选取较为久远，代表性和时效性较欠缺，缺乏实战性的不足。

由于近年来欧美女排上升势头猛烈，竞争格局有了较大改观，目前国内还没有针对欧美女排强队采用高速摄像比赛现场拍摄、解析进攻主要环节数据和Data volley 侦测技战术运用的研究成果。根据我国女排新奥运周期备战实际状况，从技战术指标选取、比赛现场拍摄和指标数据分析三方面入手，对欧美女排强队的进攻技战术特征进行侦测与分析，以期从定量与定性相结合的角度揭示世界排球技战术的发展规律与趋势，不仅能够提高我们对排球项目特点和规律的认识、归纳和把握，形成排球运动队参赛技术诊断、技术训练目标设置和基础技术训练导向等实践应用领域的科学依据，还对丰富国内现有排球专项理论有积极意义。

1.5 研究内容、技术关键、创新点

1.5.1 研究内容

本研究依托国家体育总局奥运攻关服务项目《东京奥运周期中国女排及其主要对手技战术特点的诊断与对策》（项目编号：2017HT089），对中国女排的主要竞争对手的进攻特征进行了深入的提炼和研究，所做的主要工作表现在以下三个方面。

1.5.1.1 通过 Data volley 排球专业技战术侦测软件详解欧美女排进攻战

术效果总体状况与实施手段，各队二传队员在不同轮次的进攻战术组织区域特点；欧美女排各队一次攻/防守反击的进攻线路、落点分布规律；主要进攻人不同轮次的进攻效率；欧美女排各队关键分阶段进攻分配球特点、提出拦防欧美女排进攻时的针对性对策。

1.5.1.2　通过现场观摩与录像分析欧美女排各队进攻打法，包括一次攻战术分配特点、防守反击战术分配特点；欧美女排强队各队主攻、副攻、接应队员各司职位置进攻效果。

1.5.1.3　通过高速摄像机、常速摄像机相结合的方式，对欧美女排强队的进攻结构和扣球技术动作进行现场拍摄，系统分析欧美女排强队运动员的扣球技术运用特征，包括扣球高度、球体过网位置、球速；主要进攻人面对不同拦网高度与拦网人数时的扣球进攻技巧和手法、不同位置扣球的动作特征；欧美女排主攻、副攻、接应队员各司职位置扣球技术动作高速影像的定性分析。

1.5.2　技术关键

1.5.2.1　欧美女排强队运动员比赛中扣球动作及相关动作画面的高速拍摄、提取；

1.5.2.2　欧美女排强队比赛过程的进攻技战术信息识别与录入统计；

1.5.2.3　欧美女排强队运动员扣球动作运用效果的评价和相关数据的获得；

1.5.2.4　欧美女排强队进攻特征归纳分析。

1.5.3　创新点

1.5.3.1　采用 Data volley 4 排球坐标系软件包，多维度定量分析欧美女排强队的技战术表现，侦测各队的战术选用频次、各轮次整体进攻效果、队员个人进攻效果、进攻区域选择、关节分阶段战术分配、核心进攻人的扣球路线、落点等指标。在研究主要竞赛对手技战术特征方面提供大数据支持，打破已往技战术统计多运用手工统计单一维度的局限。以探索性的新尝试为后续研究提供数据搜集和分析的重要参考，为排球技战术研究在数据深度分析上提供有益参考。

1.5.3.2　采用 Fastec TS5 高速摄像机以高帧数连拍摄录方式现场对世界

高水平女排运动员的进攻组织和技术动作进行甄别与解析,针对进攻环节的击球高度、过网位置、进攻组织时间、球速等进攻核心指标进行识别,在实战情境中量化顶尖运动员技术表现,提升中国女排新奥运周期备战的针对性、科学性,打破传统高速仪器仅限数秒拍摄和依赖大功率照明的实验环境限制。

第二章 研究对象与方法

2.1 研究对象

本研究以世界女排强队进攻表现特征为研究对象,选取中国女排以及备战2020年东京奥运周期中的欧美主要竞赛对手为切入点,分别为巴西、塞尔维亚、美国、意大利4支女排队伍,及各队中的顶尖高水平运动员为侦测与分析对象。

2.2 研究方法

2.2.1 文献资料法

通过检索华南师大图书馆、沈阳体育学院图书馆、中国知网、超星电子图书、读秀、Elsevier、Springer、Ebsco 等期刊数据库进行了相关文献资料的检索和筛选,获得国内外有关排球运动、技战术分析研究的相关文献资料,把握了该领域的研究现状、研究水平、理论层次和发展方向,为本研究的设计及构思提供参考。通过查阅国际排联官方网站、亚排联网站、欧排联网站掌握国际各项女排赛事的信息动态,为进行研究提供重要的参考信息和理论基础。

2.2.2 Data volley 排球技战术信息侦测法

Data volley 4 软件是由意大利 Data project 体育软件公司自主设计的一款排球技、战术数据统计和处理分析软件,近年来在世界排球大赛中被国外各队科研教练组广泛应用。该软件由意大利体育部协同美国微软公司合作开发。Data volley 4 软件结合 Data Video 软件可将比赛视频与排球技、战术统计分析同步,统计效果能以视频、图、表等诸多方式展现,统计数据与视频数据简洁地实现了关联,比赛中实现了通过无线传输、彩色打印或语言交流等方式的场外分析与场内教练组的即时沟通①。软件操作便捷，具有排球技战术代码与排球专业术语相关性高等特点，该软件是用代码的形式把比赛过程用计算机键盘进行录入，可以统计全队和每个运动员的详细信息，并通过战术代码的设定可以统计各种技术和战术的应用情况，在实战情境中量化顶尖运动员技战术表现。软件具体操作与功能详见附录部分。

软件特色：这种以实战进程信息为核心的排球技战术信息分析系统已经可以协助运动队在赛前预测，赛中、赛后反馈任何一名队员的技战术表现、二传在不同轮次的一次攻和防守反击进攻区域、二传队员战术组织实施、扣球及发球主要路线等重要信息。坐标位置打破传统排球教材中6个区位的模式（见图2-3），对落点、区域的侦测更为精准翔实，如图2-4所示。该信息分析系统已经在世界高水平运动队中广泛应用。大数据分析模式在当今高水平赛事备战和辅助科学化训练中起到至关重要的作用。

应用范围：2017年世界女排大奖赛实地考察期间，参赛各队均配备该系统软件，各队均有一支科研团队或专职的科研教练为己方球队提供数据支持，少则2人，多则3至4人。随着现代信息技术及运用理念的不断演进，排球比赛技战术信息分析手段与方法从技术角度已经实现了由手工制表采集数据向以计算机专业软件为核心进行数据采集处理与分析过程的转变。

笔者于2017年参加国家体育总局排球运动管理中心举办的第一期Data volley技术统计培训班，本研究通过2017世界女排大奖赛昆山站、香港站、澳门站、南京站；2018世界排球联赛（江门站），2018女排世锦赛等一系列高水平赛事的现场比赛录像资料，运用Data volley 4进行数据统计整理，侦测欧美各队进攻表现指标。统计场次：巴西11场、美国15场、意大利15场、塞尔维亚12场、中国12场，场次明细见附录1。软件操作部分界面如图2-1、图2-2所示。

---

① 杜宁、李毅钧、陈华伟等：《我国高水平女排技战术信息侦测研究》，载《北京体育大学学报》2017年第40（8）期，第106-108页。

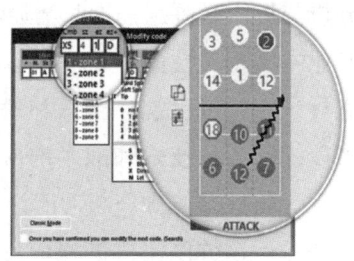

图2-1、图2-2　Data volley 4 排球技战术信息键入操作截图

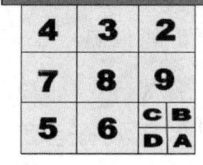

图2-3　场地位置界面图　　图2-4　场地位置坐标图

2.2.3　高速摄像及解析法

研究采用美国产 Fastec TS5 高速连拍运动相机，分别对 2017 年世界女排大奖赛分站赛（昆山站）、总决赛（南京站），2018 年世界女排联赛（江门站）进行比赛现场实地拍摄，对巴西、美国、塞尔维亚、意大利队的进攻结构、接发球阵型、进攻打法、扣球技术动作进行拍摄。合计 28 场次，拍摄帧数达 45.5 万帧，获取欧美顶尖运动员一手影像资料数据，场次明细见附录1。

拍摄器材：美国 Fastec TS5 型高速连拍摄像机。拍摄帧数（Fps）：300—500 帧/秒；快门速度（Shutter-speed）：603。分辨率为：1024×768。Fastec TS5 是专门为体育运动的拍摄及分析需要而设。TS5 具有长时间录像，物体自动追踪，测量位置、速度及加速度等动态数据，通过高帧数摄录运动员的技术动作，该摄像机长时间连续录像模式在 Full HD 1080p，可以每秒 500 帧的录像速度，把图像记录在内置的固体硬盘 SSD（SATA III）中，打破传统高速摄像机只有数秒录像的限制。在对捕捉顶尖运动员技术动作方面具有较高的硬件优势。

拍摄位置：排球场区控制区外，分别位于比赛场地端线与边线后。以每秒 300 帧以上帧数进行动作拍摄，拍摄区域为排球全场地 $162m^2$，在拍摄之前，选用排球场地固定的标志杆 1 米，中线中心线至进攻线外端 3 米为标尺，

第二章　研究对象与方法

标定精度为 0.001 米。采用 Fas motion 软件对拍摄高速视频进行导出储存。

分析方法：采用美国专业的分析软件 Pro Analyst，该软件是一个全向性的自动跟踪软件和数据分析软件包。对高速摄像机拍摄的运动影像图形进行精确的分析计算，并最终形成报告或说明。对选取的欧美女排顶尖运动员的扣球动作进行解析，包括运动员的进攻高度、进攻位置、进攻过网区域、进攻速度、进攻组织时间、击球技巧手法等进行解析。摄录过程从各队接一传至二传分配球至攻手击球动作完成，组织自动跟踪有 1 维（沿时间线）和 2 维（方向图）跟踪方式。软件对同步数据进行快速傅立叶变换（FFT）、过滤和进一步分析，然后使用绘图板将影像运动覆盖于探头摄得的信息之上，操作具有较高的稳定性，软件操作部分界面如图 2-5、图 2-6 所示。

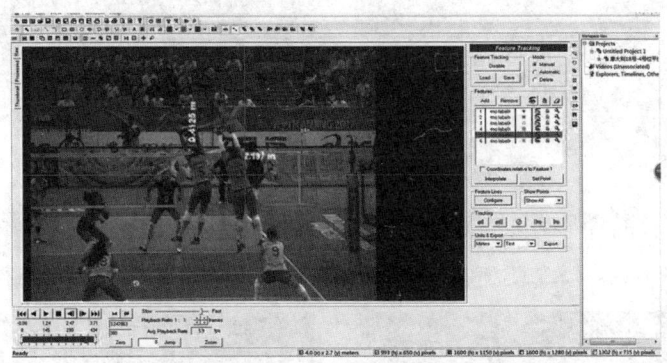

图 2-5　Pro Analyst 分析运动员击球高度截图

图 2-6　Pro Analyst 分析二传手传球时间截图

2.2.4 现场录像观摩统计法

通过对 2017 年世界女排大奖赛昆山站分站赛、南京站总决赛，2018 世界排球联赛江门站分站赛，采用比赛现场实地常速录像拍摄、实地调研；对 2017 年世界女排大奖赛澳门站、香港站，2017 年世界女排大冠军杯比赛进行录像观察，对比赛获得的视频资料进行整理，对全部场次比赛相关技术效果进行技术统计，采用 SPSS17.0、Excel 软件包对获得的相关数据进行录入与统计分析，翔实分析主要对手国的各类进攻数据，为进行后续研究提供第一手影像与数据资料。

图 2-7　2017 世界女排大奖赛（南京）拍摄现场

图 2-8　2017 世界女排大奖赛（昆山）拍摄现场

图 2-9　2018 世界排球联赛（江门）拍摄现场

图 2-10　2018 世界排球联赛（江门）拍摄现场

第三章 塞尔维亚女排进攻技战术特征分析

3.1 塞尔维亚女排参加世界大赛概况

塞尔维亚女排是世界女子排坛的新贵,她们的崛起要追溯到2006年。在2006年的女排世锦赛中,塞尔维亚女排夺得了铜牌,实现了女排历史性的突破。自此,塞尔维亚女排正式成为世界女子排坛上一支不可忽视的球队。在里约奥运周期,随着米哈伊洛维奇和博斯科维奇的出现,塞尔维亚女排的实力达到了一个新的高度。

在2015年的女排世界杯上,塞尔维亚女排展现出了极高的进攻实力,诠释了高度与力量的攻势排球特征。在当年的女排世界杯上,塞尔维亚女排击败了包括美国、俄罗斯、日本在内的一众强手,最终只是以小分的劣势不敌中国女排,获得亚军,再次创造球队在国际排联三大赛中的最佳战绩。

2018年女排世锦赛落下帷幕,塞尔维亚女排逆转取胜意大利女排摘得冠军,这是塞尔维亚女排在2015年世界杯、2016年奥运会连续拿到两个世界亚军之后,首次在排球世界三大赛中夺得冠军。她们也成了第九支获得三大赛冠军的女排球队。本届世锦赛,塞尔维亚女排是夺冠大热,她们一度是成绩最佳的球队,并且一局不失。此外,塞尔维亚是所有参赛球队中第一个进入6强的球队。里约奥运会之后,随着博斯科维奇的不断成熟,塞尔维亚女排的实力再次提升,成为当今世界女子排坛最具实力的队伍之一。在2018年的女排世锦赛上,塞尔维亚女排迎来了夺冠的最佳时机。在六强赛中接连击败东道主日本和状态爆棚的意大利,让塞尔维亚女排的冠军相尽显。

塞尔维亚女排载誉归国后得到了塞尔维亚总统的亲自接见,而塞尔维亚首都贝尔格莱德的数十万市民也在广场前和塞尔维亚女排队员一起庆祝来之不易的胜利。2017年塞尔维亚女排时隔6年再次获得欧锦赛冠军的时候,塞尔维亚总统武契奇也在总统府会见了塞尔维亚女排教练和队员。塞尔维亚总统发表讲话,感谢塞尔维亚女排为祖国带来荣誉,并称塞尔维亚女排是塞尔维亚全国600万人民的骄傲。塞尔维亚女排主教练特尔季奇在讲话中说:"我的人生格言是奋斗不止。自从2002年担任塞尔维亚女排主教练以来,我一直不断提拔新人增加我们的实力,最终我们获得了成功。"塞尔维亚女排此前最好的世锦赛成绩是2006年世锦赛上获得铜牌。2015年世界杯上以10胜1负战绩获得世界杯亚军,2016年里约奥运会上击败美国闯进决赛获得亚军。值得一提的是,这两次冠军获得者都是中国女排[①]。2017年女排欧锦赛上,塞尔维亚女排队长拉西奇受伤缺席,但仍然依靠博斯科维奇的神勇发挥,3∶1击败荷兰队,夺得冠军。

塞尔维亚人口只有600万,但是其三大球项目都曾经获得过辉煌,女排是近年来重新崛起的优势项目,而男排很早之前就拿到过世界冠军。2018届世锦赛,塞尔维亚女排发挥相当出色,硬实力确实非常突出。她们的主力米伦科维奇在世锦赛期间受伤不能继续比赛,在这种情况下她们还能有如此表现,可见她们的板凳深度也是极其雄厚的。

塞尔维亚女排未来几年会是中国女排最主要的竞争对手之一。这几年欧洲球队普遍崛起是一个不争的事实,在女排打法越来越男性化的今天,塞尔维亚女排可以说给全世界女排立了一个标杆。不过由于身体素质的差异,中国女排不可能复制塞尔维亚女排的战术打法。我们有我们自己的传统优势和排球理念,不过她们的优点确实也值得中国队学习。2020年的东京奥运会,塞尔维亚女排以新科世界冠军身份参加,中国女排以卫冕者身份参加,两队之间也必将再有一番龙争虎斗。

3.2 塞尔维亚东京奥运周期主力阵容配备分析

塞尔维亚女排身高平均值为186.57cm,与我国女排的身高平均值为187.38cm相当,对两国女排队员身高方差齐性检验结果F值为3.477,显著性概率$p=0.070$,大于0.05,通过研究发现中国女排目前的身高优势在世界女子排坛具有较强的优势,运动员的平均身高比以高度优势著称的塞尔维亚

---

① 载誉而归,塞尔维亚女排成为国家英雄[EB/OL].[2018-10-24].网易体育.http://poker.sports.163.com/18/1024/15/DUT2OHM30005877U.html.

第三章 塞尔维亚女排进攻技战术特征分析

图3-1 塞尔维亚女排合影，2017世界女排大奖赛南京总决赛赛区

Srbija 塞尔维亚

号码	球员名	译名	生日	身高	位置	俱乐部 (18-19赛季)
1	Bianka Buša	布萨	1994.07.25	187	主攻	波利采(波兰)
2	Katarina Lazović	拉佐维奇	1999.09.12	183	主攻	鲁马维祖拉
3	Sanja Malagurski	马拉古尔斯基	1990.06.08	193	接应	贝加莫(意大利)
4	Bojana Živković	日夫科维奇	1988.03.29	185	二传	加里宁格勒(俄罗斯)
5	Maja Savić	萨维奇	1993.08.14	189	副攻	拉伊科瓦茨
6	Tijana Malešević	马莱塞维奇	1991.03.18	185	主攻	布拉日(罗马尼亚)
7	Ana Antonijević	安东妮耶维奇	1987.08.26	185	二传	费内巴赫切(瑞士)
8	Slađana Mirković	米尔科维奇	1995.10.08	185	二传	波利采(波兰)
9	Brankica Mihajlović	米哈伊洛维奇	1991.04.13	190	主攻	日本烟草(日本)
10	Maja Ognjenović	奥格耶诺维奇	1984.08.06	183	二传	莫斯科(俄罗斯)
11	Stefana Veljković	维利科维奇	1990.01.09	190	副攻	诺瓦拉(意大利)
12	Teodora Pušić	普西奇	1993.03.12	170	自由人	蒂米什瓦拉(罗马尼亚)
13	Ana Bjelica	比耶利察	1992.04.03	190	接应	勒卡内(法国)
14	Maja Aleksić	阿莱克西奇	1997.06.06	188	副攻	布拉日(罗马尼亚)
15	Jovana Stevanović	斯特万诺维奇	1992.06.30	192	副攻	斯坎迪奇(意大利)
16	Milena Rašić	拉西奇	1990.10.25	193	副攻	瓦科夫银行(土耳其)
17	Silvija Popović	波波维奇	1986.03.15	175	自由人	阿尔泰(哈萨克斯坦)
18	Tijana Bošković	博斯科维奇	1997.03.08	193	接应	埃扎哲巴舍(土耳其)
19	Bojana Milenković	米伦科维奇	1997.03.06	186	主攻	斯坎迪奇(意大利)
20	Ana Lazarević	拉扎雷维奇	1991.07.04	187	主攻	布拉日(罗马尼亚)
21	Jovana Kocić	科西奇	1998.02.24	190	副攻	鲁马维祖拉
22	Sara Lozo	罗佐	1997.04.29	186	接应	塔尔迪库尔干(哈萨克)

图3-2 塞尔维亚女子排球队队员信息统计

女排略胜一筹。

博斯科维奇，塞尔维亚两门大炮之一，世界顶级接应。里约奥运会与米哈伊洛维奇挑落美国女排，打进决赛创造历史最佳。其进攻点高，力量大，线路丰富，多年效力于伊萨奇巴希，被誉为与朱婷同级别的天才球手，但是技术还不够成熟，失误稍多。博斯科维奇被誉为天才少女，已然成名于国际，

又在土耳其联赛中的顶级俱乐部锻炼，还荣获 2018 女排世锦赛和世俱杯的 MVP，在接应位置上已经属于世界一流水平。博斯科维奇已改刚出道时状态不稳定的弊端，进攻实力已然能够和朱婷媲美，未来也会是朱婷的主要竞争对手。

3.3 塞尔维亚女排进攻效果总体分析

根据国际排联最新公布的女排最新排名，塞尔维亚女排以总分 322 分首次超越中国女排登顶世界第一，中国女排则以 320 分的成绩排在了第二名[①]。随着 2018 世界女排联赛和 2018 女排世锦赛的失利，以及塞尔维亚女排的崛起，中国女排开始受到了前所未有的挑战，而且这种挑战是持续性的，具有很大威胁。另外，随着欧洲女排整体进步迅速，全世界女排格局的重心开始由亚洲转向欧洲，2018 届世锦赛一度是成绩最佳的球队，夺冠呼声较高，她们一局不失第一个进入 2018 届世锦赛的 6 强。塞尔维亚女排历史性首次打入世锦赛决赛，继 2015 年世界杯和 2016 年里约奥运会后，连续第三次在三大赛获得争冠机会。2018 世锦赛决赛中以 3∶2 逆袭意大利，终于首夺世界冠军，成为继苏联（俄罗斯）、日本、古巴、中国、意大利和美国之后，第七支在世锦赛登上冠军领奖台的球队，随着塞尔维亚女排队中博斯科维奇、米哈伊洛维奇、拉西奇等实力型选手的不断成熟，塞尔维亚女排必定是东京奥运周期中国女排的头号劲敌。

表 3-1 塞尔维亚与对手国总体扣球效果对比分析

国别	扣死		扣过		扣失		被拦死		被拦回		总数
	n	%	n	%	n	%	n	%	n	%	
塞尔维亚	59	54.63	23	21.30	11	10.19	8	7.41	7	6.48	108
中国	40	43.48	37	40.22	6	6.52	5	5.43	4	4.35	92
差值	19	11.15	-14	-18.92	5	3.67	3	1.98	3	2.13	16
塞尔维亚	63	44.37	48	33.80	13	9.15	11	7.75	7	4.93	142
日本	57	39.58	57	39.58	6	4.17	14	9.72	10	6.94	144
差值	6	4.79	-9	-5.78	7	4.98	-3	-1.97	-3	-2.01	-2

---

① 国际排联官方网站最新积分排名，http://www.fivb.org/en/volleyball/VB_Ranking_W_2018-10.asp.

续表

国别	扣死		扣过		扣失		被拦死		被拦回		总数
	n	%	n	%	n	%	n	%	n	%	
塞尔维亚	57	42.54	48	35.82	11	8.21	11	8.21	7	5.22	134
美国	48	34.78	55	39.86	11	7.97	18	13.04	6	4.35	138
差值	9	7.76	-7	-4.04	0	0.24	-7	-4.83	1	0.87	-4
塞尔维亚	52	45.22	39	33.91	6	5.22	12	10.43	6	5.22	115
巴西	51	49.51	35	33.98	7	6.80	9	8.74	1	0.97	103
差值	1	-4.29	4	-0.07	-1	-1.58	3	1.69	5	4.25	12
塞尔维亚	56	42.75	57	43.51	11	8.40	7	5.34	12	9.16	131
意大利	51	40.16	48	37.80	12	9.45	12	9.44	4	3.15	127
差值	5	2.59	9	5.71	-1	-1.05	-5	-4.1	8	6.01	4

数据：2017女排大奖赛总决赛（南京站）、2018世界排球联赛（江门站）、2018女排世锦赛。

塞尔维亚国家女子排球队是一支世界排坛著名劲旅。2017年世界女排大奖赛香港站以3∶1战胜中国女排获得分站冠军，在南京总决赛中以3∶1战胜中国女排获得铜牌。2016年里约奥运会小组赛塞尔维亚3∶0战胜中国女排，决赛中1∶3负于中国女排获得银牌。2015年获得世界杯亚军。2011年获得欧洲锦标赛冠军以及世界女排大奖赛季军。2009、2010、2011年三夺欧洲排球联赛冠军。2017年10月2日，塞尔维亚女排在欧锦赛决赛中战胜荷兰女排，时隔6年再次成为欧洲冠军，2018女排世锦赛夺冠[①]。

2018女排世锦赛，在塞尔维亚女排对中国女排的比赛中，塞尔维亚女排扣球比中国女排多19次；扣球得分率为54.63%，比中国女排高11.15%；失误率为10.19%，比中国女排高3.67%。本场比赛塞尔维亚女排在扣球得分率上占明显优势，强力接应博斯科维奇和主攻手米哈伊洛维奇支撑起了塞尔维亚女排的网前两翼主要进攻，给中国女排的拦防造成很大冲击。由于塞尔维亚女排网上高度、力量优势突出，中国女排和其他国家女排对其重点进攻人的拦防均较困难。

接应18号博斯科维奇身高臂长，左手为发力手，18号接应在前排4号位大斜线与中斜线扣球比例占33%，线路较长，多集中在5号位区域；4号位

① https://baike.baidu.com/item.

直线占 67%，具有超手能力。2 号位扣球时斜线占 81%，线路较长且速度快，落点集中在 1 号位区域；直线占 19%，吊球主动运用较少，均发力强攻。后排进攻时 1 号位斜线占 69%，直线占 31%，滞空时间较长。6 号位顺手斜线占 86%，直线占 14%，基本无主动吊球。建议拦网人在对其 2 号位与后排 1 号位进攻时多封堵其斜线、中斜线，且拦网控制节奏，慢起跳。针对其 4 号位进攻多注意直线区域。

主攻手 9 号米哈伊洛维奇进攻实力较强劲，前排 2、4 号位，后排 6 号位均具有较强劲的进攻实力，其在前排 4 号位进攻时直线仅占 10%，但斜线比例占 90%，且发力居多，偶尔有主动吊球；通过比赛观察，其在 2 号位进攻时均采用斜线发力，基本无直线扣球；轮转至后排时，在 6 号位的进攻直线、斜线比例较平均，但顺手斜线占 40%，直线区域占 60%，通过观察 6 号位后攻采用直线时线路长，出界失误较多，建议拦网人对其前排 4 号位拦网时阻拦其斜线发力，针对其后排 6 号位进攻时拦其顺手发力线，并注意避免其打拦网手出界。

在塞尔维亚女排对日本女排的比赛中，塞尔维亚女排扣球总数为 142 次，比日本女排少 2 次；得分率为 44.37%，比日本女排高 4.79%；失误率为 9.15%，高于日本女排 4.98%。2018 女排世锦赛比赛塞尔维亚女排有高得分率和高失误率并存的特点。与日本女排强调防守反击的队伍相比，高度优势是塞尔维亚女排获胜的首要条件，在日本队顽强防守和技术串联优异的表现下失误略显增多。

在塞尔维亚女排对美国女排的比赛中，塞尔维亚女排扣球总数为 134 次，比美国女排少 4 次；得分率为 42.54%，比美国女排高 7.76%；失误率为 8.21%，比美国女排高 0.24%。塞尔维亚女排虽然在扣球总数和失误率上不占优势，但有着扣球高得分率的表现，美国女排目前队中的主攻手和接应位置都不具备高大强攻的硬实力，均是以一传保障后的两边快速拉开进攻为主，在塞尔维亚女排高质量和攻击性发球的冲击下，面对高拦网美国队进攻表现受阻。

在塞尔维亚女排对巴西女排的比赛中，塞尔维亚女排扣球总数为 115 次，比巴西女排多 12 次；得分率为 45.22%，比巴西女排低 4.29%；失误率为 5.22%，比巴西女排低 1.58%。塞尔维亚女排除在扣球总数占有一定优势外，在得分率与失误率方面均不如巴西女排，与巴西女排相比塞尔维亚女排更依靠队员的个人突破能力，但巴西女排依靠全队整体的协同配合，是实力与技巧相结合的球队，不但有速度、力量，在坦达拉、纳塔莉亚等高水平运动员的进攻下获得较好的得分效果。

在塞尔维亚女排对意大利女排的比赛中，塞尔维亚女排扣球总数为131次，高于意大利女排4次；得分率为42.75%，略高于意大利；失误率为8.4%，比意大利女排低1.05%。同样是欧洲劲旅的意大利女排，进攻实力与塞尔维亚相当，属于技术和实力完美结合的球队，队中的埃格努和希拉等球员对塞尔维亚女排起到了较大的冲击作用，但塞尔维亚女排目前在进攻端表现更出色，各司职位置的运动员高度均比意大利占优，在塞尔维亚女排高拦网和强进攻的双重压迫下，意大利女排进攻表现略显逊色。

3.3.1 塞尔维亚不同进攻类型得分对比分析

表3-2 塞尔维亚女排与对手国不同位置强攻得分对比表

队别	4号位得分		2号位得分		1号位得分		6号位得分		总数
	n	%	n	%	n	%	n	%	
塞尔维亚	16	35.56	15	33.33	4	8.89	10	22.22	45
美国	22	56.41	10	25.64	1	2.56	6	15.38	39
差值	-6	-20.85	5	7.69	3	6.33	4	6.84	6
塞尔维亚	8	22.86	17	48.57	6	17.14	4	11.43	35
巴西	21	51.22	11	26.83	2	4.88	7	17.03	41
差值	-13	-28.36	6	21.74	4	12.26	-3	-5.6	-6
塞尔维亚	18	40.91	15	34.09	3	6.82	8	18.18	44
中国	24	77.42	6	19.35	0	0.00	1	3.23	31
差值	-6	-36.51	9	14.74	3	6.82	7	14.95	13
塞尔维亚	22	56.41	12	30.77	3	7.69	2	5.13	39
日本	36	90.00	2	5.00	0	0.00	2	5.00	40
差值	-14	-33.59	10	25.77	3	7.69	0	0.13	-1
塞尔维亚	64	39.26	59	36.20	16	9.82	24	14.72	163
对手国	103	68.21	29	19.21	3	1.99	16	10.60	151
差值	-39	-28.95	30	16.99	13	7.83	8	4.12	12

数据：2018世界排球联赛；2018女排世锦赛。

由表3-2可知,塞尔维亚女排强攻扣球总数为163次,4号位强攻扣球总数为64次,占强攻总次数的39.26%;2号位强攻扣球总数为59次,占强攻总次数的36.20%;1号位扣球总数为16次,占强攻扣球总数的9.82%;6号位扣球总数为24次,占强攻总次数的14.72%。其中塞尔维亚女排2号位扣球以18号博斯科维奇扣球次数最多且扣球效果好。与中国等队相比,塞尔维亚女排的强攻数量占优,其中除了4号位的进攻得分与其他队略有差距外,2号位、1号位和6号位的得分数量均高于对手,可以看出塞尔维亚女排目前的强攻不但依靠主攻队员的高点突破,网前右翼的2号位和1、6号位的立体进攻同样有声有色,说明其接应二传和主攻队员的进攻手段多样,4号位进攻是各队的首要进攻位置,在一传不到位的情况下二传给4号位的主攻手分配球数量居多。但塞尔维亚女排充分利用球网宽度和场地纵深,多点强攻均可突破对方的拦防布局,各位置均有较平均的进攻实力,对抗中对手难以对塞尔维亚集中分配拦网人进行针对性拦网。

表3-3 塞尔维亚女排与对手国快攻得分对比表

队别	近体快		短平快		背飞		总数
	n	%	n	%	n	%	
塞尔维亚	6	50.00	3	25.00	3	25.00	12
美国	2	22.22	1	11.11	6	66.67	9
差值	4	27.78	2	13.89	-3	-41.67	3
塞尔维亚	6	35.29	9	52.94	2	11.76	17
巴西	0	0.00	7	70.00	3	30.00	10
差值	6	35.29	2	-17.06	-1	-18.24	7
塞尔维亚	3	20.00	6	40.00	6	40.00	15
中国	4	50.00	1	12.50	3	37.50	8
差值	-1	-30	5	27.5	3	2.5	7
塞尔维亚	2	8.33	12	50.00	10	41.67	24
日本	4	23.53	3	17.65	10	58.82	17
差值	-2	-15.2	9	32.35	0	-17.15	7
塞尔维亚	17	25.00	30	44.12	21	30.88	68
外国	10	22.73	12	27.27	22	50.00	44
差值	7	2.27	18	16.85	-1	-19.12	24

数据:2018世界排球联赛;2018女排世锦赛。

由表3-3可知，塞尔维亚女排快攻扣球总数为68次，比对手多24次。其中近体快扣球17次，占快攻总次数的25.00%；短平快扣球30次，占快攻总次数的44.12%；背飞扣球21次，占快攻总次数的30.88%。副攻战术以短平快居多。塞尔维亚的副攻拉西奇和维利科维奇都是世界范围内的顶尖副攻手，进攻手段简单实用，其中前快和短平快运用居多，进攻击球点高，下手爆发力强，与中、日、韩、泰等亚洲球队相比背飞运用率较少，原因在于其2号位的进攻人博斯科维奇实力超群，若过多运用背飞为第一点进攻，对2号位的接应二传进攻位置有所重叠，不利于对2号位起到掩护和牵制对方拦网的作用，相反利用二传手身前的近体快和短平快，充分利用网上高度，强调进攻速度，两位副攻手身高都在193cm左右，易取得较好的进攻效果。我们知道，快球实扣效率取决于突然性、多样性和击球点，背飞进攻跑动距离相对较长，进攻组织速度比近体快和短平快稍慢，还有近体快和短平快对一传质量要求相对较低，二传手容易组织远网快球，利用拉西奇和维利科维奇的滞空高度进行远网短平快的进攻。

3.3.2 塞尔维亚女排不同司职主力队员扣球技术效果分析

表3-4 主攻手米哈伊洛维奇（Mihajlović）在不同场次扣球效果对比表

场次	扣死		扣过		扣失		被拦死		被拦回		总数
	n	%	n	%	n	%	n	%	n	%	
塞：中	17	47.22	10	27.78	4	11.11	3	8.33	2	5.56	36
塞：美	21	44.68	15	31.91	4	8.51	5	10.64	2	4.26	47
塞：巴	10	45.45	8	36.36	0	0.00	3	13.64	1	4.55	22
塞：中	15	41.67	15	41.67	1	2.78	3	8.33	2	5.56	36

数据：2017世界女排大奖赛总决赛（南京站）、2018世界女排联赛（江门站）。

由表3-4可知，米哈伊洛维奇进攻实力较强劲，前排2、4号位，后排6号位均具有较强劲的进攻实力，其在前排4号位进攻时直线仅占10%，但斜线比例占90%，且发力居多，偶尔有主动吊球；通过比赛观察，其在2号位进攻时均采用斜线发力，基本无直线扣球；轮转至后排时，在6号位的进攻直线、斜线比例较平均，但顺手斜线占40%，直线区域占60%，通过观察6号位后攻采用直线时线路长，出界失误较多。建议对其前排4号位拦网时多顾及其斜线发力，针对其后排6号位进攻主抓其顺手发力线，并注意避免其轻微借手出界。主攻手米哈伊洛维奇目前是塞尔维亚女排的中坚力量，作为队内的主攻手，各项技术全面且有领袖气质，强攻能力及定点攻能力突出，网上高度具有相当优势，扣球力量足，调整攻以斜线发力为主。

表3-5 副攻手拉西奇（Rašić）在不同场次扣球效果对比表

场次	扣死		扣过		扣失		被拦死		被拦回		总数
	n	%	n	%	n	%	n	%	n	%	
塞：中	8	66.67	2	16.67	1	8.33	0	0.00	1	8.33	12
塞：美	6	33.33	10	55.56	1	5.56	1	5.56	0	0.00	18
塞：巴	9	75.00	2	16.67	1	8.33	0	0.00	0	0.00	12
塞：中	6	66.67	1	11.11	0	0.00	1	11.11	1	11.11	9

数据：2017世界女排大奖赛总决赛（南京站）、2018世界女排联赛（江门站）。

由表3-5可知，副攻拉西奇在对阵中国女排的比赛中扣球总数为12次，得分率为66.67%，失误率为8.33%；在对阵美国女排的比赛中扣球总数为18次，得分率为33.33%，失误率为5.56%；在对阵巴西女排的比赛中扣球总数为12次，得分率为75%，失误率为8.33%。副攻手拉西奇是主力副攻，在进攻方面，拉西奇也非常擅长近体快球，而且扣球很有力量，当然这与二传上球的质量有关系，但是这与她自身的力量也有关系。此外，拉西奇在远网进攻时也可参与背飞与短平快进攻，二传在后排3点攻轮次其高点前快运用居多，顺手线与回手线都有采用，扣球力量足，下手果断，是塞尔维亚队中副攻位置的得分利器。在经验方面，米莱娜-拉西奇已经是队长，在场上能够指挥队友，调动球队的运转。

表3-6 接应博斯科维奇（Bošković）在不同场次扣球效果对比表

场次	扣死		扣过		扣失		被拦死		被拦回		总数
	n	%	n	%	n	%	n	%	n	%	
塞：中	25	60.98	5	12.20	5	12.20	3	7.32	3	7.32	41
塞：美	21	42.00	18	36.00	5	10.00	4	8.00	2	4.00	50
塞：巴	23	46.94	16	32.65	4	8.16	3	6.12	3	6.12	49
塞：中	17	58.62	6	20.69	1	3.45	4	13.79	1	3.45	29

数据：2017世界女排大奖赛总决赛（南京站）、2018世界女排联赛（江门站）。

博斯科维奇在经过世锦赛等世界大赛的历练后越发稳定，现在要阻拦博斯科维奇变得越发困难，而且博斯科维奇的远网调整攻的实力很强，对于博斯科维奇的进攻线路上还是以中斜线为主，左手队员，进攻实力超群，是目前世界范围内强力接应的代表，具有高举高打的能力，比赛中进攻势头强劲，面对多人拦网时不怵手，其前排2、4号位攻时网上高度极具优势，具有超手进攻的能力，后排攻时腰腹力量足，滞空时间久，控球能力较强。

在前排4号位大斜线与中斜线扣球比例占33%，线路较长，多集中在5号位区域；4号位直线占67%，具有超手能力。2号位扣球时斜线占81%，线路较长且速度快，落点集中在1号位区域；直线占19%，吊球主动运用较少，均发力强攻。后排进攻时1号位斜线占69%，直线占31%，滞空时间较长。6号位顺手斜线占86%，直线占14%，基本无主动吊球。建议拦网人在对其2号位与后排1号位进攻时多封堵其斜线、中斜线，且拦网控制节奏，慢起跳。因为她是左手球员，在2号位进攻时直线球相对隐蔽，但是如果在反轮时的4号位进攻顺手线斜线运用居多。

3.4 塞尔维亚女排一攻结构及效果分析

3.4.1 塞尔维亚女排接发球进攻（一攻）阵型分析

塞尔维亚女排接发球进攻站位显示其采取三人接发球的方式，两主攻与一名自由人承担大面积的接发球，9号主攻手米哈伊洛维奇承担接发球面积小，6号主攻承担接发球面积较大，担任一传保障，自由人有3个轮次在6号区接发球。

图3-3　塞尔维亚女排第一轮站位　二传在3号位

第一轮时，9号在5号位置与自由人距离较近，中国女排可将球发向两人之间，造成抢球或让球的情况；自由人与6号主攻之间空当较大，可发其结合部。

图3-4　塞尔维亚女排第二轮站位　二传在2号位

第二轮两名主攻并排接发球，可以将球发向站位较密集的5号位置，重点追发9号主攻，破坏其4号位强攻节奏，重点盯防18号6号位后排进攻。

图3-5　塞尔维亚女排第三轮站位　二传在1号位

第三轮时9号在1号位置接发球，与自由人站位距离较近，二传从1号位置插上，中国女排可以向1号位置二传插上路线发球。自由人与6号之间空位较大，可追发结合部。

图3-6　塞尔维亚女排第四轮站位　二传在6号位

第四轮站位与第三轮相似，同样可追发自由人与6号主攻之间的结合部或发前区2号位，破坏其副攻跑动节奏，重点盯防9号的6号位后攻和18号的2号位强攻。

图3-7 塞尔维亚女排第五轮站位 二传在5号位

第五轮9号主攻在6号位,两名主接一传的队员向中心靠拢,两边空位较大,可发1号位5号位直线球,也可以连续追发9号。

图3-8 塞尔维亚女排第六轮站位 二传在4号位

第六轮情况与第五轮相似,可发1号位5号位直线球,也可以连续追发9号,破坏其6号位后攻节奏。

3.4.2 塞尔维亚女排不同轮次接发球进攻(一攻)效果分析

表3-7 塞尔维亚女排不同轮次一攻效果统计表

二传位置	效率	合计	失误	/%	被拦死	/%	被防	/%	被拦回	/%	较好	/%	得分	/%
1	32%	129	13	10	6	5	24	19	1	1	25	19	60	47
6	34%	109	7	6	3	3	15	14	2	2	35	32	47	43
5	34%	105	5	5	10	10	14	14	3	3	21	20	51	49
4	15%	121	12	10	18	15	11	9	9	7	23	19	48	40
3	30%	120	14	12	7	6	18	15	5	4	19	16	57	48
2	39%	114	8	7	6	5	16	14	3	3	22	19	59	52

注：轮次根据二传所在位置(1—6号位)。

数据：2018女排世界联赛、2018世界锦标赛,合计12场。

排球比赛项目特点之一是技术的全面性与集体性,队员必须轮转,场上6

名队员在可轮转的六个轮次中通过二传队员的分配球与串联，各队均有不同轮次的打法与战术应用，不同队员的组合或不同分配球形式在特定轮次会有不同的效果，无论如何轮转，球队的核心目的是突破对手的拦防。但不同轮次的得分能力和进攻效率有所不同，通常排球界所说强轮、弱轮就是根据一攻方的轮次而定，争取在对方的弱轮抓拦防从而提高反击效率是排球项目制胜的关键。

通过对塞尔维亚女排各轮次一次攻的统计可以看出，塞尔维亚进攻的效率较高，除二传在4号位时进攻效率略低外，其他5个轮次进攻效果都较好。当前排3点攻轮次时进攻效率达到35%，得分率接近50%，是欧美球队中最高的。其中二传队员在5号位时进攻得分率最高，其次为二传在1号位与6号位，可称为强轮。从不同轮次的进攻效率来看，二传队员在2号位时进攻效率达到39%，分析其原因在于塞尔维亚队在3点攻轮次战术打法较多变，博斯科维奇和米哈伊洛维奇均具备强劲的进攻实力，因此3点攻轮次2、4号位的定点强攻拔得头筹，副攻位置的拉西奇作为队长在短平快和近体快高效率的牵制下得分效果较好，被对方集体拦网盯防的情况有限，即便面对集体拦网，依靠高点进攻依旧效果良好，进攻效率自然较高。统计显示，当二传队员在4号位时进攻效率和得分率最低，也可以称为其弱轮。针对此情况，中国队应在塞尔维亚该轮次敢于依靠发球冲击其一传，追发前排主攻队员，迫使其进行调整进攻。

3.4.3 塞尔维亚女排不同轮次进攻打法分析

塞尔维亚女排进攻打法凶悍，队员均属于高大型、力量型的代表，以典型的高举高打为主，副攻快攻击球点高且击球力量大，近两年来塞尔维亚的崛起，除了米哈伊洛维奇以外，也不得不提到有"天才少女"之称的博斯科维奇的成长。塞尔维亚女排必定是中国女排新周期的主要备战对手。

2018年的女排世锦赛中，博斯科维奇的个人表现和塞尔维亚女排的成绩一样突破了历史。在赛会的技术统计中，作为队内的主要进攻人，担任接应二传一职，她位列得分榜第一、扣球榜第一、发球榜第二、拦网榜第十，进攻成功率高达53.66%；2018年世界排球联赛中，博斯科维奇在进攻排行榜位居第一位，进攻成功率也高达49.28%[1]。强力主攻手米哈伊洛维奇位于进

---

[1] http://japan2018.fivb.com/en/competition/statistics.

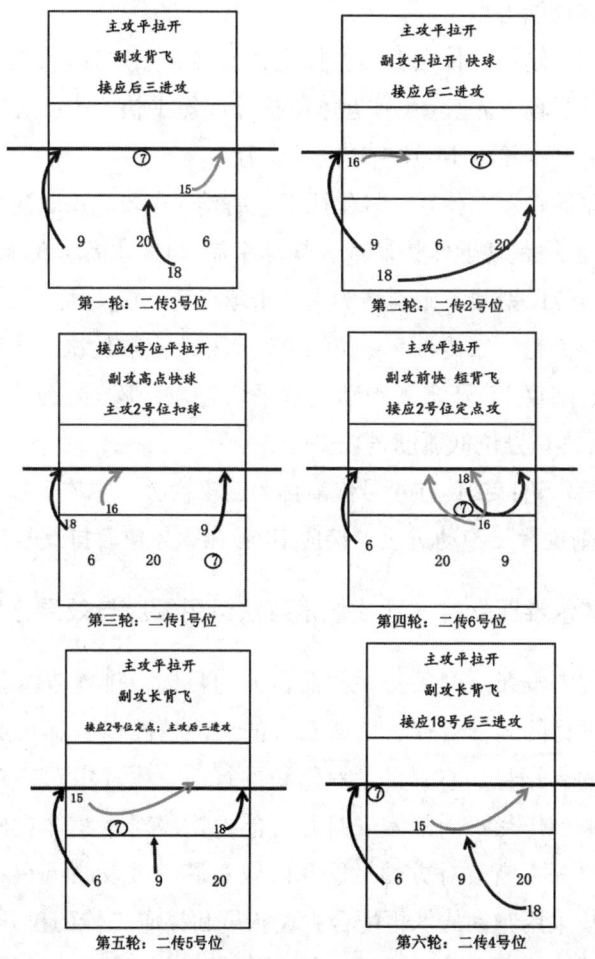

注：圈内为二传队员；长线为主攻或接应进攻跑动线路；短线为副攻队员进攻跑动线路。

图 3-9 塞尔维亚女排一攻打法图（第1—第6轮）

攻排行榜第五，进攻成功率高达 47.28%。通过在 2017、2018 年一系列世界女排大赛现场观察，发现塞尔维亚女排不同轮次的一次攻打法如下。

塞尔维亚第一轮：二传在3号位前排2点攻轮次，主攻9号4号位置高点平拉开，斜线为主，有轻拍直线。15号副攻背后跑动短背飞；接应跑动至后排6号位后排攻。本轮次以背飞牵制、4号位强攻和接应的6号位后3号位进攻为主。

塞尔维亚第二轮：二传在2号前排2点攻击轮次，主攻9号平拉开，副攻16号短平快，接应二传18号后排1号位进攻，以斜线发力为主，基本无吊球,具备超手进攻能力。

塞尔维亚第三轮:二传在1号位插上,前排3点攻反轮次,接应18号4号位高点或拉开强攻,副攻16号近体前快球或短平快,9号主攻2号位定点强攻,弧度较低。本轮以18号4号位强攻为主。

塞尔维亚第四轮:二传在6号位插上,前排3点攻轮次,主攻4号位平拉开,副攻16号前绕跑动近体快球或背快球牵制,18号接应在2号位置强攻。本轮接应在2号位以斜线或中斜线为主,击球点高、威力大。

塞尔维亚第五轮:二传在5号位插上,前排3点攻轮次,主攻6号在4号位平拉开进攻,副攻15号背飞跑动或短平快进攻,18号接应2号位定点强攻,9号主攻后排6号位低弧度进攻。

塞尔维亚第六轮:二传在4号位前排2点攻轮次,主攻6号在4号位平拉开进攻,15号副攻背飞跑动进攻,接应18号在2号位后排6号位进攻。

3.4.4 塞尔维亚女排一次攻战术打法运用频次与效果分析

排球比赛网上争夺以突破对手拦防得分为目标,排球战术是运动员在比赛中根据排球项目的运动规律、彼我双方的实际情况以及临场变化有效地运用技术所采用的有预见、有目的、有组织的行动。比赛中对抗双方二传队员通过隐蔽的传球动作和不同战术安排尽可能地摆脱对手集体拦网盯防,利用网长和球场的纵深,撕破对方的拦网和防守布局。进攻队员在不同位置通过相互掩护,副攻采用跑动战术再配合主攻队员和接应二传的拉开与定点强攻,辅以多变的进攻线路和击球技巧手法突破拦网。塞尔维亚女排依靠高点强攻、副攻中间牵制的简单、实效型打法特征明显。

表3-8 塞尔维亚女排一攻战术打法频次与效果分析表

4号位调整攻			4号位平拉开			2号位调整攻			短平快			前快近体			二号位到位攻		
合计	效率	得分	合计	效率	得分	合计	效率	得分	合计	效率	得分	合计	效率	得分	合计	效率	得分
115	14%	34%	102	26%	41%	75	28%	41%	69	36%	49%	66	48%	62%	65	32%	45%
1号位后攻			6号位后攻			背飞			背快近体			拉三走道			二次球		
合计	效率	得分	合计	效率	得分	合计	效率	得分	合计	效率	得分	合计	效率	得分	合计	效率	得分
57	18%	40%	46	22%	48%	44	32%	45%	25	52%	64%	19	63%	68%	14	86%	86%

注:排列顺序按战术使用频次由多至少排列。

数据:2017女排世界联赛、2018世界锦标赛,合计12场。

通过 Data volley 侦测与统计发现，塞尔维亚女排在运用进攻战术方面简单、实用，战术打法更能体现目前高水平女排的力量与速度。首先，从战术运用层面（见表 3-8），4 号位调整攻运用率最高，合计 115 次，进攻得分率为 34%、进攻效率为 14%，这与欧美其他各队的 4 号位进攻效果有一定差距，原因在于米伦科维奇进攻实力尚有欠缺，与朱婷、希拉、巴奇等主攻球星相比调整攻实力略欠缺，米哈伊洛维奇受膝伤困扰，调整攻高度受影响。其次，运用率最高的为 4 号位平拉开，得分率为 41%，进攻效率为 26%，2 号位调整强攻列一攻战术中的第三位，进攻得分率和进攻效率分别为 41% 和 28%。目前，塞尔维亚女排的头号得分手为接应二传博斯科维奇，在 1 号位的后攻和 2 号位的调整攻均有出色的得分能力，击球高度高，扣球力量大。短平快战术是副攻选用最多的战术，依靠拉西奇的高点短平快同样取得了较高的进攻效果，运用次数达到 69 次，得分率高达 49%，进攻效率为 36%。由此可以看出，塞尔维亚女排战术打法运用依靠个人实力突破的特点明显，依靠高度、力量的原始高打强攻的痕迹清晰。

3.4.5 塞尔维亚与中国女排（一次攻）二传分配球对比分析

表 3-9 塞尔维亚女排与中国女排（一次攻）二传分配球对比

球队	二传在1号位分配（%）			二传在2号位分配（%）			二传在3号位分配（%）			二传在4号位分配（%）			二传在5号位分配（%）			二传在6号位分配（%）		
	身前	身后	副攻	后排	身前	身后	副攻	后排	身前	身后	副攻	后排	身前	身后	副攻	后排	身前	身后	副攻	后排
塞	28	37	25	0	46	4	19	31	30	5	45	20	21	3	35	40	19	48	29	4	19	35	39	7
中	65	6	26	12	48	6	45	15	60	5	25	15	40	5	43	26	38	31	38	11	52	41	26	2
差值	-37	31	-1	-12	-2	-2	-26	16	-30	0	20	5	-19	-2	-8	14	-19	17	-9	-7	-33	-6	13	5

数据：2018 女排世界联赛、2018 世界锦标赛，塞尔维亚 6 场，中国 6 场。

通过对比分析（见表 3-9），塞尔维亚女排与中国女排在一次攻的二传分配球具有差异，当二传在 1 号位时，塞尔维亚二传身前战术组织较少，进攻比例为 28%，比中国女排低 37%，但二传身后战术比中国高出 31%，副攻战术比率相当，该轮次并未采用后排进攻，前排 3 点攻各位置进攻点平均分散；二传在 2 号位时二传身前战术塞尔维亚与中国女排相当，达到 46%，副攻战术低于中国 26%，但后排进攻战术高于中国 16%；二传队员在 3 号位时塞尔维亚女排身前战术低于中国 30%，副攻战术高于中国 20%，后排进攻高于中国 5%；二传队员在 4 号位时身前战术和身后战术低于中国 19% 和 2%，副攻战术低于 8%，但后排进攻高于中国 14%。当二传队员在 5 号位时二传身前战术低于中国女排 19%，二传身后战术高出中国女排 17%，副攻战术依旧低于中国女排 9%，该轮次后排进攻运用低于中国女排 7%，当二传在 6 号位时，塞尔维亚女排二传的身前战术组织低于中国 33%，身后战术相当，副攻战术高于中国 13%，该轮次塞尔维亚后排进攻运用比例高于中国 5%。

通过侦测发现，目前塞尔维亚女排各位置进攻比例分散，并突出其接应二传在进攻端的核心作用，接应二传在进攻对抗中占据绝对主动，无论其在前排 2 号位或轮转至后排。此外其副攻队员在进攻中各轮次运用比例较高，打破以往欧美女排仅依靠 2、4 号位高点强攻，进攻点相对单一的局面。副攻端有高点副攻的掩护和牵制，塞尔维亚女排再利用网前两翼 2、4 高点强攻、平拉开战术和后排立体进攻向对手施压。与塞尔维亚女排相比，中国女排目前在高度占优的情况下更依靠大主攻朱婷在进攻端的表现，各轮次当朱婷在前排 4 号位时的进攻比率均在 45% 左右，其中第一轮和第三轮 4 号位进攻比率占到 60%，过于集中，容易被对手重点拦防；从副攻位置看，塞尔维亚女排的进攻比率在 3、6 号位的轮次高于中国女排，说明塞尔维亚女排副攻位置进攻实力同样具备高水平，二传手敢于大胆组织其副攻战术；从各轮次的身后和后排进攻分配球可以看出，塞尔维亚队的接应二传是进攻端核心，运用次数多，中国队应重点盯防。

3.4.6　塞尔维亚女排一次攻击球区域分析

击球区域的选择是突破对手拦防的核心要素，二传队员通过不同的战术组织和变化，通过队员间的相互掩护和默契配合，力争在合理的位置进行实攻，由于排球场上 6 名队员有职责分工，各位置队员的进攻点目前有所区别。从排球运动发展趋势来看，主、副攻队员和前后排的界限逐渐被打破，进攻队员都应兼备强攻、快攻的技术和战术能力。但世界各强队内的主、副攻和接应二传手的职责和特点有所侧重。

第三章 塞尔维亚女排进攻技战术特征分析

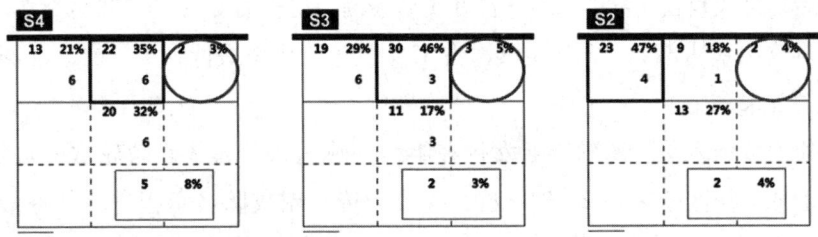

注：S 指二传；方框内分别为进攻次数最多与百分比，圆圈为进攻次数最少，长方形为二次球占比。

图 3-10 塞尔维亚女排前排 2 点攻击球区域图（数据：2017—2018，合计 6 场）

通过侦测，塞尔维亚队二传在 4 号位时进攻点最多的位置为 3 号位，进攻次数为 22 次，比率占该轮次的 35%，2 号位进攻比率最低仅为 3%，6 号位进攻区域为 32%。说明该轮次前排副攻队员和后排的接应二传或主攻手进攻任务最重，针对此情况，中国队拦网人应加强对网前中区的盯防，减轻对其 2 号位进攻的盯防。在 3 号位时，分配球最多的进攻区域为 3 号位，占 46%，最低的在 2 号位，占 5%，4 号位进攻占 29%。说明该轮次其副攻运用前快和短平快进攻次数多，而背飞跑动运用最少，针对该情况应加强对其 3、4 号位进攻人的拦防预判。二传队员在 2 号位时，分配球最多的进攻区域为 4 号位，进攻比率达 47%，进攻比率最低依旧为 2 号位，仅占 4%，该轮次塞尔维亚利用主攻的平拉开或高点调整攻居多，6 号位进攻比重也较高，达到 27%。应对其主攻进行追发策略，打破其进攻节奏再主动拦防 6 号位后排进攻，如图 3-10 所示。

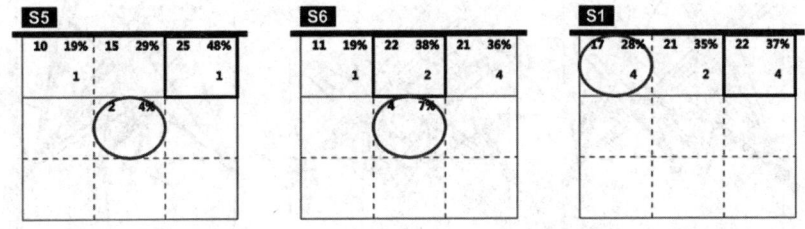

注：S 指二传；方框内分别为进攻次数最多与百分比，圆圈为进攻次数最少，长方形为二次球占比。

图 3-11 塞尔维亚女排前排 3 点攻击球区域图（数据：2017—2018，合计 6 场）

塞尔维亚女排前排 3 点攻轮次，进攻点区域呈现出如下特征：二传在 5 号位时进攻点最多的区域为其 2 号位，进攻比率高达 48%，3 号位进攻比率为 29%，6 号位进攻区域最低仅占 4%；二传队员在 6 号位时，分配球最多的进攻区域为 3 号位，占 38%，最低的在 6 号位占 7%，2 号位区域占 36%，6

号位后排进攻仅占7%；二传队员在1号位时，分配球最多的进攻区域为2号位，进攻比率达37%，3号位其次占35%，进攻比率最低为4号位，占28%，后排进攻未采用。

侦测数据表明，塞尔维亚女排在组织一攻时，前排3点攻轮次进攻点分散，击球实扣区域多在2、3号位，接应二传与副攻队员承担进攻任务最重，主攻进攻比率次之；前排2点攻时，3号位和6号位区域的进攻比率较高，仅当二传队员在2号位时，塞尔维亚女排4号位区域才是进攻组织最多的，表明塞尔维亚女排在各司职位置中接应二传进攻实力突出，副攻手进攻比重较高，塞尔维亚女排在一次攻方面呈现出以快攻掩护，高快结合，突出接应二传为核心进攻点的打法特征。塞尔维亚女排在当今排球高水平对抗中保持了欧美女排原有的高度、力量优势之外，不同进攻区域的协同配合严密，多个进攻点之间的相互牵制，具有较好的掩护性。目前，塞尔维亚女排中各司职位置均由世界顶尖级球员担当重任，进攻实力不俗，是欧美女排球队中最具进攻实力的代表。

3.4.7　塞尔维亚女排一次攻扣球效果与线路、落点分析

3.4.7.1　塞尔维亚女排3点攻轮次扣球效果与线路、落点分析

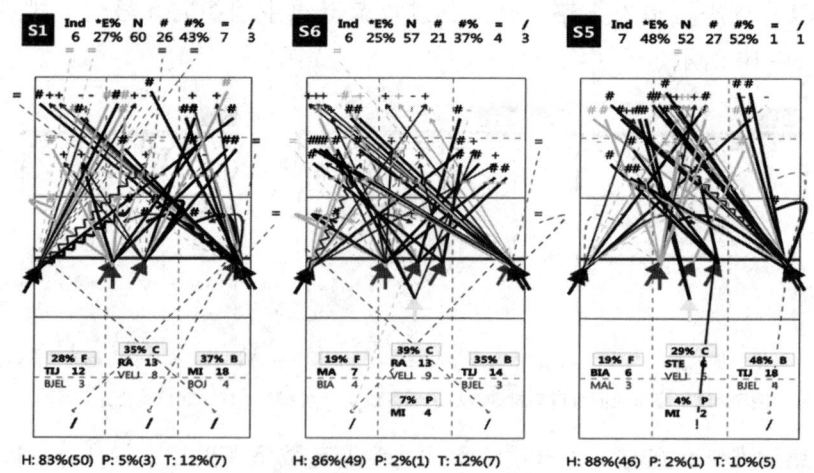

注：E%代表效率、#代表得分数、#%代表得分率、=代表失误、/代表被拦死、H代表发力、P代表轻搓、T代表吊球、线路符号#代表得分、线路符号+代表破攻、线路符号-代表被防。

图3-12　塞尔维亚女排前排3点攻全队进攻线路侦测图（数据：2017—2018，合计6场）

第三章 塞尔维亚女排进攻技战术特征分析

表 3–10 Data volley 软件包进攻战术符号释义

符号	E%	N	=	=%	#	/	F	C	B	S	H	P	T
含义	效果	总数	失误	失误率	得分	拦死	二传身前	副攻球	二传背后	二次球	发力	轻打	吊球
符号	黑线	绿线	红线	折回线	黑箭头	蓝箭头	红箭头	黄箭头	绿箭头	直线	弯曲线	弧线	蓝线
含义	得分	一般	失误	被拦死	调整球	平拉开	副攻球	后排	被防起	扣球	轻拍	吊球	拦回

通过 Data volley 侦测表明（见图 3–12），塞尔维亚当二传队员分别在后排 1、6、5 号位时分配球特点如下：二传在 1 号位时，身前战术占 28%，副攻战术占 35%，身后战术占 37%，该轮次为塞尔维亚队的反轮，接应二传博斯科维奇在 4 号位，主攻队员米哈伊洛维奇在 2 号位，2、3、4 号位进攻比率平均，该轮次整体进攻效率为 27%，得分率为 43%，其中队员大力扣球占到 83%，吊球比率为 12%，轻打为 5%，2、4 号位进攻均以斜线为主，3 号位近体快和短平快以 7 区落点的斜线为主，背飞运用次数极少，2 号位强攻落点多集中在 1 区。

二传在 6 号位时，身前战术占 19%，副攻战术占 39%，身后战术占 35%，该轮次为塞尔维亚队的正轮，接应二传博斯科维奇在 2 号位，主攻队员布萨在 4 号位，3 号位拉西奇进攻比率高，该轮次整体进攻效率为 25%，得分率为 37%，队员发力扣球占到 86%，吊球比率为 12%，轻打 2%。2 号位强攻以小斜线、大斜线为主，落点多分布于 1、9 区。该轮次强力主攻手米哈伊洛维奇轮转至后排，前排 4 号位进攻比例下降，接应二传被严密盯防，进攻效果较差，属塞尔维亚队的弱轮。

二传在 5 号位时，身前战术占 19%，副攻战术占 29%，身后战术占 48%，该轮次为塞尔维亚队的反插上轮次，接应二传博斯科维奇在 2 号位承担了近 50% 的进攻比率，副攻手进攻比率较高，该轮次进攻效率为 48%，得分率为 52%，其中队员以发力线为主，占到 88%，吊球比率为 10%，轻打为 2%。2 号位进攻线路以中斜线为主，直线也有所运用，3 号位的短平快以斜线为主，该轮次为塞尔维亚队的强轮。

3.4.7.2 塞尔维亚女排2点攻轮次扣球效果与线路、落点分析

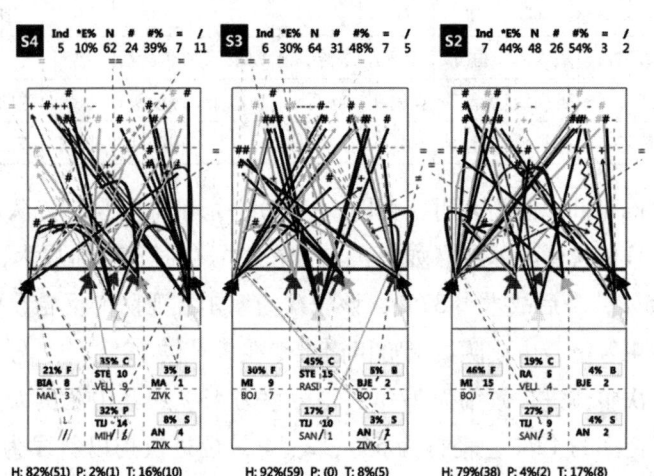

注：E%代表效率、#代表得分数、#%代表得分率、=代表失误、/代表被拦死、H代表发力、P代表轻搓、T代表吊球、线路符号#代表得分、线路符号+代表破攻、线路符号-代表被防。

图3-13 塞尔维亚女排2点攻全队进攻线路侦测图（数据：2017—2018，合计6场）

塞尔维亚女排当二传队员分别在前排4、3、2号位，前排2点一次攻轮次时，进攻分配球特点如下：二传在4号位时，主攻进攻占21%，副攻战术占35%，身后战术占3%，接应二传博斯科维奇的6号位后排进攻占32%，二传二次吊球为8%。该轮次虽然为2点攻轮次，但接应二传在6号位立体进攻比率较高，弥补前排进攻点不足，通过前排主攻平拉开和副攻短平快与背飞的牵制，进行6号位纵深突破，副攻战术运用也较多，与前排主攻和后排接应相掩护，但进攻效率为10%，得分率为39%；其中队员以发力扣球为主，占到82%，吊球比率为16%，轻打为2%。通过侦测发现，博斯科维奇进攻线路分散，直线与斜线顺手线均有运用，落点分布在1、5号位，线路较长。吊球落点集中在8区，属塞尔维亚队的弱轮。

二传在3号位时，主攻进攻占30%，副攻进攻占45%，身后战术占5%，接应二传博斯科维奇的6号位后排进攻占17%，该轮次为2点攻轮次，前排主攻、副攻队员承担进攻任务较重，但接应二传在6号位后排进攻有所下降，副攻手的短平快和背飞为主要进攻手段，进攻效率为30%，得分率为48%；其中队员以发力线为主，占到92%，吊球比率为8%。2号位吊球较多，落点在拦网人身后。侦测发现，副攻3号位扣球以两侧斜线为主，落点多集中在

1、6号区。主攻米哈伊洛维奇4号位进攻以直线、大斜线为主,落点多分布于1、5号区。

二传在2号位时,身前战术占46%,副攻战术占19%,身后战术占4%,接应二传斯科维奇的6号位后排进攻占27%,该轮次为2点攻轮次,主攻手米哈伊洛维奇和米伦科维奇为主要进攻人,在4号位立体进攻比率最高,通过与副攻队员的快攻相掩护。在3号位区域突破居多的副攻战术以前快为主,与前排主攻平拉开相掩护,辅助以6号位后攻牵制拦网,该轮次进攻效率为44%,得分率高达54%,4号位线路多为直线和大斜线,落点多为1、6号区。其中队员以发力扣球为主,占到79%,吊球比率为17%,轻打为4%,侦测发现,接应博斯科维奇6号位进攻以八字两条斜线为主,副攻短平快得分线路多为斜线,落点分布在1、8区。副攻队员背飞线路以斜线为主,转体线多落点集中在1号区。该轮次为塞尔维亚女排的一攻强轮。

目前塞尔维亚女排的接应博斯科维奇在各轮次的进攻比重较高,在一次攻组织方面,多与队内的强力副攻拉西奇相掩护配合,当其在后排时进攻点从1号位转移至6号位,进攻点距离二传手更近,便于二传组织,此外由于进攻从场区中间发动,攻手扣球时便于向对区的两侧变线,避开集体拦网的封堵。目前中国女排该位置的进攻尚显不足,接应二传进攻实力差距较大。

3.5 塞尔维亚女排防守反击结构分析

3.5.1 塞尔维亚女排不同轮次防守反击效果分析

表3-11 塞尔维亚女排不同轮次反击效果统计表

二传位置	效率	合计	失误	/%	被拦死	/%	被防	/%	被拦回	/%	较好	/%	得分	/%
1	31%	135	11	8	5	4	20	15	5	4	36	27	58	43
6	39%	126	8	6	6	5	18	14	5	4	26	21	63	50
5	27%	93	5	5	6	6	15	16	7	8	24	26	36	39
4	29%	114	6	5	7	6	20	18	5	5	29	25	47	41
3	33%	122	9	7	10	8	13	11	4	3	27	22	59	48
2	28%	109	8	7	6	5	14	13	7	7	27	25	47	43

注:轮次根据二传所在位置(1—6号位)。

数据:2017女排大奖赛、2018女排世界联赛、2018世界锦标赛,合计12场。

反击是高水平排球对抗中得分的主要手段之一,没有强有力的反击,即使一次攻占优也很难取得比赛的胜利。高水平球队的一次攻水平目前都较高。防守是反击的基础，反击是防守的继续。目前各队的强攻扣球是反击得分的主要手段。

通过统计发现（见表3-11），塞尔维亚女排在防守反击时二传队员在后排时反击效率较高，二传在1、6、5号位时反击效率分别为27%~39%，反击得分率为39%~50%，说明塞尔维亚组织反击过程中前排3点攻轮次进攻点多，不易被集体拦网盯防，被拦死的数量相对较少，前排3点再辅以后排进攻，失误率最低仅5%，被拦死最低达到4%；二传队员在前排2点攻轮次组织反击时进攻意图较明显，反击得分率和反击效率均有所下降，得分率为28%~33%，反击效率为41%~48%，与二传在后排时有较大差距，尤其是当二传在2、4号位时反击效率较差，反击效率仅28%和29%，被拦死率高达7%。

我国排球技战术发展的过程中，防反较弱是多年来没有解决的关键问题，拦网是防反中的第一道防线，虽然是防，同时也具有一定的攻击性。中国女排在塞尔维亚队该轮次反击时应主要盯防其重点进攻人，针对性拦防要更加明确，拦网预判提前移动到位，做到拦防有机结合。

3.5.2　塞尔维亚女排防守反击战术运用频次与效果分析

表3-12　塞尔维亚女排反击战术打法频次与效果分析表

4号位调整攻			4号位平拉开			2号位调整攻			1号位后攻			2号位拉开			6号位后攻		
合计	效率	得分	合计	效率	得分	合计	效率	得分	合计	效率	得分	合计	效率	得分	合计	效率	得分
149	12%	28%	107	38%	53%	94	32%	43%	82	27%	48%	58	53%	55%	51	38%	44%
探头球			前快近体			短平快			二次球			单脚背飞			背快近体		
合计	效率	得分	合计	效率	得分	合计	效率	得分	合计	效率	得分	合计	效率	得分	合计	效率	得分
48	53%	61%	32	41%	50%	23	39%	48%	19	42%	47%	18	11%	39%	7	71%	71%

注：排列顺序按战术使用频次由多至少排列。
数据：2017女排大奖赛、2018女排世界联赛、2018世界锦标赛，合计12场。

通过侦测与统计发现（见表3-12），塞尔维亚女排在防守反击过程中战术运用以两翼拉开为主，充分利用球网宽度分散对方的拦防，在前排副攻背飞掩护下的后排立体进攻也占较大比率。战术运用表明，4号位调整攻运用频次最高，但效果欠佳，进攻得分率为28%、进攻效率仅为12%；4号位平拉开得分率较高，达到53%，效率为38%。塞尔维亚队中主攻线除米哈伊洛维奇之外，布萨和米伦科维奇进攻实力有限，在反击过程中多处于暴露性强攻，面对集体拦网进攻效率受阻；但塞尔维亚在反击中 4 号位平拉开组织频次多，进攻效果较好。2 号位拉开是目前反击效果最佳的战术运用，进攻得分率和进攻效率分别为 55% 和 53%，原因在于接应二传博斯科维奇在 2 号位的低弧度进攻实力强劲，网上高度极具优势，凭借其出色的身体素质与球感，在面对多人拦网或重点盯防的情况下敢于高打强攻，提点打长线等技巧运用娴熟。塞尔维亚排 1 号位后攻在比赛中也是运用频次较多的进攻手段，进攻效率为 27%，得分率高达 48%。

目前塞尔维亚女排各位置的高度较高，与欧美强队中的巴西、意大利、美国相比具有较大的网上高度优势，副攻手反击中多承担掩护作用，接应二传是塞尔维亚女排目前反击过程中承担得分重任的关键人，突出打造强力型接应也是近 2 个奥运周期塞尔维亚女排的显著特征，各轮次的战术运用均围绕接应二传展开。由于强攻在反击或再攻时的大量运用，使之成为整个进攻体系的一个重要组成部分。虽然强攻不能最终决定比赛的胜负，却经常因对某一困难球的扣杀成功，或处置得当，而改变所处的被动局面，也给防守一方造成较大的心理威胁。强攻在当今高水平排球比赛中包含了新的内容和含义，强攻正与战术攻相辅相成地在进攻中发挥着越来越大的作用，占据着它应有的重要地位。

3.5.3　塞尔维亚女排与中国女排（防反）二传分配球对比分析

表 3-13　塞尔维亚女排与中国女排（防反）二传分配球对比表

球队	二传在1号位分配(%)				二传在2号位分配(%)				二传在3号位分配(%)				二传在4号位分配(%)				二传在5号位分配(%)				二传在6号位分配(%)			
	身前	身后	副攻	后排	身前	身后	副攻	后排	身前	身后	副攻	后排	身前	身后	副攻	后排	身前	身后	副攻	后排	身前	身后	副攻	后排
塞	33	44	21	2	68	0	14	19	60	4	13	19	14	3	20	62	23	60	2	9	11	50	22	13
中	52	26	7	19	42	4	21	25	58	2	25	19	63	0	23	31	49	43	20	16	49	31	18	13
差值	-19	18	14	-17	26	-4	-7	-6	2	4	-12	0	-49	3	-3	31	-26	17	-18	-7	-38	19	4	0

数据：2018 女排世界联赛、2018 世界锦标赛。塞尔维亚 6 场，中国 6 场。

通过对比显示（见表 3-13），塞尔维亚女排与中国女排反击过程中的二传分配球方面存在较大差异。当二传在 1 号位时，二传身后战术较多，进攻比例为 44%，比中国高出 18%；副攻战术比率为 21%，高出中国 14%；身前战术为 33%，低于中国队 19%，该轮次后排进攻比率比中国队低 17%。二传在 2 号位时，二传身前战术塞尔维亚高于中国女排 26%，达到 68%；副攻战术低于中国 7%，仅 14%；但后排进攻战术塞尔维亚低于中国 6%。二传队员在 3 号位时，塞尔维亚女排身前战术与中国女排相当，达到 60%，副攻战术低于中国 12%，后排进攻两队相当。二传队员在 4 号位时，身前战术低于中国 49%，身后战术高 3%，副攻战术两队相当，后排进攻战术高出中国 31%。当二传队员在 5 号位时，其二传身前、副攻战术塞尔维亚女排均低于中国女排，其中身前战术低 26%，副攻战术依旧低于中国女排达 18%，该轮次塞尔维亚女排二传身后进攻高出中国女排 17%。当二传在 6 号位时，塞尔维亚女排二传的身前战术组织低于中国 38%，身后、副攻战术均高于中国，分别达到 19% 和 4%，该轮次塞尔维亚女排后排进攻战术达 13%。

通过侦测发现，目前塞尔维亚女排反击过程中二传队员在前排 3 点攻轮次分配球较平均，不仅仅依赖二传身前战术得分，各位置实力相对均衡，以前排 3 点攻为主。当二传队员轮至前排 2 点攻反击时，二传身后进攻和后排进攻比率大幅度提高，体现出接应位置的强势。塞尔维亚女排在副攻战术分配方面除第 5 轮偏低外，其余 5 个反击轮次中副攻战术比率适中。反观中国女排，反击中过分依赖 4 号位，以朱婷的强攻渡轮，但二传队员分配给接应二传的反击比率过低，网前右翼进攻实力明显不足，不能对主攻位置队员起到很好的支援与掩护作用，不符合当今世界高水平女排进攻趋势与潮流。目前国家队在保障型主攻方面有欠缺，除朱婷之外尚缺一个强攻得分点，此外副攻手的进攻实力不足，快攻战术的实施过分依赖一传的高到位率，应加强副攻和接应二传的进攻实力，提高 2、3 号位的下球率。

3.5.4　塞尔维亚女排防守反击击球区域分析

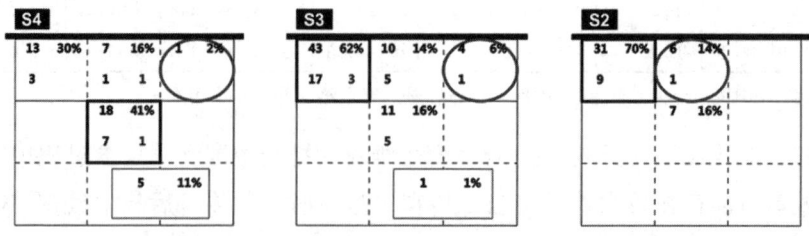

注：S 指二传；方框内分别为进攻次数最多与百分比，圆圈为进攻次数最少，长方形为二次球占比。

图 3-14　塞尔维亚女排前排 2 点攻组织区域图（数据：2017—2018，合计 6 场）

第三章 塞尔维亚女排进攻技战术特征分析

通过侦测发现，塞尔维亚女排二传在 4 号位时进攻区域分配球最多的位置为其 6 号位，进攻比率均为 41%，2 号位比率最低仅为 2%，4 号位进攻区域为 30%。二传队员在 3 号位时，分配球最多的进攻区域为 4 号位，占 62%。该轮次 6 号位后排进攻占 16%，最低在 2 号位占 6%，3 号位击球占 14%。二传队员在 2 号位时，分配球最多的进攻区域为 4 号位，进攻比率达 70%，进攻比率最低为 3 号位，但也达到 14%，后排进攻在该轮次依旧较高，达 16%（见图 3 - 14）。

在防守反击的击球区域来看，塞尔维亚队主要集中在 2、4 号位，其次是 6 号位后排进攻。防守反击是体现一支球队强攻实力好坏的量尺，与一攻相比反击过程相对困难，多处于对手的布局防守和集体拦网盯防下，反击的进攻点不应过于集中，这样可以让对方难以布防。目前多数球队无论是高球强攻还是快速战术攻都有过于集中在 4 号位的现象，反观塞尔维亚女排在反击过程中手段多样，参与反击人员多，为反击获得较好效果奠定了基础。

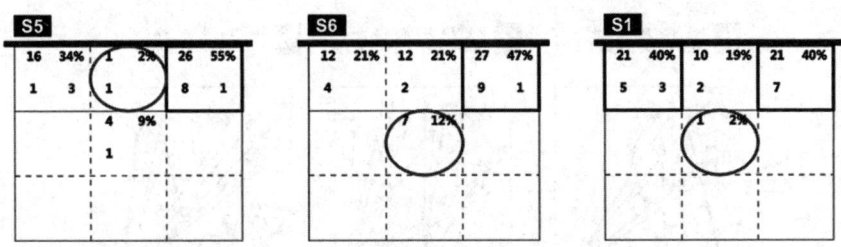

注：S 指二传；方框内分别为进攻次数最多与百分比，圆圈为进攻次数最少，长方形为二次球占比。
图 3 - 15 塞尔维亚女排前排 3 点攻组织区域图（数据：2017—2018，合计 6 场）

塞尔维亚女排二传在 5 号位时进攻区域分配球最多的位置为其 2 号位和 4 号位，进攻比率均为 55% 和 34%，3 号位后攻比率最低仅为 2%；二传队员在 6 号位时，分配球最多的进攻区域为 2 号位占 47%，其次为 2、3 号位均占 21%，该轮次 6 号位后排进攻次数最低，占 12%；二传队员在 1 号位时，分配球最多的进攻区域为 2、4 号位，进攻比率均达 40%，3 号位进攻区域比率为 19%，进攻比率最低在 6 号位，仅占 2%（见图 3 - 15）。

通过对塞尔维亚女排六个轮次的反击组织区域分析，2、6 号区域为其反击的集中区域，主要原因在于反击过程中其接应博斯科维奇和主攻米哈伊洛维奇实力突出，世锦赛 MVP 和世界女排联赛的最佳主攻手均名不虚传。3 号区的副攻反击比例在个别轮次可达到 20%，说明其副攻位置同样具备较高的进攻实力。塞尔维亚女排作为新科世界冠军，目前除接应位置拥有世界级接应之外，主攻和副攻位置同样颇具实力，全队进攻端没有短板且阵容磨合默契，在一系列世界大赛中拔得头筹，是当今女子排坛攻势排球的典范。

3.5.5 塞尔维亚女排防守反击扣球效果与线路、落点分析

3.5.5.1 塞尔维亚女排前排3点攻轮次反击效果与线路、落点分析

通过 Data vollley 侦测表明（见图3-16），塞尔维亚女排反击过程中，当二传队员在后排1、6、5号位，分配球特点如下：二传在1号位时，身前战术占33%，副攻战术占21%，身后战术占44%，后排进攻占2%。2、4号位进攻比率稍高，该轮次整体进攻效率为21%，得分率为38%，其中队员大力扣球占到83%，吊球比率为12%，轻打为4%。4号位进攻以中斜线为主，2号位以大斜线为主，3号位近体快和短平快以8区落点的斜线为主，2号位强攻落点多集中在1、9区。

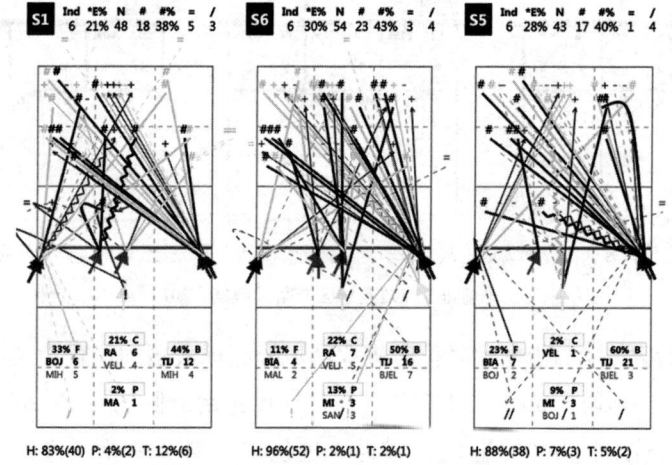

注：E%代表效率、#代表得分数、#%代表得分率、=代表失误、/代表被拦死、H代表发力、P代表轻搓、T代表吊球、线路符号#代表得分、线路符号+代表破攻、线路符号-代表被防。

图3-16 塞尔维亚女排前排3点攻全队反攻效果、线路侦测图（数据：2017—2018，合计6场）

二传在6号位时，主攻队员布萨4号位进攻比率低，占11%；接应二传博斯科维奇在2号位承担了半数的反攻数量，占50%，后排攻占13%。3号位拉西奇反击比率占22%，该轮次整体进攻效率为30%，得分率为43%，队员发力扣球占到96%，吊球比率为12%，轻打2%。2号位强攻以小斜线、大斜线为主，落点多分布于1、9区。该轮次强力主攻手米哈伊洛维奇轮转至后

排，前排 4 号位进攻比例下降，属塞尔维亚队的反击强轮。

二传在 5 号位时，前排主攻反击占 19%，副攻维利科维奇反击仅 2%，接应二传反击占 60%，该轮次为塞尔维亚队的反插上轮次，接应二传博斯科维奇在 2 号位承担了近 60% 的进攻比率，副攻手进攻比率极低，该轮次进攻效率为 28%，得分率为 40%，其中队员以发力线为主，占到 88%，吊球比率为 5%，轻打为 7%。2 号位进攻线路以大斜线、小斜线为主，直线运用较少，6 号位主攻手米哈伊洛维奇的后排进攻以 5 区落点的斜线为主。

3.5.5.2　塞尔维亚女排前排 2 点攻轮次防守反击效果与线路、落点分析

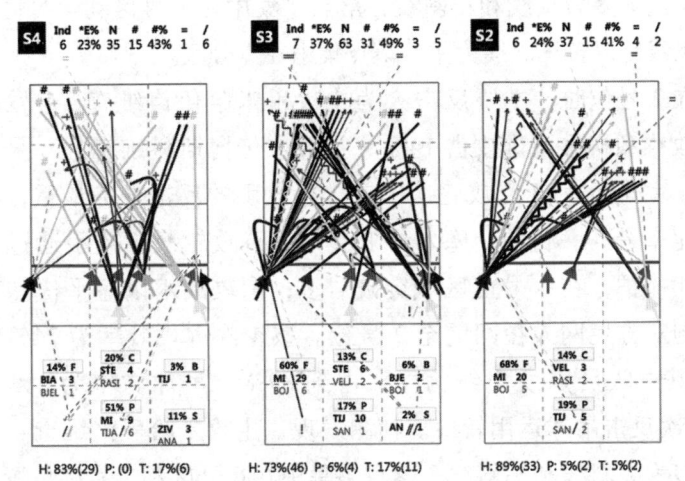

注：E% 代表效率、# 代表得分数、#% 代表得分率、= 代表失误、/ 代表被拦死、H 代表发力、P 代表轻搓、T 代表吊球、线路符号 # 代表得分、线路符号 + 代表破攻、线路符号 − 代表被防。

图 3-17　塞尔维亚女排前排 2 点攻全队反攻效果、线路侦测图（数据：2017—2018，合计 6 场）

塞尔维亚女排二传队员轮转至前排 2 点攻反击攻轮次时，二传队员的分配球特点如下：二传在 4 号位时，主攻布萨扣球占 14%，副攻维利科维奇扣球占 20%，接应扣球占 5%，接应二传和后排主攻的 6 号位后排进攻占 51%。该轮次虽然为 2 点攻轮次，但 6 号位后排进攻比率较高，通过前排两翼掩护进行纵深突破，副攻战术运用较高，多以掩护为主，与前排主攻和后排接应相互牵制。该轮次进攻效率为 23%，得分率为 43%；其中队员以发力线为主，占到 83%，吊球比率为 17%。通过侦测发现，博斯科维奇和米哈伊洛维奇的后排进攻线路分散，主要运用两侧斜线，落点以长线为主，集中在 5 号位与 1 号位区。吊球落点多集中在 8 区，面对该轮次时，中国女排应注意拦

防副攻队员的 3 号位短平和后排 6 号位进攻。

二传在 3 号位时，米哈伊洛维奇 4 号位调整攻占 60%，拉西奇的近体快与短平快占 13%，接应二传博斯科维奇的 6 号位后排进攻占 17%，该轮次为前排 2 点攻轮次，前排主攻承担反击任务较重，但接应二传主动在 6 号位立体进攻比率较高，通过副攻的快球掩护，前排主攻 4 号位的调整攻和平拉开是主要反击手段。前排主攻和后排接应为反击重点人，进攻效率为 37%，得分率为 49%；该轮次发力扣球比率下降占到 73%，该轮次反击号位吊球、轻打居多，吊球比率为 17%，轻打为 6%。侦测发现，主攻米哈伊洛维奇的 4 号位进攻线路选择多为直线和小斜线，落点多集中在 1 号区和 7 号区域。副攻队员的背飞线路以转体斜线为主，落点集中在 1 号区。

二传在 2 号位时，主要反击人为主攻手米哈伊洛维奇，4 号位进攻占 68%，副攻维利科维奇进攻占 14%，接应二传博斯科维奇的 6 号位后排进攻占 19%，该轮次为 2 点攻轮次，前排主攻手的反击任务最重，在 4 号位调整进攻比率最高。目前，塞尔维亚女排 2 点攻轮次主攻手通过与副攻队员的快攻相掩护，在 4 号位区域突破居多；副攻战术以短平快和背飞跑动为主，牵制对方拦网人在网前至 2 号位。该轮次进攻效率为 24%，得分率为 41%；其中队员以发力线为主，占到 89%，吊球比率为 5%，轻打为 5%，该轮次反击吊球运用较少。侦测发现，主攻米哈伊洛维奇 4 号位进攻线路选择多为大斜线和小斜线，落点多集中在 6 号区和 7 号区位置。副攻队员的背飞线路以转体线为主，落点集中在 6 号区和 1 号区，短平快进攻落点多在 7 号区，以斜线为主。

3.6　塞尔维亚女排关键分阶段进攻战术分配分析

排球比赛始终贯穿着制约与反制约的激烈争夺。在进攻与防守的对抗过程中，临场运用球队的特长和熟练战术是制胜关键。尤其是在关键球的处理上，一定要有强劲实力的队员敢于站出来承担重任，才能帮助球队在比分接近时敢于大胆扣杀进攻。

3.6.1　塞尔维亚女排一攻关键分阶段进攻战术分配分析

通过侦测并统计发现，塞尔维亚女排在关键分阶段的 103 次一攻战术分配中，分配球最多的进攻人为其接应二传 18 号博斯科维奇，进攻次数为 62

第三章 塞尔维亚女排进攻技战术特征分析

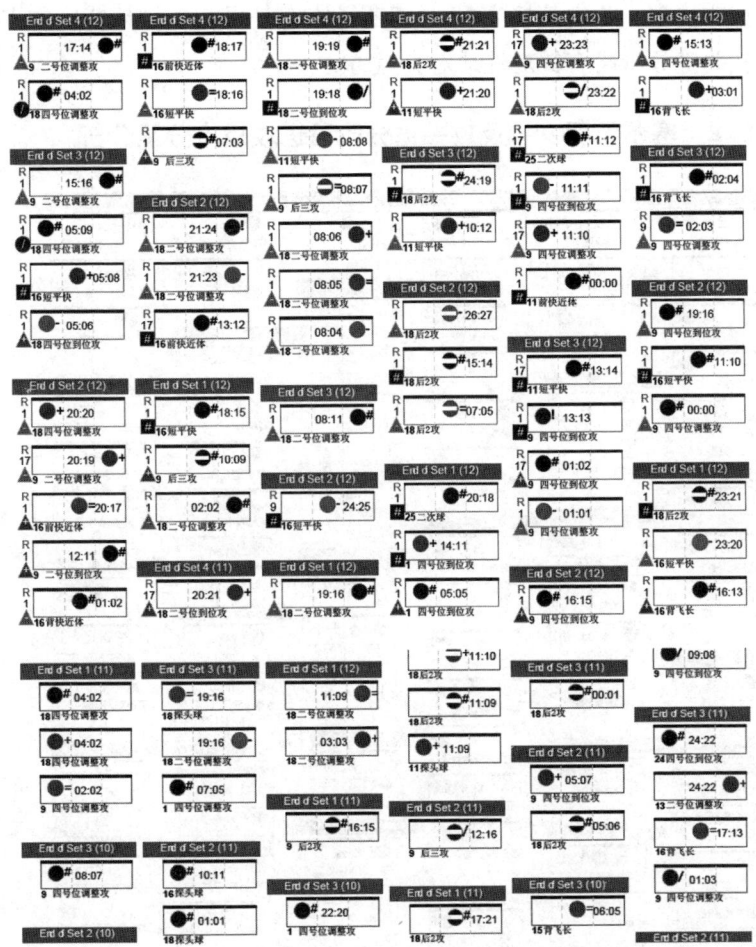

注：圈的位置代表击球区域；#代表得分数、+代表破攻、=代表失误、!代表拦死、-代表防起。

图3-18 塞尔维亚女排一攻关键分阶段分配球侦测缩略图

次，以2、4号位拉开或调整攻和1、6号位后攻为进攻手段，占总数的60%；其次分担进攻任务最重的是其主攻队员9号米哈伊洛维奇，进攻次数为34次，4号位拉开、4号位调整攻为主，占总数的33%；再次为其副攻手16号拉西奇，进攻次数21次，以3号位的短平快、近体快为主要进攻手段，占总数的21%，11号维利科维奇在关键分阶段承担进攻任务较少，多以跑动掩护为主。通过对关键分阶段塞尔维亚女排一攻进攻分配球可以看到，塞尔维亚女排一攻依靠全队配合的整体性较高，关键分阶段二传可选择进攻点较多，进攻手段较多样，接应二传为关键分的首要进攻点，主攻、副攻队员同样有不低的进攻比率，队内其接应 18 号博斯科维奇是目前一攻环节应重点盯防对象，应在关键分阶段有针对性地对其拦防。

3.6.2　塞尔维亚女排反攻关键分阶段进攻战术分配分析

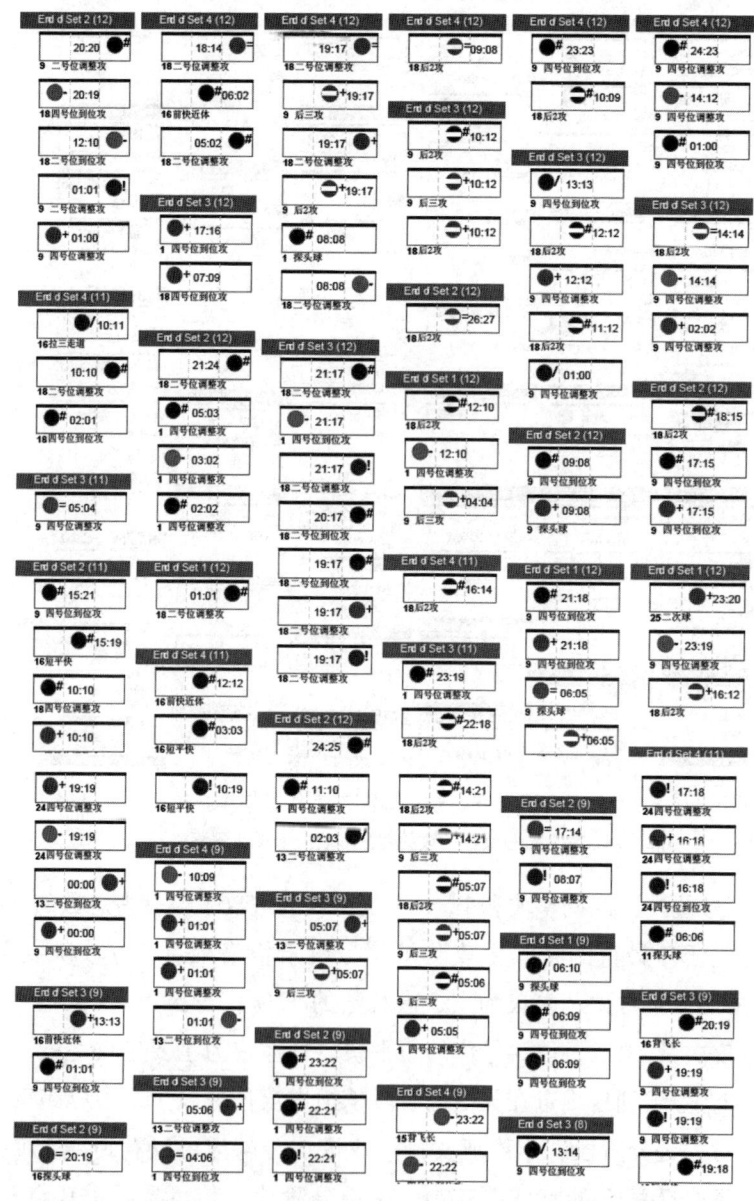

注：圈的位置代表击球区域；#代表得分数、+代表破攻、=代表失误、!代表拦死、-代表防起

图 3-19　塞尔维亚女排反攻关键分阶段分配球侦测缩略图

通过侦测并统计发现，塞尔维亚女排在关键分阶段的 84 次反攻战术分配中，分配球最多的进攻人为其接应二传 18 号博斯科维奇，进攻次数为 38 次，以 2 号位调整攻和 1 号位后攻为进攻手段，占总数的 45%；其次分担进攻任务最重的是其主攻队员 9 号米哈伊洛维奇，进攻次数为 24 次，4 号位调整攻为主，2 号位定点攻为主，6 号位后排攻为辅，占总数的 29%；再次为其副攻手 16 号拉西奇，进攻次数 19 次，以 3 号位远网短平快、近体快为主要进攻手段，占总数的 23%，副攻 11 号以近体快球和背飞反击进攻手段，进攻总计 4 次，占总数的 5%。

通过对关键分阶段塞尔维亚女排反攻分配球可以看出，塞尔维亚女排在反击的关键分阶段延续其高打强攻的特点，合理利用球网两翼的 2、4 号位高点强攻辗轧对手的拦防，后排进攻方面主要以 1 号位和 6 号位的立体进攻辅以快攻配合掩护实施。中国女排在与塞尔维亚对阵中，面对其反击布置时，除对进攻重点人进行拦网预判和集体拦网外，更应细化对其习惯性击球线路的研究和布防，切实做到前排拦网和后排防守的有机结合，虽然对方击球高度占优，但目前中国女排的网上高度同样具有优势，有提前预判移动与合理取位的高拦网定会对其反击起到抑制作用。

3.7 针对塞尔维亚女排进攻的拦防对策

3.7.1 塞尔维亚女排一攻的拦防对策

目前塞尔维亚女排的接应博斯科维奇在各轮次的进攻比重较高，在一次攻组织方面，多与队内的强力副攻拉西奇掩护配合，当其在后排时进攻点从 1 号位转移至 6 号位时，进攻点距离二传手更近，便于二传组织。此外，由于进攻从场区中间发动，攻手扣球时便于向对区的两侧变线，避开集体拦网的封堵，目前中国女排该位置的进攻尚显不足，接应二传进攻实力差距较大。

塞尔维亚女排在关键分阶段的 103 次一攻战术分配中，分配球最多的进攻人为其接应二传 18 号博斯科维奇，进攻次数为 62 次，以 2、4 号位拉开或调整攻和 1、6 号位后攻为进攻手段，占总数的 60%；其次分担进攻任务最重的是其主攻队员 9 号米哈伊洛维奇，进攻次数为 34 次，4 号位拉开、4 号位调整攻为主，占总数的 33%；再次为其副攻手 16 号拉西奇，进攻次数 21 次，以 3 号位的短平快、近体快为主要进攻手段，占总数的 21%，11 号维利科维奇在关键分阶段承担进攻任务较少，多以跑动掩护为主。通过对关键分阶段塞尔维亚女排一攻进攻分配球可以看到，塞尔维亚女排一攻依靠全队配合的整体性较高，关键分阶段二传可选择进攻点较多，进攻手段较多样，接应二传为关键分的首要进攻点，主攻、副攻队员同样有不低的进攻比率，队内其接应 18 号博斯科维奇是目前一攻环节应重点盯防对象，应在关键分阶段有针对性地对其拦防。

研究表明，当二传在 3、4 号位时，博斯科维奇的后排进攻效率和成功率最高，达到了 65% 和 52%，针对该两个轮次的具体情况应对其进行重点盯防，在对其 1 号位后攻斜线的拦网布局方面，主攻队员向内适当取位协同拦网，配合副攻对其斜线进行阻拦，针对其 6 号位的两侧斜线的进攻，副攻队员针对其进攻线路应判断在先，甄别其击球挥臂动作，拦网取位时应适当向两侧边移，后排自由人取位时应加强对 5 号区和 9 号区的防守预判。当二传在 4 号位时，博斯科维奇的后排进攻比重最高，且吊球运用较少，多以发力扣球为主，后排防守队员可取位适当后撤，防其大力扣球触及拦网队员后的拦起球。

3.7.2　塞尔维亚女排防反的拦防对策

塞尔维亚女排在防守反击时二传队员在后排时反击效率较高，二传在 1、6、5 号位时反击效率分别为 27%~39%，反击得分率为 39%~50%，说明塞尔维亚组织反击过程中前排 3 点攻轮次进攻点多，不易被集体拦网盯防，被拦死的数量相对较少，前排 3 点再辅以后排进攻，失误率最低仅 5%，被拦死最低达到 4%；二传队员在前排 2 点攻轮次组织反击时进攻意图较明显，反击得分率和反击效率均有所下降，得分率为 28%~33%，反击效率为 41%~48%，与二传在后排时有较大差距，尤其是当二传在 2、4 号位时反击效率较差，反击效率仅 28% 和 29%，被拦死率高达 7%。通过侦测发现，博斯科维奇和米哈伊洛维奇的后排进攻线路分散，主要运用两侧斜线，落点以长线为主，集中在 5 号位与 1 号位区。吊球落点多集中在 8 区，面对该轮次时中国女排应注意拦防副攻队员的 3 号位短平和后排 6 号位进攻。

3.8 小结

3.8.1 塞尔维亚女排战术打法运用依靠个人实力突破的特点明显，依靠高度、力量的高打强攻的痕迹清晰。其各轮次一攻的效率较高，除二传在4号位时进攻效率略低外，其他5个轮次进攻效果较好。当前排3点攻轮次时进攻效率达到35%，得分率接近50%，是欧美球队中最高的。其中二传队员在5号位时进攻得分率最高，其次为二传在1号位与2号位，可称为强轮。

3.8.2 4号位调整攻运用比率最高，进攻得分率为34%、进攻效率为14%；其次运用比率最高的为4号位平拉开，得分率为41%，进攻效率为26%，2号位调整强攻列一攻战术中的第三位，进攻得分率和进攻效率分别为41%和28%。短平快战术是副攻选用最多的战术，依靠拉西奇的高点短平快同样取得了较高的进攻效果，运用次数达到69次，得分率高达49%，进攻效率为36%。

3.8.3 塞尔维亚女排在前排3点攻轮次进攻点分散，击球实扣区域多在2、3号位，接应二传与副攻队员承担进攻任务最重，主攻进攻比率次之；前排2点攻时，3号位和6号位区域的进攻比率较高；二传在5号位时，身前战术占19%，副攻战术占29%，身后战术占48%，接应二传博斯科维奇在2号位承担了近50%的进攻比率，副攻手进攻比率较高，该轮次进攻效率为48%，得分率为52%，其中队员以发力线为主，占到88%，吊球比率为10%，轻打为2%。2号位进攻线路以中斜线为主，直线也有所运用，3号位的短平快以斜线为主，该轮次为塞尔维亚队的强轮。

3.8.4 塞尔维亚女排在各司职位置中接应二传进攻实力突出，副攻手进攻比重较高，塞尔维亚女排在进攻方面呈现出以快攻掩护，高快结合，突出接应二传为核心进攻点的打法特征。

第四章　意大利女排进攻技战术特征分析

4.1　意大利女排参加世界大赛概况

意大利女排尽管属于欧洲球队，但并不一味地高举高打，而是融合了亚洲女排的快速多变战术，使得球队进攻打法更趋全面。意大利队主攻虽高度有限，但网上实力较突出，且技术娴熟，依靠个人手法，打吊结合，实战效率高。接应位置依然是本队最强的火力点，也是最有效的得分选手。意大利女排如今形成了对中国女排的压倒性优势。东京奥运会周期已经取得了对中国女排的六连胜。从1978年首次亮相世锦赛开始，意大利女排便再未缺席过这项大赛，在这十届当中，她们取得过2002年德国世锦赛的桂冠。意大利曾两夺世界杯冠军，分别是2007年和2011年，2009年还夺得过大冠军杯的头名。从2000年悉尼奥运会开始，她们一直是奥运会的常客，早自2002年世锦赛，接应托古特发挥出色率队折桂；而2007年世界杯接应阿奎罗成为进攻核心，率队再捧金杯。这两次世界大赛足以说明接应二传在意大利队的突出作用。当然，意大利队的副攻背飞、远网快球等战术同样运用娴熟，使本队得分手段更加丰富。

随着新帅马赞蒂接手球队，意大利女排迅速完成新老更替。如今的这支意大利女排几乎是由90后组成，在当今的世界强队中，平均年龄是最小的。虽然这支意大利女排平均年龄小，但实力不容小觑。在2018年的世界女排联赛上，这支平均年龄最小的意大利女排接连两度战胜中国女排、塞尔维亚女排、荷兰女排以及巴西女排这四支国际顶级强队，通过与强手交手中不断取得胜利，这支年轻的意大利女排变得越来越自信，自信的她们有着令人恐惧的潜力[①]。在2018女排世锦赛中意大利女排表现突出,与塞尔维亚苦战五局斩获亚军。从2017世界女排大奖赛亚军,到2018世界锦标赛亚军,意大利女排凭借突出的进攻实力和整体娴熟配合打法在不断进步。

如今这支意大利女排有埃格努、希拉的暴力强攻,有天才二传马里诺夫的完美调动,有后排核心德吉纳罗的镇守,有保障主攻波塞蒂的一传,作为意大利女排副攻线上的绝对主力,队长基里凯拉的发挥对这支意大利女排来说同样是至关重要的。可以说,这支意大利女排既有强攻,又有速度,还有一传防守小球串联,攻防十分地流畅,这支意大利女排的综合实力已经是国际上最顶级的了,东京奥运会上意大利女排也将是夺冠的最大热门之一。

4.2 意大利东京奥运周期主力阵容配备分析

2016年里约奥运会后,马赞蒂取代了老帅伯尼塔的位置,1976年出生的他曾执教过多支意甲女排俱乐部,最近两个赛季曾带领科内利亚诺队夺得佳绩。2011年,他帮助贝加莫俱乐部获得联赛冠军,2015年则是为卡萨尔马焦雷队带来最高荣誉。

图4-1 意大利女排合影,2018年世界女排锦标赛

意大利女排身高平均值为183.95cm,与中国女排的身高平均值为187.38cm比较,两国女排队员身高方差齐性检验结果F值为0.021,显著性

---

① 女排东京周期又有两大强敌崛起!中国队能否延续辉煌重点在这里[EB/OL].[2018-06-17]搜狐体育. http://www.sohu.com/a/236283958_647205.

号码	球员名	译名	生日	身高	位置	俱乐部 (18-19赛季)
1	Serena Ortolani	奥托拉妮	1987.01.07	187	接应	蒙扎
2	Laura Melandri	梅兰德里	1995.01.31	186	副攻	蒙扎
3	Carlotta Cambi	卡姆比	1996.05.28	177	二传	贝加莫
4	Rachele Morello	莫雷洛	2000.11.07	185	二传	意大利俱乐部
5	Ofelia Malinov	马里诺芙	1996.02.29	183	二传	斯坎迪奇
6	Monica De Gennaro	德杰纳罗	1987.01.08	173	自由人	科内利亚诺
7	Sylvia Nwakalor	恩瓦卡洛尔	1999.08.12	180	接应	意大利俱乐部
8	Alessia Orro	奥罗	1998.07.18	180	二传	布斯托阿西齐奥
9	Caterina Bosetti	C.波塞蒂	1994.02.02	179	主攻	卡萨尔马焦雷
10	Cristina Chirichella	基里凯拉	1994.02.10	195	副攻	诺瓦拉
11	Anna Danesi	丹内希	1996.04.20	196	副攻	科内利亚诺
12	Anastasia Guerra	奎拉	1996.10.15	187	主攻	上海(中国)
13	Sarah Fahr	法尔	2001.09.12	194	副攻	意大利俱乐部
14	Elena Pietrini	皮特里妮	2000.03.17	190	主攻	意大利俱乐部
15	Marina Lubian	卢比安	2000.04.11	195	副攻	意大利俱乐部
16	Lucia Bosetti	L.波塞蒂	1989.07.09	176	主攻	斯坎迪奇
17	Miriam Sylla	希拉	1995.01.08	181	主攻	科内利亚诺
18	Paola Egonu	埃格努	1998.12.18	193	接应	诺瓦拉
19	Camilla Mingardi	明加尔迪	1997.10.19	186	主攻	贝加莫
20	Beatrice Parrocchiale	帕罗基亚勒	1995.12.26	168	自由人	佛罗伦萨
21	Chiara De Bortoli	德博尔托丽	1997.07.28	176	自由人	意大利俱乐部
22	Anna Nicoletti	尼科莱蒂	1996.01.03	189	接应	布雷西亚

图 4-2 意大利女子排球队队员信息统计

$p = 0.885$，大于 0.05，方差齐性，故意大利女排与中国女排身高平均值显著性检验结果为 0.174，$p > 0.05$，差异不显著。由此，我们可以看出我国女排与意大利女排身高无明显差异。

对比两国女排扣球高度时，中国女排扣球高度平均值为 307.62cm，意大利女排扣球高度为 310.95cm。对两国女排扣球高度方差齐性检验结果 F 值为 1.104，显著性概率 $p = 0.300$，大于 0.05，方差齐性，故两国女排队员扣球高度均值显著性检验结果为 0.359，$p > 0.05$，差异不显著。由此，我们可以看出两国女排扣球高度无明显差异。

4.3 意大利女排进攻效果总体分析

意大利女排虽然在 2018 年世界女排锦标赛中屈居亚军，以 2∶3 惜败给塞尔维亚女排，但综观意大利女排近 2 年来的竞技表现，可以看出这支欧洲老牌劲旅在进攻端的表现异常优秀。2018 年女排世锦赛意大利女排曾获 10 连胜，小组赛和半决赛两度击败中国女排，队中的接应球员埃格努和主攻手希拉在单场对抗中曾独获33分的高分。目前意大利女排中的二传手马里诺芙作为一位天才型二传手,在比赛中充分展现了自己的天赋,并获2018届赛事的最佳二传手称号,在她的策动下全队进攻端表现优异,其传球速度快,稳定性强。意大利虽属欧洲球队,但不一味追求高度,高快结合,还有打吊结合运用得越发合理,各位置的进攻手段十分丰富,主力队员们的阅读比赛能力很强,处理球到位合理。她们丰富的进攻打法给各队的拦网和防守都带来了较大的难度。

意大利女排在比赛全程中总能保持较全面的攻防体系,二传组织进攻时无论一传到位与否都尽可能降低传球弧度,提升进攻组织速度,以甩开对手的集体拦网,靠速度打破对方的防守布局和节奏。此外防守端意大利女排的小球技术和串联也是目前欧洲球队中非常优秀的,自由人更是预判精准,朱婷的强攻多次被防起,为本队的反击创造了条件。一直以来中国队都是亚洲女排打法的代表,一传好,快攻比率高,战术运用繁,下手快,防守好。但目前意大利女排的攻防速度和节奏明显快于中国队。不管是任何环节,意大利队进攻组织都较快,不仅2、4号位平拉开反击节奏快,即便是调整攻组织同样追求速度。从2018年世界排球联赛和2018年女排世锦赛期间意大利女排和中国女排的几次对抗来看,中国女排虽然高度占优,也加强了网上争夺,依靠朱婷的强攻逐渐打开局面,中意两队对抗中上演了多回合的精彩攻防大战,然而意大利队战术素养和防守反击手段多样,依靠多名攻手的实力和进攻速度最终取胜,进攻速度是建立在配合默契和球员的技术细腻的基础之上的,是高水平球队的特征之一。

表4-1 意大利队总体扣球效果对比分析

队别	扣死		扣过		扣失		被拦死		被拦回		总数
	n	%	n	%	n	%	n	%	n	%	
意大利	55	47.83	30	26.09	16	13.91	8	6.96	6	5.22	115
中国	46	40.35	44	38.60	6	5.26	11	9.65	7	6.14	114
差值	9	7.48	-14	-12.51	10	8.65	-3	-2.69	-1	-0.92	1
意大利	62	42.76	43	29.66	11	7.59	15	10.34	14	9.66	145
巴西	56	44.44	44	34.92	9	7.14	9	7.14	8	6.35	126
差值	6	-1.68	-1	-5.26	2	0.45	6	3.2	6	3.31	19
意大利	53	38.97	45	33.09	14	10.29	9	6.62	15	11.03	136

续表

队别	扣死		扣过		扣失		被拦死		被拦回		总数
	n	%	n	%	n	%	n	%	n	%	
美国	44	34.65	51	40.16	11	8.66	12	9.45	9	7.09	127
差值	9	4.32	-6	-7.07	3	1.63	-3	-2.83	6	3.94	9
意大利	51	40.16	48	37.80	12	9.45	12	10	4	3	127
塞尔维亚	56	42.75	57	43.51	11	8.40	7	6	12	10	131
差值	-5	-2.59	-9	-5.71	1	1.05	5	4	-8	-3	-4
意大利	170	42.93	118	29.80	41	10.35	32	8.08	35	8.84	396
对手国	146	39.78	139	37.87	26	7.08	32	8.72	24	6.54	367
差值	24	3.15	-21	-8.07	15	3.27	0	-0.64	11	2.3	29

数据：2017女排大奖赛总决赛（南京站）、2018世界排球联赛（江门站）、2018女排世锦赛。

由表4-1可知，在意大利女排与中国女排的比赛中得分率为47.83%，比中国女排高7.48%，失误率为13.91%，比中国女排高8.65%。意大利女排队员虽然主攻高度有限，但进攻节奏较快，攻防转换迅速，二传分配球较分散，以接应二传为主要进攻人，主攻队员保障性较稳定，副攻队员的远网快球也是其擅长的进攻手段，由此可知意大利女排扣球有着高得分率和高失误率并存的特点。

18号接应二传埃格努在前排4号位的大斜线与中斜线扣球比例占80%，落点多集中在5号位区域；2号位扣球时斜线占78%，直线占22%，落点多集中在1号位区域或1号位与6号位之间。后排进攻时1号位与6号位都有主动进攻运用，1号位后攻时直线占36%，斜线占64%，大斜线扣球出界次数居多，对其拦防应注意避免触手出界。6号位后攻时直线占67%，斜线占33%，直线落点多接近端线，落点较深。对其拦防时前排拦网队员应加大阻拦其习惯线路，对其6号位后攻的防守时，中国女排主攻队员应适当后撤靠近端线。

10号副攻队员基里凯拉多采用背飞与短平快为进攻手段，2点攻轮次背飞运用居多。采用背飞扣球时，顺手直线占75%，回手斜线占25%；3点攻轮次其短平快进攻居多，短平快扣球时斜线占71%，回手直线占29%，中国女排副攻队员与主攻队员在对其快攻的拦防应注意盯防其重点线路，提早预判。

第四章 意大利女排进攻技战术特征分析

在意大利女排与巴西女排的比赛中，意大利女排扣球总数为145次，比巴西女排多19次，得分率为42.76%，比巴西女排低1.68%，失误率为7.59%，比巴西女排高0.45%。由此可知，意大利女排得分率较低，失误率较高。

在意大利女排与美国女排的比赛中，意大利女排扣球总数为136次，高于美国女排9次，得分率为38.97%，高于对手4.32%，失误率为10.29%，高于美国女排1.63%。由此可知，意大利女排在扣球得分率方面占优势，但失误率要大于美国女排。

在意大利女排与外国女排扣球数据比较中得知，意大利女排扣球总数为396次，比外国女排高29次，得分率为42.93%，比外国女排高3.15%，失误率为10.35%，比对手高3.27%。意大利女排在扣球得分率上高于对手，但也存在较高的失误率。

意大利女排整体进攻风格追求速度、进攻节奏较快，各位置进攻队员身体素质较好，利用副攻掩护牵制与网长两翼拉开进攻战术较多，其中接应新秀18号埃格努进攻实力超强，无论在前排的2、4号位定点高球，还是后排1、6号位均具备较高的进攻实力，受其自身出色身体素质的影响，弹跳高度好，腰背力量足，起跳展腹充分，挥臂速率迅速，手臂长，击球点较高，在面对对方集体拦网的情况下仍发力扣球，破坏性较强，具备超手扣球实力，是各队难以遏制的主要进攻点。主攻手高度一般，扣球力量较弱，以平拉开战术运用居多。副攻手常运用前快、短平与背飞跑动进行偷袭与掩护。

4.3.1 意大利女排不同进攻类型得分对比分析

表4-2 意大利女排强攻扣球得分对比分析

队别	4号位得分		2号位得分		1号位后攻得分		6号位后攻得分		总数
	n	%	n	%	n	%	n	%	
意大利	21	50.00	13	30.95	5	11.90	3	7.14	42
美国	14	42.42	12	36.36	2	6.06	5	15.15	33
差值	7	7.58	1	-5.41	3	5.84	-2	-8.01	9
意大利	19	43.18	12	27.27	11	25.00	2	4.55	44
巴西	21	45.65	16	34.78	1	2.17	8	17.39	46
差值	-2	-2.47	-4	-7.51	10	22.83	-6	-12.84	-2

续表

队别	4号位得分		2号位得分		1号位后攻得分		6号位后攻得分		总数
	n	%	n	%	n	%	n	%	
意大利	17	43.59	10	25.64	10	25.64	2	5.13	39
中国	29	76.32	4	10.53	0	0.00	5	13.16	38
差值	-12	-32.73	6	15.11	10	25.64	-3	-8.03	1
意大利	57	45.60	35	28.00	26	20.80	7	5.60	125
对手国	64	54.70	32	27.35	3	2.56	18	15.38	117
差值	-7	-9.1	3	0.65	23	18.24	-11	-9.78	8

数据：2017女排大奖赛总决赛（南京站）、2018世界排球联赛（江门站）、2018女排世锦赛。

意大利队中的世界级接应埃格努在2017年世界女排大奖赛中就曾超常发挥，帮助意大利击败中国女排，可以说这位运动员已经成为中国队未来的"心腹大患"。埃格努刚满20岁，比朱婷还年轻4岁，看到与她同龄的中国女排新星李盈莹依然处在成长的困境中，埃格努已成为世界级顶尖球星，2018年女排世锦赛进攻排行榜第一名，多项赛事的MVP得主。她的扣球不仅能做到攻击性强，对抗高集体高拦网时以超手的优势辗轧，小球技术也进步迅速，摸吊等运用也已取得了长足的进步。目前的意大利队之所以能够屡屡在与强手的对抗中胜出，队伍中的接应埃格努功不可没，也是这支意大利女排的进攻核心，关键时刻，埃格努通过高点超手强攻击溃对手，经常扮演着决定比赛的胜负手。

意大利女排强攻扣球总数为125次；4号位强攻扣球总数为57次，占强攻总次数的45.60%；2号位强攻扣球总数为35次，占强攻总次数的28%；1号位后攻扣球总数为26次，占强攻扣球总数的20.80%；6号位后攻扣球总数为7次，占强攻总次数的5.60%。意大利队强攻多数由其接应埃格努和主攻希拉承担，其中1号位后攻所占比例最高，当意大利女排在反击或一传不到位时，埃格努的作用突显，超手强攻是突破拦防的关键。此外，黑人球员塞拉高效的平拉开进攻同样令人印象深刻，主攻塞拉进攻成功率曾经达到63%，是目前意大利队中的第二得分手。

第四章 意大利女排进攻技战术特征分析

表4-3 意大利女排快攻扣球得分对比分析表

队别	近体快		短平快		背飞		总数
	n	%	n	%	n	%	
意大利	1	9.09	3	27.27	7	63.64	11
美国	0	0.00	6	54.55	5	45.45	11
差值	1	9.09	-3	-27.28	2	18.19	0
意大利	3	16.67	11	61.11	4	22.22	18
巴西	3	30.00	1	10.00	6	60.00	10
差值	0	-13.33	10	51.11	-2	-37.78	8
意大利	4	25.00	5	31.25	7	43.75	16
中国	1	12.50	3	37.50	4	50.00	8
差值	3	12.5	2	-6.25	3	-6.25	8
意大利	5	41.67	4	33.33	3	25.00	12
塞尔维亚	5	31.25	7	43.75	4	25.00	16
差值	0	10.42	-3	-10.42	-1	0	-4
意大利	8	17.78	19	42.22	18	40.00	45
对手国	4	13.79	10	34.48	15	51.72	29
差值	4	3.99	9	7.74	3	-11.72	16

数据：2017女排大奖赛总决赛（南京站）、2018世界排球联赛（江门站）、2018女排世锦赛。

由表4-3可知，意大利女排快攻扣球总数为45次，比对手多16次。其中近体快扣球8次，占快攻总次数的17.78%；扣短平快球19次，占快攻总次数的42.22%；扣背飞球18次，占快攻总次数的40.00%。意大利女排现任队长基里凯拉是意大利主力副攻手。2014年世锦赛，基里凯拉初出茅庐，作为意大利女排唯一的新秀亮相，虽然意大利里约奥运周期成绩并不出色，但基里凯拉表现稳定，网前嗅觉灵敏，进攻速度极快，掩护逼真，发球有极强冲击力，2号、3号位的进攻相对均衡，拦网取位判断也准确。

2018年女排世锦赛意大利对阵中国女排的比赛中，意大利女排副攻就发挥了奇兵作用。副攻基里凯拉在第一局埃格努进攻受阻时以快攻屡屡得分，充分体现了副攻的重要性。在第二局和第三局，副攻基里凯拉更是表现良好，屡屡将张常宁和李盈莹的进攻拦死或有效拦网，为本队的反击创造条件。在第四局关键时刻，又是11号副攻协助接应出色发挥，以至于最后3∶1击败中国女排。

意大利女排2018年另外一位副攻丹内希迎来了蜕变，她有196cm的身高，世锦赛已经贡献18次拦网，并且以局均1.12次拦网排名拦网榜第一。丹内希的崛起对于意大利的蜕变非常关键。过去几年丹内希还经常在比赛中失误，她的拦网威力并不算特别强。丹内希的臂展较长，弹跳高度出色。丹内希和基里凯拉犹如双塔矗立网前，无论拦网还是进攻都给对手很大的压力。

4.3.2 意大利女排不同司职主力队员扣球效果分析

表4-4 主攻手波塞蒂（Caterina Bosetti）扣球效果总体情况对比表

场次	扣死		扣过		扣失		被拦死		被拦回		总数
	n	%	n	%	n	%	n	%	n	%	
意：中	6	35.29	5	29.41	2	11.76	3	17.65	1	5.88	17
意：巴	15	51.72	8	27.59	2	6.90	3	10.34	1	3.45	29
意：美	10	43.48	5	21.74	2	8.70	2	8.70	4	17.39	23
意：俄	16	48.00	7	21.21	1	3.03	3	9.09	6	18.18	33

数据：2017女排大奖赛（南京站）、2018女排世界联赛（江门站）、2018世界锦标赛。

由表4-4可知，意大利女排主攻手波塞蒂在对阵中国女排的比赛中，扣球总数为17次，得分率为35.29%，失误率为11.76%；在对阵巴西女排的比赛中，扣球总数为29次，得分率为51.72%，失误率为6.90%；在对阵美国女排的比赛中，扣球总数为23次，得分率为43.48%，失误率为8.70%；在与以高大化著称的俄罗斯女排对抗中，得分率为48%，失误率与被拦死率分别为3.03%和9.09%。波塞蒂虽然身高和击球高度有限，扣球以中线居多，扣球力量没有明显的优势，属于保障型主攻，但其进攻手法娴熟，扣球个人战术运用自如。

表4-5 主攻手希拉（Sylla）扣球效果总体情况对比表

场次	扣死		扣过		扣失		被拦死		被拦回		总数
	n	%	n	%	n	%	n	%	n	%	
意：中	13	59.00	4	18.18	2	9.09	1	4.55	2	9.09	22
意：美	16	48.00	11	33.33	2	6.06	1	3.03	3	9.09	33
意：俄	11	48.00	9	39.13	0	0	2	8.70	1	4.35	23
意：巴	9	53.04	4	23.53	2	11.76	1	5.88	3	17.65	19

数据：2018世界排球联赛（江门站）、2018女排世锦赛。

由表 4-5 可知，意大利女排主攻手希拉在对阵中国的比赛中，扣球总数为 22 次，得分率高达 59%，失误率为 9.09%。在对阵美国女排的比赛中，扣球总数为 33 次，得分率为 48%，失误率为 6.06%。在与俄罗斯女排的高拦网对抗中，希拉进攻成功率也达到了 48%，有 11 分进账。意大利面对巴西女排时，其进攻次数为 19 次，得分率高达 53.04%，依靠进攻速度获得了较好的效果。希拉在 2018 年的世锦赛中展现出极其突出的进攻实力，上升势头明显，一改 2017 年世界女排大奖赛替补出场和承担接一传的角色。作为一名黑人运动员，虽然其身高有限，但扣球力量足，爆发力突出，击球鞭打动作快速、凶狠，4 号位平拉开速度与节奏占优，即便球较开网，二传给其的平拉开弧度也较低，但进攻效果依然好。

表 4-6 副攻手基里凯拉（Chirichella）扣球效果总体情况对比表

场次	扣死		扣过		扣失		被拦死		被拦回		总数
	n	%	n	%	n	%	n	%	n	%	
意：中	9	64.29	3	21.43	0	0	1	7.14	1	7.14	14
意：巴	8	47.06	3	17.65	2	11.76	0	0.00	4	23.53	17
意：美	3	27.27	5	45.45	2	18.18	1	9.09	0	0	11
意：俄	3	42.85	0	0	2	28.57	2	28.57	0	0	7

数据：2018 世界排球联赛（江门站）、2018 女排世锦赛。

由表 4-6 可知，意大利队副攻基里凯拉在对阵中国女排的比赛中扣球得分率为 64.29%，失误率为 0；多采用背飞与短平快进攻，2 点攻轮次背飞运用居多。采用背飞扣球时，顺手直线占 75%，回手斜线占 25%；3 点攻轮次其短平快进攻居多，短平快扣球时斜线占 71%，回手直线占 29%，中国女排副攻队员与主攻队员在对其快攻的拦防时应注意盯防其重点线路，提早预判。

在对阵巴西女排的比赛中，副攻基里凯拉扣球总数为 17 次，得分率为 47.06%，失误率为 11.76%；在对阵美国女排的比赛中扣球总数为 11 次，得分率为 27.27%，失误率为 18.18%。副攻基里凯拉在比赛中与二传配合默契，跑动牵制与掩护作用较强，前快、短平快在比赛中运用娴熟，扣球以顺手发力线为主，进攻欲望较强，具有一定的进攻实力。

表 4-7　接应二传埃格努（Egonu）扣球效果总体情况对比表

场次	扣死		扣过		扣失		被拦死		被拦回		总数
	n	%	n	%	n	%	n	%	n	%	
意：中	26	52.00	11	22.00	9	18.00	2	4.00	2	4.00	50
意：巴	25	45.45	14	25.45	7	12.73	7	12.73	2	3.64	55
意：美	24	43.64	18	32.73	6	10.91	3	5.45	4	7.27	55
意：俄	31	52.00	17	28.33	8	13.33	1	1.67	3	5.00	60

数据：2018世界排球联赛（江门站）、2018女排世锦赛。

由表4-7可知，意大利女排接应二传埃格努在对阵中国女排的比赛中得分率为52.00%，失误率为18.00%；埃格努在前排4号位大斜线与中斜线扣球比例占80%，落点多集中在5号位区域；2号位扣球时斜线占78%，直线占22%，落点多集中在1号位区域或1号位与6号位之间。后排进攻时1号位与6号位都有主动进攻运用，1号位后攻时直线占36%，斜线占64%，大斜线扣球出界次数居多，对其拦防应注意避免触手出界。6号位后攻时直线占67%，斜线占33%，直线落点多接近端线，落点较深。

在对阵巴西女排的比赛中，埃格努扣球总数55次，得分率为45.45%，失误率为12.73%；在对阵美国女排的比赛中，扣球总数为55次，得分率为43.64%，失误率为10.91%。与高大化的俄罗斯队比赛中，埃格努面对高大拦网依旧进攻火力强劲，扣球得分达到31分，反击过程中承担了绝大多数的强攻，以52%的扣球成功率位居榜首。意大利的接应二传手埃格努系黑人运动员，具有超强的身体素质，弹跳力尤为突出。在每场比赛中均发挥出强力接应的能力，其2号位定点攻击、后排1号位，1、6号位交界处的后排攻均有声有色，击球点高且扣球力量大，手腕控制球感觉好，发力线路以中线、斜线为主，尤其是在一传不到位与调整攻时体现出高超的进攻实力，面对高大拦网不怯手，吊球运用少，超手强打实力突出，是中国女排今后重点研究并盯防的对象。

4.4 意大利女排一攻结构及效果分析

4.4.1 意大利女排接发球进攻（一攻）阵型分析

意大利女排接发球阵型与中国女排相似，同样采用两名主攻加一名自由人的三人接发球阵型，两名主攻接发球轮次较多，16号主攻6轮次均需接发球，1号位置2轮次，5号位置2轮次，6号位置2轮次，接发球效果一般不到位率较高。主攻希拉同样接发球6轮，5号位置接发球4轮次，6号位、1号位各1轮次，自由人6号位置3轮次，1号位置3轮次。根据个人接发球效果来看，意大利女排自由人接发球效果较好，因此可重点追发两名主攻。

图4-3 意大利女排第一轮站位 二传在1号位

第一轮时，5号二传在1号位置插上传球，中国女排可以向二传插上路线附近发球，或者向5号区位置发球，对希拉或18号埃格努进行追发，妨碍前排接应的4号位进攻节奏，并限制希拉的6号位后排进攻；尽量避开中间的自由人。

图4-4 意大利女排第二轮站位 二传在6号位

第二轮时同样避开自由人中间位置，追发向两边主攻，前排主攻接发球能力稍弱，可对其进行追发；该轮次18号埃格努轮转至前排，应对其重点拦防,并留意10号副攻队员的前快跑动掩护牵制。

图4-5 意大利女排第三轮站位 二传在5号位

第三轮中国女排可将球发向两名主攻之间,6号位置和5号位之间,造成互相干扰或妨碍前排攻手进攻节奏。该轮次18号接应埃格努为前排队员,也可针对1号位区长线进行追发落点,破坏埃格努的助跑线路与节奏。

图4-6 意大利女排第四轮站位 二传在4号位

第四轮同样是两名主攻和自由人参与接发球,因此可重点发向两人之间或发给前排主攻手,妨碍其进攻节奏;可发球至两名主攻队员之间或发球至18号埃格努所在1号位区,破坏其后排进攻节奏。

图4-7 意大利女排第五轮站位 二传在3号位

第四章 意大利女排进攻技战术特征分析

第五轮意大利女排自由人站 6 号位置，将球发向 1 号位与 5 号位主攻位置或者自由人与主攻两人之间的空当，该轮次 18 号接应埃格努多参与 6 号位后排进攻，也可对 6 号位区域进行长线落点发球，破坏自由防守队员的接发节奏，有针对性地拦防。

图 4-8　意大利女排第六轮站位　二传在 2 号位

第六轮两名主攻在 6 号位与 5 号位，16 号波塞蒂进攻实力偏弱，希拉后排进攻具有一定实力，可对其进行追发，破坏其后排进攻节奏，或发球至其 4 号位前区，10 号该轮次短平快跑动居多；可将球发向两人中间或向前排攻手方向发球。该轮次 1 号位区域面积较大，可针对底线附近进行针对性发球。

4.4.2 意大利女排不同轮次接发球进攻（一攻）效果分析

表 4-8　意大利女排不同轮次一攻效果统计表

二传位置	效率	合计	失误	/%	拦死	/%	被防	/%	拦回	/%	较好	/%	得分	/%
1	32%	142	8	6	14	10	13	9	6	4	34	24	67	47
6	34%	173	13	8	10	6	25	14	5	3	39	23	81	47
5	33%	160	15	9	7	4	20	12	6	4	37	24	75	47
4	34%	154	17	11	7	5	18	12	4	3	31	20	77	50
3	34%	145	14	9	11	8	24	17	5	4	18	12	74	51
2	25%	144	13	9	13	9	24	17	8	6	24	17	62	43

注：轮次根据二传所在位置（1—6 号位）。
数据：2017 女排世界联赛、2018 世界锦标赛，合计 15 场。

接发球及其进攻能力强，得分的机会多，对抗中占主动，也能为接扣球及其进攻减轻压力和创造条件。扣球是一攻得分的主要手段，是网上实力的综合体现。意大利女排在保持其相对灵活多变特点的同时，重视网上高度和技巧协同发展，打法更具攻击性。近年来涌现出一批身体素质佳、攻击性极强的年轻选手，具有较强的网上实力，也是其未来的希望，其中表现突出的有埃格努、塞拉等。

通过对意大利女排各轮次一次攻的效果统计看出，意大利一攻的效率较高，除二传在2号位时进攻效率25%，其他5个轮次进攻效果都较好，进攻效率都在30%以上，一攻得分率在47%~51%。当前排3点攻轮次时进攻效率达到32%~34%，得分率接近50%，具有较好的进攻效果。其中二传队员在4号位时，进攻得分率最高，可称为一攻强轮。从不同轮次的进攻效率来看，二传队员在3、4号位时进攻效率达到34%，见表4-8。分析其原因在于意大利女排在前排2点攻轮次战术打法简单但实效性强。利用副攻队员的短平快牵制，低弧度的4号位平拉开战术配合接应埃格努和波塞蒂的后排进攻，均具备强劲的进攻实力，打破传统观念中前排2点攻轮次为弱轮的局面。3点攻轮次时，二传手马里诺芙分配球较分散，各位置的进攻队员被充分调动，技战术打法与战术组合简单、实用。即便意大利女排的一传效果欠佳，球较开网时，二传手组织依旧降低传球弧度，提升进攻节奏与速度。副攻位置的基里凯拉作为队长，在短平快和近体快高效率的牵制下得分效果较好，被对方集体拦网盯防的情况有限，即便面对集体拦网，依靠埃格努的高点进攻依旧效果良好，进攻效率自然较高。

4.4.3 意大利女排不同轮次进攻打法分析

意大利女排攻防较平衡，进攻节奏较快，拦网效果较好，主攻队员高度有限，进攻实力稍欠缺，但击球手法多变，一传保障型稳定。队内的18号接应二传埃格努前后排进攻实力突出，弹跳出众，扣球力量大，击球点高，大力跳发球攻击性十足，在2017年世界女排大奖赛、2018世界排球联赛、2018女排世锦赛一系列比赛中呈现出极强的进攻实力，是中国女排的主要竞争对手。

意大利女排第一轮：二传1号位置插上，前排3点攻轮次，接应18号在4号位高点强攻或平拉开牵制，副攻10号3号位近体快球，16号主攻在2号位定点强攻。本轮以4号位强攻和3号位近体快、短平快为主。

意大利女排第二轮：二传6号位置插上，前排3点攻轮次，主攻在4号位平拉开进攻，10号副攻前绕跑动近体快球进攻，接应18号在2号位定点强攻。本轮以2号位强攻和3号位近体快为主，偶尔以4号位主攻调整过渡。

第四章 意大利女排进攻技战术特征分析

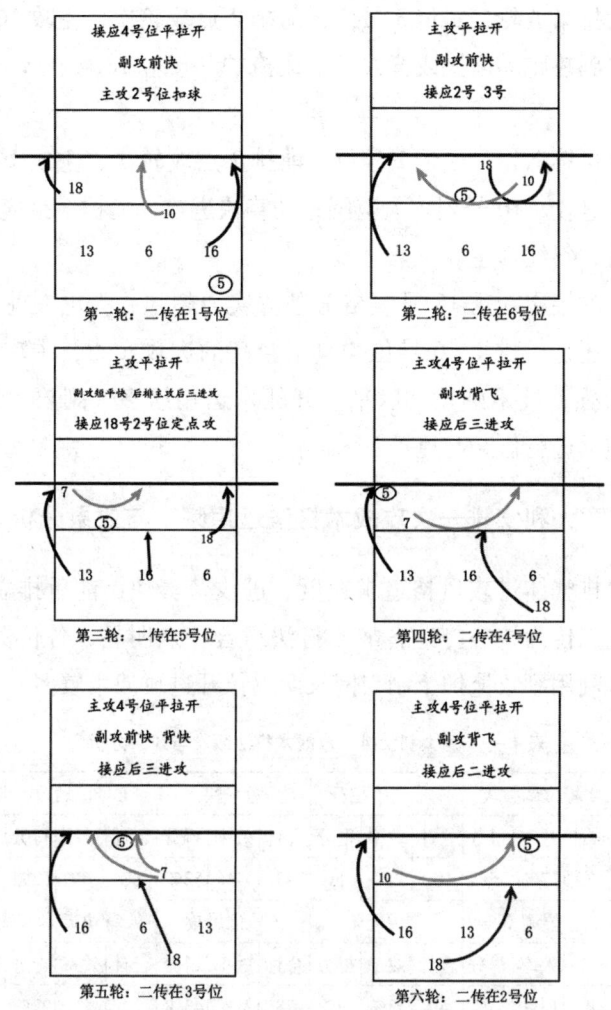

注：圈内为二传队员；长箭头为主攻或接应进攻跑动线路；短线为副攻队员进攻跑动线路。

图 4－9 意大利女排一攻打法图（第 1—6 轮）

意大利女排第三轮：二传 5 号位置插上，前排 3 点攻轮次，前排主攻在 4 号位平拉开进攻，副攻跑动近体快球进攻，接应 18 号在 2 号位定点强攻，后排主攻 16 号主动后三进攻。本轮 7 号在 3 号位短平快为主，4 号位主攻平拉开为辅。

意大利女排第四轮：二传 4 号位，前排 2 点攻轮次，前排主攻在 4 号位平拉开进攻，副攻大幅度跑动背飞进攻或前快掩护，接应 18 号在 2 号位定点强攻，后排主攻 16 号参与 6 号位低弧度后排进攻。

087

意大利女排第五轮：二传3号位，前排2点攻轮次，主攻16号在4号位平拉开进攻，副攻跑动前快或背快进攻或掩护，接应18号在6号位低弧度后排进攻。

意大利女排第六轮：二传2号位，前排2点攻轮次，主攻16号在4号位多运用平拉开进攻，10号副攻大范围跑动背快进攻或掩护，接应18号在1号位低弧度后攻，斜线为主。

目前队中的接应新秀18号埃格努进攻实力超强，无论在前排的2、4号位定点高球，还是后排1、6号位均具备较高的进攻实力，主攻手高度一般，但控制球能力强，技术娴熟，以平拉开战术运用居多。副攻手常运用前快、短平与背飞跑动进行偷袭与掩护。

4.4.4 意大利女排一次攻战术打法运用频次与效果分析

意大利女排整体进攻风格追求速度、进攻节奏快，前后排立体进攻配合默契，以接应二传为核心打造各战术打法组合特点明显，各位置进攻队员身体素质较好，利用副攻掩护牵制与网长两翼拉开进攻战术较多。

表4-9 意大利女排一攻战术打法频次与效果分析表

4号位平拉开			4号位调整攻			2号位平拉开			短平快			1号位后攻			单脚背飞		
合计	效率	得分	合计	效率	得分	合计	效率	得分	合计	效率	得分	合计	效率	得分	合计	效率	得分
183	40%	52%	138	17%	35%	102	52%	61%	93	41%	52%	87	26%	52%	83	35%	52%
6号位后攻			2号位调整攻			前快近体			5号位后攻			背快近体			二次球		
合计	效率	得分	合计	效率	得分	合计	效率	得分	合计	效率	得分	合计	效率	得分	合计	效率	得分
59	32%	49%	49	12%	33%	49	33%	49%	28	21%	43%	22	5%	27%	14	41%	41%

注：排列顺序按战术使用频次由多至少排列。
数据：2017女排世界联赛、2018世界锦标赛，合计15场。

通过侦测与统计发现，意大利女排在运用进攻战术方面相对丰富，从战术运用层面表明（见表4-9），4号位平拉开运用比率最高，合计183次，进攻得分率为52%、进攻效率高达40%，这与欧美其他各队的4号位平拉开相比具有高效性。目前意大利队内主攻希拉虽然高度有限，但爆发力极强，进攻速度快，平拉开运用自由娴熟。其次运用比率最高的为4号位调整攻，运用频次138次，得分率为35%，进攻效率仅为17%，2号位平拉开列一攻战术运用频次中的第三位，进攻得分率和进攻效率高达61%和52%。目前意大

第四章　意大利女排进攻技战术特征分析

利女排队中的头号得分手为接应二传埃格努，在1号位的后攻和2号位的平拉开及调整攻均有出色的得分能力，击球高度高，扣球力量大。一传不佳时，意大利队多采用1号位后排攻，其运用频次达到87次，得分率高达52%。

短平快、单脚背飞、近体前快战术是副攻选用最多的副攻战术，依靠基里凯拉和丹内希的高点快攻同样取得了较好的进攻效果，运用频次分别达到了93次、83次和49次，得分率分别高达52%、35%、49%，进攻效率分别为41%、35%、33%。其中短平快是一攻效果最佳的快攻战术。由此看出意大利女排一攻战术打法为运用副攻的快攻掩护牵制，依靠接应二传的个人实力进行强攻，再辅以前排主攻的平拉开进攻。

4.4.5　意大利与中国女排（一次攻）二传分配球对比分析

表4-10　意大利女排与中国女排（一次攻）二传分配球对比

球队	二传在1号位分配（%）				二传在2号位分配（%）				二传在3号位分配（%）				二传在4号位分配（%）				二传在5号位分配（%）				二传在6号位分配（%）			
	身前	身后	副攻	后排	身前	身后	副攻	后排	身前	身后	副攻	后排	身前	身后	副攻	后排	身前	身后	副攻	后排	身前	身后	副攻	后排
意大利	48	25	24	3	41	0	24	35	27	1	30	42	34	0	30	36	32	36	24	8	32	32	31	5
中国	36	31	26	9	47	4	33	15	50	3	36	11	37	6	30	21	38	25	29	10	40	34	25	3
差值	12	-6	-2	-6	-6	-4	-9	20	-23	-2	-6	31	-3	-6	-6	15	-6	11	-5	-2	-8	-2	6	2

数据：2017世界女排大奖赛、2018女排世界联赛、2018世界锦标赛，意大利15场，中国12场。

通过对比分析（见表4-10），意大利女排与中国女排在一次攻的二传分配球具有差异。当二传在1号位时，意大利二传身后战术组织较少，进攻比例为25%，比中国女排低6%，但二传身前战术比中国高出12%，副攻战术比率相当，该轮次意大利后排进攻较少，前排3点攻各位置进攻点平均分散，但以身前战术居多。二传在2号位时，二传身前战术意大利与中国女排相当，达到41%，副攻战术低于中国9%，但后排进攻战术为35%，高于中国20%；二传队员在3号位时，意大利女排身前战术为27%，低于中国23%；副攻战术为30%，低于中国6%；后排进攻高于中国31%，达到42%。二传队员在4号位时，身前战术和身后战术低于中国3%和6%，副攻战术低于6%，身后战术未采用，但后排进攻高于中国15%，达36%。当二传队员在5号位时，二传身前战术低于中国女排6%，二传身后战术意大利女排高出中国女排

11%，副攻战术意大利依旧低于中国女排5%，该轮次后排进攻运用低于中国女排2%。当二传在6号位时，意大利女排二传的身前战术组织低于中国8%，身后战术相当，副攻战术高于中国6%，该轮次意大利后排进攻运用比例高于中国2%。

通过侦测发现，目前意大利女排各位置进攻比例分散，与中国队相比，并不过分依赖主攻手的二传身前进攻，副攻战术运用较多，当二传队员在1、6号位两个轮次时，副攻战术比率高出中国，打法较灵活。接应二传在进攻端的核心作用突出，尤其体现在后排进攻方面，除二传在1号位少有运用，其他各轮次一攻后排进攻均占较高的运用比率，充分利用场地的纵深，前后排有机结合展开进攻突破。意大利女排二传手较合理地调动各位置的进攻队员；从各轮次的身后和后排进攻分配球看出，意大利队依靠全队整体进攻特点明显，在全队协同下突出接应二传的核心作用。

4.4.6　意大利女排一次攻击球区域分析

击球区域的选择是突破对手拦防的核心要素，二传队员通过不同的战术组织和变化，通过队员间的相互掩护和默契配合，力争在合理的位置进行实攻，由于排球场上6名队员有职责分工，各位置队员的进攻点目前有所区别。通过数据分析意大利各一攻轮次的主要进攻击球实扣区域，对其进行合理的拦防做预判准备，为拦网队员提供可参考依据。

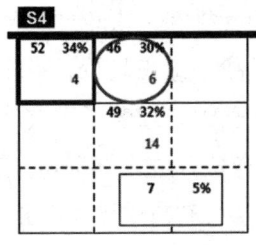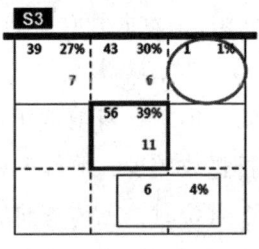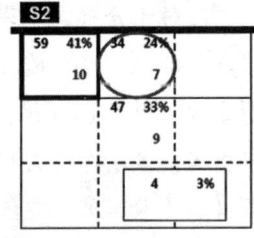

图4-10　意大利女排前排2点攻击球区域图

注：S指二传；方框内分别为进攻次数最多与百分比，圆圈为进攻次数最少，长方形为二次球占比。数据：2017世界女排大奖赛、2018女排世界联赛、2018世界锦标赛，意大利15场。

通过侦测，意大利队二传在4号位时一次攻击球区域主要集中在其4号位，进攻次数为52次，比率占该轮次的34%；6号位进攻区域为49次，达到32%。3号位进攻比率最低，但也达到30%，说明该轮次前排主攻手希拉和

第四章 意大利女排进攻技战术特征分析

后排的接应二传埃格努参与进攻任务最重，副攻队员参与实扣比率也较高。针对此情况，中国队拦网人应加强对其网前4号位的盯防，减轻对其2号位进攻的盯防。此外重点预判埃格努的6号位后攻进攻。

二传在3号位时，分配球最多的进攻区域为6号位，56次，占39%，最低的在2号位仅1%，该轮次3号位进攻占30%。说明该轮次主打后排进攻，其副攻运用前快和短平快进攻次数多，而背飞跑动运用最少，针对该情况应加强对其3号位进攻人的拦防预判。二传队员在2号位时，分配球最多的进攻区域为4号位，进攻比率达41%，进攻比率最低为3号位，占24%，该轮次意大利主攻接应的6号位进攻比重也较高，达到33%。应对其6号区进行追发带拦防的策略，打破其进攻节奏，再主动拦防6号位后排进攻（见图4-10）。

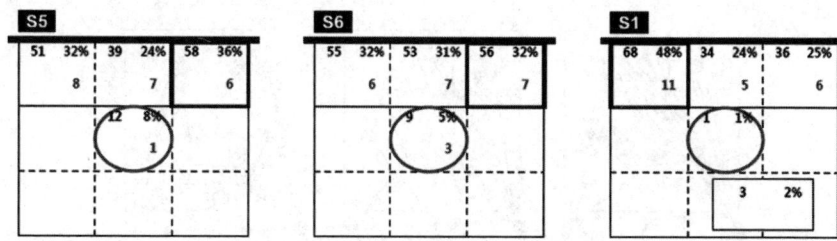

图4-11 意大利女排前排3点攻击球区域图

注：S指二传；方框内分别为进攻次数最多与百分比，圆圈为进攻次数最少，长方形为二次球占比。
数据：2017世界女排大奖赛、2018女排世界联赛、2018世界锦标赛，意大利15场。

意大利女排前排3点攻轮次，进攻点区域呈现出如下特征：二传在5号位时进攻实扣主要集中在2号位区域，进攻次数高达58次，比率占36%；4号位进攻次之，51次进攻，比率为32%，3号位区域所占进攻比率为24%；其中6号位进攻区域最低，仅占8%。

当二传队员在6号位时，分配球最多的进攻区域为2号位，占32%，最低的在6号位占5%，4号位与3号位区域进攻比率分别占32%和31%。二传队员在1号位时，分配球最多的进攻区域为4号位，进攻次数为68次，比率达48%，3号位占24%，2号位占25%，进攻比率最低为6号位，仅占1%（见图4-11）。

侦测数据表明，意大利女排组织一次攻时，二传手分配球较分散合理，全队各位置进攻比例较平均，前排2点攻轮次时4、3号位相互依托掩护，并辅以6号位后排进攻。击球实扣区域多在4、3号位，主攻与副攻队员承担进攻任务最重，接应次之。前排3点攻时2号位区域进攻比例较高，突出围绕接应二传在2号位进行进攻，仅二传在1号位时，意大利女排4号位才是进攻组织最多的，原因在于该轮次为意大利反轮，接应站位在4号位，表明意大利女排在各司职位置中接应二传进攻实力突出，但主攻队员希拉和副攻手基里凯拉等队员进攻比重较高，意大利女排在一次攻方面呈现出以全面协同、两侧拉开、快攻掩护、突出接应二传为核心进攻点的打法特征。

4.4.7　意大利女排一次攻扣球效果与线路、落点分析

4.4.7.1　意大利女排3点攻轮次扣球效果与线路、落点分析

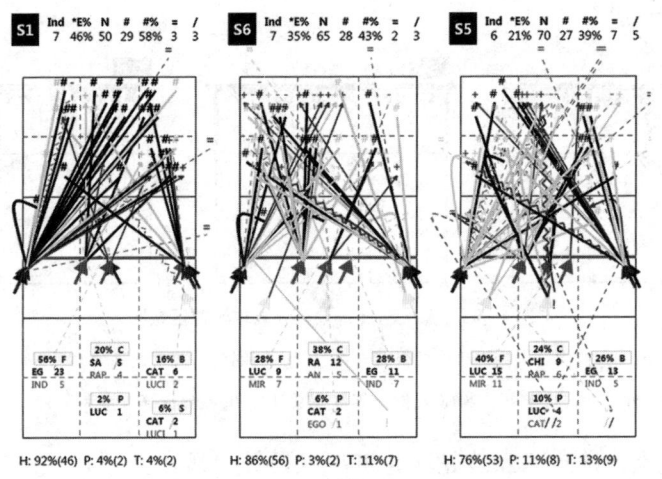

注：E%代表效率、#代表得分数、#%代表得分率、=代表失误、/代表被拦死、H代表发力、P代表轻搓、T代表吊球、线路符号#代表得分、线路符号+代表破攻、线路符号-代表被防。

图4-12　意大利女排前排3点攻全队扣球效果与线路侦测图（数据：2017—2018，合计6场）

通过Data vollley侦测2017世界女排大奖赛、2018女排世界联赛、2018世界锦标赛，意大利15场（见图4-12）。数据表明，意大利当二传队员分别在后排1、6、5号位时分配球特点如下：二传在1号位时，该轮次整体进攻效率为46%，得分率为58%，其中队员大力扣球占到92%，吊球比率为4%，轻打为4%，主攻进攻占16%，副攻进攻占20%，接应进攻占56%，该轮次为意大利队的反轮，接应二传埃格努在4号位，4号位埃格努进攻次数居多，4号位进攻均以中斜线和大斜线为主，直线运用较少。3号位近体快和短平快

以 7 区和 8 区落点的斜线为主，背飞运用次数极少；主攻队员波塞蒂在 2 号位强攻落点多集中在 1 区大斜线；针对该轮次应重点拦防其 4 号位的接应，拦网人注意对斜线的封堵，发球可针对其 4 号位的埃格努进行追发。

二传在 6 号位时，主攻进攻占 28%，副攻进攻占 38%，身后接应进攻占 28%，该轮次为意大利队的正轮，接应二传埃格努换位至 2 号位，2 号位强攻以大斜线为主，落点多分布于 1、9 区。主攻手希拉在 4 号位，进攻直线为主；副攻丹内希进攻比率最高，短平快转体直线居多，该轮次整体进攻效率为 35%，得分率为 43%，队员发力扣球占到 86%，吊球比率为 11%，轻打 3%。该轮属意大利强轮。

二传在 5 号位时，该轮次进攻效率为 21%，得分率为 39%，属一攻强轮，进攻效果好。其中队员以发力线为主，占到 76%，吊球比率为 13%，轻打为 11%。身前战术占 40%，副攻战术占 24%，身后战术占 26%，该轮次为意大利队的反插上轮次，接应二传埃格努在 2 号位承担了近 30% 的进攻比例；该轮次主攻手 4 号位平拉开运用居多，进攻线路为大斜线和小斜线；副攻手短平快进攻比率较高，斜线落点多集中在 7 区，2 号位进攻线路以大斜线为主，小斜线也有所运用，该轮次前排主攻为进攻重点人，应加强对其平拉开斜线的拦防。

4.4.7.2　意大利女排 2 点攻轮次扣球效果与线路、落点分析

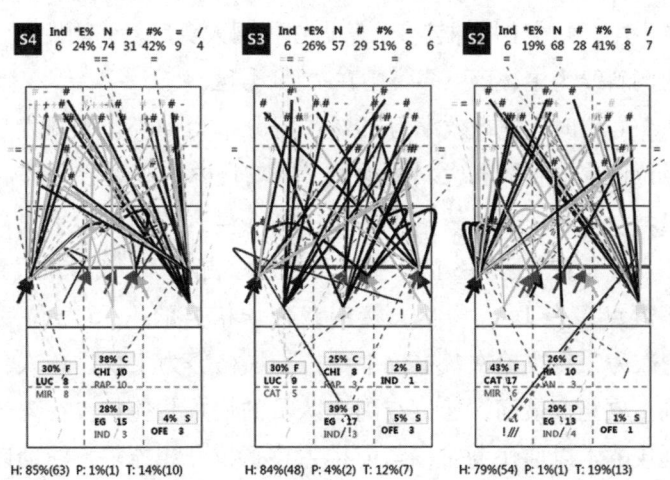

注：E% 代表效率、# 代表得分数、#% 代表得分率、= 代表失误、/ 代表被拦死、H 代表发力、P 代表轻搓、T 代表吊球、线路符号 # 代表得分、线路符号 + 代表破攻、线路符号 - 代表被防。

图 4-13　意大利女排前排 2 点攻全队扣球效果与线路侦测图（数据：2017—2018，合计 6 场）

意大利女排当二传队员分别在前排4、3、2号位，前排2点攻轮次时，进攻分配球特点如下：二传在4号位时，该轮次虽然为2点攻轮次，但进攻效率为24%、得分率为42%。其中队员以发力扣球为主，占到85%，吊球比率为14%，轻打为1%；主攻进攻占30%，进攻以直线为主，落点集中在1号区；副攻进攻占38%，以斜线为主，落点多在7区；接应二传埃格努的1、6号位后排进攻占28%，二传二次吊球为4%，落点在3区拦网人身后；接应二传埃格努在6号位立体进攻比率较高，弥补前排进攻点不足，通过前排主攻平拉开和副攻短平快与背飞的牵制，进行6号位纵深突破，副攻战术运用也较多，与前排主攻和后排接应相掩护，通过侦测发现6号位进攻线路分散，直线与斜线顺手线均有运用，落点分布在1、5号位，线路较长。吊球落点集中在8区；1号位后排攻进攻线路以大斜线为主，辅以直线，该轮属意大利队的强轮，应对其3号位副攻重点盯防。

二传在3号位时，本轮次的进攻效率为26%，得分率为51%。其中队员以发力线为主，占到84%，吊球比率为12%，轻打占4%，主攻波塞蒂进攻占30%，4号位进攻以平拉开、调整攻的直线、大斜线为主，落点多分布于1、5号区。副攻基里凯拉进攻占25%，接应二传埃格努的6号位后排进攻占39%，1号位后排进攻占2%，该轮次为2点攻轮次，前排主攻承担进攻任务较重，但接应二传在6号位后排进攻比重大幅增加，副攻手的短平快和背飞为主要进攻手段，4号位吊球较多，落点在拦网人身后。侦测发现，副攻3号位扣球以两侧斜线为主，落点多集中在7、8号区。

二传在2号位时，进攻效率为19%，得分率为41%。侦测发现，接应埃格努的1号位进攻以直线和大斜线为主，副攻丹内希进攻占26%，副攻队员背飞线路以斜线为主，转体线落点多集中在6号区。副攻短平快得分线路多为斜线，落点分布在7区和8区；主攻希拉进攻占43%，4号位线路多为直线和中斜线，落点多在1、6号区；接应二传埃格努的1、6号位后排进攻占29%，该轮次为2点攻轮次，主攻手希拉和埃格努为主要进攻人，在4号位平拉开和调整攻比率最高，通过与副攻队员的快攻相掩护。在3号位区域突破居多的副攻战术以前快为主，与前排主攻平拉开相掩护，辅助以6号位后攻。其中队员以发力扣球为主，占到79%，吊球比率为19%，轻打为1%，该轮次为意大利女排的一攻弱轮。针对该一攻轮次，应该注意盯防其主攻的4号位平拉开，建议发球对其进行追发策略，破坏其进攻节奏，并兼顾6号位后排进攻的拦防布局。

目前，意大利女排的接应埃格努、主攻希拉、副攻基里凯拉在各轮次的进攻比重较高，接应二传在一次攻的强攻方面，多与队内的主力副攻短平快相掩护配合，当其在后排时进攻点从 1 号位转移至 6 号位，进攻点距离二传手更近，具有突然性，此外由于进攻从场区中间发动，攻手扣球时便于向对区的两侧变线，避开集体拦网的封堵。目前中国女排该针对其各轮次的重点人习惯线路进行布局拦防，加强发球攻击性和针对性，破坏其前排副攻战术跑动，重点拦防主攻和接应。

4.5 意大利女排防守反击战术结构与效果分析

4.5.1 意大利女排不同轮次防守反击效果分析

表 4-11 意大利女排不同轮次反击效果统计表

二传位置	效率	合计	失误	/%	被拦死	/%	被防	/%	被拦回	/%	较好	/%	得分	/%
1	19%	124	12	10	11	9	15	12	3	2	36	29	47	38
6	30%	171	13	8	8	5	21	12	9	5	48	28	72	42
5	27%	148	14	9	12	8	18	12	1	1	37	25	66	45
4	28%	158	11	7	10	6	19	12	7	4	45	28	66	42
3	27%	142	8	6	8	6	20	14	10	7	41	29	55	39
2	39%	94	9	10	2	2	13	14	2	2	20	21	48	51

注：轮次根据二传所在位置（1—6 号位）。
数据：2017 女排世界联赛、2018 世界锦标赛，合计 15 场。

意大利女排在反击过程中显著的特点是组织速度快，二传尽可能压低传球弧度并提升进攻组织速度，反击调整攻同样速度较快，对手不易对其组成严密的拦防。反击是高水平排球对抗中得分的主要手段之一，没有强有力的反击，即使一次攻占优也很难取得比赛的胜利。

通过统计发现（见表 4-11），意大利女排在防守反击时，二传队员在前排时反击效率较高，二传在 1、6、5 号位时反击效率分别为 19%～30%，反击得分率为 38%～45%，说明意大利女排组织反击过程中前排 3 点攻轮次虽然进攻点多，但由于主攻波塞蒂在前排时进攻能力不足，被拦被防的次数居多，埃格努被集体拦网盯防，进攻效率稍差，前排 3 点时意大利后排进攻次数较少，二传在 1 号位失误率高达 10%，被拦死最高达到 9%；二传队员在前排2点攻轮次组织反击时,虽然进攻意图较明显,但反击得分率和反击效率均有所提升,得分率为39%~51%,反击效率为27%~39%,与二传在后排时有较大差距,尤其是当二传在2号位时反击效率及得分率最高,反击效率为39%,被拦死率仅2%,2点攻轮次反击时埃格努承担进攻比重较高,与前排主攻的平拉开相掩护,进攻效果稍好。

研究表明,意大利女排在2点攻轮次依然具备较高的反击效果,与其队内具有强攻能力突出的接应二传有较大关系。中国女排在意大利反击得分效果好的轮次应集中力量,加强对重点人的拦防,针对性拦防布置要更加明确,拦网预判提前移动到位,做到拦防有机结合。

4.5.2 意大利女排防守反击战术运用频次与效果分析

表4–12 意大利女排反击战术打法频次与效果分析表

4号位平拉开			4号位调整攻			1号位后攻			2号位调整攻			2号位拉开			6号位后攻		
合计	效率	得分	合计	效率	得分	合计	效率	得分	合计	效率	得分	合计	效率	得分	合计	效率	得分
180	35%	46%	143	18%	32%	111	30%	41%	82	22%	41%	79	47%	56%	62	-10%	21%
短平快			单脚背飞			探头球			二次球			前快近体			背快近体		
合计	效率	得分	合计	效率	得分	合计	效率	得分	合计	效率	得分	合计	效率	得分	合计	效率	得分
41	39%	51%	33	30%	52%	30	45%	51%	21	15	24%	16	31%	44%	5	40%	60%

注:排列顺序按战术使用频次由多至少排列。
数据:2017女排世界联赛、2018世界锦标赛,合计15场。

通过侦测与统计发现(见表4–12),意大利女排在防守反击过程中,运用战术以2、4号位的两翼拉开,结合中间副攻与后排立体进攻施压。充分利用球网宽度和场地纵深撕扯对方的拦防,在前排副攻队员的短平快、背飞掩护下的1、6号位后排立体进攻运用比例较高。战术运用表明,4号位平拉开运用频次最高,且效果较好,进攻得分率高达46%,进攻效率为35%。其次运用频次最多的为4号位调整攻,但进攻效率有所下降,进攻效率为18%,得分率为32%。意大利队中主攻端目前由希拉和波塞蒂担纲,这两位主攻队员的特点是一传相对稳定,塞拉进攻爆发力足,但缺点的是网上高度有限,身高均为180cm左右,在反击过程中多处于暴露性强攻,面对集体拦网进攻效率受阻。2号位的低弧度拉开是目前反击效果最佳的战术运用,进攻得分率和进攻效率分别为56%和47%,原因在于接应二传埃格努在2号位的低弧度进攻实力强劲，网上高度极具优势，凭借其出色的爆发力与球感，在面对多人拦网或重点盯防的情况下利用超手的大斜线进攻争分。意大利女排1号位后攻在比赛中也是运用频次较多的进攻手段，进攻效率为30%，得分率高达41%。

目前意大利女排各位置的高度与中国、塞尔维亚、俄罗斯等强队具有差距，但进攻实力并不逊色，各进攻位置攻守相对均衡，无明显短板，接应二传位置在意大利女排的反击中作用突显。根据2018女排世锦赛数据统计，在中国女排与意大利女排的半决赛争夺中，埃格努一人"疯狂砍下"45分，进攻势头完全赶超中国女排进攻核心朱婷，埃格努在本届世锦赛中独获324分的制霸表现也刷新了世锦赛的新纪录。通过欧美女排接应二传的表现和成绩可以看出，接应二传在当今高水平女排进攻方面起到至关重要的作用，呈现出了极强的男子化特征。

4.5.3 意大利女排与中国女排（防反）二传分配球对比分析

表4-13 意大利女排与中国女排（防反）二传分配球对比表

球队	二传在1号位分配（%）				二传在2号位分配（%）				二传在3号位分配（%）				二传在4号位分配（%）				二传在5号位分配（%）				二传在6号位分配（%）			
	身前	身后	副攻	后排	身前	身后	副攻	后排	身前	身后	副攻	后排	身前	身后	副攻	后排	身前	身后	副攻	后排	身前	身后	副攻	后排
意大利	47	34	11	8	30	0	20	50	39	0	16	42	44	2	13	36	42	6	41	6	41	37	12	11
中国	49	33	4	12	45	5	14	23	57	5	18	14	48	0	20	32	41	36	15	13	40	37	14	12
差值	-2	1	7	-4	-15	-5	6	27	-18	-5	-2	28	-4	-2	-7	4	1	-28	26	-7	1	0	-2	-1

数据：2017世界女排大奖赛、2018女排世界联赛、2018世界锦标赛，意大利15场；中国12场。

通过对比显示，意大利女排与中国女排反击过程中的二传分配球特点较相似，当二传在1号位时，二传身前战术较多，进攻比例为47%，比中国低2%，副攻战术比率为11%，高出中国队7%，身后战术为34%，高出中国队1%，该轮次后排进攻比率比中国队低4%，仅为8%。二传在2号位时，二传身前战术意大利低于中国女排15%，达到30%；副攻战术高于中国6%，达到20%；但后排进攻战术意大利大幅度高于中国27%。二传队员在3号位时，意大利女排身前战术与中国女排相比，低18%，副攻战术相当，仅低于中国2%，后排进攻两队同样具有较大差距，意大利高出28%。二传队员在4号位时，身前战术低于中国4%，但也达到了44%的较高运用比例，身后战术高出中国2%，副攻战术两队相差7%，后排进攻该轮次两队相当，但意大利达到36%。当二传队员在5号位时，其二传身前战术运用两队相当，意大利为42%，身后战术方面意大利大幅度低于中国女排，达28%。副攻战术意大利女排高于中国女排26%，意大利达到41%。该轮次意大利女排二传后排进攻低于中国女排7%。当二传在6号位时，意大利女排在该轮次各位置的进攻比例与中国队相差无几。通过侦测发现，目前意大利女排反击过程中，二传队员在前排3点攻轮次2、4号位的分配球较平均，不仅仅依赖某一位置的集中进攻，各位置实力相对均衡，以前排3点攻为主。当二传队员轮至前排2点攻反击时，二传身前进攻和后排进攻比率大幅度提高，体现出其主攻和接应二传在反击过程中的核心作用。

意大利女排在副攻战术分配方面除第1轮偏低，其余5个反击轮次中副攻战术比率均高于中国女排。反观中国女排反击中过分依赖4号位，传统中的快速多变体现得不足，意大利女排在接应、主攻位置有出色的顶尖队员之外，还有副攻队员的辅佐，体现出高水平排球向攻防技术全面、战术打法全面发展的方向。

4.5.4 意大利女排防守反击击球区域分析

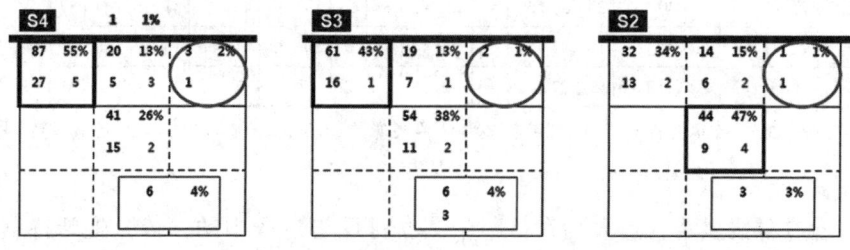

注：S指二传；方框内分别为进攻次数最多与百分比，圆圈为进攻次数最少，长方形为二次球占比。

图4-14 意大利女排前排2点攻组织区域图（意大利15场）

通过侦测发现，意大利女排二传在4号位时，反击击球点最集中的区域为其4号位，达到87次，反击比率为55%。2号位比率最低仅为2%，6号位进攻区域为41次，占26%。二传队员在3号位时，分配球最多的进攻区域为4号位，占43%。该轮次6号位后排进攻达到54次，占38%，最低在2号位仅占1%，3号位击球占13%。二传队员在2号位时，分配球最多的进攻区域为 6 号位，次数为 44 次，进攻比率达 47%，进攻比率最低为 2 号位，仅 1%。此外，二传手的二次吊球分别在 3%~4%，后排进攻在前排 2 点攻反击轮次运用居多（见图 4-14）。

意大利在防守反击的击球区域来看，主要集中在前排 4 号位，其次是 6 号位后排进攻。防守反击是体现一支球队强攻实力好坏的量尺，与一攻相比反击过程相对困难，多处于对手的布局防守和集体拦网盯防下。目前多数球队无论是调整强攻、低弧度平拉开攻都有过于集中在 4 号位的现象，说明 4 号位依然是排球对抗中应重点掌握的"看家本领"。反观意大利女排目前在反击过程中，除主攻手肩负重担之外，当意大利队的前排 2 点攻轮次时，6 号位后排进攻占了很大比重，呈现出欧美女排当今反击过程中的纵深立体性；6 号位后排攻在反击的不同轮次占 26%~47%。与中国女排不同的是，意大利女排 6 号位反击多为其接应二传，接应二传在 2 点攻轮次肩负着大量的反击任务，与主攻队员在不同位置相互掩护，为本队反击创造条件。接应二传在当今排球对抗中多扮演攻防终结者的角色，其发挥得好坏往往决定反击效果的高低。

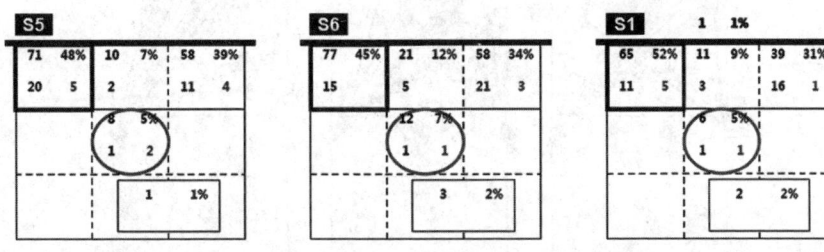

注：S 指二传；方框内分别为进攻次数最多与百分比，圆圈为进攻次数最少，长方形为二次球占比。

图 4-15　意大利女排前排 3 点攻组织区域图（意大利 15 场）

意大利女排二传在 5 号位时，进攻区域分配球最多的位置为其 4 号位，其次为 2 号位，进攻比率均为 48% 和 39%，6 号位后攻比率最低，仅为 5%，3 号位区域击球占 7%；二传队员在 6 号位时，分配球最多的进攻区域为 4 号位占 45%，其次为 2 号位占 34%，该轮次 6 号位后排进攻次数最低，占 7%；二传队员在 1 号位时，分配球最多的进攻区域为 4 号位，进攻比率均达 52%，2 号位进攻区域比率为 31%，3 号位进攻比例为 9%，进攻比率最低在 6 号位，仅占 5%（见图 4-15）。

通过对意大利女排六个轮次的反击组织区域看，4 号区域为其反击的集中区域，其次为 2 号位区域。主要原因在于反击过程中其主攻手希拉和接应埃格努实力突出，2、4号位反击平拉开运用居多，合理利用网长宽度配以低弧度的反击节奏往往令对手不适应，15%左右的副攻区域反击也为意大利获得了许多关键时刻的偷袭效果，副攻队员在我国被普遍认为以拦网为第一职责，但欧美高水平女排球队的副攻手进攻实力不容小觑，比赛中往往发挥出奇兵作用。意大利女排作为2018年世锦赛亚军，目前除接应位置拥有世界顶尖接应二传之外，主攻和副攻端同样进步神速，具有年轻的优势和出色的身体素质，全队攻防两端没有明显的短板且阵容磨合默契，在2017—2018年世界大赛中4次击败中国女排，2020年东京奥运会必定为中国女排的主要竞争对手。

4.5.5 意大利女排防守反击扣球效果与线路、落点分析

4.5.5.1 意大利女排前排3点攻轮次反击效果与线路、落点分析

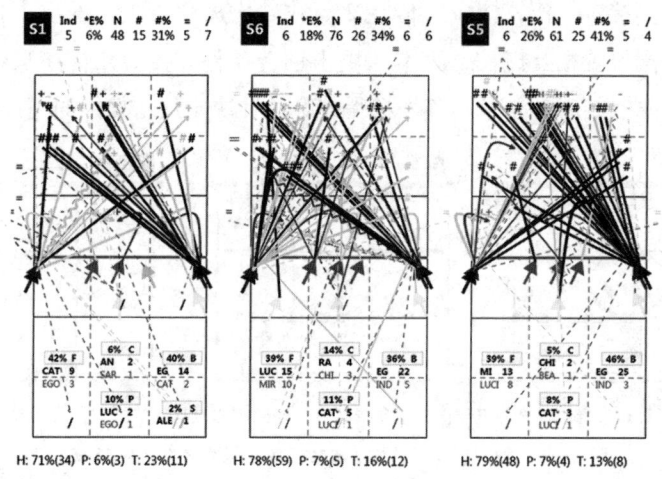

注：E%代表效率，#代表得分数，#%代表得分率，=代表失误，/代表被拦死，H代表发力，P代表轻搓，T代表吊球，线路符号#代表得分、线路符号+代表破攻、线路符号-代表被防。

图4-16　意大利女排前排3点攻全队反击效果与线路侦测图（数据：2017—2018，合计6场）

通过Data vollley侦测表明（见图4-16），意大利女排反击过程中，当二传队员在后排1、6、5号位，反击效果特征如下：二传在1号位时，主攻手波塞蒂进攻占42%，副攻手丹内希进攻占6%，接应二传的2号位进攻占40%，后排主攻的6号位进攻占10%。2、4号位进攻比率稍高，该轮次整体进攻效率为6%，得分率为31%，其中队员大力扣球占到71%，吊球比率为23%，轻打6%。4号位进攻以大斜线为主，2号位以小斜线和大斜线为主，3

号位近体快和短平快以9区落点的斜线为主，2号位强攻落点多集中在1、9区。

二传在6号位时，主攻队员波塞蒂4号位进攻率较高，占39%；接应二传埃格努在2号位反攻比例为36%，后排主攻6号位进攻占11%。3号位丹内希的反击比率占14%，该轮次整体进攻效率为18%，得分率为34%，队员发力扣球占78%，吊球比率为16%，轻打占7%。2号位强攻以小斜线、大斜线为主，落点多分布于1、9区。该轮次以2、4号位的平拉开打法为主，副攻身前战术居多。

二传在5号位时，前排主攻塞拉反击占39%，副攻基里凯拉反击仅5%，接应二传2号位调整攻占46%，后排6号位进攻占8%，该轮次意大利女排反击重点人为接应二传埃格努，其在2号位承担了近50%的反击比率，副攻手该轮次进攻比率较低，以掩护为主，该轮次进攻效率为26%，得分率为41%，其中队员以发力线为主，占到79%，吊球比率为13%，轻打为7%。2号位进攻线路十分分散，针对不同拦网情况埃格努扣球线路选择多变，以大斜线、小斜线为主，直线少有运用，4号位主攻手希拉在网前左翼给埃格努很大的支撑，平拉开小斜线运用较多，落点多集中在7区，针对二传手身后的吊球运用灵活。

4.5.5.2　意大利女排前排2点攻轮次防守反击效果与线路、落点分析

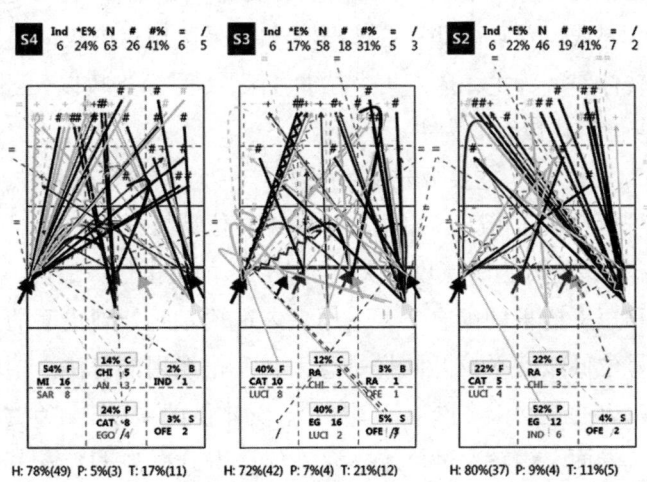

注：E%代表效率、#代表得分数、#%代表得分率、=代表失误、/代表被拦死、H代表发力、P代表轻搓、T代表吊球、线路符号#代表得分、线路符号+代表破攻、线路符号-代表被防。

图4-17　意大利女排前排2点攻全队反击效果与线路侦测图（数据：2017—2018，合计6场）

意大利女排二传队员轮转至前排 2 点攻反击攻时，各轮次呈现出如下特征：二传在 4 号位时，主攻希拉反击占 54%，副攻基里凯拉反击占 14%，接应二传和后排主攻的 6 号位、1 号位后排进攻占 24%，二传队员的 2 次吊球占 3%。该轮次虽然为 2 点攻轮次，但该轮次反击效率为 24%，得分率为 41%。以前排左翼的主攻队员平拉开为主要反击手段，该轮次副攻队员多参与背飞跑动牵制对方拦网，结合 6 号位后排进攻掩护进行网前的纵深突破，前、后排进攻相互掩护。其中队员以发力线为主，占到 78%，吊球比率为 17%。通过侦测发现，希拉的 4 号位进攻线路以直线和小斜线为主，落点集中在 1 区和 7 区；6 号位后排进攻主要运用转体斜线，落点以长线为主，集中在 1 号区与 6 号区。吊球落点多集中在 8 区。针对该轮次时中国女排应注意拦防其主攻队员的 4 号位平拉开和后排 6 号位进攻，防守站位应适当后撤防其长线球（见图 4-17）。

二传在 3 号位时，波塞蒂 4 号位调整攻和平拉开占 40%，丹内希的近体快与短平快占 12%，接应二传埃格努的 6 号位后排进攻占 40%，该轮次为前排 2 点攻轮次。前排主攻承担反击任务较重，但接应二传主动在 6 号位立体进攻比例同样较高。通过副攻的快球掩护，前排主攻 4 号位的调整攻和平拉开是主要反击手段。前排主攻和后排接应为反击重点人，进攻效率为 17%，得分率为 31%。该轮次发力扣球比率下降占到 72%，该轮次反击吊球、轻打居多，吊球比率为 21%，轻打为 7%。侦测发现，主攻的 4 号位进攻线路选择多为中线和大斜线，落点多集中在 6 号区和 5 号区域。副攻队员的短平快和背飞线路以转体斜线为主，落点集中在 1 号区；6 号位进攻以 5 号区落点的斜线为主，1 号位后攻以直线为主。

二传在 2 号位时，主要反击人为接应二传埃格努，6 号位后排进攻占 52%，副攻丹内希反击占 22%，主攻手的 4 号位平拉开占 22%，二传手的二次吊球为 4%。该轮次为 2 点攻轮次，接应二传的反击任务最重。在前排副攻队员的背飞和短平掩护的配合下，采用立体进攻。此外副攻手的 2 号位背飞掩护下的 4 号位低弧度平拉开同样是意大利女排惯用的打法。副攻的背飞跑动容易牵制对方的拦网人在网前至 2 号位，为本队的 4 号位和 6 号位进攻造成一对一的对抗局面。该轮次进攻效率为 22%，得分率为 41%；其中队员以发力线为主，占到 80%，吊球比率为 11%，轻打为 9%，该轮次反击吊球运用较多。侦测发现，主攻 4 号位进攻线路选择多为大斜线和小斜线，落点多集中在 6 号区和 7 号区位置。此外，轻打直线也是意大利主攻习惯运用的技巧。

副攻队员的背飞线路以转体线为主，落点集中在1号区和9号区，短平快进攻落点多在7号区，以斜线为主。

4.6 意大利女排关键分阶段进攻战术分配分析

通过对2017年世界女排大奖赛、2018年女排世界联赛与2018年的女排世锦赛的观察，应该说当今女排世界强队之间都没有什么秘密可言，各队惯用的进攻打法与战术组织等相互研习。而两强相遇或实力接近时博弈的就是关键分如何把握，尤其是两支队伍的重点进攻人。2018年女排世锦赛小组赛和半决赛意大利女排曾两度击败中国女排，意大利的埃格努和中国队的朱婷，越是关键的比分，二传越是会信赖她们。女排世锦赛决赛，意大利应战欧洲劲旅塞尔维亚，苦战五局惜败，同样是在关键比分阶段没有把握主动。

4.6.1 意大利女排一攻关键分阶段进攻战术分配分析

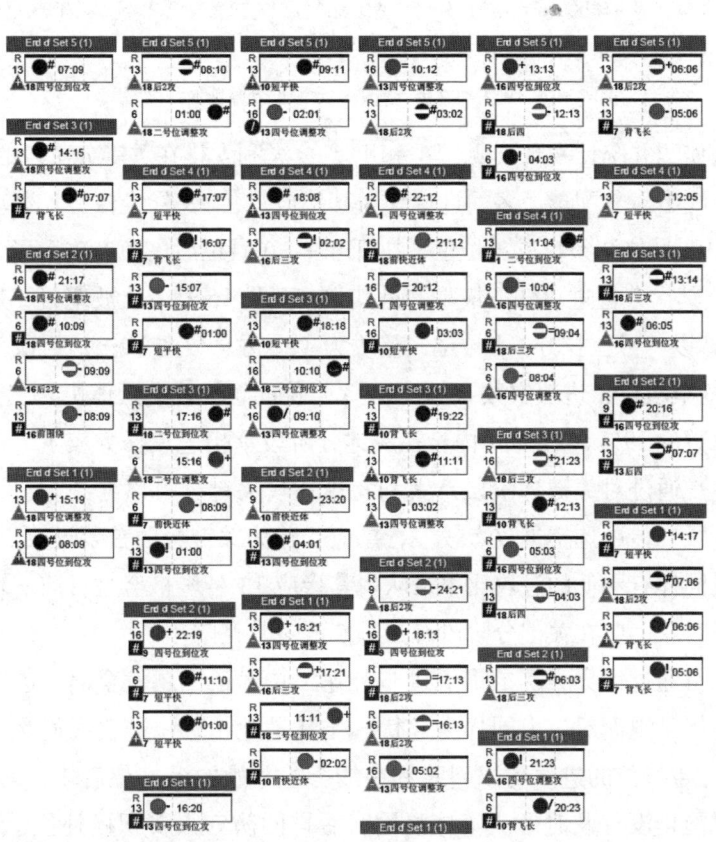

续图

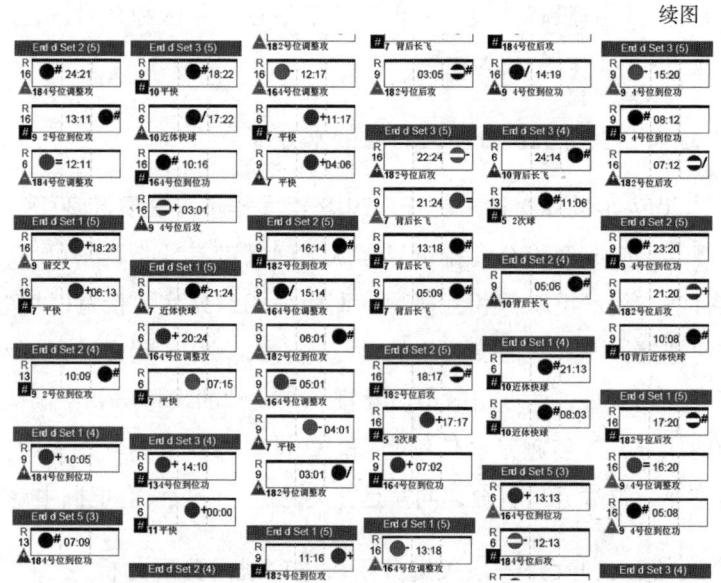

注：圈的位置代表击球区域；#代表得分数、+代表破攻、=代表失误、!代表拦死、-代表防起。

数据：2018 女排世界联赛、2018 世界锦标赛，意大利 10 场。

图 4-18 意大利女排一攻关键分阶段分配球侦测缩略图

通过侦测并统计发现（见图 4-18），意大利女排在关键分阶段的 96 次一攻战术分配中，分配球最多的进攻人为其接应二传 18 号埃格努，进攻次数为 52 次，以 2 号位调整攻或 4 号位平拉开和 1、6 号位后攻为进攻手段，占总数的 54%；其次分担进攻任务最重的是其主攻队员 16 号波塞蒂，进攻次数为 29 次，以 4 号位拉开、4 号位调整攻为主，占总数的 30%；再次为其副攻手 10 号基里凯拉，进攻次数 18 次，以 3 号位的短平快、近体快为主要进攻手段，占总数的 19%，11 号丹内希在关键分阶段承担进攻任务较少，多以跑动掩护为主。通过对关键分阶段意大利女排一攻关键分可以看到，意大利女排关键分阶段二传可选择进攻点较多，接应二传为关键分的首要进攻点，主攻、副攻队员同样有不低的进攻比率，队内其接应 18 号埃格努是目前一攻环节应重点盯防对象，应在关键分阶段有针对性地对其拦防。

埃格努通过世界大赛的锻炼进步神速，技术运用越发全面，进攻线路分化合理。但是她面对压力同样有起伏，尤其是她 4 号位进攻我们是可以拦到的，她 2、4 号位的进攻均以斜线和中线为主，她的 1 号位后攻，斜线居多，我们如果前排没有及时形成集体拦网，后排的防守人要积极补位，特别是 6

号位与1号位的结合部，面对其大调攻时，前排应形成三人拦网对其进行限制。

4.6.2 意大利女排反攻关键分阶段进攻战术分配分析

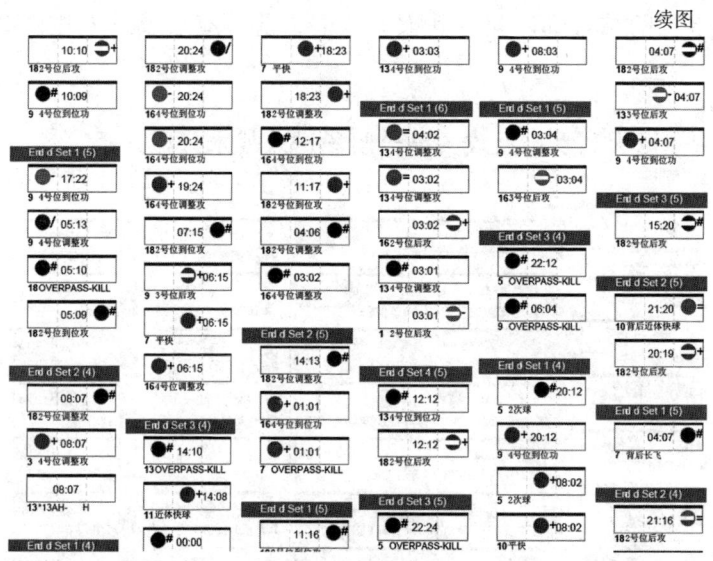

注：圈的位置代表击球区域；#代表得分数、+代表破攻、=代表失误、! 代表拦死、-代表防起。
数据：2018 女排世界联赛、2018 世界锦标赛，意大利 10 场。

图 4-19　意大利女排反攻关键分阶段分配球侦测缩略图

通过侦测并统计发现（见图 4-19），意大利女排在关键分阶段的 117 次反攻战术分配中，分配球最多的进攻人为其接应二传 18 号埃格努，进攻次数为 36 次，以 2 号位调整攻和 1 号位后攻为进攻手段，占总数的 31%；其次分担进攻任务最重的是其主攻队员希拉，进攻次数为 22 次，4 号位调整攻为主，2 号位定点攻为主，6 号位后排攻为辅，占总数的 19%；再次为其主攻手 16 号波塞蒂，进攻次数 16 次，以 4 号位平拉开、6 号位低弧度后排攻为主要进攻手段，占总数的 14%。通过对关键分阶段反攻分配球可以看出，意大利女排在反击关键分阶段围绕接应二传的高点强攻，合理利用球网宽度牵制对方的拦网，后排进攻方面主要以 1 号位和 6 号位的立体进攻辅以快攻配合掩护实施。中国女排在与意大利比赛中，针对其反击速度快的特点，除应对反击重点人进行拦网预判和集体拦网外，更应掌握其习惯性击球线路和落点，切实做到前排拦网和后排防守的严密结合。

4.7　针对意大利女排的拦防对策

4.7.1　针对意大利女排一攻的拦防对策

侦测数据表明，意大利女排组织一次攻时，二传手分配球较分散合理，全队各位置进攻比例较平均，前排2点攻轮次时4、3号位相互依托掩护，并辅以6号位后排进攻。击球实扣区域多在4、3号位，主攻与副攻队员承担进攻任务最重，接应次之。前排3点攻时2号位区域进攻比例较高，突出围绕接应二传在2号位进行进攻，仅有二传在1号位时，意大利女排4号位才是进攻组织最多的，原因在于该轮次为意大利反轮，接应站位在4号位，表明意大利女排在各司职位置中接应二传进攻实力突出，但主攻队员塞拉和副攻手基里凯拉等队员进攻比重较高。通过侦测，意大利队二传在4号位时一次攻击球区域主要集中在其4号位，进攻次数为52次，比率占该轮次的34%；6号位进攻区域为49次，达到32%。3号位进攻比率最低，但也达到30%，说明该轮次前排主攻手希拉和后排的接应二传埃格努参与进攻任务最重，副攻队员参与实扣比率也较高。针对此情况，中国队拦网人应加强对其网前4号位的盯防，减轻对其2号位进攻的盯防。此外，重点预判埃格努的6号位后攻。

意大利当二传队员分别在后排1、6、5号位时分配球特点如下：二传在1号位时，该轮次整体进攻效率为46%，得分率为58%，其中队员大力扣球占到92%，吊球比率为4%，轻打为4%，主攻进攻占16%，副攻进攻占20%，接应进攻占56%，该轮次为意大利队的反轮，接应二传埃格努在4号位，4号位埃格努进攻次数居多，4号位进攻均以中斜线和大斜线为主，直线运用较少。3号位近体快和短平快以7区和8区落点的斜线为主，背飞运用次数极少；主攻队员波塞蒂在2号位强攻落点多集中在1区大斜线；针对该轮次应重点拦防其4号位的接应，拦网人注意对斜线的封堵，发球可针对其4号位的埃格努进行追发。

4.7.2　针对意大利女排反击的拦防对策

意大利女排二传队员轮转至前排2点攻反击攻时，各轮次呈现出如下特征：二传在4号位时，主攻希拉反击占54%，副攻基里凯拉反击占14%，接应二传和后排主攻的6号位、1号位后排进攻占24%，二传队员的2次吊球占3%。该轮次虽然为2点攻轮次，该轮次反击效率为24%，得分率为41%。以前排左翼的主攻队员平拉开为主要反击手段，该轮次副攻队员多参与背飞跑动牵制对方拦网，结合6号位后排进攻掩护进行网前的纵深突破，前后排进攻相互掩护。其中队员以发力线为主，占到78%，吊球比率为17%。通过侦测发现，希拉的 4 号位进攻线路以直线和小斜线为主，落点集中在 1 区和 7 区；6 号位后排进攻主要运用转体斜线，落点以长线为主，集中在 1 号区与 6 号区。吊球落点多集中在 8 区。针对该轮次时，中国女排应注意拦防其主攻队员的 4 号位平拉开和后排 6 号位进攻，防守站位应适当后撤防其长线球。

通过对意大利女排六个轮次的反击组织区域看，4 号区域为其反击的集中区域，其次为 2 号位区域。主要原因在于反击过程中其主攻手希拉和接应埃格努实力突出，2、4 号位反击平拉开运用居多，合理利用网长宽度配以低弧度的反击节奏往往令对手不适应，15% 左右的副攻区域反击也为意大利获得了许多关键时刻的偷袭效果。目前中国女排该针对其各轮次的重点人习惯线路进行布局拦防，加强发球攻击性和针对性，破坏其前排副攻战术跑动，重点拦防主攻和接应。

4.8 小结

4.8.1 意大利女排在运用进攻战术方面相对丰富，从战术运用层面表明 4 号位平拉开运用比率最高，合计 183 次，进攻得分率为 52%，进攻效率高达 40%，这与欧美其他各队的 4 号位平拉开相比具有高效性。

4.8.2 意大利女排各位置进攻比例分散，副攻战术运用较多，当二传队员在 1、6 号位两个轮次时副攻战术比率高出中国，打法较灵活。接应二传在进攻端的核心作用突出，尤其体现在后排进攻方面，除二传在 1 号位少有运用，其他各轮次一攻后排进攻均占较高的运用比率，充分利用场地的纵深，前后排有机结合展开进攻突破。意大利女排二传手较合理地调动各位置的进攻队员，从各轮次的身后和后排进攻分配球看出意大利队依靠全队整体进攻特点明显，在全队协同下突出接应二传的核心作用，埃格努为核心进攻队员。

4.8.3 意大利女排组织一次攻时，二传手分配球较分散合理，全队各位置进攻比例较平均，前排 2 点攻轮次时 4、3 号位相互依托掩护，并辅以 6 号位后排进攻。击球实扣区域多在 4、3 号位，主攻与副攻队员承担进攻任务最重，接应次之。前排 3 点攻时 2 号位区域进攻比例较高，突出围绕接应二传在 2 号位进行进攻。

目前意大利女排的接应埃格努、主攻希拉、副攻基里凯拉在各轮次的进攻比重较高，接应二传在一次攻的强攻方面，多与队内的主力副攻短平快相掩护配合，当其在后排时进攻点从 1 号位转移至 6 号位，进攻点距离二传手更近，具有突然性。

4.8.4 从意大利女排反击组织区域看，4号区域为其反击的集中区域，其次为2号位区域。主要原因在于反击过程中其主攻手希拉和接应埃格努实力突出，2、4号位反击平拉开运用居多，合理利用网长宽度配以低弧度的反击节奏往往令对手难以适应，15%左右的副攻区域反击也为意大利获得了许多关键时刻的偷袭效果。通过侦测发现，希拉的4号位进攻线路以直线和小斜线为主，落点集中在1区和7区；6号位后排进攻主要运用转体斜线，落点以长线为主，集中在1号区与6号区。吊球落点多集中在8区。

4.8.5 意大利女排当二传队员分别在前排4、3、2号位，前排2点攻轮次时，进攻分配球特点如下：二传在4号位时，该轮次虽然为2点攻轮次，但进攻效率为24%，得分率为42%。其中队员以发力扣球为主，占到85%，吊球比率为14%，轻打为1%；主攻进攻占30%，进攻以直线为主，落点集中在1号区；副攻进攻占38%，以斜线为主，落点多在7区；接应二传埃格努的1、6号位后排进攻占28%，二传二次吊球为4%，落点在3区拦网人身后；接应二传埃格努在6号位立体进攻比率较高，弥补前排进攻点不足，通过前排主攻平拉开和副攻短平快与背飞的牵制，进行6号位纵深突破，副攻战术运用也较多，与前排主攻和后排接应相掩护。通过侦测发现，6号位进攻线路分散，直线与斜线顺手线均有运用，落点分布在1、5号位，线路较长。吊球落点集中在8区。1号位后排攻进攻线路以大斜线为主，辅以直线，该轮属意大利队的强轮，应对其3号位副攻重点盯防。

第五章 巴西女排进攻技战术特征分析

5.1 巴西女排参加世界大赛概况

巴西国家女子排球队是世界女子排坛的一支传统强队，根据国际排联积分统计，目前世界排名位居第四，整体实力一流。巴西女排一直以来是中国女排的劲敌之一。在2008年至2016年的9年时间里，中巴女排多次交手，中国女排胜少负多，包括奥运会、世锦赛、世界杯、大冠军杯、世界女排大奖赛。在奥运会历史上，中国和巴西女排曾经遭遇6次，2016年里约奥运会半决赛巴西女排负于中国队，但近期的几次交手悉数败下阵来。面对巴西女排，中国队整体发挥不尽如人意。

回顾巴西女排参加世界三大赛成绩，奥运会女排比赛的历史上，巴西共夺得第29、30届奥运会冠军，两次季军；在世界杯女排比赛的历史上，巴西共夺得三次亚军，一次季军；在世界锦标赛女排比赛的历史上，巴西共夺得三次亚军，一次季军。在世界女排大奖赛中七度折桂，但这项商业性质浓厚的比赛，其重要性与奥运会、世锦赛和世界杯是不能相提并论的。不过，从另一个角度来看，能够七次夺冠足以说明巴西队的实力。

1980年巴西女排首次参加奥运会，名列第七；1984年和1988年成绩同样不佳，分列第七和第六。巴西女排真正崛起是从1992年巴塞罗那奥运会开始，她们首次杀入四强，获得第四名。1996年和2000年，巴西女排两获奥运铜牌。2004年雅典奥运会，本有实力夺冠的巴西女排却莫名其妙地输球，最终仅名列第四。2008年北京奥运会，战胜美国队，夺得奥运会冠军。另外，巴西女排曾两夺世锦赛亚军（1994年和2010年）、三获世界杯亚军（1995年、2003年和2007年）和一次季军（1999年）。

目前的巴西女排高度不占优势，但快速多变，两边强攻拉开，中间高点施压牵制对手，立体进攻运用自如，打法非常全面，趋于男子化。进攻出色，防守与小球串联娴熟，全攻全守，没有明显漏洞。比中国队更富有攻击性。巴西女排的找人找区发球战术运用非常成功，她们不以大力跳发见长，但却更具威胁。巴西女排富有激情，进入比赛状态较快，具有深厚的板凳深度，而且每个队员均有特点。巴西女排在2016年里约奥运会后许多昔日的明星球员退役，巴西队也面临新老交替的实际情况，尽管高度和进攻绝对实力有所下降，但巴西的冠军底蕴、良好的技战术素养与强烈的求胜欲望都值得称道。即使难与巅峰相比，但这支队伍的竞争实力也不容小觑。

5.2　巴西女排东京奥运周期主力阵容配备分析

通过对2017世界女排大奖赛、2018世界排球联赛和2018女排世锦赛的巴西阵容进行筛选，确认其东京奥运周期运动员阵容名单如下，具体赛事以最终参赛14人名单为准，排名按次序册公布号码为序。

图5-1　巴西女排合影，2018世界女排锦标赛

巴西女排身高平均值为181.81cm，我国女排的身高平均值为187.38cm，对两国女排身高平均值进行独立样本T检验，两国女排身高方差齐性检验结果F值为1.057，显著性概率$p=0.310$，大于0.05，方差齐性，故巴西女排与中国女排身高平均值显著性检验结果为0.02，$p<0.05$，呈显著性差异。我国女排与巴西女排身高存在明显差异，且总体高于巴西女排。

2017年世界女排大奖赛、2018年世界排球联赛，巴西派出了以加比、罗萨玛丽亚为代表的年轻队伍，这批队员基本是东京周期的主力队员，除此之外，以中生代纳塔莉亚，加上年轻新秀为主力的年轻队伍是目前巴西队的主体，这支队伍已有比较丰富的经验，德鲁西拉、坦达拉、罗萨玛丽亚等队员

Brasil 巴西

号码	球员名	译名	生日	身高	位置	俱乐部 (18-19 赛季)
1	Gabriella Souza	加布里埃拉	1993.12.14	175	自由人	里约塞斯克
2	Mara Leão	马拉	1991.07.26	190	副攻	米纳斯
3	Danielle Lins	达妮林斯	1985.01.05	183	二传	巴鲁埃里
4	Carolina Silva	卡罗尔	1991.04.08	183	副攻	乌贝兰迪亚海滩
5	Adenízia Silva	阿德妮兹亚	1986.12.18	185	副攻	斯坎迪奇(意大利)
6	Thaísa Menezes Appes	塔伊萨	1987.05.15	196	副攻	巴鲁埃里
7	Rosamaria Montibeller	罗萨玛丽亚	1994.04.09	185	主攻	乌贝兰迪亚海滩
8	Fernanda Tomé	费尔南达	1989.12.10	195	主攻	圣卡埃塔诺
9	Roberta Ratzke	罗贝塔	1990.04.28	185	二传	里约塞斯克
10	Gabriela Guimarães	加比	1994.05.19	180	主攻	米纳斯
11	Claudia Silva	克劳迪亚	1987.09.21	181	二传	奥萨斯库
12	Natália Pereira	纳塔莉亚	1989.04.04	184	主攻	米纳斯
13	Amanda Francisco	阿曼达	1988.08.16	182	主攻	巴鲁埃里
14	Drussyla Costa	德鲁西拉	1996.07.01	183	主攻	里约塞斯克
15	Monique Pavão	莫妮克	1986.10.31	178	接应	里约塞斯克
16	Fernanda Rodrigues	费加雷	1986.05.10	179	主攻	乌贝兰迪亚海滩
17	Suelen Pinto	苏伦	1987.10.04	168	自由人	乌贝兰迪亚海滩
18	Natália Araujo	阿劳约	1997.04.10	162	自由人	巴鲁埃里
19	Tandara Caixeta	坦达拉	1988.10.30	186	接应	广东(中国)
20	Ana Beatriz Correa	比亚	1992.02.07	188	副攻	里约塞斯克
21	Mariana Costa	玛利亚娜	1986.07.30	181	主攻	奥萨斯库
22	Macrís Carneiro	马克里斯	1989.03.03	178	二传	米纳斯

图 5-2 巴西女排队员个人信息

已有较强的实力和阅历，是一个顺利接班的国家女排，巴西本国联赛水平较高，加上排球基础雄厚，即使奥运会老将离去，但年轻队伍实力依旧强劲，配合、理念及阅历不会输中国女排，缺点是高度上欠缺，这支队伍比较稳健，配合娴熟，技术全面，攻防速度迅速，是东京奥运周期中国女排的主要竞争对手。

里约奥运会后，随着老队长法比亚娜退出国家队，纳塔莉亚在2017年出任巴西女排的新队长，随着巴西女排黄金一代陆续退出国家队，纳塔莉亚逐渐成为巴西女排的攻防核心。在2017年世界女排大奖赛上，纳塔莉亚在攻防两端都有出色发挥，帮助巴西女排卫冕世界女排大奖赛总决赛的冠军，纳塔莉亚个人荣膺MVP和最佳主攻。除了在国家队有上佳表现之外，纳塔莉亚在职业联赛中也有着出色的战绩，纳塔莉亚帮助巴西的舒耐俱乐部屡屡获得巴超联赛的冠军。在2016年奥运会后，纳塔莉亚远赴土耳其豪门费内巴切效力，在费内巴切效力的第一年，纳塔莉亚就帮助费内巴切获得了土耳其联赛和土耳其杯赛的双料冠军。

巴西的重炮接应坦达拉给人留下了深刻的印象。在场上，坦达拉的暴力扣球确实很生猛，中国女排对此就相当头疼。跟中国女排的季军战，坦达拉一次后攻扣出了 106.9 千米/小时的速度，这甚至堪比男排球员的扣球速度。坦达拉代表奥萨斯科在已经结束的 2017—2018 赛季中一共斩获 626 分，而按照巴西排协的历史统计数据显示，这是有史以来单赛季的最高个人得分。除此之外，坦达拉还打破了单场比赛的得分纪录（39 分）。截至 2017 赛季，坦达拉已在巴超累计拿了 4219 分，如果将目前的状态保持下去，她将超越法比亚娜（4571 分），成为巴超联赛的历史得分王。该队依然由吉马良斯执掌，他从 2003 年开始，连续 15 年出任巴西女排主教练。此前，他曾经带领巴西男排夺得过奥运冠军。

5.3 巴西女排进攻效果总体分析

进攻是争取得分的主要手段，加强进攻可以破坏和削弱对方的进攻，从而减轻本方的防守压力，争取对抗中的主动。扣球是排球运动中一项基本的、最积极有效的进攻技术。虽然每球得分制后发球和拦网也具有较强的得分效果，但扣球一直是排球项目中夺取主动得分的重要手段。比赛对抗中的进攻（一攻、反攻）主要通过扣球来实现。同样，扣球是完成战术配合的最后一个技术动作。一个队如果熟练地掌握了强有力、变化多样的扣球技术，能通过二传队员的巧妙分配并在实战中合理运用，就可直接得分或迫使对方处于被动，鼓舞本方士气。因此，合理调动各位置攻手、发挥各位置进攻队员的特有技术，创造多样化的战术组合与进攻手段，已成为当今高水平排球训练和实战的重要课题。

通过对东京奥运周期的一系列比赛实地拍摄调查，侦测主要对手的备战情况，结合 2017 世界女排大奖赛（昆山站、南京站）、2018 世界女子排球联赛（江门站）、2018 世界女排锦标赛的数据汇总，可以看到巴西女排的进攻能力呈现出较高的水平，比赛场次胜多负少，统计其一系列赛事，合计 11 场次，7 胜 4 负，依旧占据着世界女排第一集团的位置。巴西队全队整体的进攻得分率在 42%，进攻效率为 28%；进攻失误率与进攻被拦死率分别为 8% 和 7%，其中当巴西女排面对高度占优的塞尔维亚女排和俄罗斯女排时进攻端的表现更为强势，体现出了其出色的进攻水平和得分能力，进攻得分率为 50% 和 48%，进攻效率高达 37% 和 35%。平均被对手防起达到 16%，进攻效果较好，迫使对手调整或破战术攻达到了 25%。与中国队对阵的比赛中，巴西队虽以 2∶3 惜败，但对抗中也表现出了娴熟的全队配合与较好的进攻能力，进攻成功率高达 44%，进攻效率达到31%，被拦死率仅4%，虽然中国女排的平均高度目前排名世界第一，但在近年来对阵巴西女排时负多胜少，面对巴西队以全面、速度、立体打法为主的强队时网上高度并不占优势，面对对方的实力型副攻牵制后副攻拦网移动和判断受限制，移动不到位，在其强力接应的进攻压力下，拦网未能形成有效网上阻拦。

面对高拦网的球队时，巴西女排以速度和全面的进攻加以突破，本周期中巴西女排虽然平均年龄偏大，新人更替不佳，但全队阵容完备，队员之间配合娴熟，不同司职位置的明星球员进攻手段多样，二传手9号罗贝塔大赛经验丰富，传球隐蔽性较强，手上控球感觉好，不同一传效果情况下分配球较分散。目前担当主攻位置的纳塔莉亚为巴西女排主要进攻人，其网上高度较高，进攻力量足，线路多变，前后排均有较突出的得分能力，在一传、防守保障方面也具备较高水平。小主攻加比虽然高度受限，但保障作用突出，一传和防守端无明显漏洞，4号位平拉开速度较快，为其右翼进攻分担较大压力。目前巴西女排头号得分手当数担任接应二传手的坦达拉，该队员虽然高度有限，186cm，体重87kg，但爆发力十足，弹跳力出色，更具有"人肉坦克"的称号，其在场上的2、4号位的平拉开、调整球、后排6号位的低弧度进攻均有极大的攻击性，扣球力量十足，是目前巴西女排的核心进攻人。

表5-1 巴西女排与对手国总体扣球效果对比分析表

队别	扣死		扣过		扣失		被拦死		被拦回		总数
	n	%	n	%	n	%	n	%	n	%	
巴西	38	44.71	22	25.88	14	16.47	6	7.06	5	5.88	85
中国	47	60.26	19	24.36	4	5.13	4	5.13	4	5.13	78
差值	-9	-15.55	3	1.52	10	11.34	2	1.93	1	0.75	7
巴西	65	44.22	48	32.65	20	13.61	10	6.80	4	2.72	147
荷兰	62	39.74	61	39.10	9	5.77	15	9.62	9	5.77	156
差值	3	4.48	-13	-6.45	11	7.84	-5	-2.82	-5	-3.05	-9
巴西	51	49.51	35	33.98	7	6.80	9	8.74	1	0.97	103
塞尔维亚	52	45.22	39	33.91	6	5.22	12	10.43	6	5.22	115
差值	-1	4.29	-4	0.07	1	1.58	-3	-1.69	-5	-4.25	-12
巴西	56	44.44	44	34.92	9	7.14	9	7.14	8	6.35	126
意大利	62	42.76	43	29.66	11	7.59	15	10.34	14	9.66	145

续表

队别	扣死 n	扣死 %	扣过 n	扣过 %	扣失 n	扣失 %	被拦死 n	被拦死 %	被拦回 n	被拦回 %	总数
差值	-6	1.68	1	5.26	-2	-0.45	-6	-3.2	-6	-3.31	-19
巴西	210	45.55	149	32.32	50	10.85	34	7.38	18	3.90	461
对手国	223	45.14	162	32.79	30	6.07	46	9.31	33	6.68	494
差值	-13	0.41	-13	-0.47	20	4.78	-12	-1.93	-15	-2.78	-33

数据：2017女排大奖赛总决赛（南京站）、2018世界排球联赛（江门站）、2018女排世锦赛。

在巴西女排对中国女排的比赛中，巴西女排扣球得分率为44.71%，比中国女排低15.55%，失误率为16.47%，比中国女排高11.34%。由此可知，该场比赛的得分率低于中国女排，失误也较多。巴西女排平拉开战术运用较少，多以一般强攻和调整强攻并配合6号位后排进攻为主。

在巴西女排与荷兰女排的比赛中，巴西女排扣球总数为147次，比荷兰女排少9次；巴西女排得分率为44.22%，比对手高4.48%；失误率为13.61%，比对手高7.84%。由此可知，巴西女排在得分率方面要优于对手，进攻能力优于荷兰女排。

巴西女排与塞尔维亚女排的比赛中，巴西女排扣球总数为103次，比塞尔维亚女排少12次；得分率为49.51%，比塞尔维亚女排高4.29%；失误率为6.8%，比塞尔维亚女排高1.58%。由此可知，巴西女排得分率比塞尔维亚女排高。巴西女排进攻能力优于塞尔维亚女排。

巴西女排与意大利女排的比赛中，巴西女排扣球总数为126次，比意大利女排少19次；巴西女排得分率为44.44%，比对手高1.68%；失误率为7.14%，比对手低0.45%。由此可知，巴西女排在得分率方面占有优势，进攻能力与意大利女排相当。

巴西女排目前的进攻速度较快，全队平均高度并不突出，但攻防转换节奏快，队员一攻成功率较高，二传队员分配球灵活，进攻点较分散，且出手速度较快，主力主攻12号纳塔莉亚具有较强的进攻实力，前排的2、4号位平拉开及调整攻均具备较好的得分能力，后排6号位的进攻弧度低，扣球手法较好，能够主动与前排副攻队员相互掩护，对拦防造成较大困难。主力接应19号坦达拉高度虽然有限，但腰腹力量与上肢爆发力突出，2号位定点强攻、后排攻均实力不俗，且线路较分散，扣球手法多变，具有借拦网手扣球出界、平打等技巧，是我国女排应重点盯防的对象。巴西女排副攻手跑动积极，网前具有一定高度且扣球力量较大，身体强壮，进攻下手快，击球点较高，对我方的拦防起到较大的威胁。

5.3.1 巴西女排不同进攻类型得分对比分析

表5-2 巴西女排与对手国不同位置强攻扣球得分对比表

队别	4号位得分		2号位得分		1号位后攻得分		6号位后攻得分		总数
	n	%	n	%	n	%	n	%	
巴西	28	1.85	15	27.78	0	0.00	11	20.37	54
荷兰	26	54.17	20	41.67	1	2.08	1	2.08	48
差值	2	-52.32	-5	-13.89	-1	-2.08	10	18.29	6
巴西	14	46.67	6	20.00	2	6.67	8	26.67	30
中国	28	80.00	3	8.57	2	5.71	2	5.71	35
差值	-14	-33.33	3	11.43	0	0.96	6	20.96	-5
巴西	21	51.22	11	26.83	2	4.88	7	17.03	41
塞尔维亚	8	22.86	17	48.57	6	17.14	4	11.43	35
差值	13	28.36	-6	-21.74	-4	-12.26	3	5.6	6
巴西	21	45.65	16	34.78	1	2.17	8	17.39	46
意大利	19	43.18	12	27.27	11	25.00	2	4.55	44
差值	2	2.47	4	7.51	-10	-22.83	6	12.84	2
巴西	84	49.12	48	28.07	5	2.92	34	19.88	171
对手国	81	50.00	52	32.10	20	12.35	9	5.56	162
差值	3	-0.88	-4	-4.03	-15	-9.43	25	14.32	9

数据：2018世界排球联赛，2018女排世锦赛。

由表5-2可知，巴西女排强攻扣球得分总数为171次，比对手国女排多9次；4号位强攻扣球得分总数为84次，占强攻得分总次数的49.12%；2号位强攻扣球得分总数为48次，占强攻得分总次数的28.07%；1号位后排扣球得分总数为5分，占强攻扣球总数的2.92%；6号位扣球得分总数为34次，占强攻总次数的19.88%。由此可知，巴西女排强攻扣球主要以4号位强攻为主，平拉开和定点攻运用居多，副攻以背飞和短平快为主要手段，后排1号位强攻次数所占比率偏少。在与中国女排比赛中，其主攻的6号位进攻比重较大，中间 6 号位进攻多和前排副攻相掩护，接应的 1 号位进攻也有主动运用。二传分配球弧度均较低，进攻节奏快，前后排立体纵深结合效果好。

巴西女排历来是依靠整体、攻防速度快速的球队，2、4 号位的拉开结合快攻掩护，是其惯用打法。目前队内接应二传和主攻手进攻实力突出，4 号位进攻是各队的首要进攻位置，一传不到位的情况下二传给 4 号位的主攻手分配球数量居多，巴西女排充分利用球网宽度和场地纵深，多点强攻均可突破对方的拦防布局，各位置均有较平均的进攻实力。

表 5-3 巴西女排与对手国快攻扣球得分对比表

队别	近体快		短平快		背飞		总数
	n	%	n	%	n	%	
巴西	1	10.00	7	70.00	2	20.00	10
荷兰	1	7.14	7	50.00	6	42.86	14
差值	0	2.86	0	20	-4	-22.86	-4
巴西	0	0.00	7	87.50	1	12.50	8
中国	3	25.00	5	41.67	4	33.33	12
差值	-3	-25	2	45.83	-3	-20.83	-4
巴西	0	0.00	7	70.00	3	30.00	10
塞尔维亚	6	35.29	9	52.94	2	11.76	17
差值	-6	-35.29	-2	17.06	1	18.24	-7
巴西	3	30.00	1	10.00	6	60.00	10
意大利	3	16.67	11	61.11	4	22.22	18
差值	0	13.33	-10	-51.11	2	37.78	-8
巴西	4	10.53	22	57.89	12	31.58	38
对手国	13	21.31	32	52.46	16	26.23	61
差值	-9	-10.78	-10	5.43	-4	5.35	-23

数据：2018 世界排球联赛，2018 女排世锦赛。

巴西女排快攻扣球得分为 38 次，比对手少 23 次。其中近体快扣球得 4 分，占快攻总得分的 10.53%；扣短平快得 22 分，占快攻得分总次数的 57.89%；背飞得分为 12 次，占快攻总得分数的 31.58%。巴西女排与中国女排比赛中，短平快是其副攻线的进攻主要手段，副攻手与二传配合娴熟，击球点高，具有较强的网前牵制作用。与意大利女排对阵中，针对其主攻高度有限,采用单脚背飞扣球居多且效果较好。对塞尔维亚女排比赛中,以 3 号位短平快为主,短平快得分比例占快攻总数的 70%,巴西女排临场运用快攻战术灵活,根据不同对手特点应变能力突出。巴西女排作为美洲球队的代表,在北京奥运周期队内拥有法比亚娜、塔伊萨等世界顶级副攻,无论拦网还是高点快攻都给各队造成了极大的压力,可以说具备了绝对的统治力,中国女排在以往面对巴西女排的比赛中也往往难以抵抗其副攻位置的高拦网和犀利的高点快攻。目前巴西女排随着黄金一代球星的退役,副攻线实力虽有一定的下降,但队中副攻阿德妮兹亚、卡罗尔等新秀进步神速,虽然副攻比亚的高度 188cm 不算很高,但弹跳出色,移动迅速,高点快攻依旧具有较强的牵制力,短平快和背飞是巴西女排惯用的快攻打法。

5.3.2　巴西女排不同司职位置主力队员扣球效果分析

表 5-4　主攻手纳塔莉亚（Natalia）在不同场次扣球效果对比表

场次	扣死		扣过		扣失		被拦死		被拦回		总数
	n	%	n	%	n	%	n	%	n	%	
巴∶中	11	44.00	7	28.00	6	24.00	1	4.00	0	0.00	25
巴∶荷	12	41.38	8	27.59	7	24.14	2	6.90	0	0.00	29
巴∶塞	8	38.10	9	42.86	1	4.76	2	9.52	1	4.76	21
巴∶意	19	51.35	11	29.73	3	8.11	1	2.70	3	8.11	37

数据：2018 世界排球联赛（江门站）、2018 女排世锦赛。

巴西主攻手纳塔莉亚在对阵中国的比赛中扣球得分率为 44%,失误率为 24%,但在 2018 世界排球联赛大奖赛进攻方面发挥欠佳,进攻比例较低。通过观察发现,在前排 4 号位进攻时,直线扣球占 67%,斜线占 33%,4 号位吊球占进攻总数的 29%,落点多在拦网人身后；前排 2 号位时直线扣球占 65%,斜线扣球占 35%,吊球运用占 33%；其在 6 号位后排进攻时均采用直线扣球,基本无变线,但吊球搓心占 25%,由此可见纳塔莉亚虽参与进攻的比率较少,但打吊结合运用灵活,高点平拉开进攻速度较快,近网球变线拐直线进攻居多。

在对阵荷兰的比赛中,扣球总数为 29 次,得分率为 41.38%,失误率为 24.14%；在对阵塞尔维亚的比赛中,扣球总数为 21 次,得分率为 38.10%,失误率为 4.76%；在对阵意大利的比赛中,扣球总数为 37 次,得分率为 51.35%,失误率为 8.11%。其平拉开节奏快,下手果断,斜线为主,落点较分散。该队员前后排均具有较强的进攻实力，调整攻实力同样不容小觑，是巴西女排的主要得分手，应重点盯防。

表5-5 副攻阿德妮兹亚（Adenizia）在不同场次扣球效果对比表

场次	扣死		扣过		扣失		被拦死		被拦回		总数
	n	%	n	%	n	%	n	%	n	%	
巴：中	4	36.36	4	36.36	2	18.18	1	9.09	0	0.00	11
巴：荷	4	57.14	1	14.29	1	14.29	1	14.29	0	0.00	7
巴：塞	5	71.43	2	28.57	0	0.00	0	0.00	0	0.00	7
巴：意	3	42.86	3	42.86	0	0.00	1	14.29	0	0.00	7

数据：2018世界排球联赛（江门站）、2018女排世锦赛。

副攻手阿德妮兹亚扣球力量大，顺手线多，3点攻击轮次以短平快、近体快为主，2点攻轮次背飞跑动运用多，滞空时间长。在对阵中国的比赛中，扣球总数为11次，得分率为36.36%；在对阵荷兰的比赛中，扣球总数为7次，得分率为57.14%；在对阵塞尔维亚的比赛中，扣球总数为7次，得分率为71.43%；在对阵意大利的比赛中，扣球总数为7次，得分率为42.86%。该队员是巴西女排主力副攻。

表5-6 接应坦达拉（Tandara Caixeta）在不同场次扣球效果对比表

场次	扣死		扣过		扣失		被拦死		被拦回		总数
	n	%	n	%	n	%	n	%	n	%	
巴：中	15	48.39	7	22.58	6	19.35	2	6.45	1	3.23	31
巴：荷	22	52.38	11	26.19	7	16.67	2	4.76	0	0.00	42
巴：塞	23	58.97	12	30.77	4	10.26	0	0.00	0	0.00	39
巴：意	19	47.50	13	32.50	5	12.50	0	0.00	3	7.50	40

数据：2017女排大奖赛总决赛（南京站）、2018世界排球联赛（江门站）、2018女排世锦赛。

由表5-6可知，巴西女排接应二传坦达拉身高虽然仅186cm，但其爆发力强劲，在后排时频繁参与到后排6号位进攻，打破以往接应二传在后排只进行1号位后攻的局限，其身体素质出众，扣球力量十足，虽然过网点不高但进攻颇具攻击性，后排攻以回手发力线为主，线路分化清晰，助跑节奏快，在前排4号位的扣球直线占33%，斜线占67%，4号位吊球运用少；前排2号位时直线扣球占56%，中、大斜线占44%，其中2号位进攻有25%主动运用吊球技术，中国女排在针对其2号位进攻时应提早预判并有防范；后排6号位低弧度扣球时，直线比重占71%，斜线占29%，后攻时有13%的主动吊球运用。吊球位置较浅，多在拦网人身后。应对其进行重点盯防，拦网时放慢伸手速度。

与中国女排的比赛中，扣球总数为31次，得分率为48.39%，失误率为19.35%；在对阵荷兰女排的比赛中，扣球总数为42次，得分率为52.38%，失误率为16.67%；在对阵塞尔维亚女排的比赛中，扣球总数为39次，得分率为58.97%，失误率为10.26%；在对阵意大利女排的比赛中，扣球总数为40次，得分率为47.50%，失误率为12.50%。坦达拉出生于1988年，在巴西女排有排球皇后之称的谢拉退役之后，坦达拉顺利地成为巴西女排的主力接应。虽然坦达拉技巧和经验与谢拉的实力还有不小的距离，但是坦达拉作为目前世界排坛扣球磅数最重的球员之一，她已经很好地撑起了巴西女排的右翼进攻。她的出色发挥也让处于新老交替中的巴西女排实力不减，使得巴西女排仍然处于世界一流强队之列。

5.4　巴西女排一攻结构与效果分析

5.4.1　巴西女排接发球进攻（一攻）阵型分析

接发球及其进攻是指在接起对方发球后组织的进攻。我国排球界称为"一攻"，相对于防守反击。接发球及其进攻能力强，得分的机会多，也能为接扣球及其进攻减轻压力和创造条件[①]。随着现代排球的高度发展，运动员发球的攻击性普遍增强，长短距离、落点的跳发飘球及跳发球对组成高效的接发球进攻造成了较大困难。一攻是排球比赛中双方主动得分数量最多的手段，是最能体现球队整体进攻实力的指标。高水平女子排球比赛对抗具有防守好、串联性强、来回球多等特点。进攻一方具有变化多端、形式多样的一次攻战术是比赛中突破对方拦网与防守布局的关键，一攻得分率的高低决定对垒双方博弈中的主动权。

在现代高水平女排比赛中，一攻的地位和作用都相当重要，可以说得上是一支球队在比赛中的安身立命之本，其重要性不言而喻。自国际排联实行

---

① 虞重干：《排球运动教程》，北京·人民体育出版社，2012年版，第148页。

每球得分制以来，一攻由之前只得发球权的地位直接上升到既得权又得分的战略高度。所以说，对于任何一支球队而言，比赛中若没有稳定的一攻作为球队的支撑，不仅很难取得比赛的最终胜利，同时也难以在比赛中与对手进行抗衡。巴西女排采用3人接发球阵型，以2名主攻手和自由人承担接发球任务，接发球阵型不同轮次根据战术打法有所变化，巴西队整体接发球站位较靠前，接应二传坦达拉不参与接发球，全部精力投入进攻。巴西女排有6轮次均采取3人接发球阵型，接发球队员为主攻手12号纳塔莉亚和7号罗萨玛丽亚与自由人17号苏伦，自由人苏伦接发球效果较好，有3轮次站位靠近6号位场心区域，应尽量避开其分担区域。

图5-3 巴西女排第一轮接发球站位 二传在6号位

第一轮二传6号位插上，7号主攻站位偏向4号位，自由人向左侧5号位靠近主接一传任务，后排主攻12号纳塔莉亚也担任一传保障，该轮次主打11号接应坦达拉，针对该轮次站位应尽量避开自由人所在区域，可发1号位附近，12号主攻站位与前排4号较紧凑，易造成相互干扰。

图5-4 巴西女排第二轮接发球站位 二传在5号位

第二轮巴西女排二传5号位插上,依然采取3人接发球阵型,二传在5号位置插上传球,7号参与4号位平拉开,12号后排主攻主接一传并有6号位后攻,19号接应坦达拉2号位定点攻,7号主攻与二传之间易产生干扰,中国女排可将球发向5号位置附近追发7号前排主攻,限制其进攻节奏,主拦11号接应2号位。

图5-5　巴西女排第三轮接发球站位　二传在4号位

第三轮巴西女排二传4号位反轮站位,12号主攻在6号位偏向5号位接球,17号自由人接球面积将近半场,自由人接球面积较大,中国女排可向12号与17号两人之间的空当发球,造成两人的抢球或让球,或追发其前排7号主攻限制其4号位进攻,该轮次若一传到位应注意副攻队员的近体快和短平快。该轮次19号接应多数参与后排6号位进攻,副攻队员应注意对其盯防。

图5-6　巴西女排第四轮接发球站位　二传在3号位

第四轮巴西女排三人站位相对平均,这时可追发接发球效果较差的7号主攻,向1号位置发球,也可追发12号主攻,破坏其4号位平拉开节奏。

第五章　巴西女排进攻技战术特征分析

图 5-7　巴西女排第五轮接发球站位　二传在 2 号位

第五轮时 7 号主攻在 6 号位，可重点追发 7 号主攻或 12 号主攻纳塔莉亚，由于 7 号主攻不参与后排进攻，可破坏其前排主攻手的进攻节奏，干扰破坏一攻。

图 5-8　巴西女排第六轮接发球站位　二传在 1 号位

第六轮时巴西女排采用 3 人接发球站位，属反轮次，接应二传在 4 号位。这时中国女排可以向二传插上路线 1 号区域发球或发前区破坏纳塔莉亚的进攻节奏，亦可追发 7 号主攻。

5.4.2　巴西女排不同轮次接发球进攻（一攻）效果分析

表 5-7　巴西女排不同轮次一攻效果统计

二传位置	效率	合计	失误/%		被拦死/%		被防/%		被拦回/%		较好/%		得分/%	
1	25%	118	5	13	9	8	.	14	12	.	29	19	63	46
6	19%	132	6	6	17	9	.	25	17	1	23	25	68	34
5	32%	113	6	2	7	11	2	12	16	4	25	28	57	44
4	26%	82	3	5	7		.	12	16		16	38	42	38
3	27%	90	2	12	7	4	1	15	11	2	21	23	48	44
2	28%	101	3	9	8	6	.	15	14		23	26	53	43

注：轮次根据二传所在位置（1—6 号位）。

数据：2017 女排大奖赛、2018 世界锦标赛，合计 6 场。

排球比赛项目特点之一是技术的全面性与集体性，队员必须轮转，场上6名队员在可轮转的6个轮次中通过二传队员的分配球与串联，各队均有不同轮次的打法与战术应用，不同队员的组合或不同分配球形式在特定轮次会有不同的效果，无论如何轮转，球队的核心目的是突破对手的拦防。但不同轮次的得分能力和进攻效率有所不同，通常排球界所说强轮、弱轮就是根据一攻方的轮次而定，争取在对方的弱轮抓拦防，加强反击效果，提高反击效率是排球制胜的主要因素。

通过对巴西女排各轮次一次攻的统计分析可以看出（见表5-7），巴西队进攻的整体性较强，各轮次得分率相差不大，其中二传队员在后排时，前排3点攻轮次时得分率稍高，其中二传队员在1号位时进攻得分率最高，其次为二传在5号位与3号位，可称为强轮。从不同轮次的进攻效率来看，二传队员在5号位时进攻效率达到32%，分析其原因在于巴西队在3点攻轮次战术打法较多变，前排主攻队员与接应二传队员均具备较强的进攻实力，因此3点攻轮次前排两翼拉开进攻运用得当，再辅助以副攻队员的牵制与2、3号位的快攻，得分效果较好，被对方集体拦网盯防的情况有限，在面对1对1，或1对1个半拦网人时，进攻队员的进攻效率自然较高。统计看出巴西队当二传队员在6号位时进攻效率和得分率最低，也可以称为其弱轮，针对此情况，中国队应在巴西女排该轮次一攻时加大发球力度和质量，造成其卡轮或一攻质量不佳，为本方创造防反条件。

5.4.3 巴西女排接发球进攻（一攻）战术打法分析

进攻和防守是排球技术中的两大主题。接发球及其进攻是指在接起对方发球后组织的进攻。我国排球界称为"一攻"。接发球及其进攻能力强，得分的机会多，也能为本方的后续接扣球及其进攻（防反）减轻压力和创造条件[1]。巴西女排虽然网上整体高度一般，但球感细腻，配合娴熟，球队整体以技术全面和速度见长。队员在场上阅读比赛能力强，专注度高，富有激情。通过在2017年、2018年一系列世界女排大赛现场观察，发现巴西女排不同轮次的一次攻打法如下。

---

[1] 虞重干：《排球运动教程》，北京·人民体育出版社，2012年版，第148页。

第五章 巴西女排进攻技战术特征分析

第一轮二传队员在6号位插上,前排3点进攻:二传手9号罗贝塔在一传到位及半到位情况下多次组织4号位低弧度平拉开进攻,主攻队员纳塔莉亚和罗萨玛丽亚与加比多以斜线发力为主;副攻采用前围绕跑动近体快球,回手线路较多;接应二传后撤2号位定点强攻且弧度较低,直线、斜线均有。该轮次以2、4号位两翼的主攻、接应进攻为主。

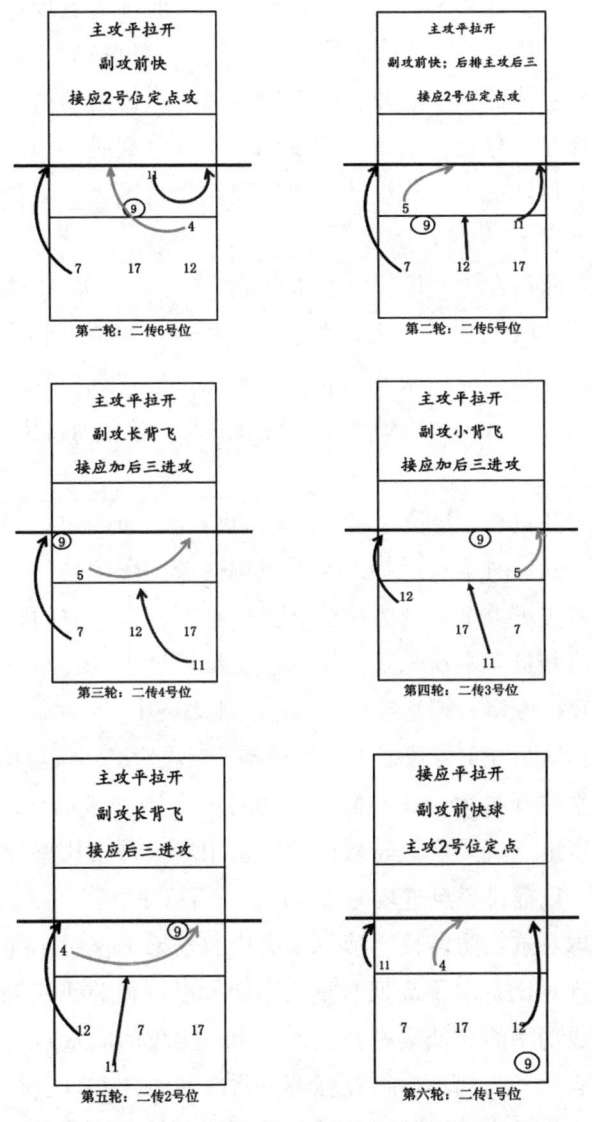

注:圈内为二传队员;长箭头为主攻或接应进攻跑动线路;短线为副攻队员进攻跑动线路。

图5-9 巴西女排一攻打法图(第1—6轮)

第二轮二传队员在5号位置插上：前排主攻队员多采用低弧度平拉开进攻；副攻队员采用短平快或近体快跑动牵制，以顺手线路为主；接应二传后撤多采用2号位低弧度进攻；后排主攻队员积极参与6号位低弧度后排攻，与前排副攻队员的短平快和近体快相互掩护形成立体进攻，速度节奏较快。该轮次接应二传在前排，参与2号位定点攻多，副攻以短平快为主。

第三轮二传队员在4号位置，即反轮。此时前排2点攻轮次：前排主攻队员运用4号位平拉开，副攻队员采用2、3号位之间的背飞跑动，接应二传队员跑动后排6号位低弧度后攻，该轮次的接应二传跑动路线与以往有所不同，进攻点选择在6号位，位置的改变缩短了攻手起跳到击球的时间，速度节奏更快，不易拦防。该轮次副攻单脚背飞跑动范围大，结合前排主攻与后排进攻，立体性强。

第四轮二传队员在3号位，此时亦为前排2点攻轮次：前排主攻多采用4号位平拉开，副攻队员参与背飞或背快跑动进攻，接应二传主动采用后排6号位低弧度进攻，与前排副攻相掩护，弥补前排进攻点不足的情况。巴西女排在该轮次时副攻队员运用单脚背飞跑动范围大，结合前排主攻与后排进攻，立体性强。

第五轮二传队员在2号位，属前排2点攻轮次：前排主攻队员4号位平拉开进攻，一传不到位时主攻承担的4号位调整攻比率较高，副攻队员多采用大范围跑动长背飞进攻牵制对方副攻队员的拦网，为主攻的拉开进攻创造条件和掩护，接应队员多主动采用后排6号位低弧度进攻。本轮次巴西女排主动运用后排进攻比率多，坦达拉在后排进攻能力突出。

第六轮二传队员在1号位插上，为前排3点攻轮次：接应队员在4号位高点强攻或运用平拉开进攻；副攻队员采用身前近体快球牵制；主攻队员在2号位采用低弧度定点进攻。该轮次巴西队运用后排进攻比率较少，充分利用网长展开攻势，以前排3点进攻为突破口。

高水平排球对抗攻防转换迅速，一次攻的效果不仅对比赛胜负有极其重大的作用，而且对比赛水平高低有重大影响。以往相关研究表明，局间胜负关系也与进攻成功率的高低紧密相连，说明一次攻的质量对比赛的胜负所起的重大作用。当然，我们不应该在强调一次攻时否定扣球、拦网等对比赛胜负的重大影响，但是应该承认，每球得分制后，任何队在一次攻时都处在可能失分的状态之下。一次攻的质量直接影响到得失分。换句话说，进攻效率越高，失分的概率就越小；一攻效率越低，失分概率就越大，输球也越快。虽然都是世界一流水平球队，比赛中的进攻效率却有所差别。一次攻受对手拦防的情况影响也较大，进攻效率的高低要受到球队战术组织情况及队员技术程度与高度条件的制约。

5.4.4 巴西女排一次攻战术打法运用频次与效果分析

排球比赛网上争夺以突破对手拦防得分为目标，排球战术是运动员在比赛中根据排球项目的运动规律、彼我双方的实际情况以及临场变化有效地运用技术所采用的有预见、有目的、有组织的行动。比赛中对抗双方二传队员通过隐蔽的传球动作和不同战术安排，尽可能地摆脱对手集体拦网盯防，利用网长和球场的纵深撕破对方的拦网和防守布局。进攻队员在不同位置通过相互掩护，副攻采用跑动战术再配合主攻队员和接应二传的拉开与定点强攻，辅以多变的进攻线路和击球技巧手法突破拦网。巴西女排技术细腻，二传分配球较散，依靠全队的整体进攻特征较突出。

表5-8 巴西女排一次攻战术打法频次与效果分析表

4号位平拉开			2号位到位攻			4号位调整攻			6号位后攻			背后长飞			短平快		
合计	效率	得分	合计	效率	得分	合计	效率	得分	合计	效率	得分	合计	效率	得分	合计	效率	得分
67	24%	43%	65	22%	38%	56	20%	38%	44	43%	52%	26	38%	50%	24	29%	46%
近体快球			2号位调整攻			1号位后攻			4号位短球			2次球			前交叉		
合计	效率	得分	合计	效率	得分	合计	效率	得分	合计	效率	得分	合计	效率	得分	合计	效率	得分
20	35%	45%	16	19%	31%	9	11%	22%	3	-33%	0	3	33%	33%	2	0	0

注：战术频次由多至少排列。
数据：2017女排大奖赛、2018女排世界联赛、2018世界锦标赛，合计6场。

通过侦测与统计发现，巴西女排在运用进攻战术方面男子化趋势明显，战术打法男子化程度极高，速度、力量、配合在巴西女排身上显而易见，其战术运用层面表明（见表5-8），4号位平拉开运用比率最高，进攻得分率为43%，进攻效率为24%，这与其主攻队员纳塔莉亚具备极强的进攻性相关，纳塔莉亚曾多次在世界大赛中获MVP，有数次参与世界大赛经历，4号位平拉开速度较快，下手凶狠。其次运用比率最高的为2号位到位攻，得分率为38%，进攻效率为22%。4号位调整强攻列一攻战术中的第三位，进攻得分率和进攻效率分别为38%和20%。此外，巴西女排利用6号位后攻的进攻比率较高,且组织速度快、弧度低平,为前排两翼的拉开进攻起到了牵制作用。目前巴西女排的当家花旦为接应二传坦达拉,其无论在2、4号位的调整攻或2、4号位的低弧度拉开均有出色的得分能力,虽然高度有限,但凭借其出色的身体素质与球感,在面对多人拦网或重点盯防的情况下仍下手果断,腰腹力量十足,挥臂速度快,借拦网手平打、变线等技巧运用自如。

5.4.5 巴西女排与中国女排(一次攻)二传分配球对比分析

表5-9 巴西女排与中国女排(一次攻)二传分配球对比

球队	二传在1号位分配(%)				二传在2号位分配(%)				二传在3号位分配(%)				二传在4号位分配(%)				二传在5号位分配(%)				二传在6号位分配(%)			
	身前	身后	副攻	后排	身前	身后	副攻	后排	身前	身后	副攻	后排	身前	身后	副攻	后排	身前	身后	副攻	后排	身前	身后	副攻	后排
巴西	42	33	23	0	33	4	17	44	47	10	16	24	35	2	25	35	31	47	20	0	37	40	23	0
中国	65	6	26	12	48	6	45	15	60	5	45	15	40	5	43	26	38	31	38	11	52	41	26	2
差值	-23	+27	-3	-12	-15	-2	-28	+29	-13	+5	-29	+9	-5	-3	-18	+9	-7	+16	-18	-11	-15	-1	-3	-2

数据:2017世界女排大奖赛、2018女排世界联赛、2018世界锦标赛,巴西6场,中国12场。

通过对比分析(见表5-9),巴西女排与中国女排在一次攻的二传分配球方面存在较大差异。当二传在1号位时,巴西队二传身前战术组织较少,进攻比例为42%,比中国女排低23%,但二传身后战术比中国高出27%,副攻战术比率相当,该轮次巴西队并未采用后排进攻,以前排为主要进攻手段;二传在2号位时二传身前战术巴西低于中国女排15%,副攻战术低于中国28%,但后排进攻战术巴西高于中国29%;二传队员在3号位时,巴西女排身前战术低于中国13%,副攻战术低于中国29%,后排进攻高于中国9%;二传队员在4号位时,身前战术和身后战术低于中国5%和3%,副攻战术低于18%,但后排进攻高于中国9%;当二传队员在5号位时,二传身前战术巴西比中国女排低7%,二传身后战术巴西女排高出中国女排16%,副攻战术巴西依旧低于中国女排达18%,该轮次巴西女排未运用后排进攻,低于中国女排11%;当二传在6号位时,巴西女排二传的身前战术组织低于中国15%,身后战术相当,副攻战术两队相当、低于中国3%,该轮次巴西女排未采用后排进攻。通过侦测发现,目前巴西女排进攻技战术特征呈现出男子化,突出其接应二传在进攻端的作用,接应二传在进攻对抗中占据绝对主动,无论其在前排2号位或轮转至后排，与以往男排有所不同的变化是巴西女排接应二传在后排的进攻位置从1号位向6号位转移，弥补了其主攻后排进攻实力不足的缺点，后排6号位进攻点与二传距离更近，进攻组织节奏更迅速，进攻过网面更广，便于进攻人分散其进攻线路，该位置与前排副攻队员的近体快攻和短平快相掩护，造成以多打少的局面，也为前排主攻的两翼拉开减轻压力，进攻效果好。与巴西女排相比，中国女排目前在高度占优的情况下更依靠主攻手朱婷在进攻端的表现，各轮次当朱婷在前排时4号位的进攻比率均在45%左右，其中第一轮和第三轮4号位进攻比率占到60%，过于集中，容易被对手重点拦防；从副攻位置看，巴西女排的进攻比率在各轮次均低于中国女排，巴西女排的副攻队员更多的任务在于掩护和拦网，与中国女排强调的快速多变一贯风格有所差异。中国队副攻队员在各轮次进攻比率较平均。需要强调的是，中国女排的接应位置一直是队内的短板，被动局面下进攻成功率低，各轮次进攻比率少，为主攻队员分担的进攻比率少，未能将对方的副攻队员牵制在网前，接应的进攻能力有待加强。

5.4.6 巴西女排一次攻击球点区域分析

从理论上看，根据排球的直径，当我们把它平行排列在9米的网长上，可以求得45个过网点，即进攻区域。根据排球规则，排球场区分6个大区域，分别为1~6号位，各位置均可组织进攻，但各队根据自身的进攻打法和技战术安排，进攻区域的选择尤为重要。当今排球对抗对进攻的要求包括扣球技术、集体战术，它们的组织和运用等多方面的综合能力。进攻所要达到的目的是：①设法使对方的拦网人不能正确地判断进攻人的扣球路线和击球时间，特别要尽力造成防守方拦网起跳时机和拦阻路线的错误。②使对方不能有效地组成严密的集体拦网，造成一对一对抗，或集体拦网人手臂的中空。③尽量造成对防守队员的强大心理压力和威慑力，进而动摇其全队士气，打乱其拦防整体布局。

二传队员在组织进攻时除了提高控制球能力，扩大视野范围，在传球前要善于观察本方进攻队员和对方拦网队员的动态，结合本方队员技术特点和能力，传球时不仅盯球，同时要密切兼顾进攻队员的状况，才能更好地配合。作出合理的进攻区域分配，撕破对手拦防。通过侦测表明，巴西队当二传队员在4号位时，进攻区域分配球最多的位置为其4号位和6号位，进攻比率均

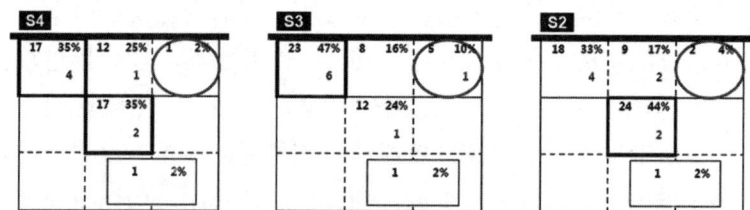

注：S指二传；方框内分别为进攻次数最多与百分比，圆圈为进攻次数最少，长方形为二次球占比。
数据：2017世界女排大奖赛、2018女排世界联赛、2018世界锦标赛，合计6场。

图5-10 巴西女排前排2点攻击球区域图

为35%，2号位进攻比率最低仅为2%，3号位进攻区域为25%。二传队员在3号位时，分配球最多的进攻区域为4号位，占47%，最低的在2号位10%，6号位后排进攻占24%，3号位区域占16%；二传队员在2号位时，分配球最多的进攻区域为6号位，进攻比率达44%，该轮次巴西女排进攻组织表现出了极强的立体性，前后排协同掩护，充分利用场地纵深；进攻比率最低依旧为2号位，仅占4%（见图5-10）。

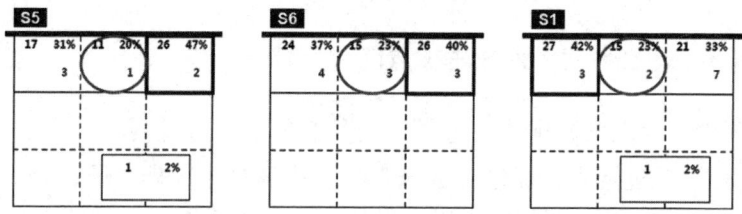

注：S指二传；方框内分别为进攻次数最多与百分比，圆圈为进攻次数最少，长方形为二次球占比。
数据：2017世界女排大奖赛、2018女排世界联赛、2018世界锦标赛，合计6场。

图5-11 巴西女排前排3点攻击球区域图

巴西队二传在5号位时进攻区域分配球最多的位置为其2号位，进攻比率高达47%，4号位进攻比率为31%，3号位进攻区域最低占20%。二传队员在6号位时，分配球最多的进攻区域为2号位，占40%，最低的在3号位，占23%，4号位区域占37%，6号位后排并未运用；二传队员在1号位时，分配球最多的进攻区域为4号位，进攻比率达42%，2号位其次占33%，进攻比率最低为3号位，仅占23%，后排进攻未采用。侦测数据表明，巴西女排在组织一攻时，前排3点攻轮次进攻点分散，2、3、4号位不同区域进攻点多，接应与主攻承担进攻比率较高，副攻其次。前排2点攻时4号位和2号位区域进攻比率相当，但其后排6号位区域进攻的主动运用多，最高达44%，巴西女排依靠立体进攻的打法和依靠强力接应的特征突显。

第五章　巴西女排进攻技战术特征分析

5.4.7　巴西女排整体一攻扣球效果及线路、落点分析

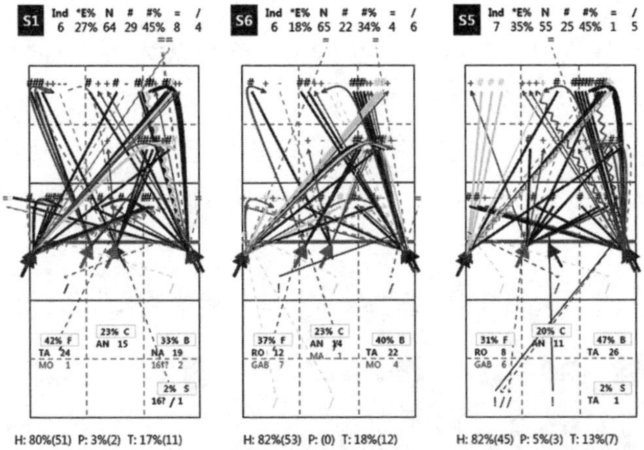

注：E%代表效率、#代表得分数、#%代表得分率、=代表失误、/代表被拦死、H代表发力、P代表轻搓、T代表吊球、线路符号#代表得分、线路符号+代表破攻、线路符号-代表被防。

图5-12　巴西女排前排3点攻全队进攻线路侦测图（数据：2017—2018，合计6场）

表5-10　Data volley软件包进攻战术符号释义

符号	E%	N	=	=%	#	/	F	C	B	S	H	P	T
含义	效果	总数	失误	失误率	得分	拦死	二传身前	副攻球	二传背后	二次球	发力	轻打	吊球
符号	黑线	绿线	红线	折回线	黑箭头	蓝箭头	红箭头	黄箭头	绿箭头	直线	弯曲线	弧线	蓝线
含义	得分	一般	失误	被拦死	调整球	平拉开	副攻球	后排	被防起	扣球	轻拍	吊球	拦回

5.4.7.1　巴西女排前排3点攻轮次一攻扣球效果及线路、落点分析

通过Data vollley软件侦测表明，巴西女排当二传队员分别在后排1、6、5号位，前排3点一次攻轮次时，二传队员的分配球特点如下：二传在1号位时，身前战术占42%，副攻战术占23%，身后战术占33%，该轮次为巴西队的反轮，接应二传坦达拉在4号位，主攻队员纳塔莉亚在2号位，2、4号位两翼进攻比率高，该轮次进攻效率为27%，得分率为45%，其中队员以发力线为主，占到80%，吊球比率为17%，轻打为3%，属巴西队的强轮；二传在6号位时，身前战术占37%，副攻战术占23%，身后战术占40%，该轮次为巴西队的正轮，接应二传坦达拉在2号位，主攻队员罗萨玛丽亚在4号位，2、4号位两翼进攻比率高，该轮次进攻效率为18%，得分率为34%，队员以

发力线为主，占到82%，吊球比率为18%，该轮次强力主攻手纳塔莉亚轮转至后排，前排4号位进攻实力下降，接应二传被严密盯防，进攻效果较差，属巴西队的弱轮。

二传在5号位时，身前战术占32%，副攻战术占20%，身后战术占47%，该轮次为巴西队的反插上轮次，接应二传坦达拉在2号位承担了近半数的进攻比率，副攻手进攻比率较低，该轮次进攻效率为35%，得分率为45%，其中队员以发力线为主，占到82%，吊球比率为13%，轻打为5%，属巴西队的强轮。

5.4.7.2 巴西女排前排2点攻轮次一攻扣球效果及线路、落点分析

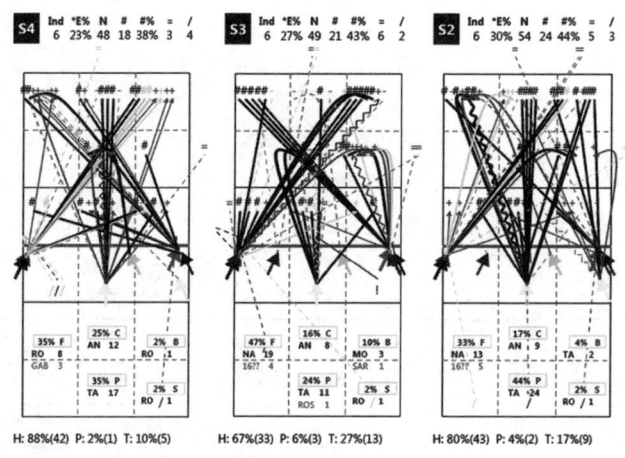

注：E%代表效率、#代表得分数、#%代表得分率、=代表失误、/代表被拦死、H代表发力、P代表轻搓、T代表吊球、线路符号#代表得分、线路符号+代表破攻、线路符号-代表被防。

图5-13　巴西女排前排2点攻全队进攻线路侦测图（数据：2017—2018，合计6场）

当巴西女排二传队员分别在前排4、3、2号位，前排2点一次攻轮次时，二传队员的分配球特点如下：二传在4号位时，身前战术占35%，副攻战术占25%，身后战术占2%，接应二传坦达拉的6号位后排进攻占35%，该轮次虽然为2点攻轮次，但接应二传主动在6号位立体进攻比率较高，通过前排两翼掩护进行纵深突破，副攻战术运用也较多，与前排主攻和后排接应相掩护，进攻效率为23%，得分率为38%；其中队员以发力线为主，占到88%，吊球比率为10%，轻打为2%，通过侦测发现坦达拉进攻线路分散，顺手线与回手线均可发力，落点分布在5号位与1号位后区居多，吊球落点多集中在场心，属巴西队的弱轮。

二传在3号位时，身前战术占47%，副攻战术占16%，身后战术占10%，接应二传坦达拉的6号位后排进攻占24%，该轮次为2点攻轮次，前排主攻承担进攻任务较重，但接应二传主动在6号位立体进攻比率有所下降，通过前排两翼掩护进行纵深突破，副攻战术运用较少，与前排主攻和后排接应相掩护，进攻效率为27%，得分率为43%；其中队员以发力线为主，占到67%，吊球比率为27%，轻打为6%，2号位吊球较多，落点在拦网人身后。侦测发现主攻纳塔莉亚4号位进攻直线和中斜线发力居多，落点多集中在5号区。副攻队员的背飞线路以回手线为主，落点集中在1号区。

二传在2号位时，身前战术占33%，副攻战术占17%，身后战术占4%，接应二传坦达拉的6号位后排进攻占44%，为主要进攻人，该轮次为2点攻轮次，但接应二传承担进攻任务中，在6号位进攻比率最高，通过与副攻队员的快攻相掩护，在3号位区域突破居多，副攻战术以前快为主，与前排主攻纳塔莉亚多运用平拉开掩护，为坦达拉的6号位后攻牵制拦网，该轮次进攻效率为30%，得分率为44%，线路多为中斜线，落点多在腰线，为巴西队一次攻强轮，其中队员以发力线为主，占到80%，吊球比率为17%，轻打为4%，侦测发现接应坦达拉6号位进攻顺手线和回手线及直线运用平均，其得分线路多为直线，落点分布在1、6、5区。副攻队员背飞线路以直线5号区为主，回手线多落点集中在1号区。

5.5 巴西女排防守反击结构及效果分析

5.5.1 巴西女排不同轮次防守反击效果分析

表5–11 巴西女排不同轮次反击效果统计

二传位置	效率	合计	失误	%	被拦死/%		被防/%		被拦回/%		较好/%		得分/%	
1号位	30%	93	4	2	6	9	2	13	15	4	19	32	47	40
6号位	25%	113	6	8	7	10	3	12	12	5	26	20	59	44
5号位	32%	99	4	2	9	8	9	18	12	6	21	24	50	42
4号位	24%	120	8	6	9	13	3	15	11	5	27	18	62	44
3号位	21%	55	.	18	5	.	1	15	7	3	13	24	33	39
2号位	17%	77	3	6	8	8	2	20	11	7	28	40	40	32

注：轮次根据二传所在位置。
数据：2017女排大奖赛、2018女排世界联赛、2018世界锦标赛，合计6场。

接进攻性击球及其进攻系统是指在球网上空直接拦击对方各种进攻和防起对方扣球或吊球后组成的进攻,也称为"反攻"①。女子排球比赛相对于男子球速较慢,竞技过程中攻防回合多,当博弈双方进攻效果相当的情况下防守反击效果尤为重要,防反的效率高低是衡量球队能否取胜的关键因素,日本女排曾被称为东洋魔女,很大程度上在于其防守顽强、防守反击效果较好。巴西女排多次取得世界大赛优异成绩很重要的因素也是其防守到位率高、小球串联好,防守反击得分率较高,反击效率较好。

通过统计发现(见表5-11),巴西女排在防守反击时二传队员在后排时反击效率较高,二传在1、6、5号位时反击效率分别为25%~30%,反击得分率为40%~44%,说明巴西队组织反击过程中进攻点较分散,二传队员调动攻手参与反击的效果较好,进攻点多,对方的拦防较困难,攻手在反击时信心更足,下手果断,失误率最低仅2%,被拦死率最低为8%;二传队员在前排组织反击时进攻意图较明显,反击得分率和反击效率均有所下降,得分率为32%~44%,反击效率为17%~24%,与二传在后排时有较大差距,尤其是当二传在2、3号位时反击效率较差,反击效率仅17%和21%,中国女排在巴西队该轮次反击时应主要盯防其重点人,针对性拦防要更加明确,压制其反击,争取主动。

5.5.2 巴西女排防守反击战术运用频次与效果分析

表5-12 巴西女排反击战术打法频次与效果分析表

4号位调整攻			4号位平拉开攻			2号位到位攻			6号位后攻			2号位调整攻			1号位后攻		
合计	效率	得分	合计	效率	得分	合计	效率	得分	合计	效率	得分	合计	效率	得分	合计	效率	得分
76	17%	33%	66	23%	41%	38	39%	55%	33	19%	27%	23	39%	48%	21	19%	33%
探头球			背飞长			前交叉			4号位短球			短平快			近体前快		
合计	效率	得分	合计	效率	得分	合计	效率	得分	合计	效率	得分	合计	效率	得分	合计	效率	得分
11	73%	73%	9	67%	67%	7	-14%	14%	3	67%	67%	3	.	33%	2	50%	50%

注:战术频次由多至少排列。
数据:2017女排大奖赛、2018女排世界联赛、2018世界锦标赛,合计6场。

通过侦测与统计发现(见表5-12),巴西女排在防守反击过程中战术运

---

① 虞重干:《排球运动教程》,北京·人民体育出版社,2012年版,第148页。

用以两翼拉开为主，在前排副攻背飞掩护下的后排立体进攻也占较大比率，反击手段十分丰富，速度、力量与全队的娴熟配合是巴西女排目前的反击总体特征。其战术运用层面表明，4 号位调整攻运用比率最高，但效果欠佳，进攻得分率为 33%、进攻效率为 17%，巴西队中主攻线除纳塔莉亚之外，加比和费加雷的身高有限，仅 180cm 左右，进攻实力有限，在反击过程中多处于暴露性强攻，面对对手的集体拦网其进攻效率受影响；其次运用比率最高的为 4 号位平拉开，得分率为 41%，进攻效率为 23%。

2 号位到位攻是巴西女排目前反击效果最佳的战术运用，进攻得分率和进攻效率分别为 55% 和 39%，原因在于巴西女排的接应二传坦达拉在 2 号位的低弧度进攻有声有色，虽然高度有限，但凭借其出色的身体素质与球感，在面对多人拦网或重点盯防的情况下仍下手果断，腰腹力量十足，挥臂速度快，借拦网手平打、变线等技巧运用自如。巴西队 6 号位后攻与 2 号位调整攻也具备较好的反击效果，与接应坦达拉的参与有较大关系，坦达拉虽然身高仅 186cm，但其力量优势明显，腰腹的核心力量也非常出色，扣球速度能达到 90 千米/小时；副攻战术方面其背飞战术得分率为 67%，进攻效率为 67%，短平快与近体快进攻比率较低。目前巴西队内随着黄金一代的副攻法比亚娜等退役，当前副攻队员进攻实力有所下降，为配合前排的拉开战术与后排立体进攻，副攻队员目前背飞与背溜运用比率较高。巴西队战术运用方面以进攻能力突出的接应为主要反击点。

5.5.3 巴西女排与中国女排（防反）二传分配球对比分析

表 5-13 巴西女排与中国女排（防反）二传分配球对比表

球队	二传在 1 号位分配（%）				二传在 2 号位分配（%）				二传在 3 号位分配（%）				二传在 4 号位分配（%）				二传在 5 号位分配（%）				二传在 6 号位分配（%）			
	身前	身后	副攻	后排	身前	身后	副攻	后排	身前	身后	副攻	后排	身前	身后	副攻	后排	身前	身后	副攻	后排	身前	身后	副攻	后排
巴西	52	33	7	8	52	0	7	35	59	0	9	31	48	5	9	33	48	41	2	10	43	36	2	19
中国	52	26	7	19	42	4	21	25	58	2	25	19	63	0	23	31	49	43	20	16	49	31	18	13
差值	0	+7	0	-11	+10	-4	-14	+10	+1	-2	-16	+12	-15	+5	-14	+2	-1	-2	-18	-6	-5	+5	-16	6

数据：2017 世界女排大奖赛、2018 女排世界联赛、2018 世界锦标赛，巴西 6 场；中国 12 场。

通过对比显示（见表 5-13），巴西女排与中国女排反击过程中的二传分配球方面存在较大差异。当二传在1号位时，巴西队二传身前战术较多，进攻比例为52%，与中国女排相当，但二传身后战术比中国高出7%，副攻战术比率相当，该轮次巴西队后排进攻比率与中国队相比低11%。二传在2号位时二传身前战术巴西高于中国女排10%，达到52%；副攻战术低于中国14%仅7%，但后排进攻战术巴西高于中国10%。二传队员在3号位时，巴西女排身前战术与中国女排相当，达到59%，副攻战术低于中国16%，后排进攻高于中国12%。二传队员在4号位时，身前战术低于中国15%，身后战术高5%，副攻战术低14%，后排进攻战术与中国相当。当二传队员在5号位时，其二传身前、身后战术巴西与中国女排相差无几，副攻战术巴西依旧低于中国女排达18%，该轮次巴西女排后排进攻低于中国女排6%。当二传在6号位时，巴西女排二传的身前战术组织低于中国5%，身后战术高于中国5%，副攻战术低于中国16%，该轮次巴西女排后排进攻战术达19%。通过侦测发现，目前巴西女排反击过程中二传队员在前排3点攻轮次分配球较平均，其身前与身后战术相当，后排进攻比率不高，以前排3点攻打破局面。当二传队员轮转至前排反击时，后排进攻比率大幅度提高，主动运用后排立体进攻的特征明显，且进攻比率大大高于中国女排，多以后排6号位进攻为主。

巴西女排在副攻战术分配方面除第一轮与中国女排比率相当，其余5轮反击中副攻战术比率均较低。反观中国女排反击中以4号位为反击重点，过分依赖于朱婷的强攻，朱婷目前在中国队中作用凸显，防守起球效果稍不佳时，二传分配球多数组织到4号位，中国女排各轮次副攻战术分配球相对较平均，依旧体现出强调快变的战术特征，但分配给接应二传的反击比率过低，网前右翼进攻实力不足，不能对主攻位置队员起到很好的支援作用，不符合当今世界高水平女排进攻趋势与潮流。目前中国女排在起球效果不佳时都要找朱婷，保障型主攻和接应进攻实力薄弱。应加强副攻和接应二传的进攻能力，具有相互协同掩护的作用，并提高2、3号位的得分率。

5.5.4 巴西女排防守反击击球点区域分析

通过侦测发现（见图5–14），巴西队在防守反击的组织区域来看，2、4号位的调整攻和定点攻所占比例最高，其次是6号位后排进攻。防守反击不同于接发球后二传组织一次攻，多数防守是接对方的大力扣球，防守起球效果不确定因素较多，受进攻方人员和本方拦网人的限制与影响，调整攻和二

第五章 巴西女排进攻技战术特征分析

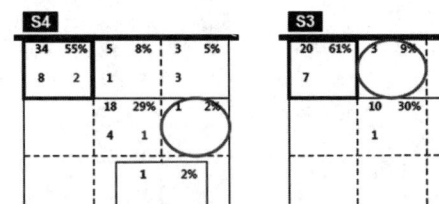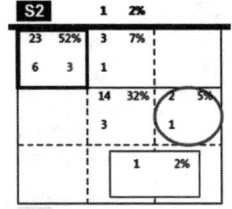

注：S指二传；方框内分别为进攻次数最多与百分比，圆圈为进攻次数最少，长方形为二次球占比。
数据：2017世界女排大奖赛、2018女排世界联赛、2018世界锦标赛，合计6场。
图5-14 巴西女排前排2点攻组织区域图（数据：2017—2018，合计6场）

传或其他队员接应跑动后的组织较多，当防起或拦起的球不到位，球的落点离网较远时，由二传或其他队员把球调整传到网前有利于扣球的位置上进行强攻的打法称为调整进攻。调整进攻在目前的高水平比赛中占有重要位置。调整进攻对于参与进攻的运动员有更高的体能要求，弹跳力和击球力量需具备较高水平，才能有效突破对方的拦防。

通过侦测发现，巴西队二传在4号位时进攻区域分配球最多的位置为其4号位和6号位，进攻比率均为55%和29%，1号位后攻比率最低仅为2%，3号位进攻区域为8%。二传队员在3号位时，分配球最多的进攻区域为4号位，占61%。该轮次6号位后排进攻占30%，最低在3号位占10%。二传队员在2号位时，分配球最多的进攻区域为4号位，进攻比率达52%，进攻比率最低依旧为1号位，仅占5%，后排进攻在该轮次依旧较高，达32%。

巴西女排组织反击过程中，在6号位采用立体进攻比率较高，立体进攻是由前排队员在网前作横向的前沿进攻，发展到结合后排队员在进攻限制线之后作纵向的纵深进攻，系排球技、战术的突破发展，同样也成为目前世界女排强队的主要发展潮流。立体进攻战术打法是把前排的快变战术与后排进攻结合成一体的进攻战术打法。自从男子排球采用以来，世界各国女排争相效仿，巴西女排凭借运动员出色的身体素质和排球天赋将这当今最精彩、最流行、实战效果最佳的战术组合运用到了极致，代表了当今进攻战术打法的方向。

巴西队二传在5号位时，进攻区域分配球最多的位置为其4号位和2号位，进攻比率均为48%和41%，3号位后攻比率最低仅为2%；二传队员在6号位时，分配球最多的进攻区域为4号位占47%，其次为2号位占34%，该轮次6号位后排进攻占15%，最低在3号位仅占2%；二传队员在1号位

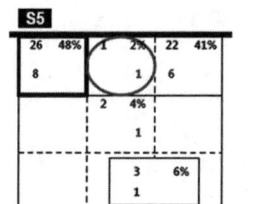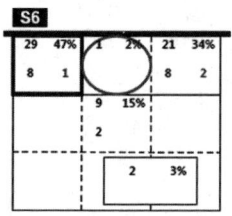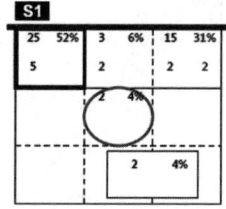

注：S指二传；方框内分别为进攻次数最多与百分比，圆圈为进攻次数最少，长方形为二次球占比。
数据：2017世界女排大奖赛、2018女排世界联赛、2018世界锦标赛，合计6场。

图5-15　巴西女排前排3点攻组织区域图（数据：2017—2018，合计6场）

时，分配球最多的进攻区域为4号位，进攻比率达52%，2号位进攻比率达到31%，3号位进攻区域比率为6%，进攻比率最低在6号位，仅占4%（见图5-15）。

通过对巴西女排6个轮次的反击组织区域看，4、2、6号区域为巴西女排反击的重点区域，主要原因在于反击过程中其接应坦达拉和主攻纳塔莉亚实力突出，坦达拉虽身高仅186cm，但上赛季荣膺巴超女排联赛的得分王、赛季MVP，更被称为"重型坦克"。巴西女排的3号位区域进攻组织比率低，其中有4个轮次为最低，目前巴西女排随着老将法比亚娜和塔伊萨两位强力副攻的退役，卡罗尔与阿德妮兹亚是目前队中的主力副攻手，但其身高为183cm和185cm，与二传队员尚需磨合。巴西女排在主帅吉马良斯的带领下先后夺得了北京和伦敦两届奥运会冠军，他将立体进攻完全融入了巴西女排的进攻环节，接应二传的低弧度进攻结合网前两侧区域的拉开战术打法在比赛中取得了较好的应用效果，虽然东京周期巴西队员整体实力有所下降，但依旧是世界一流强队之一，在中国女排与巴西女排对抗中，可根据其副攻进攻区域较低的轮次加以取舍，提早移动取位，拦防其重点进攻组织区域。

5.5.5　巴西女排整体防守反击效果及线路、落点分析

5.5.5.1　巴西女排前排3点攻轮次防守反击效果及线路、落点分析

通过侦测显示（见图5-16），巴西女排当二传队员分别在后排1、6、5号位，前排3点反击时，二传队员的分配球特点如下：二传在1号位时，身前战术占52%，副攻战术占7%，身后战术占33%，后攻占8%，该轮次接应二传坦达拉在2、4号位均承担反击任务，主攻队员纳塔莉亚在4号位反击比率也较高，该轮次进攻效率为26%，得分率为37%，其中队员以发力线为

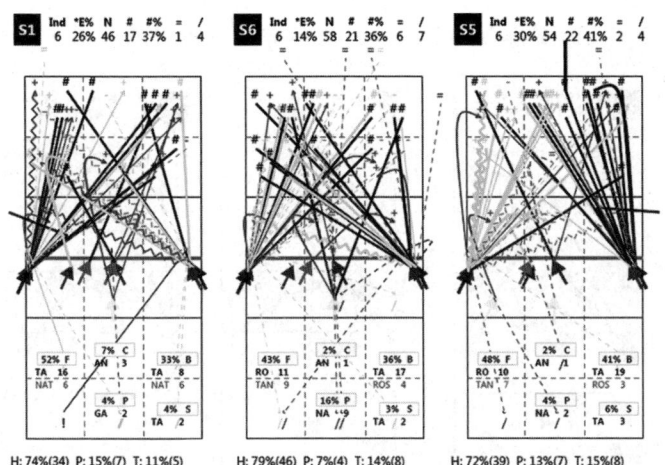

注：E%代表效率、#代表得分数、#%代表得分率、＝代表失误、/代表被拦死、H代表发力、P代表轻搓、T代表吊球、线路符号#代表得分、线路符号＋代表破攻、线路符号－代表被防。

图 5-16 巴西女排前排 3 点攻全队进攻线路、落点侦测图（数据：2017—2018，合计 6 场）

主，占到 74%，吊球比率为 11%，轻打为 15%，纳塔莉亚进攻线路以二直线和大斜线为主，落点分散在 1、5 号区域。

二传在 6 号位时，身前战术占 43%，副攻战术占 2%，身后战术占 36%，后排攻占 19%，该轮次为巴西队的正轮，接应二传坦达拉在 2 号位，主攻队员罗萨玛丽亚在 4 号位，2、4 号位两翼进攻比率高，该轮次进攻效率为 14%，得分率为 36%，其中队员以发力线为主，占到 79%，吊球比率为 14%，该轮次强力主攻手纳塔莉亚轮转至后排，前排 4 号位进攻实力下降，保障型主攻罗萨玛丽亚在前排，接应二传坦达拉被重点盯防，进攻效果较差，属巴西队的反击弱轮。但可看到坦达拉的反击线路分散，有小斜线、中线、直线，小斜线落点以短线为主，大斜线以长线为主。

二传在 5 号位时，身前战术占 48%，副攻战术占 2%，身后战术占 41%，后排攻占 10%。接应二传坦达拉在 2 号位承担了近半数的进攻比率，且进攻得分率极高，副攻手进攻比率较低，主攻罗萨玛丽亚虽进攻比率较高，但效果较差，被防起率高。该轮次进攻效率为 30%，得分率为 41%，其中坦达拉反击线路以直线和二直线为主，落点多集中在 5、6 号区域，其中队员以发力线为主，占到 72%，吊球比率为 15%，轻打为 13%，属巴西队的强反击轮次。

5.5.5.2 巴西女排前排2点攻轮次防守反击效果及线路、落点分析

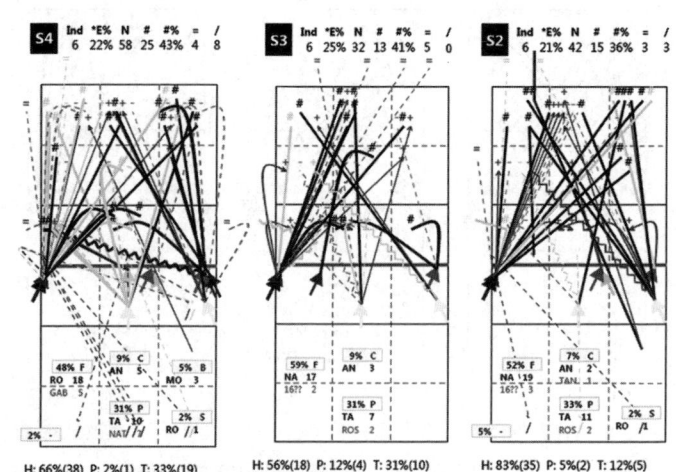

注：E%代表效率、#代表得分数、#%代表得分率、=代表失误、/代表被拦死、H代表发力、P代表轻搓、T代表吊球、线路符号#代表得分、线路符号+代表破攻、线路符号-代表被防。

图5-17 巴西女排前排2点攻全队进攻线路、落点侦测图（数据：2017—2018，合计6场）

当巴西女排二传队员分别在前排4、3、2号位，前排2点反击攻轮次时，二传队员的分配球特点如下：二传在4号位时，身前战术占48%，副攻战术占9%，身后战术占5%，接应二传坦达拉的6号位后排进攻占33%，该轮次虽然为2点攻轮次，但接应二传主动在6号位立体进攻比率较高，通过前排两翼掩护进行纵深突破，副攻战术运用偏低，多以掩护为主，与前排主攻和后排接应相互牵制。该轮次进攻效率为22%，得分率为43%；其中队员以发力线为主，占到66%，吊球比率为33%，轻打为2%，通过侦测发现坦达拉进攻线路分散，顺手线与回手线均可发力，落点分布在5号位与1号位后区居多，吊球落点多集中在场心，属巴西队的反击强轮次；面对该轮次时中国女排应注意拦防主攻队员的4号位斜线与后排6号位进攻，副攻队员的背飞回手线（见图5-17）。

二传在3号位时，身前战术占59%，副攻战术占9%，接应二传坦达拉的6号位后排进攻占31%，该轮次为前排2点攻轮次，前排主攻承担反击任务较重，但接应二传主动在6号位立体进攻比率较高，通过前排主攻4号位拉开掩护进行纵深突破，副攻手以短平和背飞跑动分散进攻点，前排主攻和后排接应为反击重点人，进攻效率为25%，得分率为41%；该轮次发力扣球比率下降

占到56%，该轮次反击、轻打技巧运用居多，吊球比率为31%，轻打为12%。侦测发现主攻纳塔莉亚4号位进攻线路选择多为二直线和大斜线，落点多集中在6号区和1号区域。副攻队员的背飞线路以回手线为主，落点集中在1号区。

二传在2号位时，身前战术占52%，副攻战术占7%，接应二传坦达拉的6号位后排进攻占33%，为主要进攻人，该轮次为2点攻轮次，但接应二传承担反攻任务中，在1号位和6号位立体进攻比率最高，通过与副攻队员的快攻相掩护，在3号位区域突破居多，副攻战术以背飞跑动为主，与前排主攻纳塔莉亚多运用平拉开掩护为坦达拉的6号位后攻牵制拦网，该轮次进攻效率为21%，得分率为36%；其中队员以发力线为主，占到83%，吊球比率为12%，轻打为5%，该轮次反击号位吊球运用较少。侦测发现主攻纳塔莉亚4号位进攻线路选择多为二直线和中斜线，落点多集中在5号区和腰线位置。副攻队员的背飞线路以回手线为主，落点集中在6号区和1号区。

5.6 巴西女排关键分阶段进攻战术分配分析

高水平排球对抗攻防转换迅速，每项技术既可得分同样也可失分，每球得分制后比赛节奏加快，关键分阶段的战术选择决策尤为重要。尤其是在两队实力相当或僵持不下的局面时，如局点、赛点、持续卡轮、全队士气低落时，二传队员通常会实施若干进攻战术套路，分配球给全队最信任的重点进攻人，比赛过程的最终走向往往与关键分的质量息息相关。关键分若进攻拿分，球员信心百倍。反之则容易有所起伏，造成发挥不稳定。目前世界女排强队在关键分阶段都由明星球员担当攻坚重任。

5.6.1 巴西女排一攻关键分阶段进攻战术分配分析

通过侦测并统计发现（见图5-18），巴西女排在关键分阶段的81次一攻战术分配中，分配球最多的进攻人为其接应二传19号坦达拉，进攻次数为27次，以2、4号位拉开或调整攻和6号位后攻为进攻手段，占总数的33%；其次分担进攻任务最重的是其主攻队员12号纳塔莉亚，进攻次数为18次，以4号位拉开、4号位调整攻为主，占总数的22%；再次为其主攻手7号罗萨玛丽亚，进攻次数17次，以4号位为主要进攻手段，占总数的21%，该名主攻不参与后排进攻，队内担当小主攻角色，以保证一传和防守；副攻位置20号进攻12次，以背飞背快为主要进攻手段，占总数的15%；副攻7号以近体快球为进攻手段，进攻总计 7 次，占总数的 9%。通过对关键分阶段巴西女排一攻进攻分配球分析可以看到，巴西女排进攻依靠整体程度较高，关键分阶段二传可选择进攻点均衡，进攻手段较多样，主攻、副攻、接应均有不低的进攻比率，队内其接应 19 号坦达拉是一攻关键分环节应重点盯防的对象。

注：圈的位置代表击球区域；#代表得分数、+代表破攻、=代表失误、!代表拦死、-代表防起。

图 5-18　巴西女排一攻关键分阶段分配球侦测缩略图

5.6.2　巴西女排反攻关键分阶段进攻战术分配分析

通过侦测并统计发现（见图5-19），巴西女排在关键分阶段的70次反攻战术分配中，分配球最多的进攻人为其接应二传19号坦达拉，进攻次数为28次，以2、4号位拉开或调整攻和6号位后攻为进攻手段，占总数的40%；其次分担进攻任务最重的是其主攻队员12号纳塔莉亚，进攻次数为18次，以4号位平拉开、4号位调整攻为主，2号位定点攻为主，占总数的25%；再次为其主攻手7号罗萨玛丽亚，进攻次数20次，以4号位为主要进攻手段，占总数的28%，该名主攻不参与后排进攻，队内担当小主攻角色，以保证一传和防守；副攻位置20号进攻2次，以背飞背快为主要进攻手段，占总数的3%；副攻4号以近体快球为进攻手段，进攻总计6次，占总数的8%。

通过巴西女排对关键分阶段反攻分配球明细看出，巴西女排进攻依靠整体程度较高，关键分阶段二传可选择进攻点均衡，进攻手段较多样，主攻、副攻、接应均有不低的进攻比率，队内其接应19号坦达拉与12号纳塔莉亚同样肩负着全队的反攻重担。中国女排在与巴西对阵中，面对其反击布置时，应对拦防更具有针对性，对重点人尽可能形成集体拦网，副攻队员的预判与取位时，应尽早移动并与网前把边主拦队员配合，封堵其习惯进攻线路，作重点盯防。

世界女排强队进攻表现特征研究

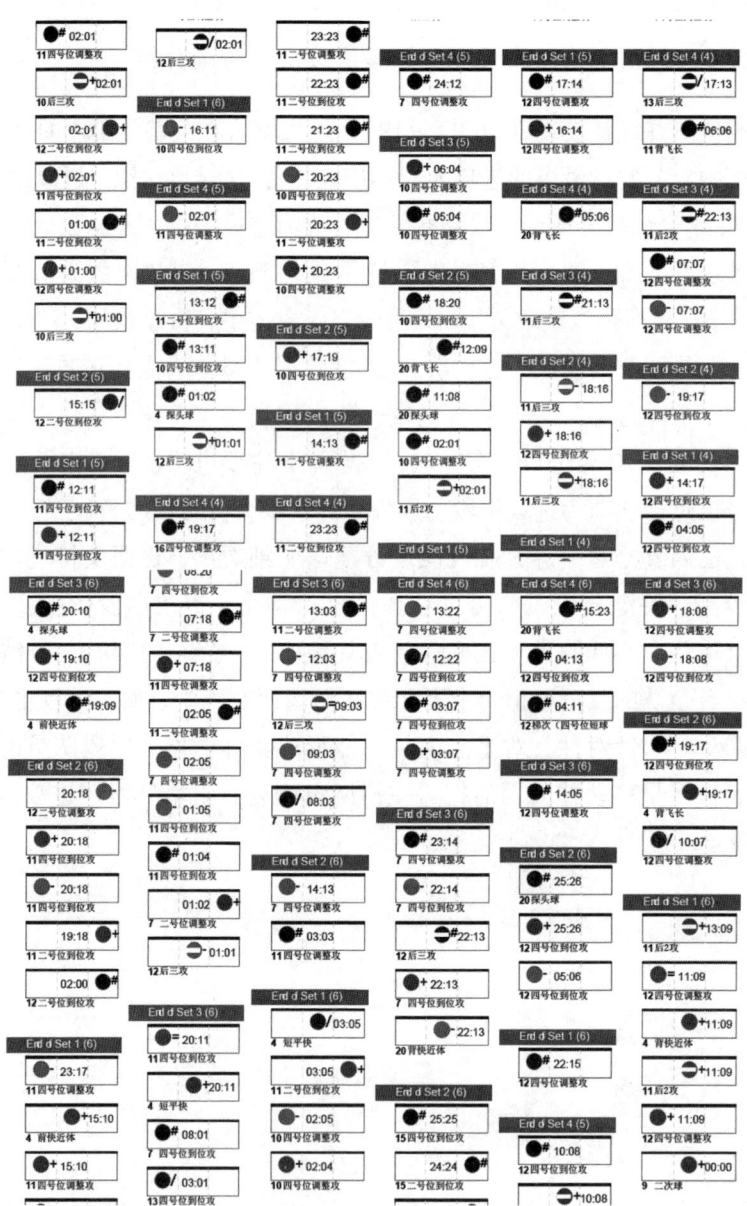

注：圈的位置代表击球区域；#代表得分数、+代表破攻、=代表失误、!代表拦死、-代表防起。

图 5-19 巴西女排反击关键分阶段分配球侦测缩略图

5.7 针对巴西女排进攻的拦防对策

5.7.1 巴西女排一攻的拦防对策

巴西队进攻的整体性较强，各轮次得分率相差不大，其中二传队员在后排时，前排3点攻轮次时得分率稍高，其中二传队员在1号位时进攻得分率最高，其次为二传在5号位与3号位，可称为强轮。从不同轮次的进攻效率来看，二传队员在5号位时进攻效率达到32%。分析其原因在于巴西队在3点攻轮次战术打法较多变，前排主攻队员与接应二传队员均具备较强的进攻实力；因此3点攻轮次前排两翼拉开进攻运用得当，再辅助以副攻队员的牵制与2、3号位的快攻，得分效果较好，被对方集体拦网盯防的情况有限；在面对1对1，或1对1个半拦网人时，进攻队员的进攻效率自然较高。统计看出巴西队当二传队员在6号位时进攻效率和得分率最低，也可以称为其弱轮，针对此情况，中国队应在巴西女排该轮次一攻时加大发球力度和质量，造成其卡轮或一攻质量不佳，为本方创造反扑条件。

研究表明，当二传在2号位时，坦达拉的进攻效率和成功率最高，达到了50%和55%，针对该轮次的具体情况应对其进行重点盯防，在对其顺手线的拦网布局方面，主攻队员应加强配合，可适当提前移动，配合副攻队员阻拦其进攻。针对其回手线的进攻，接应或二传队员应配合副攻队员进行集体拦网，副攻队员针对其习惯性的进攻线路应判断在前，拦网取位时应适当向两侧边移，后排自由人取位时应加强对5号区和9号区的防守预判。当二传在3号位时，坦达拉的后排进攻轻吊比重最高，落点多集中在拦网人身后的场心区域，自由人应加强预判，对8号区加强防吊球意识。

5.7.2 巴西女排防反的拦防对策

研究发现，巴西女排在防守反击过程中战术运用以两翼拉开为主，在前排副攻背飞掩护下的后排立体进攻也占较大比率，反击手段十分丰富，速度、力量与全队的娴熟配合是巴西女排目前的反击总体特征。战术运用层面表明，4号位调整攻运用比率最高，但效果欠佳，进攻得分率为33%、进攻效率为17%。巴西队中主攻线除纳塔莉亚之外，加比和费加雷的身高有限，仅180cm左右，进攻实力有限，在反击过程中多处于暴露性强攻，面对对手的集体拦网其进攻效率受影响；其次运用比率最高的为4号位平拉开，得分率为41%，进攻效率为23%。

研究发现，巴西女排在防守反击时二传队员在后排时反击效率较高，二传在1、6、5号位时反击效率分别为30%~25%，反击得分率为44%~40%，说明巴西队组织反击过程中进攻点较分散，二传队员调动攻手参与反击的效果较好，进攻点多对方的拦防较困难，攻手在反击时信心更足，下手果断，失误率最低仅2%，被拦死最低达到8%；二传队员在后排组织反击时进攻意图较明显，反击得分率和反击效率均有所下降，得分率为32%~44%，反击效率为17%~24%，与二传在后排时有较大差距，尤其是当二传在2、3号位时反击效率较差，反击效率仅17%和21%。中国女排在巴西队该轮次反击时应主要盯防其重点人，针对性拦防要更加明确，压制其反击，争取主动。目前巴西队内随着黄金一代的副攻法比亚娜等退役，后续副攻队员进攻实力有所下降，为配合前排的拉开战术与后排立体进攻，副攻队员目前背飞与背溜运用比率较高。巴西队战术运用方面以进攻能力突出的接应二传坦达拉为主要反击点，其扣球手法娴熟，在反击时多运用平打或借拦网手击球出界等个人扣球技巧。针对该队员的实战情况，拦网人起跳后应适当放慢拦网手的节奏，针对其惯用的斜线扣球线路和击球落点早作预判。

5.8 小结

5.8.1 巴西女排进攻速度较快，全队平均高度并不突出，但攻防转换节奏快，队员一攻成功率较高，二传队员分配球灵活，进攻点较分散，且出手速度较快，主力主攻12号纳塔莉亚具有较强的进攻实力，前排的2、4号位平拉开及调整攻均具备较好的得分能力，后排6号位的进攻弧度低，扣球手法较好，能够主动与前排副攻队员相互掩护，对拦防造成较大困难。主力接应19号坦达拉高度虽然有限，但腰腹力量与上肢爆发力突出，2号位定点强攻、后排攻均实力不俗，且线路较分散，扣球手法多变，具有借拦网手扣球出界、平打等技巧，是我国女排应重点盯防的对象。

5.8.2 巴西女排一次攻战术运用4号位拉开运用比率最高，进攻得分率为45%，进攻效率为24%，其次运用比率最高为2号位定点攻，得分率为38%，进攻效率为22%，4号位调整攻列一攻战术中的第三位，进攻得分率和进攻效率分别为38%和20%。此外，巴西女排利用6号位后攻的进攻比率较高，且组织速度快、弧度低平，为前排两翼的拉开进攻起到了牵制作用；巴西女排在防守反击过程中战术运用以两翼拉开为主，在前排副攻背飞掩护下的后排立体进攻也占较大比率。

5.8.3 巴西女排一攻时，前排3点攻轮次进攻点分散，2、3、4号位不同区域进攻点多，接应与主攻承担进攻比率较高，副攻其次。前排2点攻时4号位和2号位区域进攻比率相当，但其后排6号位区域进攻的主动运用多，最高达44%，巴西女排依靠立体进攻的打法和依靠强力接应的特征突显。

5.8.4 巴西女排反击过程中二传队员在前排3点攻轮次分配球较平均，其身前与身后战术相当，后排进攻比率不高，以前排3点攻打破局面。当二传队员轮转至前排反击时，后排进攻比率大幅度提高，主动运用后排立体进攻的特征明显，通过对巴西女排6个轮次的反击组织区域看，4、2、6号区域为巴西女排反击的重点区域。当巴西女排二传队员分别在前排4、3、2号位，前排2点反击攻轮次时，二传队员的分配球特点如下：二传在4号位时，身前战术占48%，副攻战术占9%，身后战术占5%，接应二传坦达拉的6号位后排进攻占33%。

第六章 美国女排进攻技战术特征分析

6.1 美国女排参加世界大赛概况

美国队是世界排坛的一支老牌劲旅,具有鲜明的美洲特色打法,目前世界排名积分第三。她们爆发力强,扣球力量大,队员打球富有激情。美国女排于1956年世锦赛首战三大赛,几乎与中国女排同期在世界排坛崛起。尽管从20世纪80年代海曼领衔时就已晋升世界一流强队之列,却屡屡错失赢得世界冠军的契机,并有"无冕之王"的称号。美国女排于1974年在加利福尼亚建立,首任主教练是塞林格。美国女排获得了1980年莫斯科奥运会参赛资格,但由于当时美国政府抵制,使美国女排失去了一次向世界冠军冲击的机会。后来,不少队员离开国家队,但海曼、格林、克罗克特等7名队员留了下来。1984年洛杉矶奥运会在美国本土举行,美国女排和中国女排打进决赛,最终输给了中国女排,获得奥运会亚军,名帅塞林格也就此离职。而后,美国女排陷入了一个相对的低谷期,20世纪90年代,美国女排逐渐崛起,并形成了技术全面、作风硬朗、快速凶猛的技战术风格特点[①]。

进入21世纪,美国女排迎来了高峰期,她们在日本籍主教练吉田敏明的率领下,从2000年开始全面崛起。美国女排在2001年夺得世界女排大奖赛冠军,2002年夺取世锦赛亚军,2003年世界杯第三,可惜在2004年雅典奥运会仅获得第五,吉田敏明辞职。2005年2月,美国排协与郎平签约,聘请其出任美国女排主教练。在郎平的调教下,美国女排取得了巨大的进步,先后夺取2007年世界杯季军和2008年北京奥运会亚军,斯科特、洛根·汤姆、胡克尔等一大批球星涌现。而后郎平卸任美国女排主帅,美国女排已经腾飞,

---

① http://www.Lesports.com/news/794742019.

第六章　美国女排进攻技战术特征分析

她们夺取了 2011 年世界杯亚军和 2012 年伦敦奥运会亚军。曾经的美国男排球星基拉里如今挂帅美国女排，并率领姑娘们夺取了 2014 年女排世锦赛冠军，这是美国女排历史上第一次登上世界之巅。在 2015 年世界杯赛和 2016 年的奥运会中均获得季军。但从两队在里约奥运周期内重要比赛的交手来看，中国女排明显处于下风，与美国女排相比在整体实力上还存在一定的差距。因此，中美大战通常都被我们称之为比赛中的经典战役。

美国女排在 2014 年意大利世锦赛夺冠之后，就一直备受关注，尤其是基拉里接掌帅印以来，美国女排形成了自己独特的战术风格，虽然 2016 年的里约奥运会和 2017 年的日本世界杯中国女排都获得了冠军，但在这两项比赛中，中国女排均未能战胜美国队。2018 年世界女排联赛总决赛，美国队以全胜战绩折桂，也就是说中国女排虽然在国际排联的积分排名上暂超美国，但整体实力上，中国女排并不占绝对优势。

美国女排在 2018 年世界女排联赛取得了骄人的成绩，在人员配置方面，美国女排也是笑傲排坛。目前队内的各个位置都拥有世界级的优秀球员，她们也是 2018 年世锦赛之前的世界三大赛中，中国女排唯一没有胜过的球队。美国队中主攻位置上有以平拉开见长的希尔和巴奇，世界顶尖"保障型"主攻拉尔森，主力二传手洛伊德，副攻线有著名的"黑色闪电眼镜侠"阿金拉德沃和强力型副攻迪克森，接应二传手为实力和经验俱佳的墨菲和洛维，自由人是中国球迷十分熟悉、曾效力于北汽女排两个赛季的罗宾逊。美国女排的板凳深度很深，主帅基拉里可以根据不同对手运用多种人员组合的主力阵容，却丝毫不减全队整体实力，这一点比中国女排目前的阵容强大。可以说，这支美国队每一名球员的实力都不俗[①]。

美国女排既不属于南美风格的细腻快速，也不属于典型的欧洲力量型打法，美国女排身体素质出众，既有网口高度，又有欧美的力量和速度，而且还融合了亚洲快速多变打法，防守和串联也很不错，技术比较全面，虽然在 2018 年女排世锦赛中美国队的表现欠佳，但美国女排一直以来具有深厚的板凳深度和超强的阅读比赛能力，战术方面在现任主教练基拉里的调教下，形成了美国女排独特的"光速"打法。在比赛中，利用二传的合理调度以及球

---

① 世锦赛美国女排前瞻：冠军的有力争夺者"光速"打法成对手噩梦。https：//baijiahao.baidu.com/s？id=1612862395953627083&wfr=spider&for=pc.

员自身的速度优势,美国女排将"快"发挥到了极致,不仅是进攻快,整个战术体系运转得也快,攻防转换同样节奏快,因此是一支具有强劲实力,并极具自身特点的世界顶尖强队。

6.2 美国女排主力阵容配备分析

美国虽没有职业联赛,但美国排球运动员人才储备雄厚。据统计,以2017—2018赛季为例,就有多达300名来自美国的运动员去往国外联赛效力。女排方面,218人去了33个国家征战,作为世界女排最高水准的土耳其排球联赛、意大利排球联赛也吸引了多名美国球员。以2018—2019赛季为例,就出现了包括希尔、亚当斯、巴奇等14名美国人的身影。

图6-1 美国女排合影,2018年世界女排联赛

美国女排身高平均值为184.33cm,目前队内除核心球员拉尔森和墨菲之外,整体呈现出年轻化的趋势。美国排协每年都会举行选拔,优秀的大学生球员有望进入国家队。经过初步的筛选,将会有来自 NCAA(全美大学运动联合会)的200~300名高水平的青年队员进入国家队公开选拔程序里[①]。如此巨大的人才库,让美国国家队的主帅可以轻易挑选出很多优秀青年才俊。值得一提的是,这些运动员绝大部分来自 NCAA 的 Division I 的球队,每个位置的球员数量也较为均衡。此外,和其他世界排球强国相比,美国是没有职业联赛的。他们最高级别的排球联赛是 NCAA 的 Division I 比赛,在意义上就相当于各个国家的最高级别联赛,又有所区别。但美国女排运动员

---

① https://www.teamusa.org/usa-volleyball/usa-teams/indoor-volleyball/women.

USA 美国

号码	球员名	译名	生日	身高	位置	俱乐部（18-19赛季）
1	Micha Hancock	汉考克	1992.11.10	180	二传	蒙扎(意大利)
3	Carli Lloyd	洛伊德	1989.08.06	180	二传	乌贝兰迪亚海滩(巴西)
5	Rachael Adams	亚当斯	1990.06.03	189	副攻	蒙扎(意大利)
6	Tetori Dixon	迪克森	1992.08.04	191	副攻	北京(中国)
7	Lauren Carlini	卡利妮	1995.02.28	185	二传	诺瓦拉(意大利)
8	Lauren Gibbemeyer	吉布梅耶尔	1988.09.08	188	副攻	埃扎哲巴舍(土耳其)
9	Madison Kingdon Richel	金登	1993.04.20	186	主攻	北京(中国)
10	Jordan Larson Burbach	拉尔森	1986.10.16	188	主攻	埃扎哲巴舍(土耳其)
11	Andrea Drews	德鲁斯	1993.12.25	193	接应	贝利德祖排校(土耳其)
12	Kelly Murphy	墨菲	1989.10.20	188	接应	上海(中国)
13	Sarah Wilhite Parsons	威尔海特	1995.07.30	186	主攻	斯图加特(德国)
14	Michelle Bartsch Hackley	巴奇	1990.02.12	192	主攻	诺瓦拉(意大利)
15	Kimberly Hill	希尔	1989.11.30	193	主攻	科内利亚诺(意大利)
16	Foluke Akinradewo	阿金拉德沃	1987.10.05	191	副攻	久光製薬(日本)
17	Megan Courtney	考特妮	1993.10.27	186	自由人	贝加莫(意大利)
19	Hannah Tapp	塔普	1995.06.21	191	副攻	贝加莫(意大利)
20	Amanda Benson	本森	1995.03.09	170	自由人	德累斯顿(德国)
21	Simone Lee	李	1996.10.07	188	主攻	贝利德祖排校(土耳其)
22	Haleigh Washington	华盛顿	1995.09.22	192	副攻	布雷西亚(意大利)
23	Kelsey Robinson	罗宾逊	1992.06.25	188	自由人	瓦科夫银行(土耳其)
24	Karsta Lowe	洛维	1993.02.02	193	接应	国家队
25	Chiaka Ogbogu	奥博古	1995.04.15	189	副攻	波利采(波兰)

图6-2 美国女子排球队队员信息统计

基本都在全球范围的排球职业俱乐部效力，常年征战各国设立的高水平排球职业赛事。

6.3 美国女排进攻效果总体分析

美国女排接近于男子化的打法，两边平拉开速度极快，甚至在一传不到位的情况下，靠二传稳定、娴熟的传球技术，同样组织出两翼的低弧度进攻，让其他队伍防不胜防，排坛夸张地定义美国女排是"光速"平拉开。主力主攻手拉尔森和希尔都是抢速度的主攻，对二传要求非常高，强攻实力不突出。所以其他队伍打美国队，就是冲发球打乱美国队的一传，只要她们速度打不起来，很难下球。遇到这种情况，美国女排就很需要一位强攻能力突出的主攻手，巴奇的出现，弥补了美国队这一短板，巴奇有后攻也有前排强攻，是美国女排又一得分利器。

美国女排的快，并不属于日本女排和泰国女排那样的亚洲快速多变，也不属于巴西女排和意大利女排那样立体快速进攻，这个快不意味着有多少变化,关键是每个环节的快速,中间加压且两边拉开战术很高效,利用后攻这样的立体攻击方式并不多,但每个串联环节之快,让全队整体性超强,这很符合当今排球发展潮流,这一点超过了整体战术体系仍很生涩的中国女排。客观说,与里约奥运会最后阶段自身表现相比,中国女排根本就没润滑地运转起来,给人的感觉就是断断续续。

众所周知,美国女排比赛中进攻速度快且力量也十分强,队员的身体素质一流,爆发力强且都具备超强的进攻实力,往往在比赛中能够通过某一个或某几名队员的出色发挥来带动球队的整体战斗力。美国女排的技战术风格不仅兼具欧美球队高大化的特点,同时也融入了亚洲球队的快变打法,比赛中主要是以两边的快速拉开进攻为主,并结合副攻队员在2、3号位的超强个人进攻实力,而且也是少有的能够在真正意义上将1号位和2号位进攻结合起来,具备立体进攻能力的女排球队。从整体上来说,美国女排可以说得上是一支几乎没有明显弱点的球队,队伍的综合实力非常强。

2018年世界女排联赛美国女排曾高居榜首不是没有道理,曾12战11胜1负,积34分列第一,比中国女排高出14分。其中,11场胜利中有两场3比1取胜,其余9场球均以3∶0取胜,唯一一场失利是2比3输给了土耳其女排,可见整体实力之强。中国女排拥有朱婷这样的世界第一主攻手,塞尔维亚女排拥有博斯科维奇这样的世界第一接应和强力主攻米哈伊洛维奇,而没有这样世界顶尖水准攻手的美国女排整体技战术体系运转水平却并不逊色于其他球队。

表6-1 美国队总体扣球效果对比分析表

队别	扣死		扣过		扣失		被拦死		被拦回		总数
	n	%	n	%	n	%	n	%	n	%	
美国	44	34.65	51	40.16	11	8.66	12	9.45	9	7.09	127
意大利	53	38.97	45	33.09	14	10.29	9	6.62	15	11.03	136
差值	-9	-4.32	6	7.07	-3	-1.63	3	2.83	-6	-3.94	-9
美国	48	34.78	55	39.86	11	7.97	18	13.04	6	4.35	138
塞尔维亚	57	42.54	48	35.82	11	8.21	11	8.21	7	5.22	134
差值	-9	-7.76	7	4.04	0	-0.24	7	4.83	-1	-0.87	4
美国	50	46.73	37	34.58	9	8.41	4	3.74	7	6.54	107
中国	41	35.65	46	40.00	9	7.83	10	8.70	9	7.83	115

续表

队别	扣死		扣过		扣失		被拦死		被拦回		总数
	n	%	n	%	n	%	n	%	n	%	
差值	9	11.08	-9	-5.42	0	0.58	-6	-4.96	-2	-1.29	-8
美国	44	36.97	48	40.34	7	5.88	9	7.56	11	9.24	119
中国	49	51.04	36	37.50	3	3.13	3	3.13	5	5.21	96
差值	-5	-14.07	12	2.84	4	2.75	6	4.43	6	4.03	23

注：数据为 2017 世界女排大奖赛总决赛（南京站）、2018 世界排球联赛（江门站）、2018 女排世锦赛。

美国女排不仅是强在一次攻很快，而且整体全面快速，战术未必多变，但各环节节奏都较快，攻防转换与二传组织快速、队员下手快速、防守卡位快速、预判快速准确、拦防快速，比赛可谓行云流水，流畅自如，很有连贯性，这与个人技术和战术素养有关，若没有细腻技术的支撑，很难做到[①]。美国女排攻防速度转换快速，进攻速度快，二传分配球较散，主攻队员与接应队员的 2、4 号位平拉开弧度极低，能充分利用网长拉开对方的拦防，副攻队员身体素质出色，快攻击球点较高，背飞跑动幅度大，击球力量大。美国女排是典型的依靠整体型球队，比赛中进攻速度快且力量也十分强，队员的身体素质一流，爆发力强且都具备超强的进攻实力，往往在比赛中能够通过某一个或某几名队员的出色发挥来带动球队的整体战斗力。

在美国女排与意大利女排的比赛中，美国女排扣球总数为 127 次，比意大利女排少 9 次，得分率为 34.65%，比意大利女排低 4.32%，失误率为 8.66%，比意大利女排低 1.63%。由此可知，美国女排在扣球总数和得分率方面不如意大利女排，但扣球失误率要少于意大利女排。在美国与塞尔维亚的比赛中，美国女排扣球总数为 138 次，比塞尔维亚少 4 次，得分率为 34.78%，比塞尔维亚少 7.76%，失误率为 7.97%，比塞尔维亚女排低 0.24%。由此可知，美国女排在总扣球数和失误率方面占优势，但在得分率方面不如进攻实力强劲的塞尔维亚女排。在 2017 年世界女排大奖赛期间与中国女排比赛中，美国扣球得分比例大，各位置进攻发挥效果较好，以 50 分得分、46.73%的扣球得分率优于扣球得 41 分、扣球得分率为 35.65%的中国女

---

① http://www.takefoto.cn/viewnews-1489473.html.

排。2018女排世锦赛美国队由于接应位置人员不齐，与中国队比赛发挥欠佳，以扣球得44分、36.97%的扣球得分率低于扣球得49分、51.04%扣球得分率的中国女排（见表6-1）。

2018女排世锦赛美国女排负于中国女排也是近2个奥运周期中，美国女排在世界三大赛的两队之争的首次失利，回顾以往中、美两队的交锋战绩，中国女排已经在世界排球三大赛中12年没有战胜过美国女排，上一次在世界三大赛战胜对手时还是郎平担任美国女排主教练期间。2006女排世锦赛，黄金一代的中国女排虽然在比赛中屡遭败绩，不过还是依靠郎平的"帮忙"勉强进入八强，那届比赛中国女排3∶1战胜了美国女排，最终获得世锦赛第五名。然而12年过去了，中国女排在世界三大赛中也没有战胜美国队的记录。

6.3.1 美国女排不同进攻打法得分对比分析

美国女排的强攻、快攻在二传手的组织分配下，不仅节奏快，进攻区域、击球线路等的选择都较有针对性，不仅依靠简单的发力，利用速度撕开对方的拦防是其常用的套路，有高水平的副攻队员副攻网前牵制，再利用网长快速拉开往往令对手跟不上其进攻节奏，美国女排一直以来整体实力均衡的原因也很简单，美国本土没有职业排球联赛，很多美国球员都会选择征战欧洲或者亚洲的职业联赛，这就让球员集百家之所长，对任何类型球队的战术体系都较熟悉，美国女排的球员分散在世界各地的排球俱乐部打球，这也形成了这支国家女排技战术非常兼容的特性，而她们对于不同国家的打球风格和战术安排也很熟悉，这让她们更容易适应比赛的节奏，美国女排队员与世界顶尖级球员对抗为技战术提升奠定了基础，实战中阅读比赛能力自然较强。

表6-2 美国女排强攻扣球得分对比表

队别	4号位得分		2号位得分		1号位得分		6号位得分		总数
	n	%	n	%	n	%	n	%	
美国	14	42.42	12	36.36	2	6.06	5	15.15	33
意大利	21	50.00	13	30.95	5	11.90	3	7.14	42
差值	-7	-7.58	-1	5.41	-3	-5.84	2	8.01	-9
美国	22	56.41	10	25.64	1	2.56	6	15.38	39
塞尔维亚	16	35.56	15	33.33	4	8.89	10	22.22	45
差值	6	20.85	-5	-7.69	-3	-6.33	-4	-6.84	-6

续表

队别	4号位得分		2号位得分		1号位得分		6号位得分		总数
	n	%	n	%	n	%	n	%	
美国	17	45.95	16	43.24	2	5.40	2	5.40	37
中国	24	70.59	6	17.65	2	5.90	2	5.90	34
差值	-7	-24.64	10	25.59	0	-0.5	0	-0.5	3
美国	53	48.62	38	34.86	5	4.59	13	11.93	109
对手国	61	50.41	34	28.10	11	9.10	15	12.40	121
差值	-8	-1.79	4	6.76	-6	-4.51	-2	-0.47	-12

注：数据为2017世界女排大奖赛总决赛（南京站）、2018世界排球联赛（江门站）、2018女排世锦赛。

美国女排强攻扣球得分总数为109次，比对手国女排少12次；4号位强攻扣球得分总数为53次，占强攻得分总数的48.62%；2号位强攻扣球得分总数为38次，占强攻得分总数的34.86%；1号位后攻扣球得分总数为5次，占强攻总次数的4.59%；6号位后攻扣球得分总数为13次，占强攻总次数的11.93%。通过数据的比较可以看出，美国女排在2号位强攻得分方面数量高于对手国，但4号位强攻，1、6号位后排攻均在得分数量上略有差距。侧面也说明美国女排在前排运用2、4号位的进攻比例相对均衡，没有过多地将强攻集中于4号位。

在与中国女排比赛中，美国女排的2号位得分势头强劲，战术组织以低弧度定点攻和平拉开为主要手段，结合其前排副攻队员跑动牵制，接应二传在比赛中扮演着重要角色。众所周知，美国女排的男子化打法使得其在比赛中的进攻速度极快，二传手洛伊德个人素质极佳，除非一传非常不到位，否则其基本都采用跳传，利用高点传球来进一步缩短进攻时间，加快自身进攻的节奏，进攻队员利用进攻的速度以及自身的扣球技巧和变化等来有效突破对手的拦防。美国队的强攻与塞尔维亚、中国的区别在于二传组织传球弧度低平，进攻队员为了获得进攻速度不惜损失一定的击球高度和扣球力量，依靠快速的击球节奏突破对方拦网。目前高水平运动员身体素质较好，即便扣球未发全力，若对方前排拦网队员未形成有效拦网仅依靠后排队员的防守同样难以奏效。

表6-3 美国女排快攻扣球得分对比分析表

队别	近体快		短平快		背飞		总数
	n	%	n	%	n	%	
美国	0	0.00	6	54.55	5	45.45	11
意大利	1	9.09	3	27.27	7	63.64	11
差值	-1	-9.09	3	27.28	-2	-18.19	0
美国	2	22.22	1	11.11	6	66.67	9
塞尔维亚	6	50.00	3	25.00	3	25.00	12
差值	-4	-27.78	-2	-13.89	3	41.67	-3
美国	3	23.10	2	15.38	8	61.54	13
中国	3	30.00	3	30.00	4	40.00	10
差值	0	-6.9	-1	-14.62	4	21.54	3
美国	5	15.15	9	27.27	19	57.58	33
对手国	10	30.30	9	27.27	14	42.42	33
差值	-5	-15.15	0	0	5	15.16	0

注：数据为2017世界女排大奖赛总决赛（南京站）、2018世界排球联赛（江门站）、2018女排世锦赛。

统计看出，美国女排快攻扣球总数为33次。其中近体快扣球5次，占快攻总次数的15.15%；扣短平快球97次，占快攻总次数的27.27%；扣背飞球19次，占快攻总次数的57.58%。通过数据表明，美国女排在各队中副攻手采用背飞战术居多，比赛中实效较好，副攻队员跑动得分能力较强，具有较高的击球点和滞空能力，中国女排应对其主力副攻队员进行重点布防，并加大发球攻击性予以遏制其跑动掩护及第一点进攻。尤其是美国女排的副攻亚当斯、阿金拉德沃在2号位的背飞更是让对手难以招架，从对现场比赛的观摩中不难看出，面对美国队的快速进攻中国女排的拦防显得不力。美国女排副攻线人才济济，目前国家队的阿金拉德沃、亚当斯、吉布梅耶尔、迪克森都是当家好手。

与美国队相比，中国女排在快攻扣球的效果上不如对手。在对方一传和防守起球半到位的情况下，美国女排的远网快攻也能在比赛中得到一定的发挥。与此同时，由于美国女排主二传和副攻阿金拉德沃超强的个人实力，使得比赛中即使是一传不到位和防守起球效果较差时也能组织2、3号位的高点短平快和背飞等快攻战术，进攻手段较多。

6.3.2 美国女排不同司职主力队员扣球技术效果分析

表6-4 主攻手希尔（Hill）在不同场次扣球效果对比表

场次	扣死		扣过		扣失		被拦死		被拦回		总数
	n	%	n	%	n	%	n	%	n	%	
美：意	11	38	7	24	2	7	3	10	6	21	29
美：塞	3	25	3	25	2	17	1	8	3	25	12
美：中	7	39	5	42	1	8	1	8	4	33	18

注：2018世界排球联赛（江门站）、2018女排世锦赛。

由表6-4可知，美国女排主攻手希尔在对阵意大利女排的比赛中，扣球总数为29次，得分率为38%，失误率为7%。在对阵塞尔维亚女排的比赛中，扣球总数为12次，得分率为25%，失误率为17%。面对中国女排，主攻手希尔扣球得7分，得分率高达39%，其进攻手段多为平拉开，进攻节奏快，击球手法多变。

表6-5 主攻手拉尔森（Larson）在不同场次扣球效果对比表

场次	扣死		扣过		扣失		被拦死		被拦回		总数
	n	%	n	%	n	%	n	%	n	%	
美：意	15	56	6	22	2	7	0	0	4	15	27
美：塞	6	30	5	25	2	10	4	20	4	20	21
美：中	12	41	8	27	2	7	2	7	6	20	30

注：2018世界排球联赛（江门站）、2018女排世锦赛。

由表6-5可知，美国女排主攻手拉尔森在对阵意大利女排的比赛中，扣球总数为27次，得分率为56%；在对阵塞尔维亚女排的比赛中，扣球总数为21次，得分率为30%；与中国队比赛中得12分，得分率为41%。目前美国队的3名主攻拉尔森、希尔、巴奇利用副攻在2、3号位的快球掩护，在4号位的平拉开强攻频频得手，数据统计显示，虽然个人得分率没有塞尔维亚、意大利队内的主攻高，但几位主攻队员实力均衡，轮换上场，其他队不易适应其进攻节奏，较难通过有效的拦防来限制其快速进攻。

表6-6 主攻手巴奇（Bartsch Hackley）在不同场次扣球效果对比表

场次	扣死		扣过		扣失		被拦死		被拦回		总数
	n	%	n	%	n	%	n	%	n	%	
美：意	4	16	8	32	3	12	6	24.00	4	16	25
美：塞	14	41	14	41	4	11	2	5.88	0	0	34
美：中	8	33	7	29	2	8	3	13	4	17	24

注：2018世界排球联赛（江门站）、2018女排世锦赛。

由表6-6可知，美国女排主攻手巴奇在对阵意大利女排的比赛中，扣球总数为25次，得分率为16%，失误率为12%；在对阵塞尔维亚女排的比赛中，扣球总数为34次，得分率为41%，失误率为11%。其高度占有优势，2、4号位的平拉开运用居多，在2号位时常参与跑动进行2号位低弧度进攻。发力以斜线为主。

表6-7 副攻迪克森（Dixon）在不同场次扣球效果对比表

场次	扣死		扣过		扣失		被拦死		被拦回		总数
	n	%	n	%	n	%	n	%	n	%	
美：意	5	33	10	67	0	0.00	0	0	0	0	15
美：塞	4	29	6	43	0	0.00	4	29	0	0	14
美：中	10	77	2	15	1	7.69	0	0	0	0	13

注：2018世界排球联赛（江门站）、2018女排世锦赛。

由表6-7可知，美国女排副攻迪克森在对阵意大利女排的比赛中扣球总数为15次，得分率为33%；在对阵塞尔维亚女排的比赛中，扣球总数为14次，得分率为29%；在与中国女排比赛中扣球得10分，得分率高达77%。

表6-8 副攻吉布梅耶尔（Gibbemeyer）在不同场次扣球效果对比表

场次	扣死		扣过		扣失		被拦死		被拦回		总数
	n	%	n	%	n	%	n	%	n	%	
美：意	6	38	5	31	3	18	1	6	1	6	16
美：塞	4	44	4	44	0	0	1	11	0	0	9
美：中	3	33	6	67	0	0	0	0	0	0	9

注：2018世界排球联赛（江门站）、2018女排世锦赛。

由表6-8可知，美国女排副攻吉布梅耶尔在对阵意大利女排的比赛中扣球总数为16次，得分率为38%，失误率为18%；在对阵塞尔维亚女排的比赛中，扣球总数为9次，得分率为44%；在与中国女排比赛中扣球总数为9次，得分率33%。其在2点攻轮次平拉开及背飞跑动居多，扣球以顺手发力线为主。

表6-9 接应二传墨菲（Murphy）在不同场次扣球效果对比表

场次	扣死		扣过		扣失		被拦死		被拦回		总数
	n	%	n	%	n	%	n	%	n	%	
美：意	4	44	2	22	0	0	2	22	1	11	9
美：塞	5	28	8	44	1	6	3	17	1	6	18
美：中	11	48	9	39	2	9	0	0	1	4	23

注：2018世界排球联赛（江门站）、2018女排世锦赛。

由表6-9可知，美国女排接应墨菲在对阵意大利女排的比赛中扣球总数为9次，得分率为44%，失误率为0%。在对阵塞尔维亚女排的比赛中，扣球总数为18次，得分率为28%，失误率为6%。对阵中国女排发挥尤为出色，得分数量最多，达11分，扣球得分率为48%，其进攻节奏快，下手速度快，两翼平拉开弧度低，扣球线路较分散。由于墨菲近两个赛季在中国排球超级联赛中以外援身份参赛，对中国女排的技战术打法、特点有更多的了解。

随着现代排球运动的快速发展，在某些欧美强队中的接应二传已经成为球队中的主要进攻点和得分人，同时也是球队中战术体系的灵魂和核心，其在比赛中攻防两端的地位和作用相当重要。目前美国队内的接应二传虽缺乏类似博斯科维奇和埃格努等顶尖球员的强攻实力，调整攻能力略显欠缺，后排进攻次数较少，但美国女排比赛中能充分利用网长宽度，在优秀副攻阿金拉德沃和迪克森等人进攻实力突出，大范围跑动牵制与掩护性强的前提下，利用4号位低弧度拉开给接应端很大支持与掩护，接应二传的2号位低弧度进攻同样极具攻击性，二传手每次组织均采用高点跳传，节奏快且稳定性较好，建议加强对其2号位低弧度定点攻的盯防。

6.4 美国女排一攻结构及效果分析

6.4.1 美国女排接发球进攻（一攻）阵型分析

美国女排主要采取3人接发球阵型，两名主攻与一名自由人是主要接发球队员，自由人两轮在6号位置接发球，4轮在1号位置。两名主攻均需接6轮次发球。自由人接发球效果较好，9号主攻与17号主攻接发球效果较差。

图6-3 美国女排第一轮站位 二传在6号位

第一轮美国女排自由人在6号位接发球，可以将球发向1号位与5号位主攻，这一轮1号位前区站位较密集，可以将球发向1号位前区附近。追发其4号位主攻可破坏其平拉开节奏。

图6-4 美国女排第二轮站位 二传在5号位

第二轮两名主攻相邻，中国女排可选择向两名主攻中间发球，或者发向5号位前区干扰副攻手跑动，或追发其9号前排主攻队员破坏其平拉开节奏。

图6-5 美国女排第三轮站位 二传在4号位

第三轮与第二轮相似，两名主攻相邻，中国女排可选择追发前排主攻队员或向两名主攻中间发球，或者发向5号位前区。

图 6-6　美国女排第四轮站位　二传在 3 号位

第四轮美国女排自由人在 6 号位，可发给前排 14 号主攻或 1 号前区附近。

图 6-7　美国女排第五轮站位　二传在 2 号位

第五轮可发两名主攻中间或重点发前排主攻附近，干扰进攻节奏。当 9 号主攻与 14 号主攻在场上时可重点追发。

图 6-8　美国女排第六轮站位　二传在 1 号位

第六轮 4 号位、5 号位主攻附近几名队员站位较密集，可选择发 5 号位偏左侧，或两名主攻之间的结合部。该轮次二传手从 1 号位插上，可发球至其插上路线附近。

6.4.2 美国女排不同轮次接发球进攻（一攻）效果分析

表6-10 美国女排不同轮次一攻效果统计表

二传位置	效率	合计	失误	/%	被拦死	/%	被防	/%	被拦回	/%	较好	/%	得分	/%
1号位	32%	116	5	4	8	7	8	7	10	9	35	30	50	43
6号位	34%	143	7	5	10	7	23	16	7	5	31	22	65	45
5号位	28%	139	9	6	12	9	13	9	5	4	40	29	60	43
4号位	32%	120	7	6	8	7	16	13	4	3	40	33	49	41
3号位	35%	114	6	5	10	9	12	11			29	25	56	49
2号位	33%	100	1	1	8	8	14	14	6	6	29	29	42	42

注：轮次根据二传所在位置。
数据：2017女排大奖赛、2018女排世界联赛、2018世界锦标赛，合计10场。

美国女排一次攻组织迅速，但对一传的稳定性和到位率有较高的需求。队内目前的主攻队员拉尔森有保障型主攻的称号，原因在于其进攻硬实力与欧美高水平球员略有差距，但一传保障和防守方面基本功扎实，与希尔、巴奇等主攻队员为一次攻的展开奠定基础。

从美国女排各轮次一攻效果统计看（见表6-10），美国一攻效率稍低于塞尔维亚、意大利、巴西等欧美强队，但进攻效率都保持在30%以上，一攻得分率在41%~49%。当前排3点攻轮次时进攻效率达到28%~34%，得分率接近45%，具有较好的进攻效果。被拦死和失误率相对较低。其中二传队员在3号位时进攻效率最高，达到35%，得分率为49%。其次为二传在6号位，进攻效率34%，可称为一攻强轮。二传队员在1、2、4号位时进攻效率达到32%~33%，相对均衡。美国女排是当今世界女子排坛中男子化最成功的队伍，尤其是基拉里执教美国女排后其男子化的趋势得到了进一步加强。虽然美国女排对欧美女排强队网上硬实力有所欠缺，但依靠进攻速度和队员的身体素质一流，各进攻位置实力均衡，全队配合默契，往往在比赛中能够通过某一个或某几名队员的出色发挥来带动球队的整体战斗力。美国女排的技战术风格不仅兼具欧美球队高大化的特点，同时也融入了亚洲球队的快变打法，比赛中主要是以两边的快速拉开进攻为主，并结合副攻队员在2、3号位的超强个人进攻实力，美国女排的平拉开在欧美强队中是速度最快的，从整体上来说，美国女排可以说得上是一支几乎没有明显弱点的球队，队伍的综合实力非常强。

6.4.3 美国队接发球进攻（一攻）打法分析

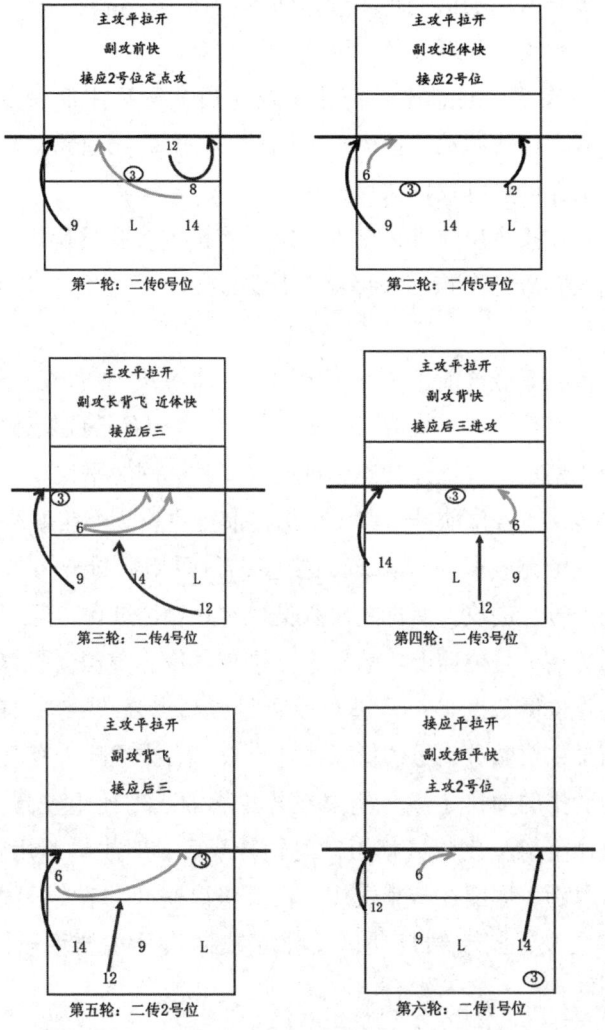

注：圈内为二传队员；长箭头为主攻或接应进攻跑动线路；短线为副攻队员进攻跑动线路。

图6-9 美国女排一攻打法图（第1—6轮）

美国女排一直以来是中国女排的主要劲敌，2016年里约奥运会中国女排负于美国女排，2017女排大奖赛中国女排也曾负于美国女排。美国女排攻防速度转换快，进攻速度快，二传分配球较散，主攻队员与接应队员的2、4号

163

位平拉开弧度极低，能充分利用网长拉开对方的拦防，副攻队员身体素质出色，快攻击球点较高，背飞跑动幅度大，击球力量大。

第一轮二传在 6 号位插上：主攻队员 9 号采用平拉开低弧度进攻，以斜线为主；副攻 8 号采用前围绕跑动近体快球，回手线路较多；接应二传 12 号后撤 2 号位定点强攻且弧度较低，直线斜线均有。

第二轮二传在 5 号位插上：前排主攻队员 9 号运用低弧度平拉开进攻；副攻 6 号短平或近体快跑动，接应 12 号后撤采用 2 号位低弧度进攻；后排主攻运用 6 号位低弧度后排攻。

第三轮二传在 4 号位前排 2 点攻轮次：前排主攻队员运用低弧度平拉开，副攻队员采用长、短背飞跑动，接应二传队员从 1 号位跑后排 6 号位低弧度进攻。

第四轮二传在 3 号位前排 2 点攻轮次：前排主攻 14 号在 4 号位平拉开进攻，副攻跑动背飞或背快，接应二传 12 号运用后排 6 号位低弧度进攻，若一传到位时，前排副攻队员也经常实施远网背飞和远网短平快。

第五轮二传在 2 号位前排 2 点攻轮次：前排主攻队员在 4 号位运用平拉开进攻，副攻大范围跑动长背飞进攻，接应二传采用后排 6 号位低弧度进攻，反击时接应在 1 号位进攻。后排主攻队员也有 6 号位进攻，但运用较少。

第六轮二传在 1 号位插上，前排 3 点进攻轮次：美国女排该轮次为反轮，接应二传在 4 号位低弧度平拉开进攻或 4 号位高点强攻；副攻前快、短平快掩护牵制，前排主攻队员 2 号位低弧度定点攻。后排主攻少有后排进攻运用。

目前美国女排的前排主攻、副攻在各轮次的一攻比重较高，接应二传在前排参与进攻比重与主攻队员相当，但轮转至后排时主动运用较少，与其他欧美女排有所差别，原因在于其主攻、接应多以速度、节奏、线路变化为主，进攻硬实力略欠缺，副攻端是美国女排一攻的得分主要手段，各轮次运用居多。

6.4.4 美国女排一次攻战术打法运用频次与效果分析

美国女排的男子化打法使得其在比赛中的进攻速度极快，二传手汉考克个人素质极佳，除非一传非常不到位，否则其基本都采用跳传，利用高点传球来进一步缩短进攻时间，加快自身进攻的节奏，进攻队员利用进攻的速度以及自身的扣球技巧和变化等来有效突破对手的拦防。

表6-11 美国女排一攻战术打法频次与效果分析表

4号位平拉开			2号位平拉开			4号位调整攻			单脚背飞			短平快			近体快		
合计	效率	得分	合计	效率	得分	合计	效率	得分	合计	效率	得分	合计	效率	得分	合计	效率	得分
195	29%	41%	116	34%	47%	114	25%	37%	93	48%	55%	72	46%	56%	50	30%	44%
2号位调整攻			6号位后攻			2次球			1号位后攻			背快近体			梯次		
合计	效率	得分	合计	效率	得分	合计	效率	得分	合计	效率	得分	合计	效率	得分	合计	效率	得分
36	28%	39%	27	15%	41%	12	17%	17%	8	-12%	13%	5	20%	40%	1	100%	100%

注：战术频次由多至少排列。
数据：2017女排大奖赛、2018女排世界联赛、2018世界锦标赛，合计10场。

通过侦测与统计发现，美国女排在一攻战术方面充分利用球网宽度，从战术运用层面表明（见表6-11），4号位平拉开运用比率最高，合计195次，进攻得分率为41%、进攻效率为29%，这与欧美其他各队相比具有更高的使用频次。目前美国女排的主攻手希尔、拉尔森、巴奇都属于进攻节奏快、下手速率快的球员。其次运用比率最高的为2号平拉开，运用频次116次，得分率为47%，进攻效率仅为34%，主攻和接应二传均在不同轮次有运用。平拉开进攻时弧度低平、拉开幅度大。由于传球的距离长，扣、传之间的配合比较困难，整个进攻环节紧凑，时间短，节奏快。运动员的上步助跑，起跳及击球动作和扣一般高球不同，美国女排敢于大量采用平拉开战术说明其二传手传球技术好，攻手技术运用娴熟，具有很好的适应球能力。4号位调整攻列一攻战术运用频次中的第三位，进攻得分率和进攻效率为37%和25%。与其他队内有主打进攻人不同，美国女排队内各位置实力均衡，虽无得分能力特别突出的球员，但仍区别于塞尔维亚、中国、意大利等队。

单脚背飞、短平快、近体前快战术是选用最多的副攻战术，运用频次分别达到了93次、72次和50次，其中背飞是美国女排最拿手的副攻端快攻战术，其副攻队员阿金拉德沃、迪克森等的远网背飞具有击球点高、下手凶狠的特点，得分率高达55%，进攻效率为48%。美国女排的背飞组织不仅用于一传到位的情况，即便半到位二传也敢于大胆组织，进攻颇具实力，具有很强的牵制作用，对主攻的4号位平拉开同样具有很强的掩护与支撑作用。

6.4.5 美国女排4号位平拉开战术运用分析

美国女排的4号位平拉开战术极具特色，整个进攻环节紧凑，时间短，节奏快。在当今世界女排强队中独树一帜，针对其拦防具有较大难度。其平拉开战术在组织实施过程中，善于利用副攻的短平快和背飞跑动牵制，再结合6号位后攻的策应，具有快速、隐蔽的特点。

图6-10 传球组织瞬间（前排主攻、接应、副攻、后排主攻同时跑动）

图6-11 副攻起跳掩护（牵制对方副攻在网前）

图6-12 传球弧度最高时（球体高出球网仅0.70米）

图6-13 主攻手击球瞬间（对方副攻补位不及时）

第六章　美国女排进攻技战术特征分析

图6-14　击球过网瞬间（拦网斜线存在漏洞）

通过高速影像解析发现，3号位的短平快和6号位主攻手先参与跑动，协同掩护4号位的主攻手，二传手传球触球点高且隐蔽。对方副攻拦网队员在盯防快攻队员和后攻时跟不上其平拉开的进攻节奏，击球过网瞬间副攻手补拦已晚，虽然美国队针对本队打法降低击球高度，但依靠整体的进攻速度和协同配合同样可以取得较好的进攻效果。除进攻节奏快之外，美国女排进攻的整体性较强，从影像可以看出二传组织传球瞬间，除2号位的接应二传跑动，前排副攻短平快位置已处于起跳阶段，前排主攻手已处于踏跳引臂阶段，后排6号位主攻同样做助跑准备，队内的4个进攻点同时启动，前排两翼和后排立体攻做到了相互掩护，为对方的拦网判断造成较大的困难。虽然美国女排的主攻和接应二传不具备突出的调整扣球能力，击球高度和力量与塞尔维亚、意大利等强队的顶尖球员具有一定差距，但其进攻组织迅速，队员参与进攻的整体性和协同性突出，同样可获得较好的进攻效果，是当今高水平女排速度化的代表。

6.4.6　美国与中国女排（一次攻）二传分配球对比分析

表6-12　美国女排与中国女排（一次攻）二传分配球对比

球队	二传在1号位分配（%）				二传在2号位分配（%）				二传在3号位分配（%）				二传在4号位分配（%）				二传在5号位分配（%）				二传在6号位分配（%）			
	身前	身后	副攻	后排	身前	身后	副攻	后排	身前	身后	副攻	后排	身前	身后	副攻	后排	身前	身后	副攻	后排	身前	身后	副攻	后排
美国	35	32	29	3	45	5	35	14	45	5	32	18	54	3	34	8	35	37	28	0	42	34	24	0
中国	36	31	26	9	47	4	33	15	50	2	36	11	37	6	36	21	38	25	29	10	40	34	25	3
差值	-1	1	3	-6	-2	1	2	-1	-5	3	-4	7	17	-3	-2	-13	-3	12	-1	-10	2	0	-1	-3

数据：2017世界女排大奖赛、2018女排世界联赛、2018世界锦标赛，美国10场，中国12场。

通过对比分析（见表6-12），美国女排与中国女排在一次攻的二传分配球具有相似性，当二传在1号位时，美国女排二传身后战术组织稍高，进攻比例为32%，比中国女排高1%。但二传身前战术比中国仅低1%，副攻战术高于中国3%，该轮次美国后排进攻较少，仅占3%，低于中国6%。前排3点攻轮次时，以二传身前战术为主，进攻比例达到45%左右，后排进攻比率较低，副攻战术运用次之。二传在2号位时，二传身前战术美国与中国女排相当，达到45%，副攻战术为35%，高于中国2%，但后排进攻战术为14%，低于中国1%。二传队员在3号位时，美国女排身前战术为45%，低于中国5%；副攻战术为32%，低于中国4%；后排进攻高于中国7%，达到18%。二传队员在4号位时，身前战术高于中国17%，达到54%；副攻战术低2%，后排进攻低于中国13%，仅8%。当二传队员在5号位时，二传身前战术低于中国女排3%，二传身后战术美国女排高出中国女排12%，副攻战术美国依旧低于中国女排1%，该轮次后排进攻运用低于中国女排10%。当二传在6号位时，美国女排二传的身前战术组织高于中国2%，身后战术相当，副攻战术相当，该轮次美国后排进攻运用比例低于中国3%。

通过侦测发现，目前美国女排各位置进攻分配较平均，从进攻比例看与中国队相似，同样较依赖主攻手的二传身前进攻，但副攻位置分配战术较多，当二传队员在1、2号位两个轮次时，副攻战术比率高于中国，多以背飞为主。接应二传在进攻端的比重相对较弱，尤其体现在后排进攻方面，但前排3点攻轮次时，接应二传和主攻承担进攻比重相当，充分利用场地的两翼，前排2点攻轮次其后排进攻比率较低，很大程度区别于塞、意、巴等队。分配球看出美国队依靠全队整体进攻特点明显，在全队协同下突出主攻队员在进攻端的核心作用。

6.4.7 美国女排一次攻击球区域分析

高水平女排为摆脱对手的拦防，尤其是密集型的高拦网，无论队友间如何掩护，进攻击球区域的选择是关键。亚洲女排惯用快变战术，穿插跑动调动对手的拦网。欧美女排通过速度、高度，利用网长避开对方的拦网，美国女排击球实扣区域相对分散，在前排为2点和3点攻轮次时有不同的特点。

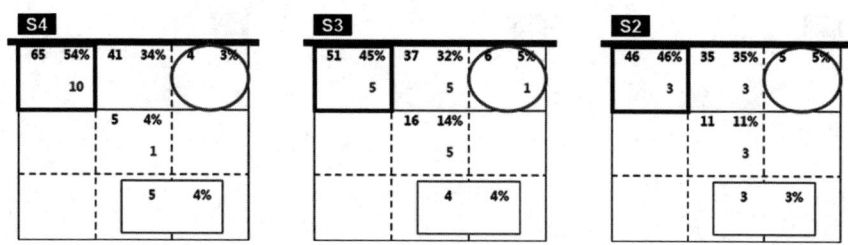

注：S 指二传；方框内分别为进攻次数最多与百分比，圆圈为进攻次数最少，长方形为二次球占比。
数据：2017 世界女排大奖赛、2018 女排世界联赛、2018 世界锦标赛，美国 10 场。

图 6-15 美国女排前排 2 点攻击球区域图

通过侦测，美国队二传在 4 号位时，一次攻击球区域主要集中在其 4 号位，进攻次数为 65 次，比例占该轮次进攻的 54%；3 号位区域进攻次数为 41 次，达到 34%。该轮次 2 号位区域进攻比率最低，仅 3%；6 号位后排区域进攻次数 5 次，占 4%。说明该轮次前排主攻手拉尔森和副攻手亚当斯参与实扣比率也较高。针对此数据特点，中国女排拦网人应加强对其网前 4 号位的盯防，减轻对其 2 号位进攻的盯防。此外，根据一传落点预判其副攻队员的快攻跑动路线与战术。

二传在 3 号位时，分配球最多的进攻区域为 4 号位，51 次，占 45%，最低的区域在 2 号位，6 次，仅占 5%，该轮次 3 号位区域进攻为 37 次，占 32%。6 号位区域后排进攻占 14%，运用较少。说明该轮次主要进攻人为前排主攻，其副攻运用前快和短平快进攻次数居多，而背飞跑动运用最少，针对该情况应加强对其 4 号位进攻人的拦防预判，可对前排主攻采用追发战术，扰乱其节奏。

二传队员在 2 号位时，分配球最多的进攻区域为 4 号位，进攻比率达 46%，进攻比率最低为 2 号位，占 5%，该轮次美国副攻队员的 3 号位进攻比重也较高，达到 35%。6 号位区域进攻占 11%。针对该轮次，应对其 4 号区进行追发带拦防的策略，打破其进攻节奏，再主动拦防 3 号位区域副攻队员。

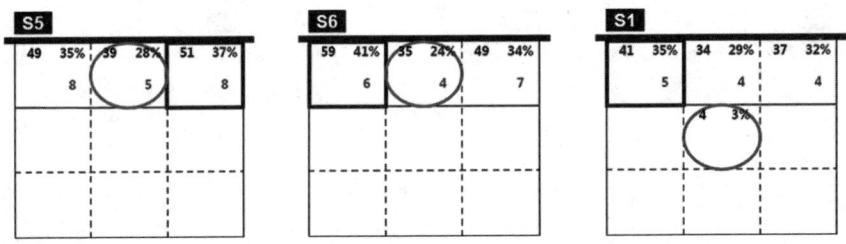

注：S 指二传；方框内分别为进攻次数最多与百分比，圆圈为进攻次数最少，长方形为二次球占比。
数据：2017 世界女排大奖赛、2018 女排世界联赛、2018 世界锦标赛，美国 10 场。

图 6-16 美国女排前排 3 点攻击球区域图

美国女排前排 3 点攻轮次，进攻点区域呈现出如下特征：二传在 5 号位时进攻实扣主要集中在 2 号位区域，进攻次数高达 51 次，占 37%；4 号位进攻比重次之，49 次进攻，占 35%；3 号位区域进攻比重最低，39 次，但所占进攻比率为 28%。该轮次没有后排进攻，但前排 3 个区域进攻点平均、分散。

当二传队员在 6 号位时，分配球最多的进攻区域为 4 号位，占 41%。最低的在 3 号位但也达到 24%，2 号位区域进攻次数为 49 次，占 34%。该轮次 3 个位置进攻比重相比，2、3 号区域略低。

二传队员在 1 号位时，各位置进攻比重相对均衡，分配球最多的进攻区域为 4 号位，进攻次数为 41 次，比率达 35%；2 号位略低，为 37 次，占 32%；3 号位进攻为 34 次，占全部进攻比重的 29%，进攻比率最低为 6 号位，仅占 3%。

侦测数据表明，美国女排组织一次攻时，二传手分配球比例较均衡，充分调动各区域队员参与进攻，全队各位置进攻比例较平均，前排 2 点攻轮次时 4 号位区域主攻队员参与一次攻比重最大。副攻队员在 3 号位区域进攻比重次之，2 号位实扣进攻比重最低。后排进攻在 2 点攻轮次运用较少，接应二传或后排主攻队员多以 6 号位后排进攻辅助前排攻手。前排 3 点攻轮次时，各区域进攻分配比重相近，仅有二传在 5 号位时，2 号位区域进攻比例较高，突出围绕接应二传在 2 号位实施进攻，其他轮次美国女排的 4 号位依然是进攻组织比重最高的，但 2、3 号位同样承担了较高的进攻数量。原因在美国女排目前各位置队员实力相对均衡，各位置均有较好的进攻能力，二传队员便于大胆分配组织，可根据队员的临场发挥和场上的实际情况进行调配，美国女排依靠两侧低弧度的快速拉开，中间高点施压的打法特征明显。

6.4.8 美国女排一次攻扣球效果与线路、落点分析

6.4.8.1 美国女排3点攻轮次扣球效果与线路、落点分析

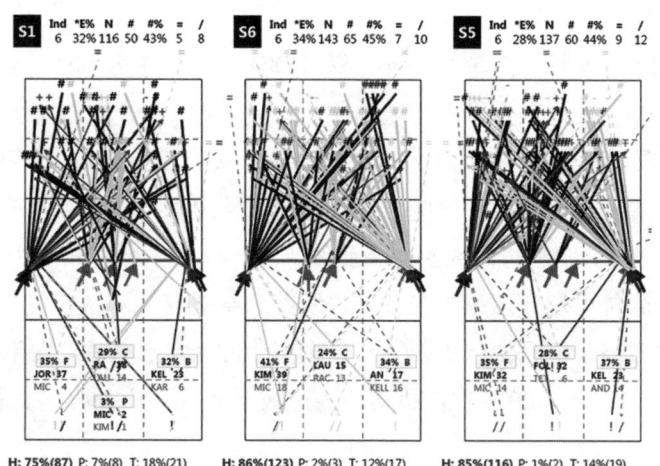

注：E%代表效率、#代表得分数、#%代表得分率、=代表失误、/代表被拦死、H代表发力、P代表轻搓、T代表吊球、线路符号#代表得分、线路符号+代表破攻、线路符号-代表被防。

图6-17 美国女排前排3点攻全队扣球效果与线路侦测图（数据：2017—2018，合计10场）

通过Data vollley侦测2017世界女排大奖赛、2018女排世界联赛、2018世界锦标赛中美国10场比赛（见图6-17）。数据显示，美国当二传队员分别在后排1、6、5号位时进攻效果与线路特点如下：二传在1号位时，该轮次整体进攻效率为32%，得分率为43%，其中队员大力扣球占到75%，吊球比率为18%，轻打为7%，主攻进攻占35%，副攻进攻占29%，接应进攻占32%，后排进攻占3%，该轮次为美国队的反轮。接应二传在4号位，4号位进攻次数居多。4号位进攻均以直线、中斜线和大斜线为主，小斜线运用较少。3号位近体快和短平快以1区和9区落点的斜线为主，背飞运用次数较少；接应二传墨菲在2号位强攻落点多集中在9区小斜线。针对该轮次应重点拦防其4号位的接应，拦网人注意对斜线的封堵，发球可针对其4号位的主攻队员进行追发。

二传在6号位时，主攻进攻占41%，副攻进攻占24%，身后接应进攻占34%，该轮次为美国队的正轮。接应二传德鲁斯或墨菲换位至2号位，2号位强攻以大斜线为主，直线为辅，落点多分布于5、9区。主攻手希尔或巴奇在

4号位，进攻直线、大斜线为主；副攻吉布梅耶尔或亚当斯进攻比率为24%，短平快转体斜线居多，近体快斜线为主，该轮次整体进攻效率为34%，得分率为45%，队员发力扣球占到86%，吊球比率12%，轻打2%。该轮次属美国女排强轮。

二传在5号位时，该轮次进攻效率为28%，得分率为44%，属一攻弱轮，进攻效果稍差。其中队员以发力线为主，占到85%，吊球比率为14%，轻打为1%。主攻进攻占35%，副攻进攻占28%，接应二传进攻占37%，该轮次为美国女排的反插上轮次，接应二传墨菲在2号位承担了近40%的进攻比例，2号位平拉开与调整攻进攻线路以大斜线、小斜线为主，直线运用较少；该轮次主攻手4号位平拉开运用居多，进攻线路为直线与大斜线；副攻手短平快、背飞攻比率较高，短平快顺手斜线落点多集中在8区，背飞以转体斜线为主，落点多在1、9号区，该轮次前排接应为进攻重点人，应加强对其低弧度拉开斜线的拦防。

6.4.8.2　美国女排2点攻轮次扣球效果与线路、落点分析

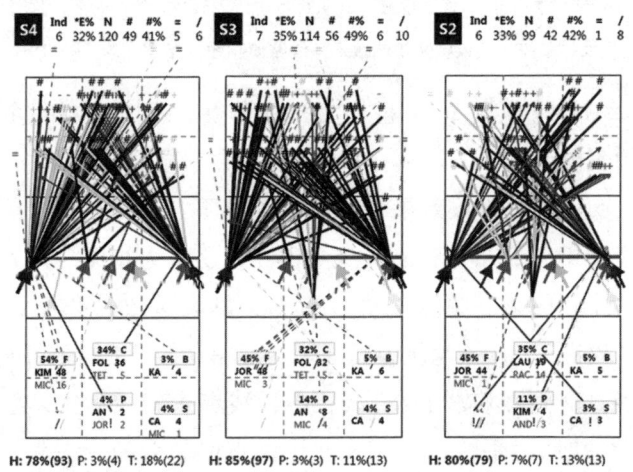

注：E%代表效率、#代表分数、#%代表得分率、=代表失误、/代表被拦死、H代表发力、P代表轻搓、T代表吊球、线路符号#代表得分、线路符号+代表破攻、线路符号-代表被防。

图6-18　美国女排前排2点攻全队扣球效果与线路侦测图（数据：2017—2018，合计10场）

美国女排当二传队员分别在前排4、3、2号位时，进攻效果及进攻线路特点为：二传在4号位的2点攻轮次时进攻效率为32%、得分率为41%。其中队员以发力扣球为主，占到78%，吊球比率为18%，轻打为3%；主攻进

攻高达54%，进攻以中线、大斜线为主，落点集中在5、6号区；副攻进攻占34%，其中背飞采用较多，以斜线运用为主，落点多在8区；接应二传的1号位后排进攻占3%，二传二次吊球占4%，落点在3区拦网人身后；前排主攻队员在4号位平拉开运用比率最高，弥补接应二传后排进攻实力不足的情况，通过前排副攻短平快与背飞的牵制，利用网长在4号位进行突破，副攻战术运用也较多，与前排主攻相掩护，通过侦测发现，2、4号位进攻线路分散，直线与斜线顺手线均有运用，其背飞进攻撑起了2号位进攻的重任。该轮次美国女排吊球次数较多，网上控制和处理球能力较强，落点集中在8区。

二传在3号位时，本轮次的进攻效率为35%，得分率为49%；其中队员发力扣球占到85%，吊球比率为11%，轻打占3%，主攻拉尔森与巴奇进攻占45%，4号位进攻以平拉开的直线与小斜线及调整攻的大斜线为主。扣球落点多分布于1、5号区和7区。副攻阿金拉德沃与迪克森进攻占32%，接应二传墨菲的1号位后排进攻仅占5%，6号位后排进攻占14%，该轮次为2点攻轮次，前排主攻、承担进攻任务最重，副攻队员的短平快和背飞同样运用较多，但后排主攻巴奇在6号位后排进攻比重有所增加，4号位吊球较多，落点在拦网人身后。侦测发现副攻3号位背飞以转体斜线为主，落点多集中在8、9号区。

二传在2号位时，进攻效率为33%，得分率为42%。主攻拉尔森进攻占45%，4号位扣球线路多为大斜线和小斜线，落点多在5、7号区；副攻吉布梅耶尔进攻占35%，其短平快得分线路多为斜线，落点分布在7区和8区；其背飞扣球线路以斜线为主，转体线多落点集中在8、9号区。接应二传洛维的1号位后排进攻仅占5%，后排主攻希尔6号位低弧度进攻占11%，扣球线路以右侧斜线为主，落点在5号区。该轮次虽为2点攻轮次，前排主攻手和副攻为重点进攻人，在4号位平拉开和调整攻比率最高，通过与副攻队员的快攻相掩护。副攻在3号位运用前快、背飞为主，与前排主攻平拉开相掩护，辅助以6号位后攻。其中队员以发力扣球为主，占到80%，吊球比率为13%，轻打为7%，该轮次为美国女排的一攻弱轮。针对该一攻轮次，应该注意盯防其主攻的4号位平拉开，建议发球对其进行追发策略，破坏其进攻节奏，并兼顾3号位背飞跑动进攻的拦防布局。

目前美国女排的前排主攻、副攻在各轮次的一攻比重较高，接应二传在前排参与进攻比重与主攻队员相当，但轮转至后排时主动运用较少，与其他欧美女排有所差别，副攻跑动是美国女排一攻的得分主要手段，各轮次运用居多。

6.5 美国女排防守反击战术结构分析

6.5.1 美国女排不同轮次防守反击效果分析

表6-13 美国女排不同轮次反击效果统计表

二传位置	效率	合计	失误/%		被拦死/%		被防/%		被拦回/%		较好/%		得分/%	
1号位	26%	103	5	5	7	7	17	17	6	6	29	28	39	38
6号位	19%	140	5	4	15	11	22	16	11	8	40	29	47	34
5号位	13%	93	13	14	10	11	12	13	4	4	19	20	35	38
4号位	20%	112	9	8	5	4	26	23	4	4	32	29	36	32
3号位	31%	109	9	8	5	5	14	13	3	3	30	28	48	44
2号位	21%	117	8	7	5	4	24	21	7	6	35	30	38	32

注：轮次根据二传所在位置。
数据：2017女排大奖赛、2018女排世界联赛、2018世界锦标赛，合计10场。

通过统计发现，美国女排在防守反击时二传队员在前排时反击效率较高（见表6-13）。二传在2、3、4号位时反击效率分别为20%~31%，反击得分率为32%~44%。二传在1、6、5号位时反击效率为13%~26%，说明美国女排组织反击过程中前排2点攻轮次虽然进攻点少，但由于主攻巴奇在前排时高度占优，进攻能力略强于拉尔森，被拦或失误次数略少，进攻效果稍好。前排3点攻轮次时美国进攻点虽较分散，但二传在5号位失误率高达14%，被拦死最高达到11%；二传队员在前排2点攻轮次组织反击时，虽然进攻意图较明显，但反击得分率和反击效率均有所提升。与二传在后排时有较大差距，尤其是当二传在3号位时反击得分率最高，反击效率为31%，被拦死率仅5%，2点攻轮次反击时主攻巴奇承担进攻比重较高，进攻效果稍好。

美国女排在反击过程中显著的特点是反击节奏较快，在整个防反过程中，防守效果的具体表现还要取决于转入反攻的最后一击是否得分，美国女排虽然反击速度快，但反击扣球中绝大多数属于强攻扣球。这种强攻扣球又与第一次接发球后的强攻扣球有所差别，因为进攻队员一般都是在参与拦网或后撤防守后紧接着进行的,而且防守起球后,二传调整的球有可能出现不定点、高、低、集中、拉开、近网、远网等,大量不正规的"乱球"是考验球员进攻实力的体现。美国女排目前在主攻和接应位置的运动员缺乏具有一锤定音实力的顶尖攻手。

6.5.2　美国女排防守反击战术运用频次与效果分析

表6-14　美国女排反击战术打法频次与效果分析表

4号位调整攻			4号位平拉开攻			2号位平拉开			2号位调整攻			单脚背飞			6号位后攻		
合计	效率	得分	合计	效率	得分	合计	效率	得分	合计	效率	得分	合计	效率	得分	合计	效率	得分
195	11%	26%	142	28%	38%	84	17%	42%	58	22%	38%	47	26%	40%	36	11%	28%
探头球			1号位后排攻			短平快			背快近体			前快近体			3号位半高球		
合计	效率	得分	合计	效率	得分	合计	效率	得分	合计	效率	得分	合计	效率	得分	合计	效率	得分
36	53%	61%	27	26%	41%	17	47%	47%	7	80%	80%	5	40%	40%	2	50%	50%

注:战术频次由多至少排列。
数据:2017女排大奖赛、2018女排世界联赛、2018世界锦标赛,合计10场。

通过侦测与统计发现(见表6-14),美国女排在防守反击过程中运用战术以2、4号位的两翼拉开,中间副攻的2号位背飞与6号位后排立体进攻施压为主要反击战术,充分利用球网宽度以速度获取反击效果。在前排副攻短平、背飞掩护下的1、6号位后排立体进攻运用比例偏低。战术运用表明,4号位调整攻运用频次最高,达到195次,但反击效果较差,进攻效率仅为11%,进攻得分率为26%;其次运用频次最多的为4号位平拉开,共计142次,进攻效率为28%,得分率为38%。美国队中主攻位置目前由希尔、巴奇与拉尔森担纲,这3位主攻队员的特点是一传、防守相对稳定,小球串联娴熟,但与欧美其他队主攻相比网上高度有限,身高最高的希尔193cm,拉尔森仅为188cm,扣球力量有所欠缺,在反击过程中一旦进行暴露性强攻,面对集体拦网进攻易受阻。2号位的低弧度拉开是目前美国队在右翼运用频次最多的战术,但反击效果稍差,进攻得分率和进攻效率分别为38%和22%,原因在于接应二传墨菲网上高度有限,身高为188cm,在2号位的低弧度进攻实力偏软,身体素质与博斯科维奇、埃格努等接应相比存在较大差距,在面对多人拦网或重点盯防的情况下被拦回或防起次数较多。单脚背飞是美国女排在比赛中运用频次最多的反击战术,阿金拉德沃与吉布梅耶尔的快攻具有相当的进攻实力，背飞高达47次，进攻效率为26%，得分率高达40%。

目前美国女排各位置虽进攻实力均衡，进攻组织速度占优势，但队内缺乏具有硬实力的得分能手。与中国、塞尔维亚、意大利、巴西等强队均具有强力攻手有所差距。根据2018年女排世锦赛数据统计，美国女排主攻手希尔和拉尔森分列进攻排行榜的11和12位，扣球得分率分别为36.64%和36.59%，与其他欧美女排打造强力型接应二传趋势不符。

6.5.3 美国女排与中国女排（防反）二传分配球对比分析

表6-15 美国女排与中国女排（防反）二传分配球对比表

球队	二传在1号位分配（%）				二传在2号位分配（%）				二传在3号位分配（%）				二传在4号位分配（%）				二传在5号位分配（%）				二传在6号位分配（%）			
	身前	身后	副攻	后排	身前	身后	副攻	后排	身前	身后	副攻	后排	身前	身后	副攻	后排	身前	身后	副攻	后排	身前	身后	副攻	后排
美国	46	42	5	8	55	11	8	26	53	9	18	20	53	3	24	19	48	35	10	8	58	34	5	4
中国	49	33	4	12	45	5	14	23	57	9	18	14	48	0	20	32	41	36	15	13	40	37	14	12
差值	-3	9	1	-4	10	6	-6	3	-4	0	0	6	5	3	4	-13	7	-1	-5	-5	18	-3	-9	-8

数据：2017世界女排大奖赛、2018女排世界联赛、2018世界锦标赛，美国10场，中国12场。

通过对比显示（见表6-15），美国女排与中国女排反击过程中的二传分配球特点较相似。当二传在1号位时，二传身前战术较多，进攻比例为46%，比中国低3%；副攻战术比率仅为5%，高出中国1%；身后战术为42%，高出中国队9%；该轮次后排进攻比率比中国队低4%，仅为8%。二传在2号位时，二传身前战术美国高于中国女排10%，达到55%；副攻战术低于中国6%，仅为8%；但后排进攻战术美国队高于中国3%，达到26%。二传队员在3号位时，美国女排身前战术与中国女排相比，低4%；副攻战术相当，均为18%，后排进攻两队同样具有较大差距，美国女排高出6%。二传队员在4号位时，身前战术比中国高5%，达到了53%的较高运用比例；身后战术高出中国3%，副攻战术两队相差4%，后排进攻该轮次两队相差13%，美国女排为19%。当二传队员在5号位时，其二传身前战术运用两队相差7%，美国女排为48%；身后战术方面两队相当，美国为35%；副攻战术美国女排低于中国女排，为10%，该轮次美国女排后排进攻低于中国女排5%。当二传在6号位时，美国女排在该轮次各位置的进攻比例与中国队相差较大，身前战术

第六章 美国女排进攻技战术特征分析

高达58%，高出中国女排18%。通过侦测发现，目前美国女排反击过程中二传队员在前排3点攻轮次2、4号位的分配球较平均，各位置进攻比重相对均衡，以前排3点攻为主，后排进攻运用较少。当二传队员轮至前排2点攻反击时，二传身前进攻和副攻进攻比率大幅度提高，体现出其主攻手和副攻手在反击过程中的核心作用。

美国女排在副攻战术分配方面除第一、六轮偏低，其余四个反击轮次中副攻战术比率均高于中国女排。美国女排在接应、主攻位置反击过程中均呈现出均衡的进攻实力，体现了高水平排球向攻防技术全面、战术打法全面发展的方向。反观中国女排反击中过分依赖4号位，队内缺乏对主攻朱婷的支撑。

6.5.4 美国女排防守反击击球区域分析

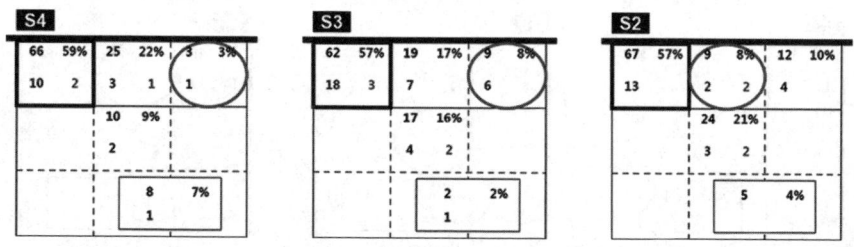

注：S 指二传；方框内分别为进攻次数最多与百分比，圆圈为进攻次数最少，长方形为二次球占比。

图 6-19 美国女排前排 2 点攻组织区域图（数据：2017、2018，合计 10 场）

通过侦测发现，美国女排二传轮转至4号位时，反击击球区域最集中在其4号位，达到66次，反击比率为59%；2号位为反击击球区域比率最低，仅为3%；6号位进攻区域为10次，占9%。二传队员在3号位时，分配球最多的击球区域为4号位，占57%；该轮次3号位击球区域反击达到19次，占17%；比率最低在2号位，仅占8%，6号位击球占16%。二传队员在2号位时，实扣击球区域依然集中在4号位，次数为67次，进攻比率高达57%，进攻比率最低为3号位，仅8%；2号区域击球次数为12次，占10%。此外，二传手的二次吊球分别在2%~7%，后排6号区域击球在前排2点攻反击轮次运用稍多，比率为9%~24%（见图6-19）。

美国女排二传在前排时反击的击球区域主要集中在前排4号位，其次是2号位与3号位。当前无论是欧美派的高度力量排球或亚洲的快速多变，还是欧亚结合的打法,都在向"高、快、全面"的方向发展。目前多数球队无论是调整强攻、低弧度平拉开攻都有过于集中在4号位的现象,4号位强攻之所以成为基本进攻技术,是因为对于右手选手来说,在四号位扣球,最方便发力和手腕变化,手臂是自然鞭打,力量损失小,起跳之后的视线最开阔,而且符合右手选手的助跑习惯。反观美国女排目前在反击过程中除主攻队员反击次数多、比率高之外,接应二传前排在3点攻轮次反击任务较重,与4号位的主攻手承担任务相当,说明美国女排在反击过程中避免进攻点过于集中于4号位,左手接应二传墨菲与主攻队员在球网两侧不同位置相互掩护,再有3号位副攻队员的跑动牵制,将反击区域分散,使对方难以组织严密的拦网与防守。美国女排队内副攻手阿金拉德沃与吉布梅耶尔等球员身体素质出色,针对不同起球质量的传球可扣击从各种角度的来球,撤位、起跳迅速,下手果断,网前具有很强的牵制作用。

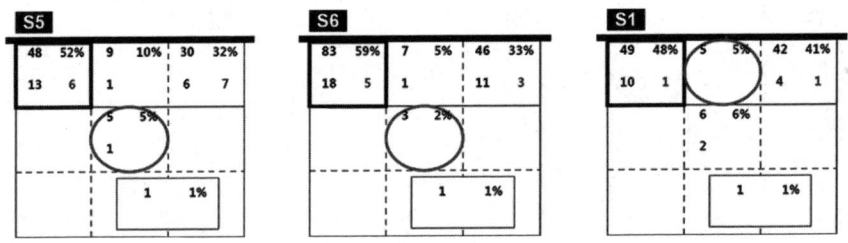

注:S指二传;方框内分别为进攻次数最多与百分比,圆圈为进攻次数最少,长方形为二次球占比。

图6-20 美国女排前排3点攻组织区域图(数据:2017、2018,合计10场)

美国女排二传在5号位时,进攻区域分配球最多的位置为其4号位,其次为2号位,进攻比率分别为52%和32%,6号位后攻比率最低仅为5%,3号位区域击球占10%。二传队员在6号位时,分配球最多的进攻区域为4号位占59%,其次为2号位占33%,该轮次6号位后排进攻次数依旧最低,仅占2%。3号位区域击球比重也不高,占5%。二传队员在1号位时,分配球最多的进攻区域为4号位,进攻比率高达48%,2号位进攻区域比率高达41%,3号位进攻比率最低为5%,后排6号位区域击球比率偏低,仅占6%(见图6-20)。

通过对美国女排6个轮次的反击组织区域看,4号位区域为其反击的集中区域,但2、3号位的反击区域击球比率在不同轮次也有较高比重的应用,这一特征区别于中国女排集中在4号位,塞尔维亚、意大利、巴西集中在2号位为主。主要原因在于美国女排平拉开战术运用娴熟，2、4号位反击平拉开运用居多，合理利用球网宽度配以低弧度且快速的反击抑制对方的有效拦网。前排2点攻轮次，美国女排的2、3号位区域副攻牵制力较强，为其主攻和接应提供了很好的掩护。观察发现，其副攻队员远网快攻具有较强的攻击性，背飞跑动范围大，在2点攻轮次对4号位平拉开提供了很强的支援。美国女排虽然在2018女排世锦赛成绩欠佳，但结合2017女排大奖赛、2018世界排球联赛的综合表现，目前全队在二传洛伊德的快速调配下，主攻位置拥有号称"平拉开女王"的希尔，"保障型"主攻拉尔森的支撑，副攻端拥有阿金拉德沃、迪克森等人的高点快攻，左手接应墨菲和新秀洛维的崛起，美国女排全队依旧具有深厚的板凳优势，全队攻防两端没有明显漏洞且小球串联俱佳，2020东京奥运会必定是中国女排的主要竞争对手。

6.5.5　美国女排防守反击扣球效果与线路、落点分析

6.5.5.1　美国女排前排3点攻轮次反击效果与线路、落点分析

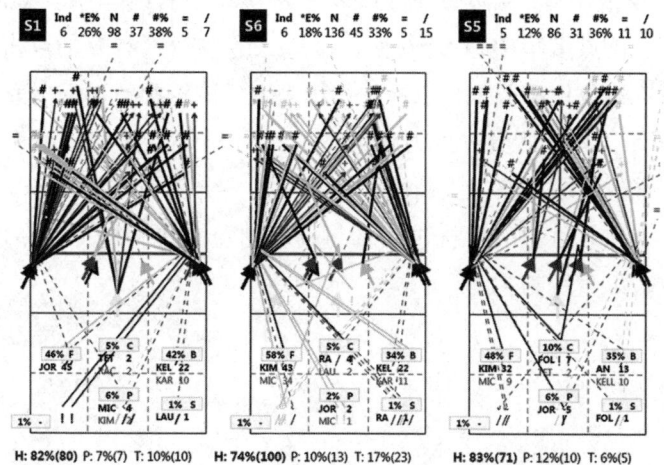

注：E%代表效率、#代表得分数、#%代表得分率、=代表失误、/代表被拦死、H代表发力、P代表轻搓、T代表吊球，线路符号#代表得分、线路符号+代表破攻、线路符号-代表被防。

图6-21　美国女排前排3点全队反击效果与线路侦测图（数据：2017—2018，合计10场）

通过Data vollley侦测表明（见图6-21），美国女排在反击过程中，当二传队员在后排1、6、5号位时反击效果具有如下特征：当二传在1号位时，主攻手拉尔森进攻比率高达46%，副攻手迪克森等进攻仅占5%，接应二传

的 2 号位进攻比率占 42%，后排主攻巴奇或希尔的 6 号位进攻占 6%。该轮次 2、4 号位进攻比率稍高，整体进攻效率为 26%，得分率为 38%，其中队员大力扣球占到 82%，吊球比率为 10%，轻打为 7%。4 号位进攻以大斜线、中斜线为主，2 号位以中斜线与小斜线为主，3 号位短平快以短线落点集中在 8 号区，2 号位强攻线路多为长线并落点多集中在 6、9 号区。

当二传在 6 号位时，该轮次整体进攻效率为 18%，得分率为 33%，队员发力扣球占到 74%，吊球比率为 17%，轻打占 10%。主攻队员希尔 4 号位进攻比率较高，占 58%，进攻线路以直线、大斜线长线为主，落点集中在 1、5 号区域；接应二传墨菲或洛维在 2 号位反攻比例为 34%，2 号位强攻以大斜线为主，落点多分布于 9 号区；该轮次以前排 3 点攻为主，副攻以前快与短平掩护牵制，背飞运用较少。

二传在 5 号位时，前排主攻希尔或巴奇反击比率占 48%，副攻阿金拉德沃反击比率为 10%，接应二传 2 号位平拉开与调整攻占 35%，后排主攻手的 6 号位进攻占 6%。该轮次美国女排反击重点人为前排主攻，其在 4 号位分担了近 50% 的反击任务，4 号位主攻手希尔调整攻中斜线运用较多，转腕打直线也有运用，落点多集中在 1、6 区，接应二传在球网右翼的反击比重次之，副攻手该轮次进攻比率较低，以掩护作用为主。该轮次整体反击效率为 12%，得分率为 36%，其中队员以发力线为主，占到 83%，吊球比率为 6%，轻打为 12%。2 号位进攻线路以大斜线、小斜线为主，落点多分布于 1、9 区。后排主攻拉尔森在 6 号位的后排进攻多与副攻的短平快相掩护，在球网中部形成立体进攻，以直线为主。

6.5.5.2 美国女排前排2点攻轮次防守反击效果与线路、落点分析

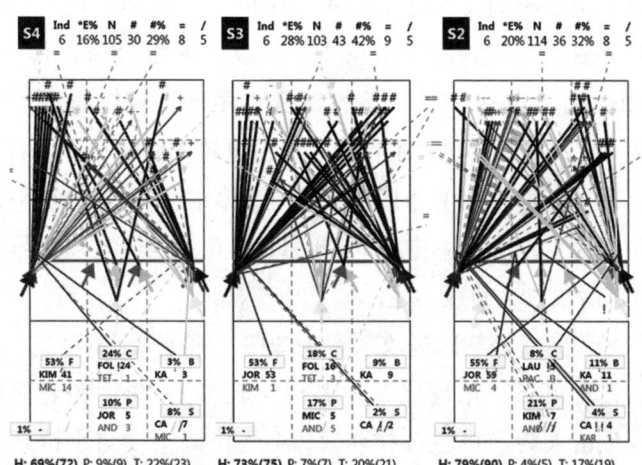

注：E%代表效率、#代表得分数、#%代表得分率、=代表失误、/代表被拦死、H代表发力、P代表轻搓、T代表吊球、线路符号#代表得分、线路符号+代表破攻、线路符号-代表被防。

图6-22 美国女排前排2点攻全队反击效果与线路侦测图（数据：2017—2018，合计10场）

美国女排二传队员轮转至前排2点攻反击攻时，各轮次反击效果特点是：二传在4号位时，主攻希尔、巴奇反击占53%，副攻阿金拉德沃反击占24%，接应二传1号位后排进攻仅占3%，后排主攻拉尔森6号位反击占10%，二传队员的2次吊球占8%。该轮次虽然为2点攻轮次，该轮次反击效率为16%，得分率为29%。以前排左翼的主攻队员平拉开为主要反击手段，该轮次副攻队员进攻比重较大，背飞跑动与短平快均有运用。前排3号位与后排6号位低弧度进攻形成立体进攻，利用场地的纵深区位相互掩护。其中队员发力扣球比重较低，占69%，吊球比率高达22%，轻打占9%。通过侦测发现，希尔该轮次的4号位进攻线路以直线为主，落点集中在1区，大斜线被防起次数较多；3号位背飞进攻主要运用转体斜线，落点以短线为主，集中在6号区与7号区。该轮次吊球落点多集中在3区。针对该轮次时，中国女排应注意拦防其主攻队员的4号位平拉开和3号位背飞跑动，防守站位应适当灵活兼顾其吊球。

二传在3号位时，拉尔森的4号位调整攻和平拉开反击比率占53%，阿金拉德沃的近体快与短平快占18%，接应二传洛维的1号位后排进攻占9%，后排主攻巴奇的6号位进攻占17%，该轮次为前排2点攻轮次。前排主攻承

担反击任务最重，但后排主攻和副攻队员在 3 号位和 6 号位立体进攻比率相当。通过副攻的快球掩护，前排主攻 4 号位的调整攻和平拉开是主要反击手段。前排主攻和后排主攻为反击重点人，进攻效率为 28%，得分率为 42%。该轮次发力扣球比率占到 73%，该轮次反击吊球、轻打居多，吊球比率为 20%，轻打为 7%。侦测发现，主攻的 4 号位进攻线路选择多为直线和大斜线的长线为主，落点多集中在 1 号区和 6 号区域。副攻队员的短平快和背飞线路以转体短斜线为主，落点集中在 6、8 号区。6 号位进攻以 7 号区落点的斜线为主，1 号位后攻以大斜线为主。

二传在 2 号位时，该轮次进攻效率为 20%，得分率为 32%。其中队员以发力线为主，占到 79%，吊球比率为 17%，轻打为 4%，该轮次反击吊球运用较多。主要反击人为前排主攻拉尔森，4 号位调整攻与平拉开反击比率占 55%，后排主攻手的 6 号位低弧度后排扣球占 21%，接应二传 2 号位低弧度定点攻占 11%，副攻反击仅占 8%，二传手的二次吊球为 4%。该轮次为 2 点攻轮次，前、后排两位主攻手的反击任务最重。前排主攻多在前排副攻队员的短平掩护的配合下采用 6 号位立体进攻。此外，副攻手的 2 号位背飞掩护下的 4 号低弧度平拉开同样是美国女排惯用的打法。副攻的背飞跑动容易牵制对方的拦网人在网前至 2 号位，为本队的 4 号位和 6 号位进攻突破创造条件。侦测发现，主攻 4 号位进攻线路选择多为直线和小斜线，落点多集中在 1 号区和 7 号区位置。此外，提点打对角大斜线造成打手出界也是美国主攻惯用的进攻个人技巧。接应队员的 1 号位后排反击线路以大斜线为主，落点集中在 1 号区和 9 号区，短平快进攻以短斜线为主，落点多在 7 号区。

6.6 美国女排关键分阶段进攻战术分配分析

每当谈论美国女排实力强大的同时，难免会提及其快速的主攻线和接应队员。虽没有类似朱婷、埃格努、博斯科维奇类型的能够一锤定音世界超级球星，但回顾美国女排的历史战绩若其打得顺风顺水，能打出自我水平，那么世界上任何一支女排队伍，在她们面前都会受阻。倘若两强相遇时双方都打出了自我水平，双方的对抗胶着，有能力解决这一僵持局面的还要找各自队内的重点进攻人，拥有世界超级球星的队伍就相对更容易占据心理和技战术的上风。

6.6.1 美国女排一攻关键分阶段进攻战术分配分析

续图

注：圈的位置代表击球区域；#代表得分数、+代表破攻、=代表失误、!代表拦死、-代表防起。

图6-23 美国女排一攻关键分阶段分配球侦测缩略图

通过侦测并统计发现（见图6-23），美国女排在关键分阶段的142次一攻战术分配中，分配球最多的进攻人为主攻手14号巴奇，进攻次数为31次，以4号位调整攻或4号位平拉开、6号位后排攻为进攻手段，占关键分总数的22%；其次分担进攻任务最重的是其主攻队员10号主攻拉尔森，进攻次数为28次，4号位平拉开、4号位调整攻为主，占总数的20%；其副攻手16号阿金拉德沃，进攻次数同样高达28次，以2号位的背飞为主要进攻手段，占总数的20%，接应位置的洛维在关键分阶段承担进攻任务较少，多以跑动掩护为主，进攻占10%。

通过对关键分阶段美国女排一攻关键分可以看到，美国女排关键分阶段二传可选择进攻点灵活且较分散，主攻手为关键分的首要进攻点，与其他高水平球队相比，副攻端具有如此高的关键分进攻是不同寻常的。相反与巴西、塞尔维亚、意大利不同的是，其接应二传在关键分承担任务较轻，说明美国女排球员相对进攻实力均衡，各位置球员分担关键分任务比率相差不大，没有过分依赖某一位置，为其他队的针对性拦防判断造成较大困难。

6.6.2 美国女排反攻关键分阶段进攻战术分配分析

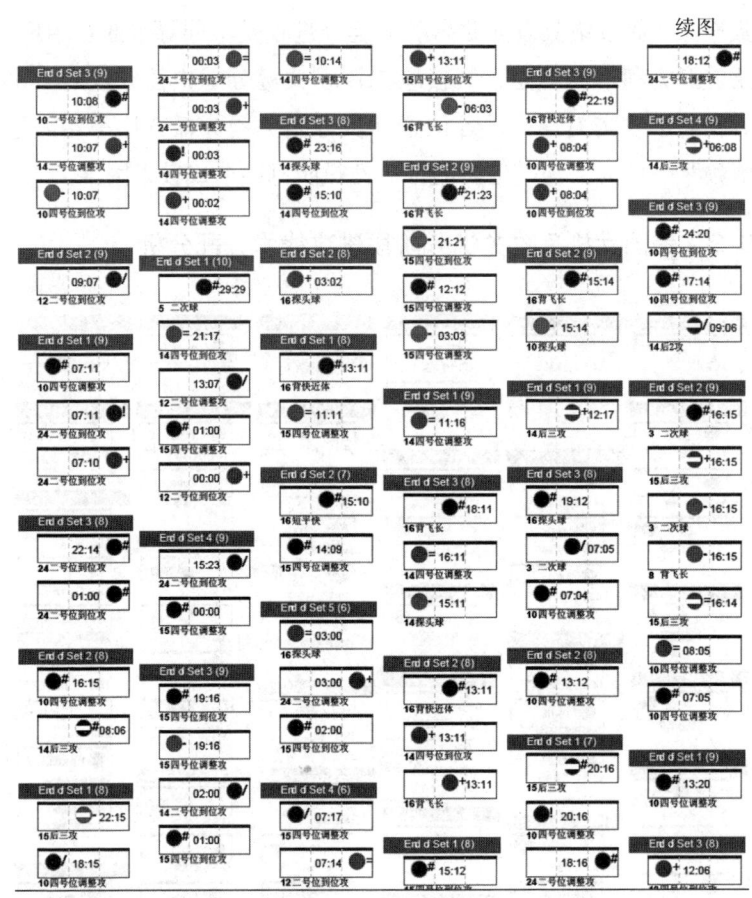

注：圈的位置代表击球区域；#代表得分数、+代表破攻、=代表失误、!代表拦死、-代表防起。

图6-24 美国女排反攻关键分阶段分配球侦测缩略图

通过侦测并统计发现（见图6-24），美国女排在关键分阶段的162次反攻战术分配中，分配球最多的进攻人为其主攻手14号巴奇，进攻次数为38次，以4号位调整攻和4号位平拉开为进攻手段，占总数的38%；其次分担进攻任务最重的是其接应二传洛维，进攻次数为26次，2号位低弧度拉开为主，2号位调整攻为辅，占反击总数的16%，其1号位后排攻很少运用；与洛维进攻比率相等的是主攻手15号希尔，进攻次数26次，以4号位平拉开、6号位低弧度后排攻为主要进攻手段，占总数的16%；此外副攻阿金拉德沃也有较高的关键分反击次数，比率占15%。通过对关键分阶段美国女排反攻分配球可以看出，美国女排在反击的关键分阶段，反击主要围绕主攻队员和接应二传展开。反击阶段二传手分配球比率相当，合理利用球网宽度牵制对方的拦网，后排进攻方面主要以 6 号位的立体进攻辅以副攻的背飞配合掩护。美国女排在关键分阶段的反击分配可以验证其全队攻手进攻实力相近，各位置在进攻中均有上佳表现，二传队员可大胆组织，副攻的远网快攻也可作为主要反击手段，关键分战术分配较分散。中国女排在与美国女排比赛中，针对其前排反击进攻点多，后排进攻运用较少的实际情况，加强本方一攻的高成功率予以施压，并加强对其前排主攻和接应反击的拦网预判，根据其低弧度反击节奏加强拦网起跳时机的把握，更应掌握对其习惯性击球线路和落点，切实做到前排针对性拦网和后排防守的严密结合。

6.7 针对美国女排的拦防对策

6.7.1 针对美国女排一攻的拦防对策

美国女排的一次攻击球区域主要集中在其 4 号位，进攻次数为 65 次，比例占该轮次进攻的 54%；3 号位区域进攻次数为 41 次，达到 34%。该轮次 2 号位区域进攻比率最低，仅 3%；6 号位后排区域进攻次数 5 次，占 4%。说明该轮次前排主攻手拉尔森和副攻手阿金拉德沃参与实扣比率也较高。针对此数据特点，中国女排拦网人应加强对其网前 4 号位的盯防，减轻对其 2 号位进攻的盯防。此外，根据一传落点预判其副攻队员的快攻跑动路线与战术。

美国女排二传队员在 3 号位时进攻，全队进攻效率最高，达到 35%，得分率为 49%。其次为二传在 3 号位与 6 号位，进攻效率 34%，可称为一攻强轮。二传队员在 1、2、4 号位时进攻效率达到 32%~33%，相对均衡。4 号位平拉开战术运用比率最高，全队平拉开的得分率为 41%、进攻效率为 29%，这与欧美其他各队相比具有更高的使用频次。目前美国女排的主攻手希尔、拉尔森、巴奇都属于进攻节奏快、下手速度快的球员。其次运用比率最高的为 2 号平拉开，运用频次 116 次，得分率为 47%，进攻效率仅为 34%，主攻和接应二传均在不同轮次有运用。平拉开进攻时弧度低平、拉开幅度大，针对该情况，应加强对其 4 号位进攻人的拦防预判，可对前排主攻采用追发战术，扰乱其节奏。

二传在 2 号位时进攻效率为 33%，得分率为 42%。主攻拉尔森进攻占 45%，4 号位扣球线路多为大斜线和小斜线，落点多在 5、7 号区；副攻吉布梅耶尔进攻占 35%，其短平快得分线路多为斜线，落点分布在 7 区和 8 区，其背飞扣球线路以斜线为主,转体线落点多集中在8、9号区。接应二传洛维的1号位后排进攻仅占5%,后排主攻希尔6号位低弧度进攻占11%,扣球线路以右侧斜线为主,落点在5号区。该轮次虽为2点攻轮次,前排主攻手和副攻为重点进攻人,在4号位平拉开和调整攻比率最高,通过与副攻队员的快攻相掩护。该轮次为美国女排的一攻弱轮。针对该一攻轮次,应该注意盯防其主攻的4号位平拉开,建议发球对其进行追发策略,破坏其进攻节奏,并兼顾3号位背飞跑动进攻的拦防布局。

6.7.2 针对美国女排反攻的拦防对策

美国女排在反击的关键分阶段反击主要围绕主攻队员和接应二传展开。反击阶段二传手分配球比率相当,合理利用球网宽度牵制对方的拦网,后排进攻方面主要以6号位的立体进攻辅以副攻的背飞配合掩护。中国女排在与美国女排比赛中,针对其前排反击进攻点多,后排进攻运用较少的实际情况,加强本方一攻的高成功率予以施压,并加强对其前排主攻和接应反击的拦网预判,并根据其低弧度反击节奏加强拦网起跳时机的把握,更应掌握对其习惯性击球线路和落点,切实做到前排针对性拦网和后排防守的严密结合。

通过对美国女排6个轮次的反击组织区域看,4号位区域为其反击的集中区域,但2、3号位的反击区域击球比率在不同轮次也有较高比重的应用,这一特征区别于中国女排集中在4号位,塞尔维亚、意大利、巴西集中在2号位为主。主要原因在于美国女排平拉开战术运用娴熟,2、4号位反击平拉开运用居多,合理利用球网宽度配以低弧度且快速反击抑制对方的有效拦网。前排2点攻轮次,美国女排的2、3号位区域副攻牵制力较强,为其主攻和接应提供了很好的掩护。观察发现其副攻队员远网快攻具有较强的攻击性,背飞跑动范围大,在2点攻轮次对4号位平拉开提供了很强的支援。

通过侦测发现,希尔该轮次的4号位进攻线路以直线为主,落点集中在1区,大斜线被防起次数较多;副攻队员的3号位背飞进攻主要运用转体斜线,落点以短线为主,集中在6号区与7号区。该轮次吊球落点多集中在3区。针对该轮次时,中国女排应注意拦防其主攻队员的4号位平拉开和3号位背飞跑动,针对其4号位平拉开的击球位置,拦网队员的取位应适当外靠,根据击球人的习惯击球线路封堵。美国女排背飞节奏较慢,但跑动范围大且击球点较高,主攻队员针对该特点拦网时应以阻拦斜线为主,右手适当内包,掌握好起跳时机和拦截面的手形摆位，后排防守站位应适当灵活并兼顾其吊球。

6.8 小结

6.8.1 美国女排接近于男子化的打法，两边平拉开速度极快，是典型的依靠整体型球队，比赛中进攻速度快且凶狠。美国女排各位置进攻分配较平均，但副攻位置分配战术较多，当二传队员在 1、2 号位两个轮次时副攻战术比率高于中国，多以背飞为主。接应二传在进攻端的比重相对较弱，分配球看出美国队依靠全队整体进攻特点明显，在全队协同下突出主攻队员在进攻端的核心作用。

6.8.2 美国女排的进攻效率稍低于塞尔维亚、意大利、巴西等欧美强队，但进攻效率都保持在 30% 以上，一攻得分率在 41%~49%。当前排 3 点攻轮次时进攻效率达到 28%~34%，得分率接近 45%，具有较好的进攻效果。被拦死和失误率相对较低。其中二传队员在 3 号位时进攻效率最高，达到 35%，得分率为 49%。其次为二传在 3 号位与 6 号位，进攻效率 34%，可称为一攻强轮。二传队员在 1、2、4 号位时进攻效率达到 32%~33%。

6.8.3 战术运用 4 号位平拉开运用比率最高，平拉开进攻弧度低平、拉开幅度大。进攻得分率为 41%、进攻效率为 29%，这与欧美其他各队相比具有更高的使用频次。美国女排的主攻手希尔、拉尔森、巴奇都属于进攻节奏快、下手速度快的球员，其次运用比率最高的为 2 号位平拉开，得分率为 47%，进攻效率仅为 34%；单脚背飞、短平快、近体前快战术是副攻选用最多的副攻战术，其中背飞是美国女排最拿手的副攻端快攻战术，其副攻队员阿金拉德沃、迪克森等的远网背飞具有击球点高、下手凶狠的特点，得分率高达 55%，进攻效率为 48%。

6.8.4 美国女排组织进攻时，充分调动各区域队员参与进攻，全队各位置进攻比例较平均，前排 2 点攻轮次时 4 号位区域主攻队员参与一次攻比重最大。副攻队员在 3 号位区域进攻比重次之，2 号位实扣进攻比重最低。后排进攻在 2 点攻轮次运用较少。主攻 4 号位进攻线路选择多为直线和小斜线，落点多集中在 1 号区和 7 号区位置。此外，提点打对角大斜线造成打手出界也是美国主攻惯用的进攻个人技巧。接应队员的 1 号位后排反击线路以大斜线为主，落点集中在 1 号区和 9 号区，短平快进攻以短斜线为主，落点多在 7 号区。

第七章 欧美与中国优秀女排运动员扣球技术特征分析

排球作为隔网对抗集体项目，针对进攻方的战术组织、扣球人的技术特点做预判是防守一方采取有效拦防的基础。选取欧美女排各队的顶尖运动员为研究个体，按排球专项理论的司职专位分为主攻、副攻、接应二传。通过高速摄像机现场拍摄比赛过程，解析其进攻击球高度、球体过网位置（过网高度、距标志杆距离）、不同位置的进攻组织速度、队员击球速度等，为中国女排翔实准确掌握各队与重点进攻人的技术表现指标提供参考与依据。

7.1 欧美女排主攻、接应位置运动员扣球技术分析

7.1.1 坦达拉（巴西）扣球技术分析

坦达拉是目前巴西女排最具进攻实力的选手。东京周期中的一系列大赛中均有突出表现，在 2017 女排大奖赛、2018 世界排球联赛、2018 女排世锦赛中，以出色的进攻得分能力和进攻效率高居各站比赛的进攻榜前列。尽管她不具备绝对的高度优势，击球点并不突出，但其出色的身体素质和细腻的球感，关键时刻敢于下手以及发扣拦均没有明显漏洞，让本就有能力兼打主攻和接应二传两个位置的坦达拉有着强劲的实力，保证了她是目前世界女子排坛出色的接应二传，亦是中国女排与巴西女排对抗中的首要重点拦防对象。

7.1.1.1 坦达拉前排进攻组织节奏分析

图7-1 2号位组织垫球瞬间图

图7-2 2号位组织传球瞬间图

通过 Fastec TS5 运动高速摄像机,以250帧/秒的拍摄系数在2017世界女排大奖赛(南京站)和2018世界排球联赛(江门站)比赛现场,连续拍摄巴西主力接应二传队员坦达拉的2号位进攻,解析巴西队组织进攻的每帧影像,并计算出巴西不同进攻阶段的时间。在巴西队组织2号位进攻过程中,一传到二传环节方面,后排主攻手承担接一传任务,面对对方的飘球采用稍蹲准备姿势垫球,触球瞬间尽量压低一传弧度,接发球人前臂接一传触球到二传传球触球瞬间的时间为1.452秒,二传手采用跳传,提高传球高度,缩短球的运行时间,背传2号位触球瞬间双手击球点在额前,与向前方身前传球动作基本无异,传球动作具有较高的隐蔽性,传球触球至坦达拉扣球触球的时间仅为1.128秒,整个进攻组织过程为2.58秒,时间较短,进攻组织具有较强的隐蔽性与突然性。

7.1.1.2 坦达拉前排扣球击球高度、过网位置、球速分析

图7-3 坦达拉2号位击球高度侦测图

图7-4 坦达拉2号位过网位置侦测图

通过高速摄像解析软件 Fas motion 对坦达拉 2 号位扣球动作进行解析计算,其 2 号位的击球高度为 2.795 米,通过高速影像可以看出坦达拉在击球过程中腰腹力量动员充分,人球关系保持良好,击球手臂充分伸直,击球点保持在身前最高点,斜线进攻为坦达拉 2 号位进攻时运用较多的线路。侦测发现,坦达拉击球后球的过网点高度在 2.453 米,球体的过网位置距离 2 号位的标志杆 1.54 米,过网点相对集中。坦达拉扣球动作舒展,挥臂速度较快,2 号位扣球最大球速可达 26.73 米/秒,其 2 号位斜线进攻时的突破口在对方副攻队员移动过程中与主攻队员集体拦网手型未摆好的空当,由于击球高度并不占绝对优势,坦达拉进攻时平打或借拦网手击球出界技巧运用较多,建议对其 2 号位拦网时,主攻队员取位应适当内收,拦网时放慢伸手节奏,封堵其习惯线路。

图 7-5 坦达拉 2 号位击球球速解析图

7.1.1.3 坦达拉后排进攻组织节奏分析

图 7-6 坦达拉 6 号位进攻传球瞬间解析图　　图 7-7 坦达拉 6 号位进攻击球瞬间解析图

接应二传作为欧美球队中最重要的进攻点已成为进攻组织的核心,全队不同轮次的战术打法及掩护配合均可围绕接应二传展开,原始意义的接应二传作为球队调整传球弥补二传组织进攻的缺口作用已越发模糊,在英文中的表述为 opposite 或 wing spiker，即对角进攻人。

通过视频解析发现，坦达拉不同于传统打法中的接应二传，在后排进攻中往往在 1 号位发动，从二传传球触球到其击球的时间为 1.08 秒，坦达拉轮转至后排时主动参与 6 号位低弧度进攻的比率很高，成为目前巴西队中进攻的主要得分人和对拦网人的牵制利器。各队的副攻队员在盯防坦达拉的后排进攻时，不敢轻易提前移动至 2、4 号位并拦巴西队的主攻队员的平拉开或副攻队员的背飞，为巴西队的快速进攻打法创造基础（见图 7-6、图 7-7）。

7.1.1.4　坦达拉后排扣球击球高度、过网位置、球速分析

2018 世界排球联赛坦达拉进攻得分率高达 46.10%，位居全部参赛队员的第二位[①]。高速影像解析显示，坦达拉后排 6 号位扣球时助跑移动距离较长，起跳迅速，击球高度为 2.861 米，击球点距二传队员 1.649 米；击球后球体的过网高度为 2.496 米，距离二传队员 1.871 米。通过侧向拍摄，测算其 6 号位进攻速度为 33 米/秒，堪比一般男排运动员的击球速度，若拦网人的拦网手型未充分摆好或拦网手取位不佳时很难对其扣球造成有效的拦起或拦回。巴西队中坦达拉在后排进攻时不但进攻比率高，进攻位置也改至 6 号位发动，其优点在于二传手组织立体进攻时更具有突然性和速度优势，为前排主攻队员减轻进攻压力，且一传到位不需要很高的到位率，一传垫到场地中心部位即可组织 6 号位进攻，6 号位后排进攻已在女排强队中大量主动运用，并且传球弧度较低，与前排主攻手的平拉开和副攻队员相互掩护，在网前中间位置造成以多打少的局面。但也可以看出，坦达拉的劣势为进攻过网点低，若高拦网对其重点盯防亦可抑制。

图 7-8　坦达拉 6 号位击球高度解析图　　图 7-9　坦达拉 6 号位击球过网位置解析图

---

① http：//www.volleyball.world/en/vnl/womensfinals/statistics.

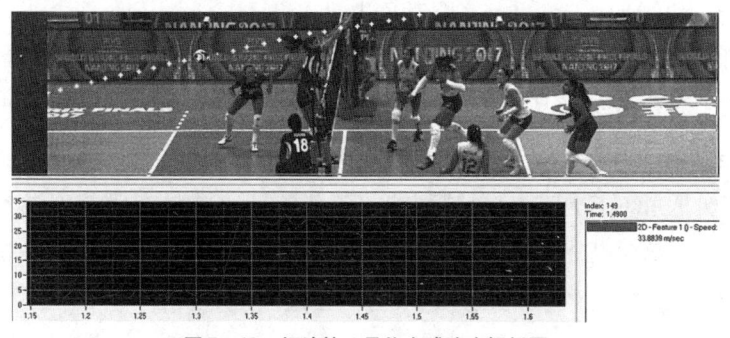

图 7-10 坦达拉 6 号位击球速度解析图

7.1.1.5 坦达拉扣球技术动作分析

图 7-11 坦达拉 2 号位扣球技术动作高速连拍图

坦达拉在进攻线后助跑，在距离球场中线 2.5 米左右的地方起跳，助跑速度较快，踏跳有力，同时身体腾起后背弓幅度明显，在起跳过程中左手臂上扬带动身体向上的动作显著，右手臂屈肘后仰动作幅度大，同时身体向右后方侧身扭转。实施中远网距离击球，击球时身体向左前下方扭转，击球有力。大斜线击球，身体下落位置距离中线约 1.5 米，身体在空中位移明显。从动作结构上分析，坦达拉作为世界一流边攻手，具有挥臂速度快、力量大、击球线路变化较丰富，击球手上动作变化较多，击球节奏变化较明显，移动速度较快等特点，是网上高度有限但速度和变化占优的接应二传代表。

7.1.1.6 坦达拉在不同轮次的进攻线路与效果分析

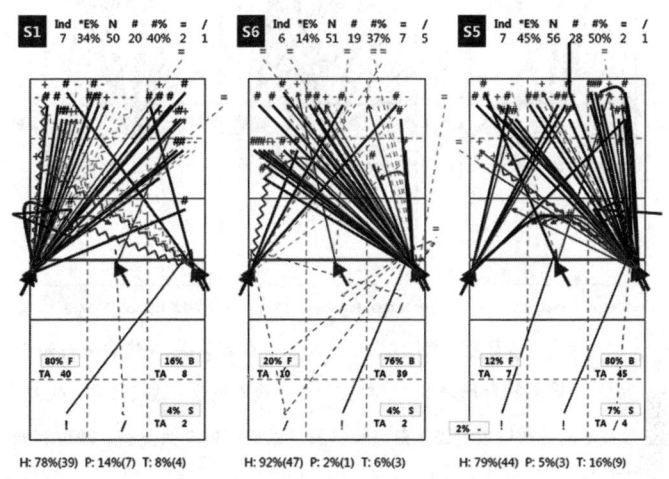

注：E% 代表效率、# 代表得分数、#% 代表得分率、= 代表失误、/ 代表被拦死、H 代表发力、P 代表轻搓、T 代表吊球、线路符号 # 代表得分、线路符号 + 代表破攻、线路符号 - 代表被防。

图 7-12　坦达拉在不同轮次进攻线路、落点侦测图（数据：2017 大奖赛、2018 世锦赛合计 6 场）

研究显示，坦达拉在巴西队 6 个轮次中的进攻比率较大。当二传在 1 号位时其进攻效率为 34%，进攻得分率为 40%，4 号位进攻线路多为直线、二直线、大斜线和小斜线，其中得分线路以直线居多，大斜线和腰线的得分比率也较高。落点多集中在 1、6、9 区。其中 78% 为发力，轻打和吊球分别占 14% 和 8%。由于该轮次为巴西队的反轮，但坦达拉仍具备较高的进攻效率。当二传在 6 号位时，2 号位进攻线路较为分散，其中小斜线得分比重最大，腰线次之，落点集中在 1、7 区。进攻效率为 14%，进攻得分率为 37%，其中 92% 为发力，轻打仅占 2%，吊球为 6%。当二传在 5 号位时其进攻线路以直线和二直线居多，大斜线次之，落点多集中在 1、6、5 区，进攻效率为 45%，进攻得分率高达 50%，其中 79% 为发力，轻打占 5%，吊球比率高达 16%

（见图7-12）。研究表明，二传在5号位时坦达拉的进攻效果最佳，应在该轮次对其进行重点盯防，针对其2号位的进攻线路和落点，前排拦网人应加强对其直线和二直线的阻拦，后排自由人在5号位防守取位可适当后撤防其直线。接应或二传在对其斜线进攻防守时应注意1号区。

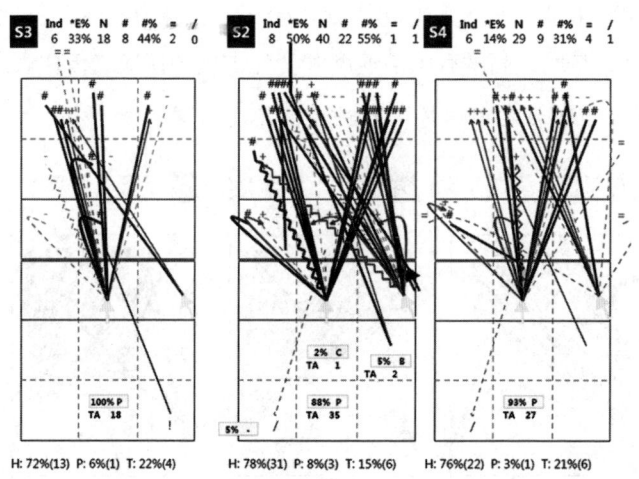

注：E%代表效率、#代表得分数、#%代表得分率、=代表失误、/代表被拦死、H代表发力、P代表轻搓、T代表吊球、线路符号#代表得分、线路符号+代表破攻、线路符号-代表被防。

图7-13 坦达拉在不同轮次进攻线路、落点侦测图（数据：2017大奖赛、2018世锦赛合计6场）

当二传在3号位，坦达拉轮转至后排时，其后排进攻位置从以往的1号位移至6号位，进攻线路选择以回手线为主，进攻效率为33%，得分率为44%，其中发力为72%，轻打和吊球分别占6%和22%。当二传在2号位时，其6号位进攻以"八字"分化的两条线路为主，落点集中在1号区和6号区，1号位后攻也有采用，线路以直线、大斜线为主，其中78%为发力，轻打和吊球分别占8%和15%。当二传在4号位时，其进攻比率较低，进攻线路以顺手线为主，落点集中在5号区，其中76%为发力，轻打和吊球分别占3%和21%（见图7-13）。

研究表明，当二传在2号位时，坦达拉的进攻效率和成功率最高，达到了50%和55%，针对该轮次的具体情况应对其进行重点盯防，在对其顺手线的拦网布局方面，主攻队员应加强配合，可适当提前移动配合副攻队员阻拦其进攻。针对其回手线的进攻，接应或二传队员应配合副攻队员进行集体拦网，副攻队员针对其进攻线路应判断在先，拦网取位时应适当向两侧边移，后排自由人取位时应加强对5号区和9号区的防守预判。当二传在3号位时，坦达拉的后排进攻轻吊比重最高，落点多集中在拦网人身后的场心区域，自由人应加强预判，对8号区加强防吊球意识。

7.1.2 纳塔莉亚（巴西）扣球技术分析

巴西女排主攻手纳塔莉亚（Natalia）是目前巴西女排的队长，场上阅读比赛能力较强，具有球队领袖气质，常年在欧洲豪门排球俱乐部效力，近两个赛季效力于土耳其的费内巴切俱乐部。在巴西女排参加的一系列国际大赛中承担了较大的进攻比重，比赛中的4、2号位进攻与6号位后排进攻都有不俗的表现。12号纳塔莉亚身体素质较出色，2017世界女排大奖赛总决赛中表现较突出。通过观察发现，在前排4号位进攻时，直线扣球占67%，斜线占33%，4号位吊球占进攻总数的29%，落点多在拦网人身后；前排2号位时直线扣球占65%，斜线扣球占35%，吊球运用占33%；其在6号位后排进攻时均采用直线扣球，基本无变线，但吊球搓心占25%，由此可见其进攻比例虽然较低，但进攻技巧娴熟，打吊结合运用灵活，近网球直线球居多。纳塔莉亚经过多年的磨炼，不管是进攻还是防守都非常完美，虽然身高仅有184cm，但是出色的身体素质弥补了高度的不足，是巴西女排不可缺少的球员。中国女排前排拦网队员应加强对其主要线路的封堵，后排队员对其吊球要加强预判和移动。

7.1.2.1 纳塔莉亚前排进攻组织节奏分析

图7-14 4号位组织垫球瞬间图　　图7-15 4号位组织传球瞬间图

通过Fastec TS5运动高速摄像机解析巴西队纳塔莉亚2号位的组织进攻，计算巴西不同进攻阶段的时间。纳塔莉亚的2号位进攻过程中，一传到二传环节方面，后排自由防守队员承担接一传任务，面对对方的跳飘球采用深蹲准备姿势垫球，触球瞬间尽量压低一传弧度，接发球人前臂接一传触球到二传传球触球瞬间的时间为 1.504 秒，二传手采用跳传提高传球高度，背传 2 号位触球瞬间双手击球点在额前，与向前方身前传球动作基本无异，传球动作具有较高的隐蔽性。通过视频画面看出巴西女排前排副攻队员采用短平快牵制掩护，二传手触球瞬间，对方副攻队员还未进行移动，传球触球至纳塔莉亚扣球触球的时间仅为 0.665 秒，整个进攻组织过程为 2.17 秒，时间较短，进攻组织具有较强的隐蔽性与突然性。

7.1.2.2　纳塔莉亚前排扣球击球高度、过网位置、球速分析

图 7-16　纳塔莉亚 4 号位击球高度解析图　　图 7-17　纳塔莉亚 4 号位击球过网位置解析图

图 7-18　纳塔莉亚 2 号位击球高度、位置解析图

通过高速摄像解析软件 Fas motion 对纳塔莉亚 4 号位扣球动作进行解析计算，其 4 号位的击球高度为 2.828 米，击球点相对拉开，距离同侧标志杆 1.013 米；纳塔莉亚 2 号位进攻时的击球高度为 2.982 米，距离同侧标志杆 1.092 米，测量其在 4 号位击球时的球速最高为 27.5 米/秒（见图 7-18、图 7-19）。通过高速影像可以看出，纳塔莉亚在面对双人拦网时进攻线路选择直线，避开拦网队员的封堵，在击球过程中击球手臂充分伸直，腰腹力量

动员充分,人球关系保持良好,直线进攻为纳塔莉亚4号位进攻时运用较多的线路。斜线进攻为其在2号位时运用较多的选择。侦测发现纳塔莉亚击球后球的过网点高度在2.68米,球体的过网位置距离4号位的标志杆1.242米,过网点相对拉开,可以看出,其4号位斜线进攻时的突破口在对方副攻队员拦网手外侧及头上,纳塔莉亚根据对方集体拦网的弱点选择进攻线路的意图十分明显,也可以看出其阅读比赛能力突出。

自伦敦奥运周期开始,纳塔莉亚进入巴西国家队,凭借自身出色的身体素质,弹跳惊人,强攻犀利,被视为巴西女排的"希望之星"。多年来,她也没有让主教练吉马良斯失望。经过多年的世界女排大奖赛、瑞士女排精英赛等一系列比赛的磨炼,纳塔莉亚迅速地提升了自身在攻防两端的水平,成为巴西女排值得信任的主攻手。伦敦奥运会中她作为主力队员帮助球队再登最高领奖台。里约奥运周期,伤病归来的纳塔莉亚进一步走向成熟,逐渐承担起球队攻击核心的重任。

2017年,纳塔莉亚接过了队长的袖标。这一年,巴西女排在国家联赛、瑞士精英赛、女排大奖赛先后夺冠,大冠军杯也收获银牌,成为"列强"中成绩最好的队伍。纳塔莉亚也在瑞士赛、大奖赛以及南美锦标赛中拿到"最佳主攻"殊荣,大奖赛还卫冕了MVP[①]。

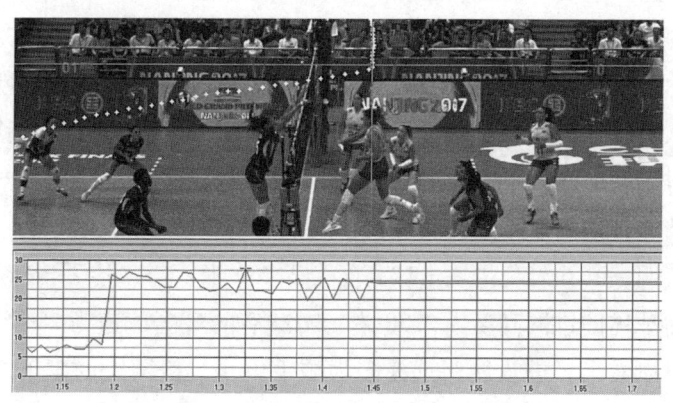

图7-19 纳塔莉亚4号位进攻击球球速测算图

---

① 从国际大赛到联赛 她几次"抢走"朱婷的MVP[EB/OL].[2017-10-16] http://sports.qq.com/a/20171016/097124.htm.

7.1.2.3 纳塔莉亚后排扣球击球高度、过网位置、球速分析

图7-20 纳塔莉亚6号位进攻击球高度、位置解析图

图7-21 纳塔莉亚6号位进攻击球过网高度、位置解析图

纳塔莉亚作为目前巴西女排较出色的主攻队员，除承担各轮次的一传任务外，进攻能力也较突出，在前排多承担2、4号位的强攻，在后排也主动参与6号位的立体进攻。纳塔莉亚在6号位的后排进攻具有更宽广的进攻线路和选择范围，巴西女排在组织6号位后排进攻时多与前排的副攻背飞跑动和前排主攻的4号位平拉开相掩护，整体进攻节奏较快，整体协同性较强，除自由防守队员之外，几名进攻队员根据一传起球弧度的高低同步移动，很大程度牵制对手网前的拦网，给对手的拦网判断造成假象。根据不同拦网人情况进行线路选择是高水平运动员应具备的基础条件。

研究表明，其6号位进攻击球高度为2.769米，与二传手传球相距1.736米，击球后球体的过网高度为2.38米，击球后的最高球速为28米/秒。通过高速摄像可以看出，进攻线路选择多为顺手斜线，拦网人的躯干位置与球的过网位置相距0.77米，未能对准其顺手进攻线路的过网点。

7.1.2.4 纳塔莉亚扣球技术动作分析

纳塔莉亚助跑速度不是很快，但助跑的步幅较大，在击球的时候保持身体的起跳方向，但突然运用转腕方法，击球力量减小，使球击中靠近标志杆拦网队员的外侧手，从而造成打手出界。在有一定腾起高度的情况下，在保

第七章 欧美与中国优秀女排运动员扣球技术特征分析

图 7-22 纳塔莉亚 2 号位扣球技术动作高速分解图

持大力扣杀动作技术特征的同时,突然减力,转腕变线,制造打手出界。击球节奏变化丰富,击球力量强弱交替、打吊结合、线路清晰、落点明确是纳塔莉亚显著的技术特点。而清晰的头脑、开阔的视野、良好的腰腹力量和滞空能力,对场上球员位置的良好判断,对对方拦防部署卓越的领悟和洞察能力以及娴熟的击球手法,是其良好技术特征的必要保证。

7.1.2.5 纳塔莉亚在不同轮次的进攻线路与效果分析

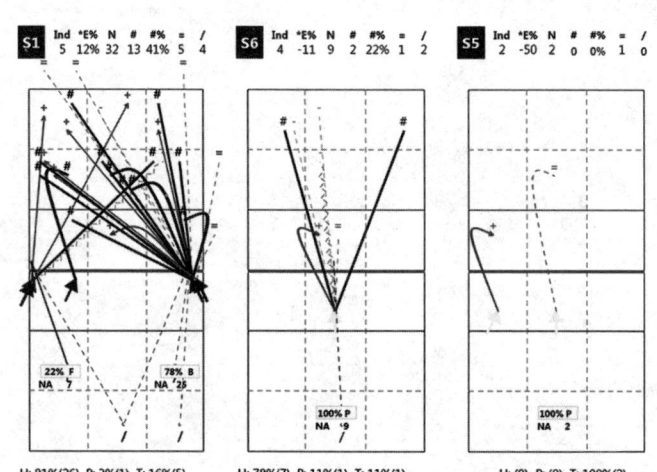

注：E%代表效率、#代表得分数、#%代表得分率、=代表失误、/代表被拦死、H代表发力、P代表轻搓、T代表吊球、线路符号#代表得分、线路符号+代表破攻、线路符号-代表被防。

图7-23 纳塔莉亚在不同轮次进攻线路、落点图（数据：2017大奖赛、2018世锦赛合计6场）

巴西队在2017世界女排大奖赛夺得冠军，各项单项奖随之出炉，巴西主攻纳塔莉亚获得了本次赛事的MVP（最有价值球员）和最佳主攻手两项称号。决赛中，纳塔莉亚是巴西女排最稳定的得分点，她砍下了全队最高的22分。此外，纳塔莉亚在一传和防守中也起到重要作用，是巴西女排不可或缺的一员。

通过研究发现，当巴西队二传在1号位时，纳塔莉亚的进攻效率为12%，进攻得分率为41%。2号位进攻线路多为大斜线和中斜线，其中得分线路以斜线居多，大斜线和腰线的得分比率也较高，落点多集中在7、8区。其中81%为发力，轻打和吊球分别占3%和16%。由于该轮次为巴西队的反轮，但纳塔莉亚的进攻效率较低，被防起的比率较高。当二传在6号位时，纳塔莉亚的6号位进攻线路以顺手线和回手线为主，落点集中在1区和6区。进攻效率为-11%，进攻得分率为22%，其中78%为发力，轻打仅占11%，吊球为11%（见图7-23）。当二传在5号位时，其进攻比重最低，仅2次，可以看出该轮次纳塔莉亚以保障为主承担一传任务，针对该情况在本轮次可不对其进行重点盯防。

第七章 欧美与中国优秀女排运动员扣球技术特征分析

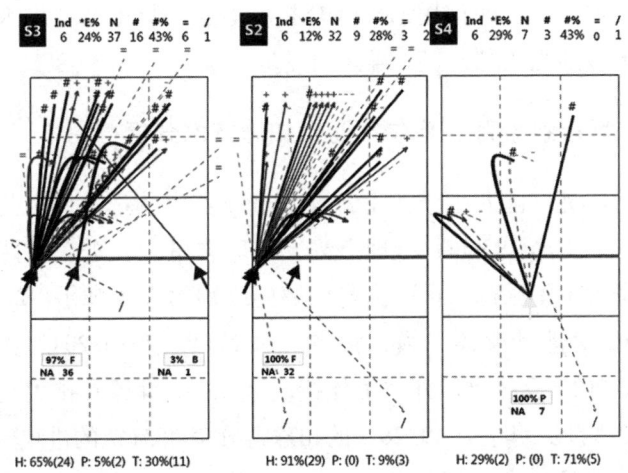

注：E%代表效率、#代表得分数、#%代表得分率、=代表失误、/代表被拦死、H代表发力、P代表轻搓、T代表吊球、线路符号#代表得分、线路符号+代表破攻、线路符号-代表被防。

图7-24 纳塔莉亚在不同轮次进攻线路、落点图（数据：2017大奖赛、2018世锦赛合计6场）

当二传在3号位，纳塔莉亚轮转至前排时，其进攻主要集中在4号位，进攻线路选择以直线和中线为主，落点较分散，集中在1号区、5号区，其进攻效率为24%，得分率为43%，其中发力为65%，轻打和吊球分别占5%和30%。当二传在2号位时，其4号位进攻以大斜线为主，落点集中在5号区和9号区，其中91%为发力，轻打和吊球分别占0%和9%。当二传在4号位时，其轮转至后排，进攻比率较低，6号位进攻以顺手线为主，落点集中在5号区，其中29%为发力，轻打和吊球分别占0%和71%（见图7-24）。

研究表明，当二传在1、3号位时，纳塔莉亚的进攻效率较好和进攻成功率最高，达到了41%和43%，针对巴西队该轮次的具体情况应对纳塔莉亚进行重点盯防，在对其直线和中斜线的拦网布局方面，二传队员或接应二传应注意拦网手型的摆位，可加强对其直线进攻的盯防，逼迫其进行斜线进攻，可以依靠后排防守的卡位对其进行重点防守，副攻队员针对其进攻线路应判断在先，拦网取位时应适当向两侧边移，后排自由人取位时应加强对5号区和6号区的防守预判。当二传在3号位时，纳塔莉亚的4号位进攻轻吊比重最高，达到30%，说明其进攻手法变化多样，当二传手传球位置不佳或面对集体拦网时容易变换扣球的个人战术，吊球和轻扣是充分体现进攻人机智的一种扣球个人战术。进攻人应当首先了解对方的拦防布局和防守形式，根据临场比赛情况合理、恰当地运用吊球和轻扣。落点多集中在拦网人身后的场心区域，自由人应加强预判，对 8 号区加强防吊球。

7.1.3　博斯科维奇（塞尔维亚）扣球技术分析

博斯科维奇是目前塞尔维亚女排最具进攻实力的选手，也是世界女子排坛的顶级接应。身高 193cm，击球点高，扣球力量大，进攻线路多变，多年效力于伊萨奇巴希俱乐部，被誉为与朱婷同级别的天才球手。2014 女排欧青赛 MVP、2016 女排世俱杯"最佳接应"和 MVP、2016/2017 赛季女排土超"最佳接应"、2017 女排世俱杯"最佳接应"、2017 世界女排大奖赛"最佳接应"。2018 女排世锦赛中以 49.28% 的扣球得分率和 31% 的进攻效率高居进攻排行榜首位。在对阵意大利的决赛中，以 102.7km/h 的扣球速度震惊排坛，2018 世界女排锦标赛再获 MVP。虽然年仅 21 岁的博斯科维奇的职业生涯刚刚起步，但在东京奥运周期必定是中国女排与塞尔维亚女排对抗中的首要重点拦防对象。

7.1.3.1　博斯科维奇前排进攻组织节奏分析

图 7-25　博斯科维奇 2 号位传球解析图

图 7-26　博斯科维奇 2 号位扣球解析图

图 7-27　博斯科维奇进攻-二传传球弧度解析图

图 7-28　博斯科维奇进攻过网位置解析图

博斯科维奇是塞尔维亚女排的重点进攻人，承担着全队近半数的进攻比例，作为接应二传目前进攻区域前排多在2号位。通过Fastec TS5运动高速摄像机，以250帧/秒的拍摄速度在2017世界女排大奖赛（南京站）和2018世界排球联赛（江门站）比赛现场连续拍摄其2号位进攻，解析其2号位强攻的每帧影像，并计算出塞尔维亚2号位进攻阶段的时间。在塞尔维亚组织2号位进攻过程中，一传到二传环节方面，后排自由人或主攻手承担接一传任务，面对攻击性较强的发球，塞尔维亚一传起球弧度较高，接发球人触球到二传传球瞬间的时间为1.216秒，二传手采用跳传以提高传球高度，缩短球的运行时间，背传2号位触球瞬间双手击球点在额前，与向前方身前传球动作基本无异，传球动作具有较高的隐蔽性，但传球弧度明显较高，高出球网上沿2.467米，传球触球至博斯科维奇扣球触球的时间仅为1.222秒，整个进攻组织过程为3.291秒，时间较长，说明塞尔维亚的接应位置依靠高点强攻的进攻意图十分明显，属暴露性强攻。2号位进攻多与其副攻的短平快掩护相结合，进攻组织依靠其高度和力量辗轧对手的拦防，与巴西、美国依靠快速、较低弧度的2号位强攻有较大区别。

7.1.3.2　博斯科维奇前排进攻击球高度、过网位置、球速分析

图7-29　博斯科维奇2号位进攻击球高度　　图7-30　博斯科维奇2号位进攻击过网位置图

通过高速摄像解析软件Fas motion对博斯科维奇2号位扣球动作进行解析计算，21岁、自身193cm的身高与较高的弹跳，其2号位的击球高度达到3.024米（见图7-29）。通过高速影像可以看出，博斯科维奇充分利用其高度优势，在击球过程中展腹幅度大，鞭打动作快速有力，人球关系保持良好，击球点保持在身前最高点，大斜线、小斜线是其2号位进攻时运用较多的线路。侦测发现，博斯科维奇击球后球的过网点高度在2.611米，球体的过网

位置距离 2 号位的标志杆 1.726 米，2 号位扣球最大球速可达 31.42 米/秒（见图 7-31）。博斯科维奇扣球动作舒展，是目前世界女排队员中高点强攻的典型代表。其 2 号位斜线进攻时的突破口在对方副攻队员移动过程中与主攻队员集体拦网手型未摆好的空当（见图 7-30），由于击球高度较高，若没有集体拦网对其进行封堵很难形成有效拦网，建议对其 2 号位拦网时，主攻队员应尽早取位，副攻队员早做预判并协拦其左手斜线。

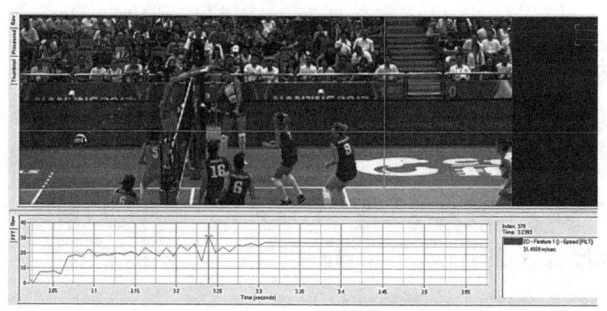

图 7-31　博斯科维奇 2 号位进攻击球速度解析图

7.1.3.3　博斯科维奇后排进攻组织节奏分析

图 7-32、图 7-33　博斯科维奇 6 号位进攻一传、二传组织时间图

图 7-34、图 7-35　博斯科维奇 6 号位进攻-二传传球弧度、击球时间图

第七章　欧美与中国优秀女排运动员扣球技术特征分析

塞尔维亚女排在主教练特尔季奇的带领下，全队的进攻打法以追求高度、速度、立体见长，男子化特征极其突出。通过视频解析发现，博斯科维奇后排进攻位置多变，一攻时可选择在 6 号位发动，与前排 4 号位平拉开和副攻手的背飞相掩护。反击时多在 1 号位发动，与本队的主攻平拉开和副攻手的短平快相掩护，具有较强的立体性。二传组织 6 号位进攻时传球弧度最高点高出球网 2.335 米，传球弧度高于巴西队和美国队。保障型主攻米伦科维奇接发球触球到二传手传球触球时间为 1.53 秒，从二传传球触球到其击球的时间为 1.213 秒，整个后排进攻组织时间为 2.74 秒（见图 7-35）。博斯科维奇轮转至后排时，1 号位和 6 号位进攻比例较高，由于其身体素质十分出色，后排进攻的威力不逊于前排攻。通过影像观察其采用 6 号位后攻时，前排主攻与副攻队员也同时跑动到位，前后排相互掩护，进攻区域同时可在网前的 2、4 号位，中间区域为实际进攻区域，给对手的拦网判断造成较大的困难，结合自身的进攻实力获得较高的进攻得分率和进攻效率。

7.1.3.4　博斯科维奇后排扣球击球高度、过网位置、球速分析

图 7-36、图 7-37　博斯科维奇 6 号位扣球击球高度、过网位置图

2018 世界女排锦标赛博斯科维奇进攻得分率高达 53.66%，位居全部参赛队员的第一位①。影像研究发现，博斯科维奇后排 6 号位扣球时助跑移动距离较长，踏跳有力，起跳迅速，击球高度为 2.951 米，击球点距二传队员 1.443 米；击球后球体的过网高度为 2.513 米，距离二传队员 1.462 米（见图 7-37）。通过侧向拍摄测算其 6 号位进攻速度为 31 米/秒（见图 7-38），堪比一般男排运动员的击球速度，若没有集体性的高拦网对其阻击，很难对其扣球造成

---

① http://japan2018.fivb.com/en/competition/statistics.

有效的拦起或拦回。博斯科维奇在后排进攻时不但进攻比率高,进攻位置也从以往的1号位向场心区域的6号位移动,在一攻时多主动采用,并与副攻的背飞和前排主攻的平拉开相结合与掩护。其优点在于二传手组织立体进攻时取位方便,更具有突然性和速度优势,一传起球位置在场地中心部位即可组织6号位进攻,且对一传到位要求不高。与中国队和美国队的主攻手参与6号位后排进攻不同,塞尔维亚女排依靠主攻承担保障性任务居多,一传防守比重更大,突出接应二传在其进攻打法中的作用。通过解析图片可以看出,其6号位进攻时有副攻队员的背飞掩护,牵制住了拦网一方的主攻队员。朱婷在盯防副攻的背飞跑动战术后再移动并拦网已失去有效时机,6号位进攻过网点较宽,副攻手单人对其一对一拦网较难进行有效阻击。博斯科维奇为左手球员,针对其进攻特点,除做重点盯防外,拦网人的取位及拦网手型的摆放要结合其主要线路进行封堵。

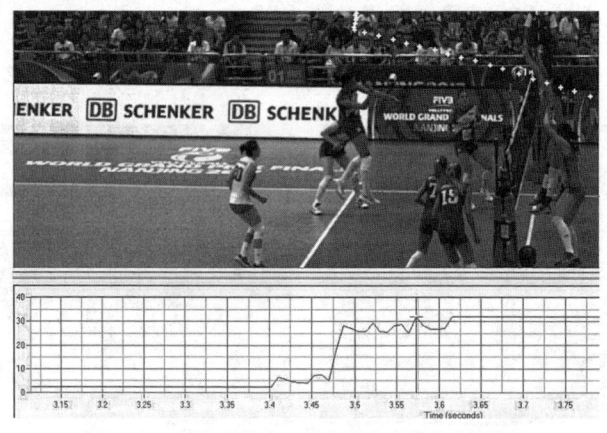

图7-38　博斯科维奇6号位进攻击球速度解析图

7.1.3.5　博斯科维奇扣球技术动作分析

博斯科维奇身高臂长,作为左手球员其弹跳高度较高,起跳后身体背弓幅度大,手臂屈肘后引,击球时手臂完全伸直,利用高度优势冲击拦网高度,实战中经常超手避开对方的集体拦网。作为当今排坛的顶尖球星,其整个击球动作过程流畅,起跳迅速,力量足,擅长中、远网击球,斜线助跑,击球线路清晰。中国选手龚翔宇应学习其动作舒展到位、弹跳迅速、击球发力迅猛、远网控球能力强的优点,在能处理好近网球的同时,加强对远网球的控制和处理,进而提升近、中、远不同距离控击球的能力。

第七章　欧美与中国优秀女排运动员扣球技术特征分析

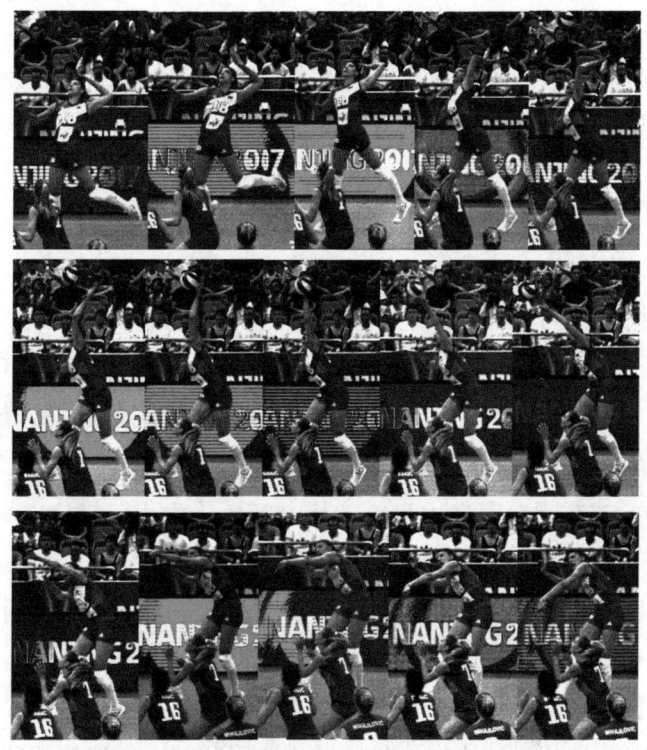

图 7-39　博斯科维奇 2 号位扣球技术动作解析图

7.1.3.6　博斯科维奇在不同轮次的进攻效果与线路、落点分析

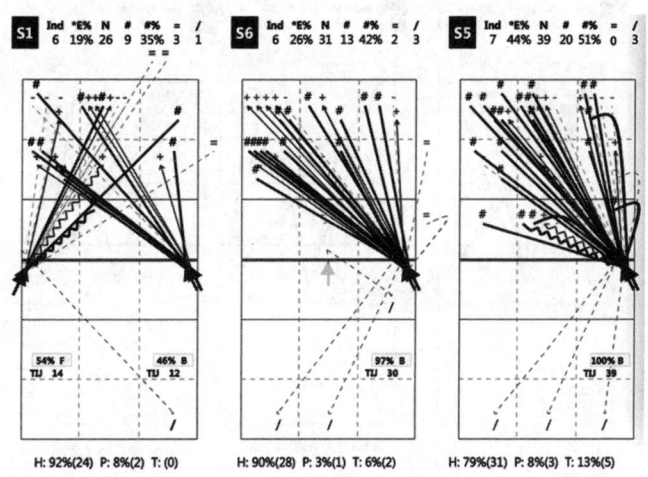

注：E%代表效率、#代表得分数、#%代表得分率、=代表失误、/代表被拦死、H代表发力、P代表轻搓、T代表吊球、线路符号#代表得分、线路符号+代表破攻、线路符号-代表被防。

图 7-40　博斯科维奇在不同轮次进攻线路、落点侦测图（数据：2017 大奖赛、2018 世锦赛合计 6 场）

209

研究显示，博斯科维奇在全队的 6 个轮次中的进攻比率最高，当二传在 1 号位时其进攻效率为 19%，进攻得分率为 35%，4 号位进攻线路多为中斜线、大斜线，其中得分线路以斜线居多，落点多集中在 1、5、6 区。其中 92% 为发力，轻打和吊球分别占 8% 和 0%。由于该轮次为塞尔维亚队的反轮，博斯科维奇站位靠近 4 号位，很大比重的进攻从 4 号位发动，但博斯科维奇仍具备较高的进攻得分能力。当二传在 6 号位时，其进攻次数较多，高达 31 次，2 号位进攻线路较为分散，其中小斜线得分比重最大，大斜线次之，落点集中在 6、9 区。进攻效率为 26%，进攻得分率为 42%，其中 90% 为发力，轻打仅占 3%，吊球为 6%。当二传在 5 号位时，其进攻线路以直线、大斜线为主，中斜线次之，落点多集中在 1、6、5 区，进攻次数高达 39 次，进攻效率为 44%，进攻得分率高达 51%，其中 79% 为发力，轻打占 8%，吊球比率高达 13%。

研究表明，塞尔维亚女排二传在 5、6 号位时，博斯科维奇的进攻比重最高，效果最佳，应在该轮次对其进行重点盯防，针对其 2 号位的进攻线路和落点，前排拦网人应加强对其中斜线和小斜线的阻拦，舍去直线。后排自由人在 5 号位防守取位可适当向 6 号区摆位协同防其大斜线等线路，接应或二传在对其斜线进攻防守时应注意 1 号区和 9 号区的结合部。

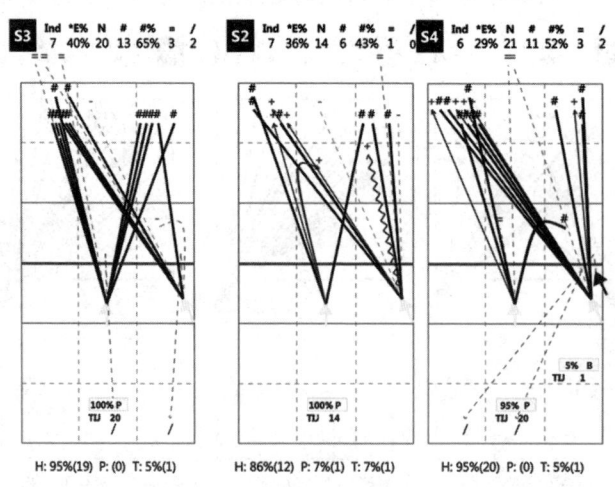

注：E% 代表效率、#代表得分数、#% 代表得分率、= 代表失误、/代表被拦死、H 代表发力、P 代表轻搓、T 代表吊球、线路符号#代表得分、线路符号 + 代表破攻、线路符号 − 代表被防。

图 7−41　博斯科维奇在不同轮次进攻线路、落点侦测图（数据：2017 大奖赛、2018 世锦赛合计 6 场）

当二传在 3 号位，博斯科维奇轮转至后排时，其后排进攻位置有 1 号位和 6 号位两种选择，一攻时多采用 6 号位进攻，反击时多采用 1 号位进攻。6 号位进攻线路选择两侧斜线为主，进攻效率为 40%，得分率高达 65%，其中 95% 为发力扣球，轻打和吊球分别占 0% 和 5%，落点集中在 1 号区和 5 号区。当二传在 2 号位时，其 6 号位进攻以"八字"分化的两条斜线为主，落点集中在 1 号区和 6 号区，1 号位后攻也有采用，线路以直线和大斜线为主，其中 86% 为发力，轻打和吊球分别占 7% 和 1%。当二传在 4 号位时，其进攻效率为 29%，得分率高达 52%，1 号位进攻线路以大斜线为主，落点集中在 1 号区，直线次之，其中 95% 为发力，吊球占 5%（见图 7-41）。

研究表明，当二传在 3、4 号位时，博斯科维奇的后排进攻效率和成功率最高，达到了 65% 和 52%，针对该两个轮次的具体情况应对其进行重点盯防。在对其 1 号位后攻斜线的拦网布局方面，主攻队员向内适当取位协同拦网，配合副攻对其斜线进行阻拦。针对其 6 号位两侧的斜线进攻，副攻队员针对其进攻线路应判断在先，甄别其击球挥臂动作，拦网取位时应适当向两侧边移，后排自由人取位时应加强对 5 号区和 9 号区的防守预判。当二传在 4 号位时，博斯科维奇的后排进攻比重最高，且吊球运用较少，多以发力扣球为主，后排防守队员可取位适当后撤，防其大力扣球触及拦网队员后的拦起球。

7.1.4 米哈伊洛维奇（塞尔维亚）扣球技术分析

7.1.4.1 米哈伊洛维奇 4 号位强攻组织节奏分析

2018 世界女排锦标赛塞尔维亚荣获冠军，米哈伊洛维奇是队内的重要功臣之一，以 47.28% 的进攻成功率和 170 分的得分位居各参赛队全部进攻队员排行榜的第五位[1]，是队内除博斯科维奇之外的第二进攻人。她在国家队中充当了十分重要的角色，是整个队伍中攻防体系里关键的一环。1991 年出生的米哈伊洛维奇凭借超强的身体素质、全面的攻防能力稳居塞尔维亚队主力主攻手位置。在 2016 年的里约奥运会个人得分榜上，米哈伊洛维奇以扣球 110 分、发球 6 分、拦网 5 分，总计 121 分排名个人得分榜第 4 位。而在其

---

[1] http://japan2018.fivb.com/en/competition/statistics.

最擅长的进攻环节，米哈伊洛维奇表现更加出色，她以47.6%的进攻成功率高居扣球榜第二[①]，仅次于朱婷。米哈伊洛维奇也凭借出色的表现帮助塞尔维亚队夺得奥运会历史上的最佳战绩。

图7-42、图7-43　米哈伊洛维奇4号位进攻－二传传球弧度、击球瞬间解析图

米哈伊洛维奇在面对有着充分准备的集体拦网和防守时，大胆展开强行进攻，充分体现了主攻队员个人的扣球技巧、力量、高度与变化。对较高的二传来球实行高点突破拦网，显然强攻扣球的难度较大，对进攻人扣球技术的要求也较高，它既是衡量一个队或一个人扣球能力高低的标志，更是力争主动的有效得分手段之一。

米哈伊洛维奇4号位高点强攻传球弧度较高，最高点达到了4.529米，二传手在组织其4号位强攻时同样采取跳传球，传球触球到米哈伊洛维奇扣球击球瞬间的时间为1.137秒（见图7-43），其进攻组织节奏与美国、巴西相比较慢。

7.1.4.2　米哈伊洛维奇4号位强攻击球高度、过网位置、球速分析

图7-44、图7-45　米哈伊洛维奇4号位扣球击球高度、过网位置图

---

① http://sports.sina.com.cn/others/volleyball/2016-10-03/doc-ifxwkzyk0899905.shtml.

通过高速影像解析，其4号位强攻击球高度为2.943米，一传到位情况下多采用高点平拉开战术，进攻点较拉开，击球时球体位置距标志杆仅0.451米，球的过网点高出球网上沿0.512米，距标志杆1.078米，球体过网高度达2.752米，过网点较拉开，充分利用球网宽度拉开进攻点（见图7-44、图7-45）。米哈伊洛维奇身高190cm，体重83kg，属于兼具高度与力量型的强力主攻手，扣球球速达到25.78米/秒（见图7-46），其进攻上步节奏快，起跳后空中腰腹、引臂动作幅度较大，充分利用助跑速度增加击球高度与扣球攻击性。

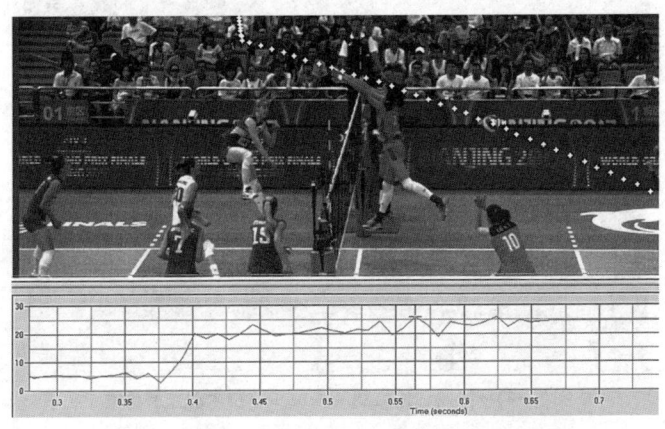

图7-46 米哈伊洛维奇4号位进攻击球速度解析图

7.1.4.3 米哈伊洛维奇扣球技术高速分析

米哈伊洛维奇扣球起跳时左手臂充分上扬带动身体腾起，右手臂屈肘充分后引，身体有较为明显的背弓，同时身体空中前冲位移明显，在高点击球时，身体具有显著地向左侧扭转的动作特征，比赛中多采用斜线击球，同时击球点距离球网较远，形成中远网距离击球。由于击球点高，力量大，线路分化清晰，多造成破坏性拦网或打手出界，使得后排防守卡位的队员也无计可施，球触及人体后变线出界。因而，拔高击球点，增强击球的力量，实施大角度线路调配，是如米哈伊洛维奇等高度力量型运动员的显著技术特征。

世界女排强队进攻表现特征研究

图 7-47 米哈伊洛维奇 4 号位扣球技术动作解析图

7.1.4.4 米哈伊洛维奇在不同轮次的进攻效果与线路、落点分析

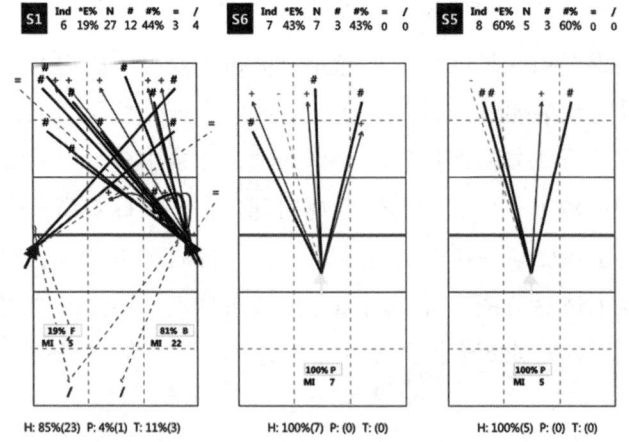

注：E%代表效率、#代表得分数、#%代表得分率、=代表失误、/代表被拦死、H代表发力、P代表轻搓、T代表吊球、线路符号#代表得分、线路符号+代表破攻、线路符号-代表被防。

图 7-48 米哈伊洛维奇在不同轮次进攻线路、落点侦测图（数据：2017 大奖赛、2018 世锦赛合计 6 场）

研究显示，米哈伊洛维奇在全队的 6 个轮次中的进攻比率较高。当二传在 1 号位时，其进攻效率为 19%，进攻得分率为 44%，由于该轮次为塞尔维亚队的反轮，米哈伊洛维奇靠近 2 号位，很大比重的进攻从 2 号位发动，但米哈伊洛维奇 2 号位同样具备较强的进攻实力。2 号位进攻线路多为中斜线、大斜线，其中得分线路以大斜线居多，落点多集中在 1、9 区。其中 85% 为发力，轻打和吊球分别占 4% 和 11%。当二传在 6 号位时，其轮转至后排，进攻次数下降。6 号位后排进攻多与前排副攻的背飞掩护相结合，当博斯科维奇进攻受阻时，米哈伊洛维奇的后排进攻多主动采用并分担进攻压力，进攻线路较为分散，直线与两侧的斜线均有运用，落点集中在 6、9 区。进攻效率高达 43%，进攻得分率为 43%，其中 100% 为发力，轻打与吊球基本无运用。当二传在 5 号位时，其进攻线路以两侧的斜线为主，虽然进攻次数较少，但效率较高，落点多集中在 1、9 区，进攻效率为 60%，进攻得分率高达 60%（见图 7-48）。且均为发力扣球，无吊球运用，通过侦测统计发现，米哈伊洛维奇的后排进攻次数虽没有博斯科维奇运用多，但有限的进攻次数却取得较高的进攻效率和得分率，并且均为发力扣球，说明其后排扣球技术娴熟，适应球的能力较强，进攻实力不容小觑。

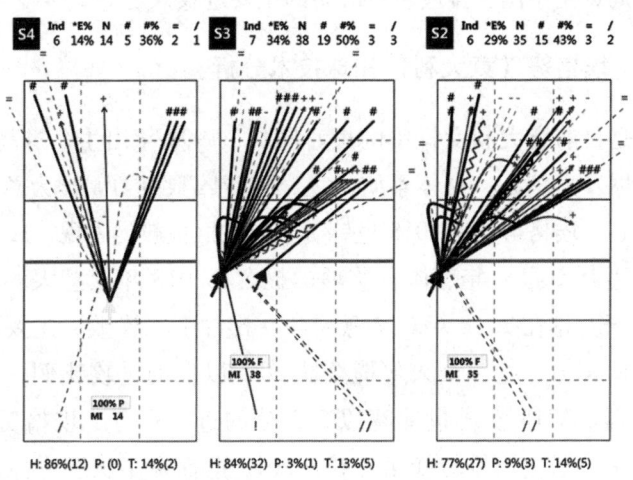

注：E% 代表效率、# 代表得分数、#% 代表得分率、= 代表失误、/ 代表被拦死、H 代表发力、P 代表轻搓、T 代表吊球、线路符号 # 代表得分、线路符号 + 代表破攻、线路符号 - 代表被防。

图 7-49 米哈伊洛维奇在不同轮次进攻线路、落点侦测图（数据：2017 大奖赛、2018 世锦赛合计 6 场）

当二传在 4 号位时，米哈伊洛维奇在后排，除参与接发球保障任务外，主动发动后排进攻，其进攻效率为14%，进攻得分率为36%，该轮次米哈参与6号位进攻次数增多，多与前排副攻的短平快或背飞相掩护，在球网中部造成以多打少的局面，对手难以判断该轮次真实的进攻点，6号位进攻线路多为两侧斜线居多，落点多集中在1、5区。其中86%为发力，吊球占14%，吊球位置多在场心区域。当二传在3号位时，其轮转至前排，进攻次数明显提升，达到38次。4号位强攻以高点平拉开和调整攻为主，由于该轮次塞尔维亚为前排2点攻轮次，米哈多与副攻的前快相互掩护，进攻线路较为分散，直线与大斜线、小斜线均有运用，落点集中在1、5、6、7区。进攻效率高达34%，进攻得分率为50%，其中84%为发力扣球，轻打与吊球分别占进攻比重的3%与13%。当二传轮转至2号位时，米哈在前排的进攻比率依旧较高，为其右翼的接应博斯科维奇承担了较大的进攻任务，进攻效率达到29%，进攻得分率为43%，进攻线路多采用大斜线与小斜线，落点多集中于5、7区。其中发力扣球达77%，轻打和吊球分别占进攻比率的9%和14%（见图7-49）。

米哈伊洛维奇除具备高水平主攻手承担保障型一传和防守的能力外，其进攻实力不俗，在各轮次均承担比重较高的进攻任务，除了击球线路分散、力量大的特点外，击球技巧和运用也较灵活，恰当地运用轻打和吊球打乱对方的防守布局，是中国女排应重点盯防的主要进攻人之一。

7.1.5 埃格努（意大利）扣球技术分析

埃格努是目前意大利女排中的核心队员，1998年出生，身高193cm，弹跳高度高，爆发力惊人，身体素质出色，扣球凶狠有力。作为意大利女排的绝对进攻核心，埃格努凭借2018世锦赛上自己巨星般的表现，成功入围2018年度的《米兰体育报》年度体育奖项的提名，2018年获意大利年度最佳女运动员。中国女排在2018年对垒意大利女排吞下三连败，主要原因还是对埃格努的盯防不力，她一个人包揽全队30%以上的进攻比例，可谓不折不扣的得分机器。2018女排世锦赛以275分的进攻得分，埃格努以48.85%的扣球得分率位居进攻排行榜第三位。2018世锦赛半决赛中意之战埃格努独得45分，这名不满20岁的黑人运动员无疑是全场表现最突出的球员，随着其技术的不断成熟，比赛阅历的丰富，埃格努目前已是国际上顶尖的"暴力型"接应代表。

第七章 欧美与中国优秀女排运动员扣球技术特征分析

7.1.5.1 埃格努前排进攻组织节奏分析

图 7-50、图 7-51　埃格努 2 号位进攻组织时间图

埃格努是意大利女排的进攻核心，前排 2、4 号位，后排 1、6 号位均有进攻，在不同轮次还可承担接发球保障任务，可以说技术越发成熟细腻。通过 Fastec TS5 运动高速摄像机，以 250 帧/秒的拍摄速度在 2017 世界女排大奖赛（南京站）和 2018 世界排球联赛（江门站）比赛现场连续拍摄其 2 号位进攻，解析其 2 号位强攻的每帧影像，并计算出意大利 2 号位进攻阶段的时间。意大利队二传手马里诺芙刚荣获 2018 女排世锦赛最佳二传称号，传球组织隐蔽，出手速度快，传球全部以高点跳传实施，背传 2 号位传球动作具有较高的隐蔽性，但传球弧度较高，高出球网上沿 2.66 米，传球触球至埃格努扣球触球的时间为 1.47 秒，时间较长（见图 7-51），说明黑人球员埃格努身体素质出色，弹跳高度较高，空中展腹引臂等动作幅度大，接应位置依靠高点强攻的进攻意图明显，属暴露性强攻。2 号位进攻多与其副攻的短平快掩护相结合，进攻组织依靠其高度、力量与清晰的线路分化避开对手的拦防，超手高点扣球是埃格努的特点。

7.1.5.2 埃格努前排进攻击球高度、过网位置、球速分析

图 7-52、图 7-53　埃格努 2 号位进攻击球高度、过网位置图

图7-54 埃格努2号位进攻击球速度解析图

通过高速摄像解析软件 Fas motion 对埃格努的2号位扣球动作进行解析计算，埃格努弹跳出色，其2号位的击球高度达到3.13米，击球点距同侧标志杆仅0.177米，2号位球拉开幅度极大，充分利用球网两侧的进攻区域。通过高速影像可以看出，埃格努充分利用其高度优势，扣球动作简单、协调、舒展，特别是击球点高，在击球过程中展腹幅度大，鞭打动作快速有力，人球关系保持良好，击球点保持在身前最高点。根据二传传球位置，其直线、斜线均有不同运用。侦测发现，埃格努击球后球的过网点高度在2.67米，球体的过网位置距离2号位的标志杆0.48米（见图7-53）。埃格努2号位扣球最大球速可达31米/秒（见图7-54）。埃格努扣球动作舒展、引臂充分、动作幅度较大、空中滞空时间久，是目前世界女排队员中高点强攻的典型代表之一。与身高相对较矮的运动员相比，埃格努的进攻更具自信和优势，运用弹跳优势和网上高度超手突破拦网阻挡。由于埃格努击球高度较高，扣球力量大，若没有集体性的高拦网对其进行封堵，很难形成有效拦网，依靠后排队员的防守起球难度较大，建议对其2号位拦网时，除早作预判移动取位之外，还需提升拦网高度，适当放慢拦网起跳时机，形成有效拦网。

7.1.5.3 埃格努后排进攻组织节奏分析

图7-55、图7-56 埃格努1号位进攻组织时间图

第七章　欧美与中国优秀女排运动员扣球技术特征分析

埃格努作为实力型接应，无论在前排或后排均展现出极强的进攻实力，当其轮转至后排时进攻比例依旧很高。当意大利队的一传不佳或反击遭阻的情况下，二传马里诺芙都会将球分配给埃格努，埃格努在1号位的后攻也是其"看家本领"。通过高速视频解析发现，其1号位进攻从二传触球到其击球瞬间时长为1.40秒（见图7-56），比其2号位定点强攻时间还短，说明意大利女排在组织立体进攻方面不仅一味追求高度，发展速度也是撕开对手拦防的重要因素。

7.1.5.4　埃格努后排进攻击球高度、过网位置、球速分析

图7-57、图7-58　埃格努1号位进攻击球高度、过网位置图

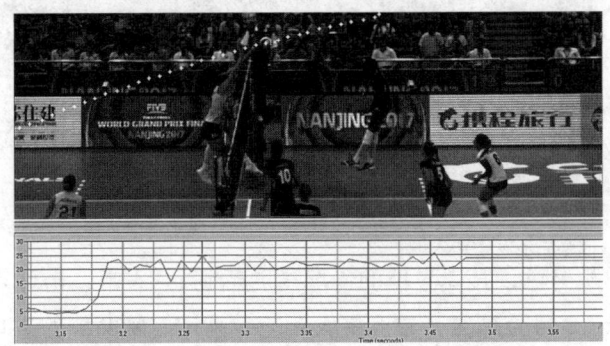

图7-59　埃格努1号位进攻击球速度解析图

埃格努1号位后排进攻助跑起跳距离较长，起跳充分，击球高度达到3米，击球点距同侧标志杆0.58米，球体通过球网位置高出球网上沿0.46米，距离标志杆位置0.96米（见图7-58）。位置相对拉开，其1号位后排进攻球速达到26米/秒（见图7-59）。通过解析发现，埃格努作为顶尖接应选手，强攻除高度、力量俱佳以外，进攻击球手法同样运用娴熟，当面对双人拦网时可选择拦网空当区域，看到巴西女排对其双人拦网时主攻与副攻起跳后有

较大拦网空隙，埃格努选择中斜线进攻突破，取得较好进攻效果，善于高点打线路是高水平排球运动员必须具备的条件。

7.1.5.5 埃格努扣球技术动作分析

图7-60 埃格努2号位扣球动作特征画面解析图

埃格努弹跳出色，其2号位的击球高度达到3.13米，击球点距同侧标志杆仅0.177米，2号位球拉开幅度极大，充分利用球网两侧的进攻区域。通过高速影像可以看出，埃格努充分利用其高度优势，扣球动作简单、协调、舒展，特别是击球点高，在击球过程中展腹幅度大，鞭打动作快速有力，人球关系保持良好，击球点保持在身前最高点。根据二传传球位置，其直线、斜线均有不同运用。埃格努扣球动作舒展、引臂充分、动作幅度较大、滞空时间久，其2号位扣球最大球速可达31米/秒，与依靠速度和技巧为特征的运动员相比，埃格努的进攻更具自信和优势，是目前世界女排队员中高点强攻的典型代表之一。

7.1.5.6　埃格努在不同轮次的进攻效果与线路、落点分析

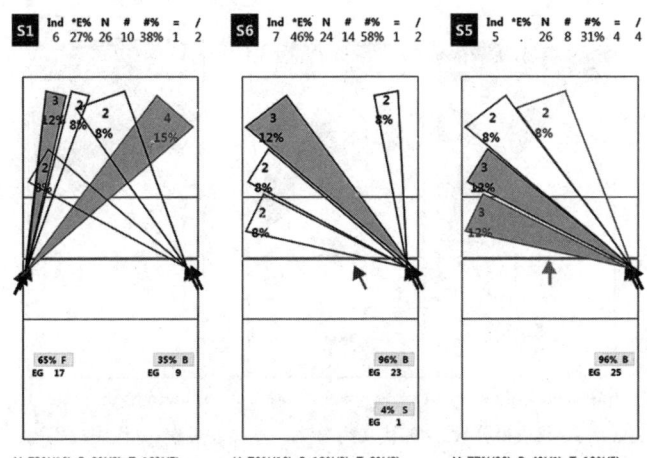

注：E%代表效率、#代表得分数、#%代表得分率、=代表失误、/代表被拦死、H代表发力、P代表轻搓、T代表吊球、线路符号#代表得分、线路符号+代表破攻、线路符号-代表被防。

图7-61　埃格努在不同轮次进攻线路、落点侦测图（数据：2017大奖赛、2018世锦赛合计6场）

埃格努在意大利各轮次的进攻中都承担了较大的进攻比例，进攻次数多且效果好，分析可以看出当二传在6号位和2号位时其进攻效率最高，分别达到46%和43%，进攻得分率也高达惊人的58%和57%，发力扣球达到79%和86%，以高点强攻为主，吊球和轻打比重相对较低，适应球能力极强，二传队员在进攻受阻或一传不佳的情况下都会将球分配给埃格努。从进攻线路和落点来看，其2号位进攻多以斜线为主，其中大斜线占比最高，当其在前排时小斜线也有运用，轮转至后排时直线进攻比重增加，但中斜线和大斜线依旧是其重点线路。

当二传轮转至5号位时，埃格努进攻效率和得分率有所下降，扣球失误和被拦死数量增加。该轮次埃格努的进攻得分率为31%，其中77%为发力扣球，吊球比重高达19%，轻拍占4%；击球多采用小斜线和中斜线（见图7-61）。针对其该轮次的数据特征状况，可适当放宽对其的拦防，防守队员后排防守应结合前排拦网人封堵斜线的空当，并注意脚下移动，提前预判其轻打与吊球。

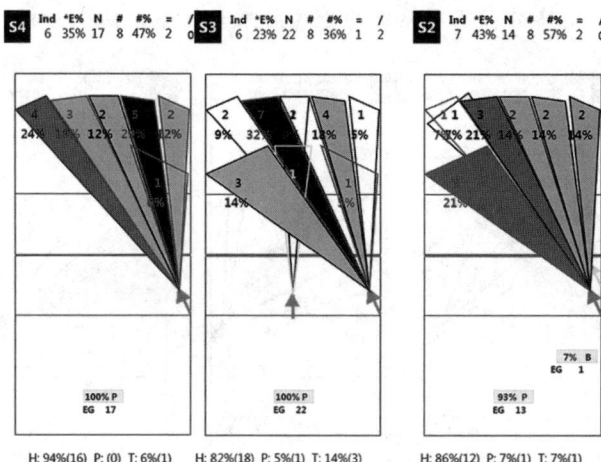

注：E%代表效率、#代表得分数、#%代表得分率、=代表失误、/代表被拦死、H代表发力、P代表轻搓、T代表吊球、线路符号#代表得分、线路符号+代表破攻、线路符号-代表被防。

图7-62　埃格努在不同轮次进攻线路、落点侦测图（数据：2017大奖赛、2018世锦赛合计6场）

当二传在4号位时埃格努轮转至后排，后排3个轮次较少参与接发球保障任务。1号位的后排进攻效率高达35%，进攻得分率为47%，该轮次埃格努1号位进攻效果较好，多与前排副攻的短平快互相掩护，在球网右翼给对手施压，由于其击球点高，对方拦防较困难。1号位进攻线路多为斜线，但直线也有运用，落点多集中在1、5区。其中94%为发力，吊球占6%，吊球落点位置多在拦网人身后。当二传在3号位时，埃格努轮转至6号位，进攻次数明显提升，达到22次。以6号位、1号位后攻为进攻手段，由于该轮次意大利为前排2点攻轮次，埃格努6号位进攻多与副攻的背飞相互掩护，进攻线路较为分散，直线与大斜线均有运用，落点集中在8区。1号位进攻线路较分散，直线、斜线变换运用，落点多以长线为主，较分散，进攻效率为23%，进攻得分率为36%，其中82%为发力扣球，轻打与吊球分别占进攻比重的5%与14%。当二传轮转至2号位时，埃格努在后排的进攻比率依旧较高，为其左翼的主攻塞拉分担了较大的进攻压力，进攻效率达到43%，进攻得分率为57%，进攻线路多采用大斜线与小斜线，落点多集中于5、7区。其中发力扣球达86%，轻打和吊球均占进攻比率的7%（见图7-62）。

7.1.6　波塞蒂（意大利）扣球技术分析

中国女排的最大拦路虎意大利队拥有一位老辣的"刺客"，司职主攻手的

第七章 欧美与中国优秀女排运动员扣球技术特征分析

波塞蒂身高仅178cm，这样一名经验丰富的主攻手在当今"高人林立"的国际排坛看起来并不起眼，但身高和年龄恰恰是她最好的伪装。波塞蒂与意大利女排的两位猛将埃格努和希拉相比进攻实力虽显逊色，但波塞蒂代表着意大利女排的另外一种风格。身为保障型主攻手的她，在做好一传、防守的同时，竟然也在进攻端屡屡为意大利建功。波塞蒂是意大利女排不可或缺的一名球员，属技巧型主攻手。她与希拉搭档主攻，埃格努处在接应位置，意大利的进攻火力很有保障。波塞蒂像躲在埃格努和希拉身边的老辣刺客，擅长偷袭得分。埃格努和希拉吸引了对手的拦网注意力，这时波塞蒂就能得到轻松扣球的机会。

7.1.6.1 波塞蒂前排进攻组织节奏分析

图7-63、图7-64 波塞蒂2号位进攻组织时间图

波塞蒂虽不是意大利女排的进攻核心，在队中多承担一传和防守的保障任务，但其凭借丰富的经验和突出的个人扣球技巧，在前排的2、4号位同样具有一定的攻击力，为同伴起到了较好的支援和掩护作用。通过Fastec TS5运动高速摄像机，以250帧/秒的拍摄速度在2017世界女排大奖赛（南京站）和2018世界排球联赛（江门站）比赛现场连续拍摄其4号位进攻，解析其4号位平拉开的每帧影像，并计算出意大利4号位进攻阶段的时间。二传手传球触球至波塞蒂扣球触球的时间为1.02秒，时间较短，波塞蒂在多轮次都承担接发球的重任，从参与接发球再转入进攻要求运动员有较好的移动速度，波塞蒂脚下移动迅速，扣球挥臂速度较快，弹跳高度较高，空中展腹引臂等动作幅度大，其4号位平拉开进攻多与副攻的短平快、接应的1号位后攻掩护相结合，进攻组织依靠其速度与清晰的线路分化避开对手的拦防，善于平打和变线扣球是波塞蒂的特点。

7.1.6.2 波塞蒂前排扣球击球高度、过网位置、球速分析

图 7-65 波塞蒂 4 号位进攻击球高度解析图

图 7-66 波塞蒂 4 号位进攻击球过网位置解析图

图 7-67 波塞蒂 2 号位进攻击球高度解析图

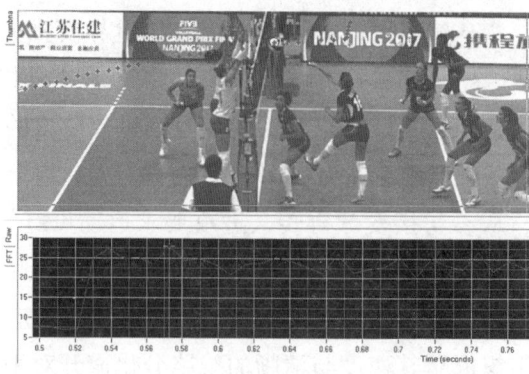

图 7-68 波塞蒂 4 号位进攻击球速度解析图

通过高速摄像解析软件 Fas motion 对波塞蒂的 4 号位扣球动作进行解析计算，波塞蒂身高仅 179cm，其 4 号位的击球高度为 2.82 米，击球点距同侧标志杆仅 0.53 米，4 号位平拉开球拉开幅度较大，充分利用球网两侧的进攻区域。此外，波塞蒂在 2 号位同样具有较好的进攻能力，在意大利的反轮时多参与 2 号位定点攻，给 4 号位的接应二传很好的掩护，其 2 号位击球高度为 2.77 米，进攻节奏较快，二传组织到其击球瞬间为 1.13 秒。通过高速影像可以看出，波塞蒂凭借优异的弹跳能力，快速的移动能力，使其具有良好的腾空高度，同时敏锐的观察、精细的线路把握和运用，使其在"高人"如林的主攻手中占有一席之地。在击球过程中展腹幅度大，鞭打动作快速有力，人球关系保持良好，击球点保持在身前最高点。根据二传传球位置，其直线、斜线均有不同运用。侦测发现，波塞蒂击球后球的过网点高度在 2.44 米，斜线扣球时球体的过网位置在距离 4 号位的标志杆 1.62 米，4 号位扣球最大球速可达 25 米/秒，是目前世界女排队员高度较低但技巧占优的全面型主攻代表之一。

7.1.6.3 波塞蒂扣球技术动作分析

图 7-69　波塞蒂 4 号位扣球技术动作特征解析图

虽然波塞蒂的身高不高，但凭借优异的弹跳能力、快速的移动能力，使其具有良好的腾空高度，同时敏锐的观察、精细的线路把握和运用，使其在国际排坛以高大化为主流的主攻手中占有一席之地。通过研究和分析，波塞蒂扣球的主要技术特点为：快速助跑，弹跳有力，起跳高度高，空中背弓明显；击球迅速；空间视野好，击球线路清晰，善于平打，击球动作变化明显，落点精细。

7.1.6.4 波塞蒂在不同轮次的进攻效果与线路、落点分析

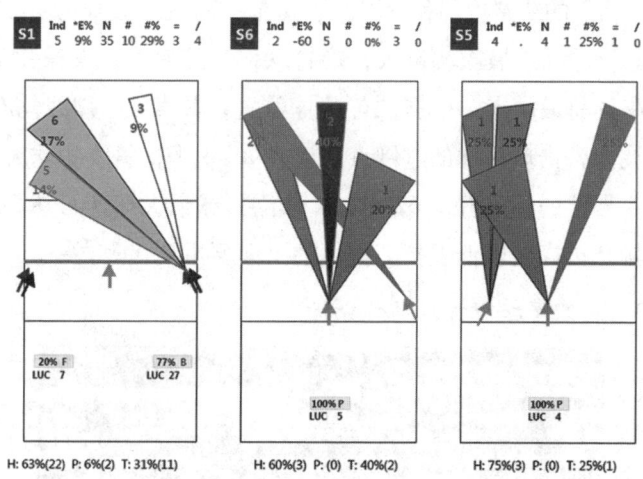

注：E%代表效率、#代表得分数、#%代表得分率、=代表失误、/代表被拦死、H代表发力、P代表轻搓、T代表吊球、线路符号#代表得分、线路符号+代表破攻、线路符号-代表被防。

图7-70 波塞蒂在不同轮次进攻线路、落点侦测图（数据：2017大奖赛、2018世锦赛合计6场）

研究显示，波塞蒂在全队的6个轮次中的进攻比率偏低。当二传在1号位时其进攻效率为9%，进攻得分率为29%。2号位进攻线路多为大斜线、小斜线，其中得分线路以大斜线居多，落点多集中在1、9区。其中63%为发力，轻打和吊球分别占6%和31%。由于该轮次为意大利队的反轮，波塞蒂站位靠近2号位，承担接发球任务在先，很大比重的进攻从2号位发动，但波塞蒂进攻得分能力受阻，被防起次数较多。当二传在6号位时，其进攻次数较少，仅为5次，6号位进攻线路较为分散，其中以两侧斜线得分比重最大，直线次之，落点集中在1、7区。进攻效率为-60%，进攻得分率为0%，其中60%为发力，轻打占0%，吊球为40%。由于该轮次波塞蒂进攻效率和得分率较低，该轮次可以放松对波塞蒂的进攻盯防。当二传在5号位时，其

后排进攻线路以直线、中斜线为主，落点多集中在1、9区，进攻次数仅为4次，进攻效率为负，进攻得分率仅为25%，其中75%为发力，轻打占0%，吊球比率高达25%（见图7-70）。可以看出，波塞蒂在后排进攻方面进攻手段繁多，利用吊球、轻打等个人技巧扰乱对方的拦防布局，通过改变惯有的进攻节奏达到破坏对方防守阵型的作用。

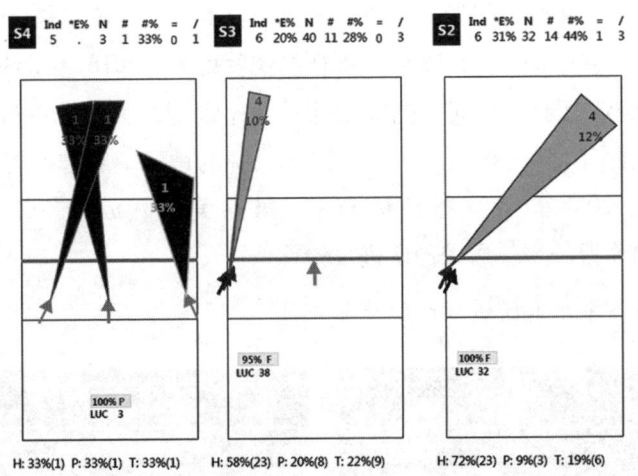

注：E%代表效率、#代表得分数、#%代表得分率、=代表失误、/代表被拦死、H代表发力、P代表轻搓、T代表吊球、线路符号#代表得分、线路符号+代表破攻、线路符号-代表被防。

图7-71　波塞蒂在不同轮次进攻线路、落点侦测图（数据：2017大奖赛、2018世锦赛合计6场）

当二传在4号位，波塞蒂依旧在后排轮转时，其后排进攻位置有5号位和6号位两种选择，一攻时多采用5号位进攻，反击时多采用6号位进攻。6号位进攻线路选择直线为主，进攻效率为负，得分率达到33%，其中33%为发力扣球，轻打和吊球分别占33%和33%，落点集中在6号区和5号区。当二传在3号位时，其轮转至前排，以4号位平拉开战术为主，进攻多以直线为主，善于利用拦网队员的拦网手型造成打手出界，或通过变线扣球通过拦网手型的漏洞，其处理球经验丰富，落点集中在1号区和6号区，其中58%为发力，轻打和吊球分别占20%和22%。当二传在2号位时，其进攻效率为31%，得分率高达44%，4号位进攻线路以大斜线为主，落点集中在7号区，直线次之，其中72%为发力，轻打占9%，吊球占19%（见图7-71）。波塞蒂在进攻端虽没有埃格努、希拉等人具有高度和力量优势，但其凭借一传和防守的稳定性以及进攻手段的多样性，在僵持阶段或特定轮次均给对手以出其不意的打击。我国女排主攻刘晓彤应多借鉴其进攻手段和打法，面对高大拦网的封阻时灵活运用进攻技巧，打吊结合，达到"四两拨千斤"的进攻效果。

7.1.7 希尔（美国）扣球技术分析

希尔，美国女排的主力队员。出生于1989年11月，身高为193cm，体重72kg，特点是2、4号位平拉开进攻速度快，技术全面。希尔是2014年意大利世界女排锦标赛的MVP、2015年世界杯的铜牌得主、2016年里约奥运会的铜牌得主，曾经效力于土耳其女排俱乐部瓦基弗银行，和朱婷做过队友，目前效力于意大利豪门科内利亚诺。经过世界大赛的锤炼，希尔已是美国女排的进攻重点人。2018世界女排锦标赛中，虽然美国队成绩平平，但希尔以36.64%的扣球得分率位居美国队进攻榜首位。

7.1.7.1 希尔前排进攻组织节奏分析

图7-72、图7-73 希尔4号位平拉开进攻组织时间图

图7-74、图7-75 希尔4号位平拉开进攻-二传传球弧度、过网位置图

希尔是美国女排的重点进攻人，司职主攻，除承担6个轮次的接一传重任之外，4号位平拉开和6号位低弧度进攻是其主要任务。通过Fastec TS5运

动高速摄像机，以 250 帧/秒的拍摄速度在 2018 世界排球联赛（江门站）比赛现场连续拍摄其 4 号位平拉开进攻，解析其 4 号位强攻的每帧影像，并计算出美国队 4 号位进攻阶段的时间。美国女排接近男子化的打法，两边平拉开速度极快，甚至在一传不太到位的情况下，靠二传的个人能力，也能传出低弧度快球，让其他队伍防不胜防，中国球迷更是夸张地说美国女排是"光速"平拉开。主力主攻手希尔和拉尔森都是进攻抢速度的能手，对二传要求非常高，强攻实力虽不突出，但依靠整体的配合掩护和速度优势撕破对手的拦防，4 号位平拉开传球弧度高出球网上沿仅 1.06 米，弧度低平，速度较快，传球触球至希尔扣球触球的时间仅为 0.79 秒。美国队网前两侧的拉开进攻刻意降低击球高度，依靠速度获得进攻效果，这与塞尔维亚、中国等队依靠高点强攻的打法形成鲜明对比。

7.1.7.2　希尔前排进攻击球高度、过网位置分析

图 7-76、图 7-77　希尔 4 号位进攻击球高度、过网位置图

通过高速摄像解析软件 Fas motion 对希尔 4 号位平拉开扣球进行解析计算，其 4 号位的平拉开击球高度为 2.87 米。通过高速影像可以看出，希尔助跑启动早，起跳与挥臂速度较快，虽然身高为 193cm，但击球高度并不占绝对优势，在击球过程中展腹幅度不大，但鞭打动作快速，人球关系保持良好，击球点保持在身前最高点，直线、小斜线进攻为其运用较多的扣球线路。侦测发现，希尔击球后球的过网点高度在 2.50 米，球体的过网位置距离同侧的标志杆 193cm，4 号位扣球最大球速可达 27 米/秒（见图 7-78）。美国女排多年来也有无冕之王的称号，进攻打法极具男子化特点。

希尔的扣球技术动作迅速，是目前世界女排队员中依靠快速进攻的主攻典型代表。其 4 号位斜线进攻时的突破口在对方副攻队员移动过程中与主攻队员集体拦网手型未摆好的空当（见图 7-76、图 7-77）。通过观察可以看

到，对方拦网队员跟不上其平拉开的进攻节奏，击球过网瞬间拦网人尚未起跳，虽然美国队针对本队打法降低击球高度，但依靠整体的进攻速度和协同配合同样可以取得较好的进攻效果。中国队在近年来的世界大赛中与美国女排对抗少有胜绩，美国女排的快，并不属于日本女排和泰国女排那样的亚洲快速多变，也不属于巴西女排和意大利女排那样立体快速进攻，这个快不意味着有花哨的战术组合变化，关键是每个环节的快速衔接，中间副攻加压且两边拉开战术很高效。美国女排利用接应二传参与后排进攻的立体攻击方式并不多见，但每个串联环节之快，让全队攻防的整体性紧凑，这很符合当今排球的发展潮流，这一点超过了整体战术体系速度稍慢的中国女排。

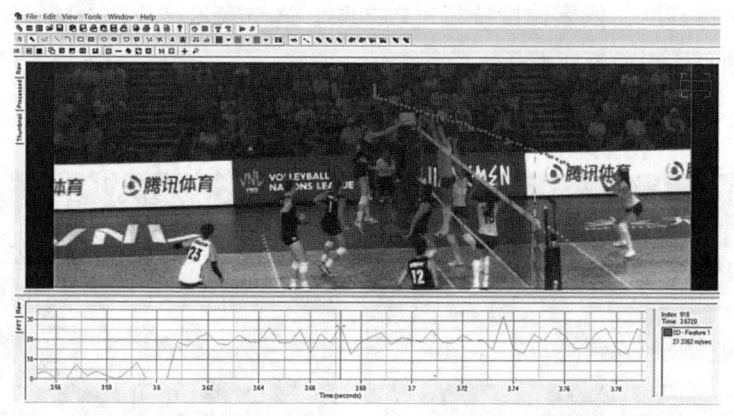

图7-78　希尔4号位进攻击球速度解析图

7.1.7.3　希尔扣球技术动作分析

希尔虽然身高较高，但脚下移动迅速，4号位平拉开是其常用的进攻手段，在二传手球未到手的情况下已经起动；在二传手送出平拉开球后，迅速跨步、并步，最后一步蹬地突然、有力，同时整个身体稍微右转，背弓幅度较小，起跳后挥臂速度极快，手掌包裹球后向下卷带动作幅度较小，善于利用平打并提高击球点打长线，美国女排队员利用速度突破拦防，以牺牲一定的扣球速度为代价。希尔整个扣球动作连贯、挥臂速度较快，与二传队员低弧度传球配合默契，整个进攻环节紧凑，时间短，节奏快，是中国女排主攻队员学习的典范。

图 7-79　希尔 4 号位扣球技术动作特征解析图

7.1.7.4　希尔在不同轮次的进攻效果与线路、落点分析

研究显示，希尔在前排 3 个轮次时进攻比率较高，但轮转至后排时后排进攻运用甚少，与巴西、塞尔维亚等队突出主攻队员的后排立体进攻特征有较大区别。当二传在 6 号位时，其进攻效率为 38%，进攻得分率为 44%，4 号位进攻线路多为直线，比例占 31%，斜线也有较多运用，但被防起次数居多，落点多集中在 1、7 区。其中 81% 为发力，吊球占 19%。当二传在 5 号位时，其进攻次数减少，为 11 次，4 号位进攻线路较为分散，中斜线得分比重最大，大斜线次之，落点集中在 5、6 区。但进攻效率仅为 18%，进攻得分率为 27%，其中 91% 为发力，吊球为 9%。当二传在 4 号位时，其进攻线路以

直线、大斜线为主，小斜线次之，落点多集中在1、6、7区，进攻次数高达22次，进攻效率为23%，进攻得分率高达36%，其中82%为发力，吊球比率高达18%（见图7-80）。

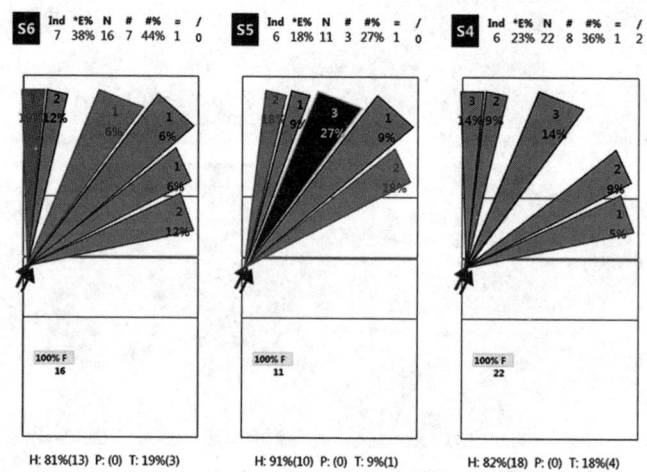

注：E%代表效率、#代表得分数、#%代表得分率、=代表失误、/代表被拦死、H代表发力、P代表轻搓、T代表吊球、线路符号#代表得分、线路符号+代表破攻、线路符号-代表被防。

图7-80　希尔在不同轮次进攻线路、落点侦测图（数据：2017大奖赛、2018世锦赛合计8场）

研究表明，美国女排的主攻队员多以两翼的平拉开进攻为主要进攻手段，虽然网上实力与塞尔维亚等队有差距，但凭借其快速的平拉开合理利用网长，再与副攻队员网前的短平快和背飞相掩护，在网前对抗经常造成一对一的局面，降低击球高度和力量，通过速度取胜一直以来是主教练基拉里的执教理念。美国女排是目前世界排坛进攻组织和全队协同配合最默契的球队之一，符合排球项目向快速、全面发展的方向。

7.1.8　拉尔森（美国）扣球技术分析

拉尔森一直是美国女排的主力主攻，已参加过两届奥运会、两届世界杯与三届世锦赛的历练，逐步成为美国女排国家队的主力兼队长。拉尔森身高188cm，并非具备绝对的进攻实力，属于技巧性主攻，但击球手法以及路线比较灵活，一传和防守稳定。2018赛季她以100万欧元续约土耳其女排联赛豪门俱乐部伊萨奇巴希，作为世界范围内的全面型主攻，甚至比同队的博斯科维奇年薪还要高，足以说明她的个人综合实力。作为一名征战排坛多年的名将，她的进攻、一传与防守及小球串联能力对美国女排，甚至伊萨奇巴希俱乐部来说至关重要。由于拉尔森网上高度、力量并不能与朱婷、纳塔莉亚、米哈伊洛维奇等重量级主攻手相比，但其运用平拉开在实战中效果较好，2018年女排世锦赛进攻成功率为36.59%，比赛经验与阅读比赛能力丰富，进攻手法多变，进攻速度较快，擅长处理乱球，对打手出界、转体转腕扣球等技术运用娴熟。

7.1.8.1 拉尔森前排扣球节奏、击球高度、位置分析

图7-81　拉尔森4号位传球组织瞬间解析图　　图7-82　拉尔森4号位传球组织瞬间解析图

图7-83　拉尔森4号位击球高度解析图　　图7-84　拉尔森4号位击球高度解析图

通过2018年世界女排联赛现场截取高速影像分析其4号位平拉开技术动作，拉尔森在4号位的平拉开击球高度为2.85米，球与同侧标志杆距离为0.59米，二传手传球的弧度低平，最高点超过球网上沿0.89米，传球触球到击球的时间为0.87秒，当拉尔森面对3人集体拦网时，其采用外绕式助跑，助跑启动较快，空中引臂及展腹幅度并不大，但节奏迅速，空中起跳后，在空中利用余光观察并判断拦网队员的人数，阻拦起跳位置与拦网手型，拉尔森在最后击球触球瞬间利用转腕动作分化击球路线，可观察到中国女排判断出美国女排调整后的低弧度平拉开，并形成了3人的集体拦网，且朱婷、

颜妮、龚翔宇的平均高度在 194cm，拦网高度具有较大优势。拦网人虽已起跳充分，但颜妮与龚翔宇之间的拦网手型存在漏洞，拉尔森通过转腕动作有意识地扣中线球，改变击球路线，增加了扣球的隐蔽性与突然性，球从两人拦网的中间空当通过，取得了良好的击球效果，球的过网高度为 2.61 米，距离同侧标志杆 1.03 米。拉尔森扣球速度可达 26 米/秒，虽与塞尔维亚和意大利的力量型选手有一定差距，但善于扣球的路线变化是高水平主攻队员在进攻端必须具备的基本条件，随着拦网队员身高逐渐增长和拦网技术的不断提高，面对高拦网时对于强攻扣球、快攻扣球、远网扣球都能根据实战的临场情况灵活变化，才能在比赛中占得主动。

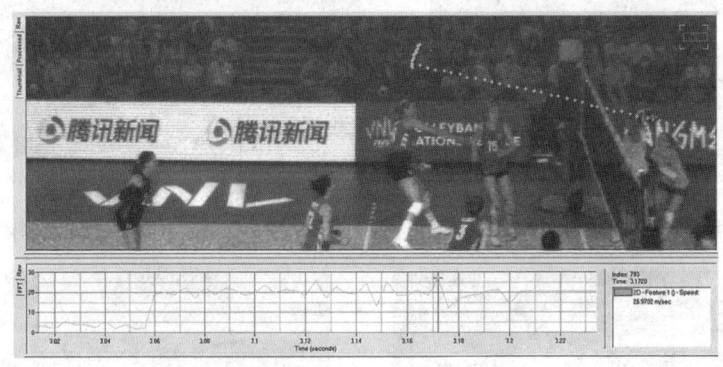

图 7-85　拉尔森扣球球速解析图

7.1.8.2　拉尔森扣球技术动作分析

拉尔森扣球动作快速，身体形成背弓幅度较小；左手臂屈上引较低，击球时手掌向球体外侧推击拐腕动作明显，同时身体具有向左侧方扭转的动作，完成直线击球，避开了对方的集体拦网，击球效果较好。由此，可知拉尔森扣球技术动作具有助跑快、起跳快，起跳高度不高，但挥臂迅速，击球线路清晰，节奏变化明显，动作隐蔽的技术特征。助跑与起跳时机把握准确，与二传队员传扣衔接配合默契，这也侧面体现了其经验丰富，判断精确的技术特征。扣吊结合等技术特征充分体现了这名攻手的成熟、稳定和富有攻击变化性。美国女排的主攻队员在击球力量偏弱的条件下，利用拉开速度和线路变化是其提升扣球成功率和进攻效率的关键。

第七章 欧美与中国优秀女排运动员扣球技术特征分析

图 7-86 拉尔森 4 号位扣球技术动作特征解析图

7.1.8.3 拉尔森在不同轮次的进攻效果与线路、落点分析

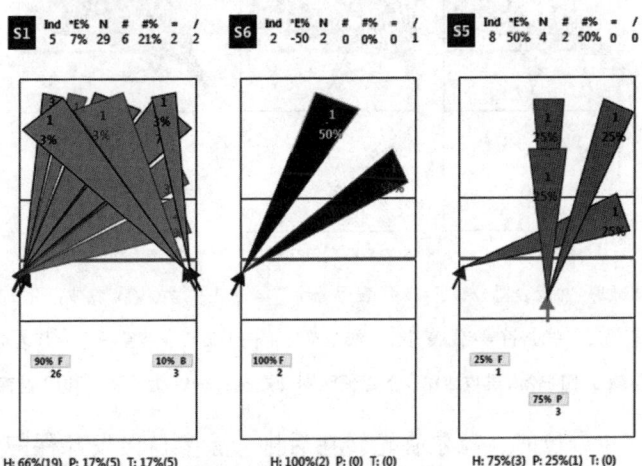

注：E% 代表效率、#代表得分数、#% 代表得分率、= 代表失误、/代表被拦死、H 代表发力、P 代表轻搓、T 代表吊球、线路符号#代表得分、线路符号 + 代表破攻、线路符号 - 代表被防。

图 7-87 拉尔森在不同轮次进攻线路、落点侦测图（数据：2017 大奖赛、2018 世锦赛合计 6 场）

研究显示，拉尔森在全队的 6 个轮次中的进攻比率偏低。当二传在 1 号位时，其进攻效率为 7%，进攻得分率为 21%，由于该轮次为美国队的 3 点攻轮次，拉尔森靠近 4 号位，很大比重的进攻从 4 号位发动，但拉尔森 2 号位同样具备较强的进攻实力。其 4 号位进攻线路多为中斜线、大斜线，其中得分线路以直线、大斜线居多，落点多集中在 1、9 区。其中 66% 为发力，轻打和吊球分别占 17% 和 17%。当二传在 5 号位时，其轮转至后排，进攻次数下降。6 号位后排进攻多与前排副攻的短平快和背飞掩护相结合，当希尔进攻受阻时，拉尔森的后排进攻多主动采用并分担进攻压力，进攻线路较为集中，直线与右场区的斜线均有运用，落点集中在 6、9 区。进攻效率高达 50%，进攻得分率为 50%，其中 75% 为发力，轻打占 25%。当二传在 6 号位时，其进攻线路以 4 号位调整攻为主，进攻次数较少，进攻效率偏低，落点多集中在 6、9 区，进攻效率为负，进攻得分率高达 60%（见图 7-87）。且均为发力扣球，无吊球运用。

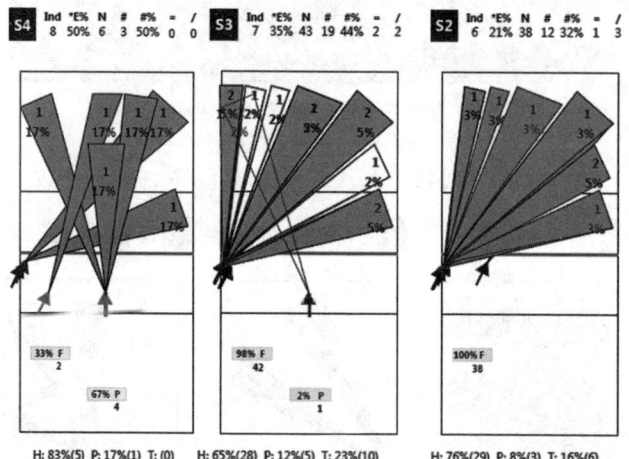

注：E% 代表效率、#代表得分数、#% 代表得分率、= 代表失误、/代表被拦死、H 代表发力、P 代表轻搓、T 代表吊球、线路符号#代表得分、线路符号 + 代表破攻、线路符号 - 代表被防。

图 7-88　拉尔森在不同轮次进攻线路、落点侦测图（数据：2017 大奖赛、2018 世锦赛合计 6 场）

当二传在 4 号位时，拉尔森轮转在后排，除参与接发球保障任务外，主动发动后排进攻，其进攻效率为 50%，进攻得分率为 50%，该轮次拉尔森参与 6 号位进攻次数增多，多与前排副攻的短平快或背飞相掩护，在球网中部造成以多打少的局面，对手难以判断该轮次真实的进攻点，6 号位进攻线路多为两侧斜线居多，落点多集中在 7、9 区。其中 83% 为发力，轻打占 17%。当二传在 3 号位时，其轮转至前排，进攻次数明显提升，达到 43 次。4 号位强攻以快速的平拉开和调整攻为主，由于该轮次美国女排为前排 2 点攻轮次，拉尔森多与副攻的前快相互掩护，进攻线路较为分散，直线与大斜线、小斜线均有运用，落点集中在 1、5、6、7 区。进攻效率高达 35%，进攻得分率为 44%，其中 65% 为发力扣球，轻打与吊球分别占进攻比重的 12% 与 23%。当二传轮转至 2 号位时，拉尔森在前排的进攻比率依旧较高，为其右翼的接应墨菲分担了较大的进攻任务，进攻效率达到 21%，进攻得分率为 32%，进攻线路多采用大斜线与中斜线，落点多集中于 6、7 区。其中发力扣球达 76%，轻打和吊球分别占进攻比率的 8% 和 16%（见图 7-88）。拉尔森除具备高水平主攻手承担保障型一传和防守的能力外，其进攻实力不俗，在各轮次均承担比重较高的进攻任务，击球技巧运用灵活，进攻速度快且线路分散，恰当地运用轻打和吊球打乱对方的防守布局，是中国女排应重点盯防的主要进攻人之一。通过侦测统计发现，拉尔森的 4 号位平拉开进攻效果较好，速度快，通过与副攻的相互掩护可取得较高的进攻效率，但受制于其高度、力量所限，参与 4 号位调整攻能力略弱，进攻效率较差。建议中国女排与其对阵时可采用追发策略破坏其进攻节奏，迫使其进攻调整攻再加以拦防限制。

7.1.9 墨菲（美国）扣球技术分析

7.1.9.1 墨菲 2 号位平拉开组织节奏分析

墨菲，美国女排的主力队员。出生于 1989 年，身高为 188cm，体重 76kg，左手球员，在美国女排司职接应二传，在 2017 世界女排大奖赛中以 44.75% 的得分率和 115 分的扣球得分位居进攻排行榜第 4 名。特点是 2 号位平拉开进攻速度快，攻击性较强。虽然与塞尔维亚、意大利等队的强力型接应相比进攻高度和力量有所欠缺，但其独具特色的 2 号位低弧度平拉开进攻撑起了美国女排的右翼进攻。墨菲早在 2016—2017 赛季就曾以外援身份加盟中国女子排球联赛，2018—2019 赛季再次来到中国排球超级联赛，目前效力于上海女排。从联赛的表现看，其进攻端的优异表现为球队整体实力的提升奠定了基础。

美国女排一直以快速的整体打法著称，与其 4 号位的平拉开相比，2 号位的低弧度拉开更具特色，由于目前二传队员在网前传球站位偏向 2 号位区域，

世界女排强队进攻表现特征研究

图7-89 墨菲2号位平拉开（二传传球弧度解析图）

图7-90 墨菲2号位平拉开（同伴协同掩护解析图）

背传2号位组织进攻的速度更快，节奏更紧凑，具有较强的突然性。通过高速解析看到，美国女排2号位的低弧度拉开球体最高位置仅3.10米，传球弧度高出球网上沿0.86米。传球触球到墨菲扣球击球瞬间的时间为1.17秒，其进攻组织节奏与塞尔维亚、巴西相比较快。除进攻节奏快之外，美国女排进攻的整体性较强。从影像看出二传组织传球瞬间，除2号位的墨菲跑动，前排副攻短平快位置已处于起跳阶段，前排主攻手已处于踏跳引臂阶段，后排6号位主攻同样做助跑准备，可以说4个进攻点同时启动，做到了相互掩护，为对方的拦网判断造成较大的困难。

7.1.9.2 墨菲2号位平拉开击球高度、过网位置、球速分析

图7-91、图7-92 墨菲2号位平拉开击球高度、过网位置图

通过高速影像解析，其 2 号位平拉开击球高度为 2.80 米，一传到位情况下多采用低弧度平拉开战术，进攻点较拉开，击球时球体位置距标志杆仅 0.46 米，球的过网点高出球网上沿 0.512 米，距标志杆 1.16 米，球体过网高度达 2.51 米，过网点较拉开，充分利用球网宽度拉开进攻点。墨菲身高 188cm，进攻高度有限但上步助跑、起跳及击球动作迅速，属于技巧性接应二传，扣球球速达到 28.19 米/秒，其进攻上步节奏快，充分利用助跑速度增加击球高度与扣球攻击性，中国副攻手袁心玥对其拦网尚未起跳球已过网垂面。由于墨菲是左手球员，其 2 号位的进攻更具优势，助跑路线是从边线外向场内斜线助跑，助跑后与来球迎面截击，控制面大，击球点选择多，可以弥补二传球不够拉开的缺点。

图 7-93　墨菲 2 号位平拉开击球速度解析图

7.1.9.3　墨菲在不同轮次的进攻效果与线路、落点分析

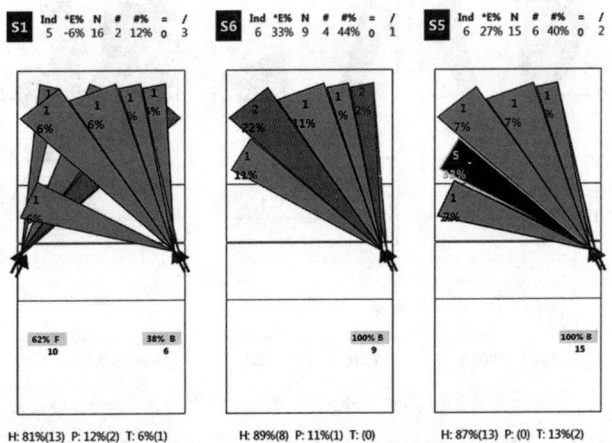

注：E% 代表效率、# 代表得分数、#% 代表得分率、= 代表失误、/ 代表被拦死、H 代表发力、P 代表轻搓、T 代表吊球、线路符号 # 代表得分、线路符号 + 代表破攻、线路符号 - 代表被防。

图 7-94　墨菲在不同轮次进攻线路、落点侦测图（数据：2017 大奖赛、2018 世锦赛合计 6 场）

研究显示，墨菲前排3个轮次时的进攻比率较高。当二传在1号位时，其进攻效率为-6%，进攻得分率仅为12%，由于该轮次为美国女排的反轮，墨菲靠近4号位，很大比重的进攻从4号位发动，但墨菲作为左手球员其4号位的进攻实力有限，当一传不到位时其4号位调整攻受阻，被防的次数较多，进攻效率差。反击时当换位到2号位进攻时，多以中斜线、大斜线进攻为主，落点多集中在1、6区。其中81%为发力，轻打和吊球分别占12%和6%。当二传在6号位时，其进攻多在2号位发动，低弧度的平拉进攻与前排副攻的近体快和短平快掩护相结合，当进攻线路较为分散，直线与斜线均有运用，落点集中在1、6、9区。进攻效率达到33%，进攻得分率为44%，其中89%为发力，轻打占11%。当二传在5号位时，其进攻线路以斜线为主，其中小斜线占32%，虽然进攻次数为15次，但效率不高，落点多集中在1、9区，进攻效率为27%，进攻得分率达到40%，其中发力扣球占87%，吊球运用13%（见图7-94）。通过侦测统计发现，墨菲的前排进攻次数虽没有塞尔维亚、巴西、中国的主攻运用多，但有限的进攻次数对拦网队员的牵制起到了一定作用，美国队单个队员的进攻实力虽不是欧美女排中的佼佼者，但各位置的进攻实力相对均衡，相互配合协同进攻的效果较好。

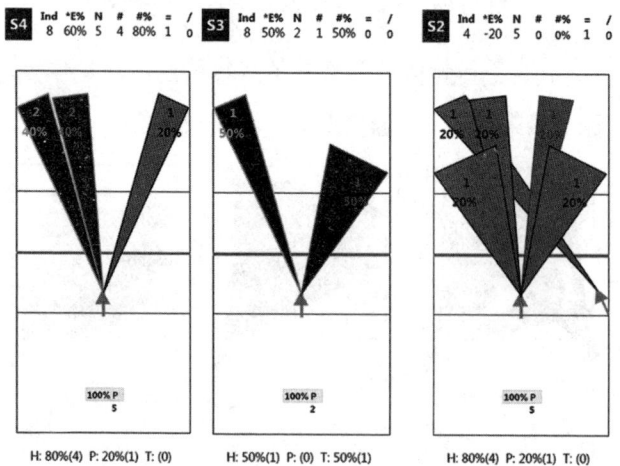

注：E%代表效率、#代表得分数、#%代表得分率、=代表失误、/代表被拦死、H代表发力、P代表轻搓、T代表吊球、线路符号#代表得分、线路符号+代表破攻、线路符号-代表被防。

图7-95 墨菲在不同轮次进攻线路、落点侦测图（数据：2017大奖赛、2018世锦赛合计6场）

优秀的接应队员应该在 4 号、2 号、1 号位都有定点强攻的得分能力。接应在前排的时候，换到 2 号位，加上前排的主攻副攻，有 3 个点进攻，这是较强的轮次。到了后排，则换到 1 号位，准备后排进攻。

当二传在 4 号位时墨菲轮转至后排，除参与防守保障任务外主动发动后排进攻次数较少，其进攻效率为 60%，进攻得分率为 80%。该轮次墨菲参与 6 号位进攻，多与前排副攻的短平快或背飞相掩护，在球网中部造成以多打少的局面，6 号位进攻线路多为两侧斜线居多，落点多集中在 1、5、6 区。其中 80% 为发力，轻打占 20%，吊球无运用。当二传在 3 号位时，其站位在 6 号位，由于该轮次美国女排以前排主攻的平拉开进攻为主，墨菲进攻次数明显减少，仅 2 次。进攻效率高达 50%，进攻得分率同样为 50%，线路分化较清晰，两侧斜线，其中发力扣球和吊球各一次。当二传轮转至 2 号位时，墨菲在后排的进攻比率依旧较低，进攻效率为 –20%，进攻线路多采用大斜线与小斜线，落点多集中于 1、7 区。其中发力扣球达 80%，轻打占进攻比率 20%，进攻均被防起或拦起，说明其 1 号位强攻实力有限，一传不到位没有同伴的掩护情况下定点强攻易受阻。墨菲作为美国女排的接应具有下手快、进攻速度快的优势，但其进攻硬实力与欧美女排强队的强力型接应有一定差距。中国女排对其拦防时可针对其主要进攻线路和落点进行布防，当其在后排时可适当摆脱其跑动吸引，将拦网重点转移至前排进攻队员。

7.2 欧美女排副攻运动员扣球技术分析

7.2.1 拉西奇（塞尔维亚）扣球技术分析

塞尔维亚女排名将拉西奇是世界女子排坛最出色的副攻之一。拉西奇生于 1990 年，身高 193cm，身高臂长，爆发力和协调性俱佳，她有着较强的网上控制力，特别是 3 号位进攻犀利。在代表塞尔维亚女排国家队层面，拉西奇曾多次获得世界大赛的最佳副攻，包括 2015 年的女排世界杯、2016 年的里约奥运会和 2018 年的女排世锦赛。在职业俱乐部层面，拉西奇多次拿到过欧冠和世俱杯的最佳副攻，帮助瓦基夫银行俱乐部获得 2016—2017 赛季欧冠冠军和 2017 神户世俱杯冠军，个人荣膺欧冠最佳副攻，堪称现今欧洲排坛最成功的副攻。

7.2.1.1 拉西奇前排进攻组织节奏分析

图7-96、图7-97 拉西奇3号位近体快组织时间图

图7-98、图7-99 拉西奇3号位短平快组织时间图

通过实地拍摄并高速视频解析拉西奇的3号位快攻，研究发现拉西奇在队中承担2点攻轮次的副攻手，即二传在前排时的副攻队员，前排2点攻轮次更考验副攻队员的牵制力和网上实力，拉西奇多数参与二传手身前的跑动战术，以近体快和短平快进攻战术为主，当一传半到位距网较远时二传手也大胆组织其快球进攻，为前排主攻手和后排主攻与接应的进攻分担较大压力，对前排的拦网人有较大的牵制作用。通过解析发现，其3号位近体快攻二传手组织大胆、迅速，除跳传球加速进攻节奏，拉西奇进攻高度也具有相当优势，二传传球触球到其击球瞬间时间为0.46秒（见图7-97）。通过影像解析发现，中国队副攻5号队员对其拦网时节奏慢，拉西奇起跳引臂时拦网人高意还未起跳（见图7-98），当二传手组织其3号位短平快时，进攻速度更快，二传手触球到其击球时间仅0.29秒（见图7-99）。高速影像观察到，中国队主力副攻手袁心玥对其拦网，但拉西奇起跳腾空后，袁心玥并未及时跟上其起跳节奏，仍在原地稍蹲姿势取位，当拉西奇击球瞬间拦网人未充分起跳，拦网高度受限，丁霞也并未赶上协同对其短平快进行拦网。

扣近体快球不同于扣一般高球，要求整个扣球技术动作干脆利落，做到上步快、起跳快、下手快、节奏明显。扣球队员在判断一传到位或不到位时，应边判断落点边快速移动上步。从助跑至起跳、两膝关节弯曲程度稍小一些，有时可靠小腿踝关节发力起跳。当球接触二传队员的手之前，即起跳在空中等球。球传出网时尽快用小臂甩手腕挥臂击球，出其不意地突然进攻。整个扣球技术动作幅度不宜过大，尽量在对方拦网队员尚未完全起跳之前将球击出。目前欧美高水平的副攻队员击球动作幅度较大，腰腹力量动员充分，不但依靠上肢力量击球，而且击球高度占优势的条件下扣球力量大。副攻队员与二传手配合娴熟，传球速度再快，也同样能变线进攻，突破拦网。解析影像发现，当二传队员如把球传在扣球队员的右前侧，便于扣斜线，如将球传送到左肩部位的前上方，便于扣转体斜线球，依靠单人拦网均难以拦击到这种变线快球。在一传半到位时，球在进攻线以外欧美高水平球队大胆采用远网快球。扣远网快球不同于扣近体快球。扣近体快球的扣球队员是向二传队员的方向上步助跑，扣远网快球的扣球队员则是向网边助跑。二传队员在远距离位置把球传送到扣球队员的前上方，球的飞行弧度和她的助跑路线成一定角度交叉在网前，扣球队员在该交叉点击球。远网快球因速度稍慢，可以打出斜线和转体两条线路，在反击过程中运用具有较强的突然性和攻击性。

7.2.1.2 拉西奇前排进攻击球高度、过网位置、球速分析

图 7-100、图 7-101　拉西奇 3 号位近体快球击球高度、过网位置图

拉西奇除自身高度较高外，弹跳出色，起跳后滞空时间较长，下手迅速，击球效果较好，通过解析发现其 3 号位近体快的击球高度在 2.93 米，击球瞬间距离二传手 0.89 米，球体过网位置高出球网上沿 0.60 米（见图 7-101）；3 号位短平快的击球高度为 2.73 米，击球瞬间与二传手距离为 1.75 米，过网

图 7–102、图 7–103　拉西奇 3 号位短平快球击球高度、过网位置图

高度为 0.29 米（见图 7–103）。短平快进攻球速最高可达 25 米/秒，可以看出拉西奇具有较好的网上高度优势，在面对单人拦网时多采用斜线进攻避开拦网人，副攻队员若不能提早判断取位，对其拦网效果较差，解析图像看出其下手果断迅速，与前排接应相掩护，击球瞬间对方副攻队员还未起跳（见图 7–105）。

短平快是扣球队员在距离二传队员 2 米左右的位置扣击的平快球，扣球技术动作及其要求和扣近体快球一样，要求扣球队员必须在二传队员传球出手时起跳或早于二传出手时起跳。扣球点与二传队员之间保持一定的距离，因此对二传手的要求较高。目前欧美高水平二传跳传球触球点高，敢于大胆组织，扣球队员正确判断一传位置后，掌握好上步起跳时间，凭借高度优势在空中截击二传的来球，下手果断有力，使扣出的球具有较大的攻击性。

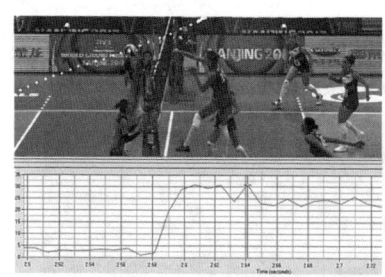

图 7–104　拉西奇 3 号位进攻击球速度解析图　　图 7–105　拉西奇 3 号位进攻击球瞬间解析图

7.2.1.3 拉西奇在不同轮次的进攻线路、落点与效果分析

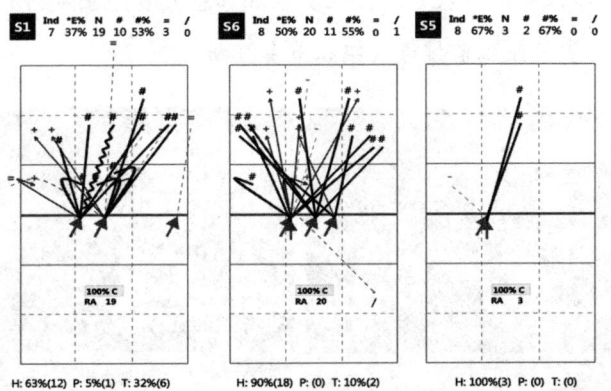

注：E%代表效率、#代表得分数、#%代表得分率、=代表失误、/代表被拦死、H代表发力、P代表轻搓、T代表吊球、线路符号#代表得分、线路符号+代表破攻、线路符号-代表被防。

图7-106 拉西奇在不同轮次进攻线路、落点侦测图（数据：2017大奖赛、2018世锦赛合计6场）

研究显示，拉西奇在前排时主要以近体快和平拉开为进攻手段，当二传在1号位和6号位时进攻比率较高，达到19次和20次。当二传在1号位时，其进攻效率为37%，进攻得分率高达53%，3号位近体快和短平快均以斜线为主，由于其击球点较高，落点较靠前，多集中在7、8区。其中63%为发力，轻打和吊球分别占5%和32%。由于该轮次为塞尔维亚队的反轮，博斯科维奇站位靠近4号位，前排主攻在2号位，拉西奇的进攻为两翼攻手提供了较好的掩护作用。当二传在6号位时，3号位进攻线路较为分散，两侧的斜线均有运用，其中短平快落点多集中在7号区，近体快落点多集中在9号区，进攻效率为50%，进攻得分率为55%，其中90%为发力，轻打占0%，吊球为10%（见图7-106）。可以看到，拉西奇具备较强的适应球能力，当传球位置不佳时其吊球和轻打次数运用同样较多，而且处理球效果较好，比赛中阅读比赛能力较强。

7.2.2 基里凯拉（意大利）扣球技术分析

基里凯拉是意大利女排的队长，1994年出生，身高195cm，司职副攻。她的身体素质极佳，身高臂长，弹跳出众。基里凯拉扣球有速度有力量，拦网判断出色，移动灵活，网前适应球能力较强，比赛中经常看到二传在一传不到位的情况下依然组织远网快攻，足以说明基里凯拉的进攻实力。目前效

力于诺瓦拉俱乐部。基里凯拉的成长轨迹和朱婷相同，2013年加入国家队，近几年进步迅速，逐渐成长为诺瓦拉俱乐部和意大利国家队的头号副攻。

7.2.2.1 基里凯拉前排进攻组织节奏分析

图7-107、图7-108 基里凯拉3号位背飞进攻组织时间图

意大利女排除了接应位置的高点强攻突出，副攻端也有较强的进攻实力，2018女排锦标赛最佳二传马里诺芙把全队的进攻梳理得井然有序，高快结合，快攻比重很高，且组织速度较快。通过2018世锦赛和2018世界联赛的观察可以看到，意大利女排从攻到防的整体速度要明显快于中国女排，二传组织无论一传到位与否都尽可能组织低平弧度的进攻，摆脱中国队的拦网。二传手在组织其3号位背飞时同样采取跳传球，传球触球到其扣球击球瞬间的时间为0.77秒；短平快组织的时间从传球到其击球时间为0.46秒（见图7-108、图7-109）。

7.2.2.2 基里凯拉3号位扣球击球高度、过网位置、球速分析

图7-109、图7-110 基里凯拉3号位背飞击球高度、过网位置图

第七章 欧美与中国优秀女排运动员扣球技术特征分析

图7-111、图7-112 基里凯拉3号位短平快击球高度、过网位置图

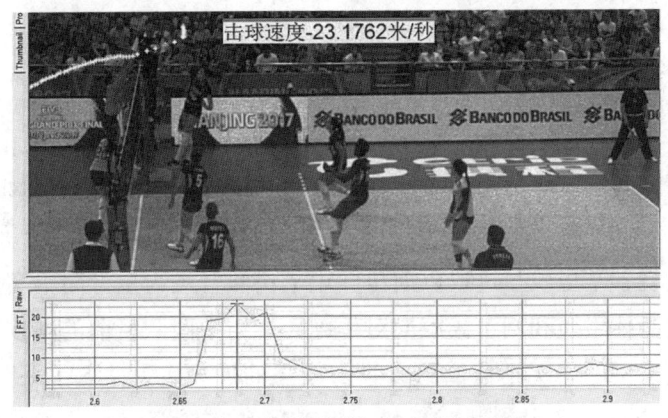

图7-113 基里凯拉背飞扣球球速侦测图

基里凯拉在3号位进攻手段多变，与其主攻手和接应相互掩护配合，进攻战术有前快、短平快、背飞跑动，且空中滞空时间久，下手果断，对拦网人具有较强的网上牵制力。通过高速解析，其背飞扣球的击球高度为2.83米，击球位置在二传身后2.73米，球体过网高度为2.46米，扣球速度达到23.18米/秒（见图7-111）；其短平快击球高度达到2.81米，击球点距二传手3.46米，球体过网高度在2.67米，扣球球速达到26.38米/秒（见图7-112、图7-113）。通过影像看到巴西女排在对其短平快阻拦时，基里凯拉以斜线进攻避开拦网人，击球点较高。其背飞跑动迅速，起跳突然，空中位移距离较远，看到其背飞击球时拦网人未跟上其进攻节奏，拦网人未起跳阻击。

7.2.2.3 基里凯拉在不同轮次的进攻效果与线路、落点分析

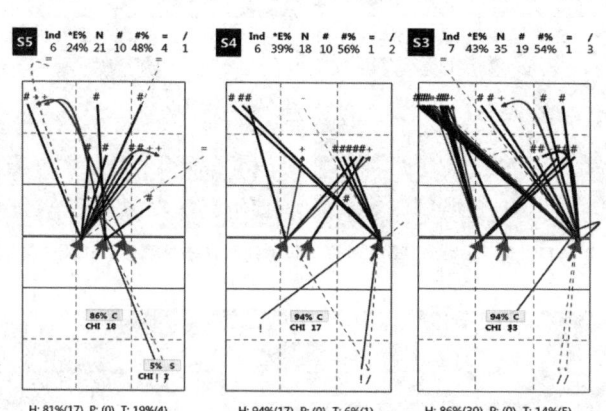

注：E%代表效率、#代表得分数、#%代表得分率、=代表失误、/代表被拦死、H代表发力、P代表轻搓、T代表吊球、线路符号#代表得分、线路符号+代表破攻、线路符号-代表被防。

图7-114 基里凯拉在不同轮次进攻线路、落点侦测图（数据：2017大奖赛、2018世锦赛合计6场）

研究发现，基里凯拉进攻以前快、短平快和背飞为主，简单实效性较强，利用出色的身体素质和网上高度向对手施压，与中国队目前的副攻队员相比，基里凯拉在远网的情况下依旧可以具有较强的进攻实力，下手果断。比赛中经常看到二传对其组织远网短平快，隐蔽性和突然性较强，进攻效果良好。其进攻线路近体快和短平快多以斜线为主，落点多集中在7号区，背飞跑动同样多有运用，进攻线路以1号区大斜线为主，落点多集中在1号区，发力扣球比重占到80%以上，当二传在5号位轮次时其吊球占19%（见图7-114），基里凯拉前快和短平跑动进攻多与主攻的平拉开和接应的2号位和1号位后攻相掩护。

当今世界女排的快攻战术都以近体快球或短平快为变化中心，其他种种战术都是围绕着它展开变化的，快球实扣效率的高低取决于其突然性、多样化和击球点。看似简单化的副攻战术就涉及一个根本问题，就是如何增加快球或短平快球的速度，即缩短以二传球出手到扣球队员击球之间的时间，除此之外就是提高扣球人的击球高度和击球力量。欧美高水平副攻在掌握快攻战术的基础上，利用高度和力量优势将快攻战术提升到了新高度。

7.2.3 阿金拉德沃（美国）扣球技术分析

阿金拉德沃，1987年出生于加拿大安大略省的伦敦市，身高191cm，作

为美国女排的一名黑人运动员其身体素质极为出色，阿金拉德沃曾是斯坦福大学的球员。经历各种世界大赛的历练后，阅读比赛能力强、临场技术表现突出，她的高点"暴力"背飞掷地有声，凭借出色的拦网能力令一切对手胆寒。美国女排副攻线人才济济，目前国家队的阿金拉德沃、亚当斯、吉布梅耶尔、迪克森都是当家好手。但阿金拉德沃凭借出色的表现坐稳了美国女排主力副攻的位置。2018年6月跟随美国队获得2018年世界女排联赛广东江门站冠军。2018年7月跟随美国女排获得2018年世界女排联赛总决赛冠军。

7.2.3.1 阿金拉德沃3号位背飞进攻组织节奏分析

图7-115、图7-116 阿金3号位背飞进攻-二传组织时间图

背飞技术的核心就是"飞"，在空中的移位十分重要，利用运动员起跳后在空中的位置差来避开拦网，这需要副攻手有比较好的滞空和腰部力量。背飞技术最早出现在20世纪80年代初期的中国女排，当年"天安门城墙"的周晓兰首次在国际比赛中使用背飞战术，取得惊人的效果。之后，"飞"风迅速蔓延整个排坛，美国女排一直以快速的整体打法著称，与其2、4号位的平拉开相比，3号位的背飞更具特色。背飞是球在飞行的途中，扣球手起跳后追击并避开拦网手后扣球，扣球手可以充分地选择过网点再击球，不容易拦防，目前以单脚起跳居多。目前欧美球队在选择和运用背飞战术时除了保留了其快速突然的特点外，利用高度和力量优势将背飞这一副攻战术运用到了极致。由于阿金身体素质极为出色，二传手给其的背飞传球弧度较高，跑动范围较大，充分将进攻点转移至2号位区域，通过高点进攻不仅突破能力强，对同伴也起到了较好的掩护作用，阿金在网前跑动，对手的副攻手往往被吸引。通过高速解析，看到美国女排2号位的背飞传球弧度高出球网上沿0.72米，传球触球到阿金扣球击球瞬间的时间为0.67秒，击球瞬间对方副攻未跟上其击球节奏，具有快速、善于牵制并撕扯对方拦网的优势。

7.2.3.2 阿金拉德沃 3 号位背飞击球高度、过网位置、球速分析

图 7-117、图 7-118　阿金拉德沃 3 号位背飞进攻组织时间图

通过高速影像解析，其 2 号位背飞进攻上步节奏快，充分利用助跑速度增加击球高度与扣球攻击性，击球高度达到 2.97 米，当一传半到位球离球网距离较远时，美国女排二传手依然敢于大胆组织背飞进攻，进攻点较拉开，球体的过网点高出球网上沿 0.26 米，距标志杆 0.37 米，球体过网高度达 2.51 米，过网点较拉开，充分利用球网宽度拉开进攻点。阿金身高 191cm，具有较好的弹跳高度和击球力量，单脚背飞起跳后空中位移距离长，对手不易判断其击球点，属于攻击型副攻，扣球球速达到 28.19 米/秒（见图 7-119），从影像看出巴西女排虽双人拦网，但阿金凭借击球高度和斜线选择避开了集体拦网的封堵。

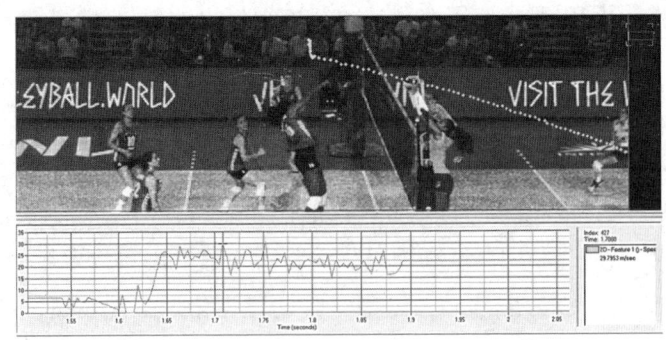

图 7-119　阿金拉德沃 2 号位背飞击球速度解析图

7.2.3.3 阿金拉德沃在不同轮次的进攻效果与线路、落点分析

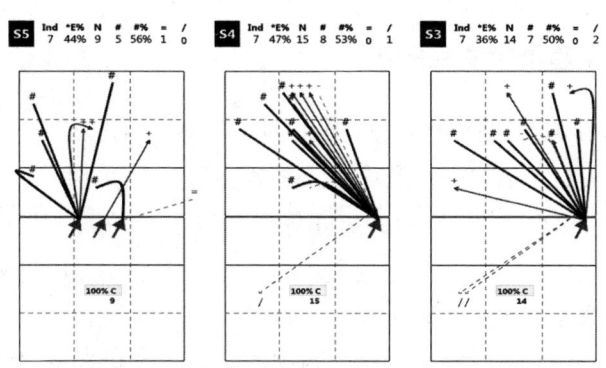

注：E%代表效率、#代表得分数、#%代表得分率、=代表失误、/代表被拦死、H代表发力、P代表轻搓、T代表吊球、线路符号#代表得分、线路符号+代表破攻、线路符号-代表被防。

图7-120 阿金拉德沃在不同轮次进攻线路、落点侦测图（数据：2017大奖赛、2018世锦赛合计6场）

阿金拉德沃在美国女排的副攻位置上进攻比重很高，作为副攻手在队内虽不是进攻的重点，但具有突然性的战术快球往往让对手防不胜防。配合默契的副攻手，会给一支女排队伍带来进攻节奏的变化。在美国队边攻手硬实力普遍偏弱的情况下，阿金成了美国女排的"头号硬汉"。美国女排是一支打拉开速度的球队，但是阿金的进攻却不一样，基本是2、3号位的高点进攻，面对这位速度、弹跳、爆发力佳的"暴力"副攻，很多球队没有太多限制的办法。

当二传在5号位插上美国女排的3点攻轮次，阿金的进攻以二传身前的短平快和近体快为主，进攻效率为44%，得分率为56%，短平快以斜线为主，落点多集中在1、9区，近体快球以斜线为主，落点在7区，其中67%为发力扣球，吊球占33%，比重较高。当二传轮转至4号位时，美国女排前排2点攻轮次，阿金以背飞跑动为主，配合前排主攻队员的4号位平拉开，充分利用网长牵制对手的拦网，扣球以转体斜线为主，落点多集中在1、8区，其中87%为发力扣球，吊球占13%。当二传在3号位时，阿金的进攻同样以跑动背飞为主，牵制对方的拦网队员在网的右翼，进攻线路较分散，直线、斜线均有采用，落点分布在7、8、9区，由于其击球点相对较高，扣球的落点较靠前。其中86%为发力扣球，14%为轻吊（见图7-120）。阿金网上处理球技术娴熟，阅读比赛能力强，击球位置不佳时打吊结合，效果较好。美国女排2点攻轮次时应该对其2号位背飞重点盯防。

7.3 欧美女排与中国女排优秀运动员扣球技术对比分析

7.3.1 朱婷扣球技术分析

2017年女排大冠军杯赛中，中国女排时隔16年再次获得本赛事冠军。朱婷以总得分100分排名第一，进攻得分率55.35%，排名第一，比第二名冈察洛娃高了7个百分点。在拦网、防守等方面也位居前列，获得本次比赛的MVP和"最佳主攻"。2016年里约奥运会，中国女排时隔12年再登顶。在本届奥运会，作为中国女排的绝对核心，朱婷在四分之一决赛、半决赛、决赛分别贡献28分、33分、25分。整个奥运会场场都是中国队的得分王，在进入淘汰赛后的三场比赛都是整场比赛的得分王。8场比赛她共得179分，高居得分榜首位。进攻效率高达42.27%，比第二位的米哈伊洛维奇的31.0%高出11个百分点，具有较大的差别。朱婷目前在土耳其联赛的瓦基夫银行队效力，系世界范围内的最佳主攻之一。

7.3.1.1 朱婷前排进攻组织节奏分析

图7-121、图7-122 朱婷4号位平拉开进攻组织时间解析图

朱婷是中国女排的重点进攻人，承担着全队近半数的进攻比例，作为主攻手目前进攻区域前排多在4号位。通过Fastec TS5运动高速摄像机，以250帧/秒的拍摄速度在2017世界女排大奖赛（南京站）和2018世界排球联赛（江门站）比赛现场连续拍摄其4号位进攻，解析其4号位强攻的每帧影像，并计算出中国女排4号位进攻组织的时间。在中国女排组织4号位进攻过程中，二传手丁霞采用跳传以提高传球高度，缩短球的运行时间，传球弧度适中，高出球网上沿1.93米，传球触球至朱婷扣球触球的时间仅为1.024秒，整个进攻组织节奏较快，说明中国女排在追求高大化的同时也加强了进攻节

奏的提升。虽然朱婷身高在198cm，属"高大型"主攻，但通过提升进攻节奏的战术意图明显。4号位进攻多与其副攻的短平快和背飞掩护相结合，进攻组织依靠其高度和速度破坏对手的拦防，与巴西、美国依靠快速、较低弧度的4号位平拉开还有一定区别。

7.3.1.2 朱婷前排进攻击球高度、过网位置

图7-123、图7-124　朱婷4号位平拉开击球高度、过网位置解析图

图7-125　朱婷6号位进攻击球高度解析图

图7-126　朱婷6号位进攻击球过网位置解析图

通过高速摄像解析软件Fas motion对朱婷的4号位扣球动作进行解析计算，自身198cm的身高优势与出色的弹跳，其4号位的击球高度达到2.81米，6号位后排进攻击球高度达到2.95米（见图7-123）。通过高速影像可

253

以看出，朱婷充分利用其高度优势，在击球过程中展腹幅度较大，鞭打动作快速有力，人球关系保持良好，击球点保持在身前最高点，大斜线、中斜线是其4号位进攻时运用较多的线路。侦测发现，朱婷击球后球的过网点高度在2.64米，球体的过网位置距离4号位的标志杆1.97米，4号位扣球最大球速可达27.5米/秒（见图7-127）。朱婷的进攻大部分是在整体配合中完成的，快速平拉开加上短球以及后三，打得非常稳定，成功率很高。同时，反击当中一步助跑起跳的快速进攻也很有特色。在调整强攻时，二传有意识地把球传上网，朱婷利用身高和弹跳的优势，打出了许多线路丰富的高点进攻。关键球朱婷打得非常果断、硬朗。朱婷进攻节奏较快，击球点高，是目前世界女排队员中高、快结合型强攻的典型代表。

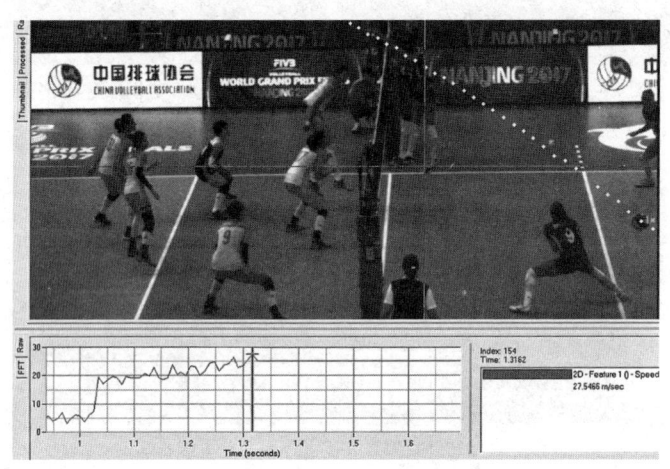

图7-127　朱婷扣球球速解析图

7.3.1.3　朱婷扣球技术动作分析

朱婷目前是中国女排高度最高的主攻手，其扣球时助跑速度快、节奏紧凑，无论是平拉开还是调整攻上步助跑的距离较短，起跳具有突然性。朱婷往往根据本方一传的情况，先撤到边线以外，助跑路线是从边线外向里呈斜线助跑，该助跑是与来球迎面相截，控制面较大，利于击球点的更多选择，且可以弥补二传来球拉开幅度不足的缺点；其上步助跑中，尤以助跑的最后一步蹬地迅猛、有力，且起跳后迅速挥臂，在迎面扣斜线或小斜线的同时，也可利用转腕动作扣直线球。通过侦测解析图像可以看出，起跳后其引臂动作和背弓幅度较小，与欧美运动员的大幅度引臂、展体有所区别。

第七章 欧美与中国优秀女排运动员扣球技术特征分析

图 7-128 朱婷扣球技术动作分解特征图

7.3.2 张常宁扣球技术分析

张常宁身高195cm，司职主攻，是中国女排向大型化发展时期的新一代主攻手，比赛中可身兼主攻和接应两个位置。2015年第12届女排世界杯，中国女排时隔12年第4次斩获世界杯冠军。身兼主攻和接应两个位置历练的张常宁，由于队长惠若琪心脏不适而接班首发主攻，在主接6轮一传的重压之下偶有失误，但绝大多数时间都完成优异，并且在发球、进攻和拦网时也有优异表现。2016年里约热内卢奥运会，张常宁以主力身份入选中国女排，场均贡献7.1分，帮助中国女排12年之后再夺奥运会冠军。里约奥运会上，张常宁在主攻和接应位置上来回切换，均有上佳表现。个人总得分排在朱婷和徐云丽之后，是中国女排的第三大得分手。2017年第7届女排大冠军杯，中国女排时隔16年再折桂,朱婷独揽 MVP 和第一主攻大奖。朱婷对角张常宁总计71分名列第六,同时在一传榜单以34.12%的成功率名列第六。此外,在扣球榜单以43.33%的成功率位列第五。

7.3.2.1 张常宁前排进攻组织节奏分析

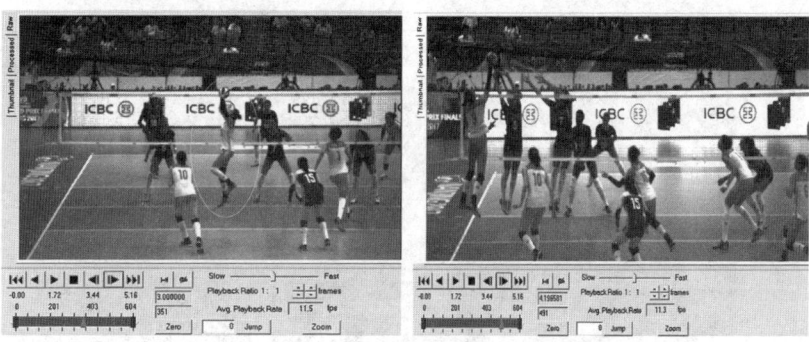

图7-129、图7-130　张常宁4号位平拉开进攻组织时间图

张常宁是中国女排的重点进攻人,多司职主攻,多参与4号位平拉开和6号位低弧度进攻。通过 Fastec TS5 运动高速摄像机,以250帧/秒的拍摄速度在2018世界排球联赛(江门站)比赛现场连续拍摄其4号位平拉开进攻,解析其4号位强攻的每帧影像,并计算出张常宁4号位进攻阶段的时间,丁霞传球触球至张常宁扣球触球的时间仅为1.20秒。中国女排虽然在主攻端以高大化的特征为主,但目前主攻手的进攻节奏与美国、巴西均有一定差距。通过解析图也可看出,面对张常宁4号位的平拉开进攻,意大利女排已形成网前的双人拦网,且取位已到位,拦网人空中手型摆放合理,已封堵主要过网线路。

7.3.2.2 张常宁前排进攻击球高度、过网位置、球速分析

通过高速摄像解析软件 Fas motion 对张常宁的4号位平拉开扣球进行解析计算,其4号位的平拉开击球高度为2.77米(见图7-129)。通过高速影像可以看出,虽然张常宁助跑启动早,但起跳环节蹬伸稍慢,虽然身高为195cm,但击球高度并不占绝对优势,在击球过程中展腹幅度不大,但鞭打动作快速,人球关系保持欠佳,击球点偏头上,未保持在身前最高点,大斜线、中斜线进攻为其运用较多的扣球线路。侦测发现,张常宁击球后球的过网点高度在2.50米,球体的过网位置距离同侧的标志杆0.47米,4号位扣球最大

第七章　欧美与中国优秀女排运动员扣球技术特征分析

图7-131、图7-132　张常宁4号位进攻击球高度、过网位置图

球速可达24米/秒（见图7-132）。在现代排球比赛中，主攻队员多参与接发球，当今排坛的一流主攻，朱婷、金延璟、拉尔森等均具备上佳的一传稳定性，但张常宁目前一传稳定性偏弱，因而实战中经常被对手追发，一旦一传不稳定，其进攻也多受影响，因为打调整攻的能力尚显不足，因此张常宁应多借鉴并学习欧美高水平主攻队员如纳塔莉亚、拉尔森等队员的技术动作，保持合理的人球关系，在面对高拦网时提高自身击球手法、线路变化和应变能力，打吊结合，在面对集体高大拦网时，加快击球的速度、节奏及变化，无疑是张常宁提升扣球效率的有效途径。

7.3.2.3　张常宁扣球技术动作分析

张常宁尽管在绝对力量方面与欧美主攻手有着一定的差距，但相对较好的网上高度、步法移动一定程度上能够弥补其力量上的不足。张常宁的扣球技术特点为：助跑较为迅速，起跳及时，空中具有一定的高度；击球速度快；擅长近网、斜线击球；手腕等小肌肉群发力较好。存在的不足之处是：击球的力量较小，击球点偏后，中远网的击球能力较差；空中腾起后，腰腹力量的运用不够明显，展腹及收腹带臂的鞭打动作幅度较小；在对方欧美高大队员拦网的时候，击球手法变化不够丰富，在打、吊结合方面运用得不够合理；使用平打、拐腕等变化性击球有着较大的提升空间。

7.3.3　龚翔宇扣球技术分析

龚翔宇，身高188cm，司职接应二传，自2016年首次入选国家队就有机会参加里约奥运会并随队一举夺得金牌，随后龚翔宇牢牢在国家队占据一席之地，参加了2017年的大冠军杯和2018年的世锦赛，也充分体现出龚翔宇

图7-133 张常宁4号位扣球技术动作特征解析图

目前在中国女排队中的重要作用。中国女排在接应这个位置多次被外界诟病进攻能力偏弱，不能撑起朱婷的对角。2018年的女排世锦赛，半决赛最后一球，龚翔宇调整攻没有得分，导致中国女排最后输给意大利，赛后被很多人诟病。长久以来由于和欧美高大类型的接应二传相比，中国女排很少能涌现出高度占优、强攻实力突出、前后排均具有暴露性强攻能力的接应二传，但龚翔宇多次在世界大赛中的优异表现，也体现出了其具有较大潜质的上升势头。

7.3.3.1 龚翔宇前排进攻节奏分析

龚翔宇是中国女排的重点进攻人，司职接应，比赛中多承担网前右翼，1号位后攻和2号位定点进攻。通过Fastec TS5运动高速摄像机，以250帧/秒的拍摄速度在2018世界排球联赛（江门站）比赛现场连续拍摄其2号位平拉开进攻，解析其4号位强攻的每帧影像，并计算出中国女排2号位进攻组织

第七章 欧美与中国优秀女排运动员扣球技术特征分析

图 7-134、图 7-135　龚翔宇 2 号位进攻组织时间解析图

时间。龚翔宇身高有限，在 2 号位进攻组织过程中从一传环节便主动压低弧度，一传触球到二传手的传球瞬间时长为 1.47 秒，龚翔宇在参与 2 号位进攻时多与副攻手的短平快相掩护，可以看出丁霞组织 2 号位低弧度定点攻时，副攻手颜妮已处于起跳瞬间，吸引美国副攻手在网前，为龚翔宇的 2 号位进攻创造 1 对 1 的攻拦局面。

7.3.3.2　龚翔宇前排击球高度、位置分析

图 7-136　龚翔宇 2 号位进攻击球高度解析图

图 7-137　龚翔宇 2 号位击球过网位置解析图

259

通过高速影像可以看出，龚翔宇助跑迅速，起跳与挥臂速度较快，虽然身高为188cm，但2号位的击球高度为2.83米，击球点距同侧标志杆0.58米，击球点拉开幅度较大，在击球过程中展腹幅度不大，但鞭打动作快速，人球关系保持良好（见图7-136）；击球后球的过网点高度在2.47米，球体的过网位置距离同侧的标志杆1.85米，2号位扣球最大球速可达23.54米/秒（见图7-137）。面对美国队员的双人拦网，龚翔宇采用小斜线进攻，但通过美国队拦防部署可以看出，小斜线与大斜线均有队员预判布防，但美国拦网队员主攻和副攻之间具有较大的拦网漏洞，中斜线空隙较大，建议龚翔宇在面对双人集体拦网时应放宽视野，择优选择进攻线路，提升击球手法和变化，进而提升进攻效率。

7.3.3.3 龚翔宇2号位扣球技术动作分析

龚翔宇在二传传球前启动助跑，在距中线2.5米附近起跳，起跳迅速，左臂积极上引，空中身体背弓幅度较大，右臂屈肘后引充分，击球瞬间手臂完全伸直，充分击球，但可以看到龚翔宇击球后收腹幅度较小，身体前冲不明显，击球瞬间身体垂直地面，球体位置在头上，未形成挥臂追击球的状态，经常因为保持球角度不好而不易发力，影响击球力量，削弱了进攻效率。建议龚翔宇在强攻时保证启动速度和挥臂速度的同时，适当改变击球点位置，击球瞬间保持击球点在起跳最高点和手臂伸直最高点的前上方，这样更能充分利用水平和垂直空间，扩大进攻范围，并根据对方的拦网取位和后排防守卡位的实际情况改变扣球路线和角度变化。

图 7-138 龚翔宇 2 号位扣球技术动作特征解析图

7.3.4 中外优秀运动员扣球技术特征对比分析

欧美女排整体竞技水平近年来具有较强的上升势头，尤其是在进攻与拦网方面占据优势，欧美运动员具有击球点高、击球力量大且球速快的特点，凭借网口硬实力瓦解亚洲女排的拦防。近两个奥运周期中国女排呈现高大化趋势，全队的平均身高与欧美女排相比略占上风，但从进攻效率和进攻的成功率方面看仍然存在一定差距，原因在于身高仅是进攻获利的基础条件，对抗中的击球高度、进攻组织速度和节奏、击球力量与球速、击球技巧与运用才是取得较高进攻效率的重要因素。

表7-1 中外优秀运动员扣球技术数据对比表

队员	击球高度（米）	过网高度（米）	球速（米/秒）	传-扣组织（秒）	传球高度超网高（米）	拉开距标志杆（米）
埃格努（意）	3.13	2.70	31	1.40	2.66	0.17
博斯科维奇（塞）	3.02	2.62	30	1.22	2.46	0.96
坦达拉（巴）	2.86	2.50	33	1.03	1.60	0.54
墨菲（美）	2.80	2.51	28	1.17	0.86	0.46
龚翔宇（中）	2.83	2.47	23	1.02	1.44	0.57
朱婷（中）	2.94	2.64	28	1.02	1.83	1.35
张常宁（中）	2.77	2.50	24	1.20	1.96	0.47
刘晓彤（中）	2.73	2.44	25	1.47	2.03	0.92

注：解析数据采用FAS TS5高速摄像机摄录，拍摄数据为2018年世界排球联赛（江门站）。

朱婷、张常宁作为中国女排队内高度优势明显的主攻队员，击球高度分别为2.94米和2.77米，击球后球体的过网高度为2.64米和2.50米，传-扣时间为1.02秒至1.20秒，节奏慢于巴西、美国女排的边攻手。朱婷是目前中国女排的重点得分人，承担了球队近半数的进攻比率，击球速度可达28米/秒，与欧美女排队员相比相差不大，击球点距标志杆1.35米，击球点相对集中。刘晓彤击球高度为2.73米，击球过网高度为2.44米，由于其进攻节奏较慢，过网点偏低，击球速度为25米/秒，面对欧美高大集体拦网时进攻效率受限。反观各队重点得分手以埃格努、博斯科维奇、坦达拉为代表的实力型欧美球员具有击球点高、速度快、击球点拉开幅度大的特征，球速多在30至33米/秒，给对方的拦防造成较大困难。

通过高速解析，发现龚翔宇在2号位定点攻时的击球高度为2.83米，球体过网高度为0.36米；1号位后排进攻击球高度为2.86米，球体过网高度为0.32米。博斯科维奇前排2号位击球高度可达3.02米，埃格努2号位击球高度可达3.07～3.13米，球体过网高度可达0.43～0.45米，具有相当的高度优势。龚翔宇与博斯科维奇和埃格努的击球高度和球体过网高度存在一定差距。从击球速度方面分析，博斯科维奇和埃格努的击球速度可达30至31米/秒，龚翔宇2号位的击球速度为23米/秒，具有较大差距。扣球效果的高低与击球高度、击球速度有较大的关系，目前各队均在保持击球高度的前提下加大进攻组织速度。通过侦测数据可以看出，各队在接应二传进攻组织中均加快传球节奏，传球弧度方面美国队最低仅高出球网0.86米，意大利、塞尔维亚传球弧度为最高，中国女排在接应端同样降低传球高度来提升进攻组织速度，传-扣环节仅1.02秒，但受限于击球速度和击球高度、球体过网高度等因素，进攻效果与欧美优秀接应二传仍存在一定差距（见表7-1）。

受制于亚洲球员的身体素质与欧美运动员存在差距，击球高度和击球力量受限，中国女排应该学习美国女排、巴西女排的进攻组织特点，加快进攻节奏，充分利用球网宽度和场地的纵深扩大进攻范围。在突出以朱婷为核心的进攻点之外，提高部分主攻手和右翼接应二传的调整进攻能力，提升击球技巧和变化，提高加进攻效率，在与副攻队员跑动相互掩护的前提下增强全队的进攻整体性与全面性。

7.4 欧美女排优秀运动员扣球技术的变化与运用分析

7.4.1 米哈伊洛维奇（塞尔维亚）变线扣球——面对集体高拦网时

图7-139 展腹引臂

图7-140 收腹挥臂

图7-141 挥臂

图7-142 击球瞬间

图 7-143　向外侧甩腕　　　　　　　图 7-144　球过拦网人

　　米哈伊洛维奇起跳后空中展体充分，动作舒展，挥臂击球时引臂幅度较大，击球时击球点高，挥臂速度快，整个挥臂动作舒展连贯，手掌能控制球的方向并有所变化。根据高速影像解析显示，其 4 号位强攻面对双人集体拦网时，进攻线路选择多变。当集体拦网人封堵直线时，米哈伊洛维奇直线上步助跑，正扣直线，突然向右侧转体并转腕扣击小斜线，击球体的左半侧，球体过网位置避开集体拦网区域（见图 7-141、图 7-142）。善于采用高点打路线是一名优秀主攻手必须具备的基本条件，面对对方的集体性拦网时，强攻扣球能够根据拦网实际情况做到两线分化，有线路变化是强攻取得较好效果的保障。

　　对于主攻队员和接应二传在面对高大拦网时的首要条件是，无论如何也要具有弹跳高度和强劲有力的扣球技术，特别重视单凭力量的爆发性破坏力。当然这种强有力的扣球，在排球对抗中是扣球手必须具备的条件之一，但单凭力量性的扣球，自然也有一定的局限性。笔者研究认为，技术复杂的当今排球对抗，不能单凭高度和力量，速度和变化更具有适应高强度对抗的需求。(1) 扣球力量强弱要有所变化；(2) 击球点的高低与击球时机要有变化；(3) 向左右侧击球要有变化；(4) 与二传手配合的时间、节奏要有变化。目前世界范围内的顶尖运动员在进攻方面既能强攻，又能轻吊，既有直线，又有斜线的变化，根据临场的实战具体情况为争取最高的效率和得分率分别使用这些不同的个人技巧和打法，而且这些技术各自都有较大的运用范围，必须在其范围内灵活运用，以突破对方的拦防。

　　一个优秀的进攻手，在具备良好弹跳力的基础上扣球技巧将起关键的作用。在扣球技巧中变线扣球又是基本的和主要的。由于我国排球运动员普遍趋向于高大化发展，身高、弹跳具备一定的优势，一定要大力加强扣球技巧的训练，尤其要掌握根据不同拦防布局的变线扣球、打手出界、扣吊结合等。千万不可自恃条件优越而故步自封，忽视扣球技巧的训练，只有这样才能适应国际排坛高水平对抗的需要。

7.4.2　米哈伊洛维奇（塞尔维亚）吊球——处理远网球且拦网严密时

图 7-145　起跳引臂

图 7-146　手臂前伸

图 7-147　手臂伸直并伸指

图 7-148　手指触球底部

图 7-149　触球越过拦网人

图 7-150　吊球至防守结合部

米哈伊洛维奇阅读比赛能力较强，进攻时视野开阔，除具有强劲的扣球实力之外，善于打吊结合，能根据对方拦防的布局情况运用不同的个人进攻战术。解析发现其在进行远网强攻，面对较严密的高拦网时，主动运用吊球技术，起跳至引臂过程动作逼真，动作幅度较大（见图 7-145 至图 7-146）。当对方的拦网队员充分起跳后突然伸直手臂，变扣为吊改变原有进攻节奏。通过高速解析图片可以看出，中国女排在双人的高拦网封堵下，后排防守队员按原有边跟进防守阵型布阵，丁霞距中线 5 米处防直线兼顾吊球，朱婷从 4 号位下撤防小斜线并兼顾吊球，但米哈伊洛维奇根据中国女排的防守阵型选择吊球落点在网前 3 号位的中部，该位置由于处在前排主攻和后排二传的防守结合部，容易出现让球或跟进不及时的情况。目前世界各队采用双人拦网边跟进的防守阵型仍是主流，该位置吊球运用效果较好，打乱了中国女排的拦防布局和节奏，在关键分或双方对抗僵持不下时往往能起到奇效（见图 7-150）。

　　综观当今女排强队中的优秀主攻队员，如米哈伊洛维奇、希拉、加比、纳塔莉亚等均能掌握多种个人进攻战术和技巧，且运用灵活自如，正如国际排联主席阿科斯塔曾说的："高水平排球比赛会向着速度和变化的方向发展。"运动员在面对拦防时，在扣球中有速度和力量，有攻击性是一个重要条件，但与此同时，运动员掌握吊球或轻扣的能力同样重要。吊球或轻扣并不需要太大的力量，重要的是使用吊球的时机和娴熟的技巧和球感。盲目地运用吊球，就必定被对手识破。因此，吊球首先要在能够全力扣杀的条件下使用；其次可在快速攻防节奏的比赛进行中，运用吊球来破坏原有比赛节奏，或者作为一种战术出其不意地在对抗中使用，作为破坏对方拦防节奏的手段。轻扣技术比吊球相对更难识别，它使对方的防守人移动、取位犹豫，无法有效防守起球。把球扣到对方防守队员的前面，或者突然轻扣使球越过防守队员头上至端线附近，或是瞄准拦网人的手指轻扣造成触手出界，这些扣球技巧和运用都是高水平选手必须掌握的，当面对严密的拦网和防守时具有良好的进攻效果。

7.4.3 坦达拉（巴西）变线扣球造打手出界——面对集体拦网且球近网

图 7-151、图 7-152、图 7-153　坦达拉面对集体拦网击球手法解析图

图 7-154、图 7-155、图 7-156　坦达拉面对集体拦网击球手法解析图

进攻效率和成功率的高低除传球所提供的优劣外，更重要的是取决于扣球人在实战中能表现出多大的主动性和灵活性，任何一位优秀选手都有他自身的特点。随着目前世界女排强队的高度不断加强和拦网技术的不断提高，身材相对矮小的优秀运动员扣球时必须掌握面对不同来球位置的变线扣球能力或击球触手出界能力，并根据临场比赛情况灵活变化。"变线扣球"即指进攻手扣球中，在起跳后至击球前身体不转动的情况下，能根据对方拦网防守情况，突变所需要的路线的扣球。掌握变线扣球技术，是成为优秀进攻手的重要条件。排球比赛中，尤其是在当今的排球比赛对抗中，网上争夺一直是斗争的焦点。随着排球运动的发展，比赛规则的改变，在扣拦对抗中，突破与反突破，互相制约，互相促进，网上争夺越加激烈。为突破对方拦网，各队都在不断增加扣球手高度（身高、弹跳）的基础上，发展快速多变的战术，

使之造成对方单人或无人拦网，给进攻创造有利条件。同时亦不断提高进攻手个人突破能力，使之能在双人或三人拦网中突破拦网防线。在提高进攻手个人突破能力中，"变线扣球"一直是优秀进攻手所采用的主要手段。在突变路线过程中，即便防守方的拦网人触球，也很易造成击球出界。原因是进攻手变线突然，拦网人来不及主动包球用力，而造成被动挨打的局面。等拦完网，拦网人想起扣球人的习惯技巧，后悔莫及。但以后再拦，又容易吃亏上当。世界优秀排球运动员在面对集体拦网，或调整强攻方面，在每个位置上都有以变线扣球的灵活手法打出各种路线，使对方防不胜防的能力。

研究显示，坦达拉在2号位进攻时，其助跑线路方向根据二传球的拉开或集中分为直线助跑或斜线助跑，现场抓拍其助跑线路呈斜线，起跳快速充分，起跳后在空中利用余光观察和判断拦网的人数及阻拦位置和手型，再决定扣球的线路选择，以利于突破拦网。不论扣直线或斜线均保持较高的击球点，坦达拉由于身高相对较低，仅186cm，但其挥臂速度迅速，爆发力极强，在空中利用转体、转手腕分化击球线路。解析其2号位扣球动作，研究发现坦达拉在面对较严密的集体拦网时，快速起跳后虽身体面对击球方向，展腹与拉臂动作幅度较大，但挥臂击球时通过转腕击球体的左侧面（见图7-153至图7-154），球体击出后触及高度较低的拦网人左侧手臂外侧，造成触手出界（见图7-155至图7-156）。坦达拉整个击球变化动作小，迷惑性较大，突然性强，拦网队员不易察觉，进攻效果较好。

7.4.4　埃格努（意大利）转腕变直线扣球——面对拦网有空当时

图7-157　挥臂

图7-158　击球

第七章 欧美与中国优秀女排运动员扣球技术特征分析

图7-159 转腕变直线

图7-160 球过拦网直线空当

埃格努除了具有黑人运动员出色的身体素质，弹跳与爆发力俱佳的条件，网上强攻扣球时扣球技术的变化也较多，其中转腕扣球也是其经常运用的。解析观察到当面对较高拦网高度的阻拦时，其通过转腕动作改变扣球路线，这种扣球有可能损失一定的击球力量，但埃格努本身击球点高，再辅以线路变化易避开对方的拦网，对对手的后排防守取位也造成较大困难。其2号位的转腕击球是向外侧转腕动作，在2号位击球时面对拦网，起跳与正面扣球相同，击球时其右肩积极上提并稍向右转，手腕向右侧迅速甩动，全手掌击球体的左上部。可以看到中国女排的张常宁以高拦网封堵其击球线路，但埃格努通过转腕变线成功避开拦网的阻拦，这种扣球技术变化经常被主攻队员和接应强攻时采用，造成触手出界等情况，实战对抗中效果较好。

7.4.5 埃格努高点超手扣球——面对高拦网且有空当时

图7-161 击球瞬间

图7-162 超拦网手1

269

图 7-163　超拦网手 2　　　　　　图 7-164　斜线过网瞬间

埃格努是当今女子排坛以高点强攻闻名的强力型接应，当意大利队的一传或防守起球效果不佳时，二传手都会将球分配给埃格努得分度轮，比赛中经常可见只要将球弧度立高，无论 2、4 号位还是 1、6 号位，埃格努均可凭借高度和力量进行突破，面对三人的集体拦网也不畏惧，依靠的就是其有出色的高点超手扣球实力，在没有队员掩护协同配合下完全依靠自身实力突破拦防，这也是当今排球发展的趋势。依靠网口的硬实力对抗，充分展现出高水平排球比赛的激烈对抗性。超手扣球是运动员击球时利用身体自身高度和弹跳优势，将球从拦网人手上空击入对方场区的扣球方法。

埃格努身高臂长，再配合其出色的弹跳高度，扣球时充分利用助跑起跳，保持较好的击球位置，击球瞬间利用腰腹核心力量带动手臂鞭打。解析可以看到其肩充分上提，手臂充分伸直，以提高击球点，击球点在右肩的前上方，以全手掌包击球体的中上部，击球线路较长，不易被拦防。从解析影像看到，中国队身高 195cm 的张常宁对其拦网依然被超手通过，202cm 米的袁心玥拦网高度也没有发挥应有作用，2018 年世界锦标赛半决赛意大利对中国，埃格努一人进攻独得 45 分，充分体现了顶尖球星的核心作用与突出的个人进攻能力。另一方面也体现出目前中国女排在拦网技术方面的欠缺，虽然拦网高度占优，但实战中我们的拦网节奏、起跳和配合的时机尚存一定的问题，针对其核心队员的进攻线路的拦网手型也有很大的提升空间，面对其高点强攻，很难形成有效的反击。

7.4.6　拉尔森（美国）转体扣球——面对 3 人集体拦网时

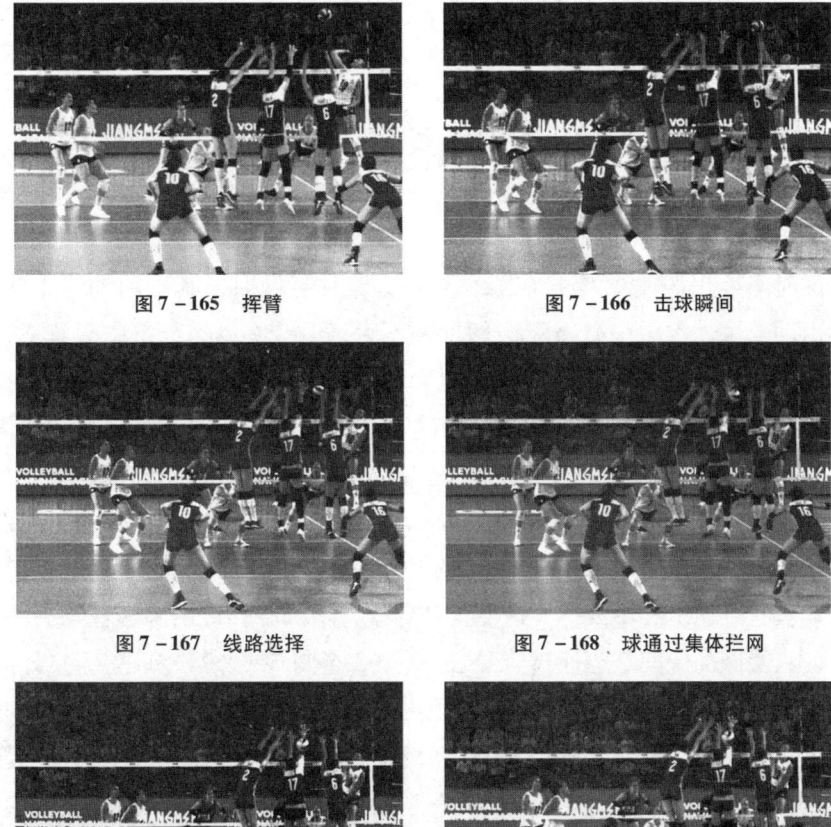

图 7-165　挥臂　　　　　　　　　图 7-166　击球瞬间

图 7-167　线路选择　　　　　　　图 7-168　球通过集体拦网

图 7-169　球过网 1　　　　　　　图 7-170　球过网 2

　　拉尔森一直是美国女排的主力主攻，已参加过两届奥运会，两届世界杯与三届世锦赛的历练，逐步成为美国女排国家队的主力兼队长。拉尔森身高 188 厘米，并非具备绝对的进攻实力，属于技巧性主攻，但击球手法以及路线比较灵活，一传和防守稳定。2018 赛季她以 100 万欧元续约土耳其女排联赛豪门俱乐部伊萨奇巴希，作为世界范围内的全面型的主攻，甚至比同队的博斯科维奇年薪还要高，足以说明她的个人综合实力。作为一名征战排坛多年的名将，她的进攻、一传与防守及小球串联能力对美国女排甚至伊萨奇巴希俱乐部来说都至关重要，由于拉尔森网上高度、力量并不能与朱婷、纳塔莉亚、米哈伊洛维奇等重量级主攻手相比，但其运用平拉开在实战中效果较好，2018年女排世锦赛进攻成功率为36.59%，比赛经验与阅读比赛能力丰富，进攻手法多变，进攻速度较快，擅长处理乱球，对打手出界、转体转腕扣球等技术运用娴熟。

通过2018年世界女排联赛现场截取高速影像分析其4号位平拉开技术动作，拉尔森在4号位的平拉开击球高度为2.85米，球距同侧标志杆距离为0.59米，二传手传球的弧度低平，最高点超过球网上沿0.89米，传球触球到击球的时间为0.87秒，当拉尔森面对三人集体拦网时，其采用外绕式助跑，助跑启动较快，空中引臂及展腹幅度并不大，但节奏迅速，空中起跳后，在空中利用余光观察并判断拦网队员的人数，阻拦起跳位置与拦网手型。拉尔森在最后击球触球瞬间利用转体、转腕动作分化击球路线，可观察到中国女排判断出美国女排调整后的低弧度平拉开，并形成了3人的集体拦网，且朱婷、颜妮、龚翔宇的平均高度在194cm，拦网高度具有较大优势。拦网人虽已起跳充分，但颜妮与龚翔宇之间的拦网手型存在漏洞，拉尔森通过转体、转腕动作有意识地扣中线球，改变击球路线，增加了扣球的隐蔽性与突然性，球从两人拦网的中间空当通过（见图7-168至图7-169），取得了良好的击球效果，球的过网高度为2.61米，距离同侧标志杆1.03米，拉尔森扣球速度可达26米/秒，虽与塞尔维亚和意大利的力量型选手有一定差距，但善于扣球的路线变化是高水平主攻队员在进攻端必须具备的基本条件。随着拦网队员身高逐渐增长和拦网技术的不断提高，面对高拦网时对于强攻扣球、快攻扣球、远网扣球都能根据实战的临场情况灵活变化，才能在比赛中占得主动。

7.5 小结

7.5.1 欧美女排目前以接应二传为队内的重点进攻人，博斯科维奇2号位击球高度可达3.02米，埃格努2号位击球高度可达3.07~3.13米，球体过网高度可达0.43~0.45米，具有相当的高度优势，龚翔宇与博斯科维奇和埃格努的击球高度和球体过网高度存在一定差距。从击球速度方面分析，博斯科维奇和埃格努的击球速度可达30至31米/秒，龚翔宇2号位的击球速度为23米/秒，具有较大差距。扣球效果的高低与击球高度、击球速度有较大的关系，目前各队均在保持击球高度的前提下加大进攻组织速度，世界强队在接应二传进攻组织中均加快传球节奏。传球弧度方面美国队最低仅高出球网 0.86 米，意大利、塞尔维亚传球弧度为最高，中国女排在接应端同样降低传球高度来提升进攻组织速度，传-扣环节仅 1.02 秒，但受限于击球速度和击球高度、球体过网高度等因素，进攻效果与欧美优秀接应二传仍存在一定差距。

7.5.2　欧美高水平运动员除具备高点强攻的实力之外，以坦达拉、波塞蒂为代表的"矮小型"队员挥臂速度快、力量大、击球线路变化较丰富，击球手上动作变化较多，击球节奏变化较明显，移动速度较快，是网上高度有限但速度和变化占优的顶尖代表。当面对不同拦网和防守布局时，结合本队二传手的传球质量和位置灵活运用个人扣球技巧和变化能力突出。打手出界、转体转手腕、打吊结合等个人扣球变化使用频繁。扣球技术变化经常被主攻队员和接应强攻时采用，实战对抗中效果较好。

7.5.3　欧美女排副攻队员进攻以近体快、短平快和背飞为主，简单且实效性较强，利用出色的身体素质和网上高度向对手施压，与中国队目前的副攻队员相比，欧美顶尖副攻队员在远网时依旧具有较强的进攻实力，下手果断，二传大胆组织远网短平快，隐蔽性和突然性较强，进攻效果良好。其进攻线路近体快和短平快多以斜线为主，落点多集中在 7 号区，背飞跑动同样多有运用，进攻线路以 1 号区大斜线为主，落点多集中在 1 号区，发力扣球比重占到 80% 以上，前快和短平跑动进攻多与主攻的平拉开和接应的 2 号位和 1 号位后攻相掩护，背飞跑动多与 4 号位平拉开和 6 号位低弧度后排进攻相掩护。

7.5.4　坦达拉在 2 号位轮次时的进攻效果最佳，应在该轮次对其进行重点盯防。当二传在 5 号位时，其进攻线路以直线和二直线居多，大斜线次之，落点多集中在 1、6、5 区，进攻效率为 45%，进攻得分率高达 50%，其中 79% 为发力，轻打占 5%，吊球比率高达 16%；当二传在 2 号位时，其 6 号位进攻以"八字"分化的两条线路为主，落点集中在 1 号区和 6 号区，1 号位后攻也有采用，线路以直线、大斜线为主，其中 78% 为发力，轻打和吊球分别占 8% 和 15%。

7.5.5　博斯科维奇轮转在 2、3 号位时的进攻比重最高，效果最佳，2 号位进攻线路较为分散，其中小斜线得分比重最大，大斜线次之，落点集中在6、9区，其中90%为发力，轻打仅占3%，吊球为6%，应在该轮次对其进行重点盯防，针对其2号位的进攻线路和落点，前排拦网人应加强对其中斜线和小斜线的阻拦，舍去直线。后排自由人在5号位防守取位可适当向6号区摆位协同防其大斜线等线路，接应或二传在对其斜线进攻防守时应注意1号区和9号区的结合部。

7.5.6 米哈伊洛维奇当二传在5号位时其后排进攻线路以两侧的斜线为主，虽然进攻次数较少，但效率较高，落点多集中在1、9区，进攻效率为60%，进攻得分率高达60%，且均为发力扣球，无吊球运用。后排扣球技术掌握娴熟，适应球的能力较强。

7.5.7 埃格努在意大利各轮次的进攻中都承担了较大的进攻比例，当二传在2号位和6号位时其进攻效率最高，分别达到46%和43%，进攻得分率为58%和57%，发力扣球达到79%和86%，以高点强攻为主，吊球和轻打比重相对较低，适应球能力极强，二传队员在进攻受阻或一传不佳的情况下都会将球分配给埃格努。从进攻线路和落点来看，其2号位进攻多以斜线为主，其中大斜线占比最高，当其在前排时小斜线也有运用，落点多集中于5、7区，轮转至后排时直线进攻比重增加，但中斜线和大斜线依旧是其重点线路。

7.5.8 拉尔森4号位强攻以快速的平拉开和调整攻为主，由于该轮次美国女排为前排2点攻轮次，拉尔森多与副攻的前快相互掩护，进攻线路较为分散，直线与大斜线、小斜线均有运用，落点集中在1、5、6、7区。进攻效率高达35%，进攻得分率为44%，其中65%为发力扣球，轻打与吊球分别占进攻比重的12%与23%。

第八章　欧美女排进攻发展现状与趋势

8.1　以攻为主、简单实效、全面发展

排球的技战术经过了力量、技巧、高度、速度的独特风格，历经了从低级到高级、从原始到先进、从简单到复杂的发展过程，如今已进入了力量、高度与速度，战术形式同运动员本身能力，进攻与防守等全面结合的复合型阶段，无论何种类型、特征的技战术打法，最后都集中表现在扣球与拦网的"制空权"的争夺对抗中。排球不断向高大化、简单化发展，通过 2017 年女排大奖赛、2018 年女排世界联赛、2018 年女排世锦赛的观摩与统计发现，目前世界排坛实力靠前、排名占优的球队，都是突出进攻、打法简单实用、队内各位置攻手技术全面的球队。通过近两年的比赛成绩可以看出，以塞尔维亚、意大利、巴西、美国为首的欧美强队的进攻实力占优，队内各位置均有进攻能力突出的顶尖球员担纲重任，同时也有其他队员在进攻端承担起联袂重点进攻人的重任。

回顾 2018 年女排世锦赛，可以了解到巴西队内除接应二传坦达拉，还有纳塔莉亚、加比的快节奏强攻；塞尔维亚队中除世锦赛 MVP 博斯科维奇，还有米哈伊洛维奇的 4 号位支援；意大利队中除最佳接应球星埃格努的高点强攻，还有主攻端希拉、波塞蒂和副攻端基里凯拉的快速进攻；美国女排队中三位主攻手巴奇、拉尔森、希尔进攻实力不分上下，被称为三位火枪手，可根据不同对手采用针对性的阵容安排。现代排球比赛的激烈对抗和技、战术发展的高难度、高技巧性，要求运动员的身体、心理、技能、智能、知识及修养等综合素质都具备较高的水平。通过高速视频解析，当今欧美女排强队队员的扣球速度已有很大幅度提高，各队都有具有扣球速度近百千米/小时的优秀攻手。目前多数亚洲女排球队的快速多变、顽强防守与小球串联已难以招架欧美女排的网上实力，即便防守卡位再准确，也很难抑制实力型进攻的

冲击。近几个奥运周期除中国女排还在世界女排第一集团之中,其他亚洲女排已逐渐与欧美女排拉开差距。而差距并不单一体现在进攻端,一传、拦网、发球,甚至防守都有消退的趋势,欧美女排整体实力上升明显。

表8-1 2018世界女排锦标赛最佳扣球队员排行榜(前11名)

排名	姓名	国家	位置	得分	失误	一般	合计	得分率%
1	博斯科维奇	塞尔维亚	接应	176	50	102	328	53.66
2	希拉	意大利	主攻	141	22	121	284	49.65
3	埃格努	意大利	接应	275	83	205	563	48.85
4	斯洛特耶斯	荷兰	接应	233	68	186	487	47.84
5	米哈伊洛维奇	塞尔维亚	主攻	148	41	124	313	47.28
6	朱婷	中国	主攻	202	36	206	444	45.50
7	龚翔宇	中国	接应	111	15	118	244	45.49
8	坦达拉	巴西	接应	119	41	136	296	40.20
9	波塞蒂	意大利	主攻	93	26	118	237	39.24
10	金伯利·希尔	美国	主攻	122	38	173	333	36.64
11	乔丹·拉尔森	美国	主攻	120	31	177	328	36.59

国际排联官网:http://japan2018.fivb.com/en/competition/statistics.

通过数据显示,2018年女排世锦赛进攻榜排行前11名的队员中欧美球员占9名,中国女排头号得分手朱婷进攻成功率为45.5%仅列排行榜第6位,排名列前的塞尔维亚、意大利等队的重点进攻队员在进攻方面的得分率在50%左右(见表8-1)。说明从进攻实力层面来看,欧美女排依旧占优势。目前高水平排球比赛的网上对抗中利用高度、速度、力量、同伴的协同配合取得了更好的进攻效果。

扣球技术是进攻系统的最后手段,但扣球技术效果的好坏除了进攻队员本身的实力强弱之外,从攻防链的角度分析,与本队的保障环节也有很大的关系。扣球效果的高低与本方的一传到位率、二传组织的稳定性与隐蔽性、防守起球效果等关联度很高,队内若没有高质量的一传保障,亚洲女排传统的快变战术难以实施,与欧美女排依靠高度、力量追求速度的简单实效型打法难以抗衡。

通过2018年世界女排国家联赛的数据,再一次暴露了中国女排的一传问题。在国际排联官方统计的最佳一传排名(见表8-2)中,中国队排名最靠前的是刘晓彤，但仅排在了所有球员中的第 31 位。相比无人进入榜单前十，更令人吃惊的是刘晓彤作为排名最列前的球员，其接发球效率居然为负值。根据国际排联官方统计，接发球排名前十的多数被欧美国家占据，其中美国队的主攻手希尔以 22.32% 的一传效率占据榜首。毫不夸张地说，发接环节已经成了中国与其他强队之间的较大差距。通过接发球数据显示，接发球效率列前十位的选手以队内的主攻队员居多而少见有防守队员，说明各队在发、接环节充分趋利避害。各队员在每个轮次发球都提前观察助理教练或科研教练，并根据其提示进行有针对性的发球，通过找人、找区、找落点等发球战术压迫接发球队的一传质量，并尽量避开自由防守队员负责区域，各轮次发球人连续追发前排主攻手或临场接发球效果稍差的队员。通过提高发球的攻击性与针对性压迫一攻方的接发球质量，力争破坏其快攻掩护，逼迫一攻方采用调整攻，再通过前排拦网与后排防守的严密结合阻击重点进攻队员，达到抑制与阻击对手进攻的目的。

表 8-2 2018 年世界女排联赛最佳接发球排行榜（前 10 名，单位 N）

排名	姓名	国家	到位	失误	一般	合计	效率%
1	希尔	美国	61	9	163	233	22.32
2	赫尔博茨	比利时	75	14	216	305	20.00
3	罗宾逊	美国	63	16	160	239	19.67
4	塞莱纳	比利时	82	22	228	332	18.07
5	有希	日本	93	27	295	415	15.90
6	安妮布依吉斯	荷兰	75	24	229	328	15.55
7	梅琳娜	土耳其	82	23	277	382	15.45
8	朱迪	比利时	56	20	158	234	15.38
9	杰尼夫	德国	67	22	258	347	12.97
10	巴奇	美国	47	17	168	232	12.93

国际排联官网：http://www.volleyball.world/en/vnl/women/statistics.

防守的目的是为了"保存自己"，力避失误，同时也是辅助进攻或准备转入反攻的一个手段，因此后排防守是反攻的基础，反攻是后排防守的继续，反击效果的成效与后排防守的效果好坏是紧密相连的，防反能否得分，关键也在后排防守。通过数据显示，2018 年世界女排联赛防守排行榜位居前 10 位的队员中仅有 2 名日本队员上榜，其他 8 名运动员均来自欧美球队（见表 8-

3)。不得不承认,以往观念中认为欧美球员高大化、技术较粗糙,亚洲球员技术细腻、防守好的局面已被逐渐打破,欧美球员具备优于亚洲球员的身体素质,网上攻防对抗激烈,很多欧美球员都会选择征战欧洲或者亚洲的职业联赛,这就让欧美球员集百家之所长,能够与世界范围内的顶尖高手过招,任何球队的战术体系都有所经历。例如,美国女排的球员分散在世界各地的排球俱乐部打球,这也形成了这支国家女排技战术非常兼容的特性,而她们对于不同国家的打球风格和战术安排也很熟悉,让她们更容易适应比赛的节奏。塞尔维亚女排队内球员多数征战土耳其职业联赛,巴西队内球员征战意大利职业联赛的情况比比皆是,相反亚洲球员的流动性较差。目前中国女排国家队现役球员仅朱婷一人征战土耳其职业联赛,与高水平选手有高强度的发接、扣拦、扣防对抗,才能在实战中获得更好的防守效果,从这一角度上看欧美女排的保障环节技术提升较快是必然结果。

表8-3 2018年世界女排联赛最佳防守排行榜(前10名,单位N)

排名	姓名	国家	到位	失误	防起	合计	每局防起/N
1	格罗休斯	荷兰	122	6	68	196	2.14
2	苏伦	巴西	115	13	151	279	1.92
3	塞莱纳	比利时	102	14	125	241	1.89
4	奥格	土耳其	111	5	108	224	1.88
5	罗宾逊	美国	94	10	94	198	1.88
6	苏埃德	美国	80	17	85	182	1.60
7	井上琴绘	日本	87	10	137	234	1.50
8	伊丽莎白	多米尼加	79	3	115	197	1.46
9	蕾恩卡	德国	84	8	177	269	1.45
10	有希	日本	83	19	104	206	1.43

国际排联官网:http://www.volleyball.world/en/vnl/women/statistics.

8.2 接应二传在当今排球对抗中作用突显

接应二传作为排球阵容配备中的特殊位置,在五一配备中扮演着重要角色。五一配备是指场上队员有5名进攻队员和1名二传队员。我国目前体育院校通用教材中对接应二传并没有专门的解释。阵容配备章节部分也仅提及主攻、副攻、二传手,但随着现代排球运动的发展,网上对抗越发激烈,接应二传的作用已经从辅助二传传球，转变到了一个队最主要的进攻得分点。接应二传往往不参与接应一传，甚至可以尽可能少地参加防守，但是必须要有强劲的进攻实力，强发球和高拦网。优秀的接应二传队员应该在4号、2号、1号位都有定点强攻的得分能力。接应二传在前排时，换到2号位，加上前排的主攻队员与副攻队员，有3个前排进攻点，这一般被称为是较强的轮次。轮转到了后排，则换到1号位，准备参与后排进攻，为球网左翼的进攻提供支撑。目前接应二传在参与后排进攻的进攻区域也从之前的1号位向后排的1、6号位之间的区域转移。这样的击球点更缩短了与二传手传球的时间，也加快了接应二传队员的进攻速度和节奏。

目前接应二传选手一般具有两种风格：强力型接应与保障型接应。强力型接应二传一般不参与球队的接一传任务，主要负责进攻，大多是2号位前排或后排的定点强攻以及来回球中的调整进攻。强力接应一般身高具有一定优势，且具有很强的进攻实力，网上突破能力强，是一支球队进攻端的核心和主要得分手。世界女排近年来强力型接应的代表人物有加莫娃、胡克尔、托古特、冈察洛娃、博斯科维奇、埃格努等。保障型接应，也可称作跑动接应，这类接应二传一般负责球队的多轮次一传任务，通过参与接一传来分担前排主攻队员的一传压力，进攻方面主要以偷袭、战术进攻（双背飞、前后交叉等）为主。保障型接应二传的主要任务是参与一传、防守与串联，她们的后排技术细腻、基本功扎实，相应地，网上实力不足是保障型二传共同的特点。代表人物有周苏红、普罗迪尼科娃、新锅理沙、张磊等。

表8-4 2018年世界女排联赛最佳扣球队员排行榜（前11名，单位 N）

排名	姓名	国家	位置	得分	失误	一般	合计	得分率%
1	博斯科维奇	塞尔维亚	接应	206	80	132	418	49.28
2	巴奇	美国	主攻	165	32	147	344	47.97
3	沃隆科娃	俄罗斯	接应	177	67	153	397	44.58
4	斯马泽克	波兰	接应	306	93	296	695	44.03
5	坦达拉	巴西	接应	207	65	201	473	43.76
6	路易莎·利普曼	德国	接应	204	63	200	467	43.68
7	埃格努	意大利	接应	143	51	134	328	43.60
8	纳塔莉亚·马尔科	俄罗斯	接应	137	48	138	323	42.41
9	斯洛特耶斯	荷兰	接应	175	55	190	420	41.67

续表

排名	姓名	国家	位置	得分	失误	一般	合计	得分率%
10	博兹	土耳其	接应	172	72	169	413	41.65
11	马丁内斯	多米尼加	主攻	206	80	132	418	49.28

国际排联官网：http://www.volleyball.world/en/vnl/women/statistics.

  2018年进入女排世锦赛半决赛的4支球队中，只有中国女排在接应位置以保障为主。其他3支欧洲球队都是强力接应为主，接应承担球队绝大多数困难球的任务，主攻、副攻更多承担战术进攻。而中国女排现阶段打法还主要是以低平快、抢速度为主，不管是主攻、副攻，还是接应二传，都以战术进攻为主。但经历了此时世锦赛后，中国女排也应清楚地认识到，从进攻环节来看，与欧美女排在各位置还是有一定的差距，其中最明显的位置就是接应二传，近两届奥运周期中国女排涌现出的周苏红、张磊、杨方旭、龚翔宇等接应二传虽然各具特点，但与欧美女排强队的接应二传相比，从进攻高度、进攻效果、击球速度等环节均存在差距。而接应二传目前在球队内多处于承担攻坚任务的主要得分手，每当遇到关键分、相持不下的多回合困难球时，二传手往往选择给接应二传一锤定音。由于目前各女排强队充分重视发球，对各队的一传保障起到了较大冲击，一传效果不佳或防守起球半到位时快攻不易组织，而队内主攻手在一传、防守端的任务比较重，因此接应二传在目前高水平排球对抗中进攻比率大幅提升。此外，接应二传的进攻区域一般在2号位、1号位，即场地的右半区，这与队内的主攻队员在4号位进攻区域形成了左右两翼的态势。队内的接应二传若具备较强的进攻实力，可为同伴提供很好的进攻支援和掩护，进而为全队的协同进攻创造更好的条件。

图8-1 龚翔宇2号位击球高度解析图　　图8-2 龚翔宇1号位击球高度解析图

第八章　欧美女排进攻发展现状与趋势

图8-3　博斯科维奇2号位击球高度解析图

图8-4　埃格努2号位击球高度解析图

通过高速解析，发现龚翔宇在2号位定点攻时的击球高度为2.83米，球体过网高度为0.36米；1号位后排进攻击球高度为2.86米，球体过网高度为0.32米。博斯科维奇前排2号位击球高度可达3.02米，埃格努2号位击球高度可达3.07~3.13米，球体过网高度可达0.43~0.45米，具有相当的高度优势。龚翔宇与博斯科维奇和埃格努的击球高度和球体过网高度存在一定差距。从击球速度方面分析，博斯科维奇和埃格努的击球速度可达30至31米/秒，龚翔宇2号位的击球速度为23米/秒，具有较大差距。扣球效果的高低与击球高度、击球速度有较大的关系，目前各队均在保持击球高度的前提下加大进攻组织速度。通过侦测数据可以看出，各队在接应二传进攻组织中均加快传球节奏，传球弧度方面美国队最低仅高出球网0.86米，意大利、塞尔维亚传球弧度为最高，中国女排在接应端同样降低传球高度来提升进攻组织速度，传-扣环节仅1.02秒，但受限于击球速度和击球高度、球体过网高度等因素，进攻效果与欧美优秀接应二传仍存在一定差距（见表8-5）。

表8-5　中外优秀接应二传扣球技术数据对比表（2号位击球、单位 m=米、s=秒）

队员	击球高度（m）	过网高度（m）	球速（m/s）	传-扣组织（s）	传球高度超网高（m）	拉开距标志杆（m）
埃格努（意）	3.13	2.70	31	1.40	2.66	0.17
博斯科维奇（塞）	3.02	2.62	30	1.22	2.46	0.96
坦达拉（巴）	2.86	2.50	33	1.03	1.60	0.54
墨菲（美）	2.80	2.51	28	1.17	0.86	0.46
龚翔宇（中）	2.83	2.47	23	1.02	1.44	0.57

注：数据采用Pro Analyst高速摄像机拍摄并解析，拍摄数据为2018年世界排球联赛（中国-江门站）。

表 8–6 中外优秀接应二传扣球效果比较表（n = 个数）

国别/场数	队员	效率/%	合计	扣死/	%	较好/	%	扣失/	%	拦死/	%	拦回/	%	被防/	%
中/12	龚翔宇	35	158	73	46	34	22	5	3	13	8	6	4	27	17
塞/12	博斯科维奇	36	346	173	50	75	22	29	8	21	6	8	2	40	12
意/15	埃格努	43	558	310	56	120	22	40	7	31	6	11	2	46	8.2
巴/11	坦达拉	34	495	232	47	116	23	43	9	19	4	12	2	73	15
美/12	墨菲	26	123	52	42	29	23	5	4	15	12	8	7	14	11
美/12	洛维	29	98	42	43	24	24	8	8	6	6	7	7	11	11

注：效率 =（扣死 - 被拦死 - 失误）÷ 总数。
数据：2017 女排世界联赛、2018 世界排球联赛、2018 世界锦标赛。

通过对 2017 年、2018 年期间三项女排国际大赛的观摩与统计（见表 8 – 6），可以看出中、外优秀女排接应二传在进攻效果方面的对比，以中国主要备战对手的塞尔维亚、意大利、巴西、美国为例。龚翔宇作为目前中国女排队内的主力接应球员，在 2016 年首次入选中国女排新一届国家队 26 人大名单，并获得里约奥运会女排冠军。龚翔宇被视作中国女排接应位置的一颗新星被寄予厚望。虽然在 2018 年世界女排锦标赛中以 45.49% 的扣球得分率列进攻队员榜的第 7 位，但通过中国女排与主要对手的 2017 年至 2018 年的 12 场比赛数据汇总看出，龚翔宇在进攻端与欧美主要竞争对手的顶尖接应二传选手还存在一定的差距。

与塞、意、巴、美四国对阵的一系列比赛中，龚翔宇的扣球得分率为 46%，被拦死率稍高，达到 8%，被对手防起的比率为 17%，整体进攻效率为 35%，扣球得分数也大大低于博斯科维奇、埃格努与坦达拉，进攻效果略高于美国女排接应二传墨菲与洛维。反观欧美强队的接应选手，博斯科维奇、埃格努、坦达拉在进攻次数、扣球得分总数与得分率方面均占绝对优势。扣球得分率方面埃格努高达 56%、博斯科维奇 50%、坦达拉为 47%；扣球效率方面埃格努为 43%、博斯科维奇为 36%、坦达拉为 34%，龚翔宇仅在扣球效率方面与坦达拉持平，但在承担进攻任务的次数和得分率方面均存在差距。美国女排的接应二传虽然在进攻各方面数据中不占优势，但队内的 2 名接应实力接近，而且轮换上场，左手球员墨菲与接应新秀洛维在击球点、进攻线路、击球节奏等方面均有不同，但都能承担队内相当比重的进攻任务，为队内的主攻线提供支援。龚翔宇与欧美接应相比进攻次数较少，为朱婷这一中国女排队内主要得分人支援不足,在 2 号位与 1 号位后排进攻方面未能起到攻坚作用,在牵制对方拦网方面存在不足。这也是中国女排目前队内缺乏第二"火力点"的主要原因。

8.3 进攻区域选择趋于平衡

目前欧美女排强队在进攻区域的选择上具有一致性,通过 Data volley 统计欧美女排强队总体进攻区域可以看出,在整体进攻方面(包括一攻、反击)进攻区域最集中的区域还是 4 号位区,但不同的球队根据队内球员进攻能力强弱、各轮次战术打法的特点都有所区别,也体现出了高水平球队在进攻组织方面的均衡性。其中塞尔维亚 4 号位区域进攻比率为 38%,2、3 号位区域进攻比率为 22% 和 21%,后排进攻比率达到 17%,相对较低;意大利女排在进攻区域方面与塞尔维亚相当,4 号位区域进攻比率为 41%,3 号位区域达到 20%,2 号位和后排进攻分别为 18% 和 19%,即 2、3 号位和后排进攻比率更接近;中国女排在进攻区域方面存在 4 号位比率过高的现状,达到 46%,近半数的进攻是在网前的左翼展开,3 号位进攻比率次之达到 21%,但 2 号位和后排进攻比率相对较低,分别为 18% 与 12%,数据体现出中国女排目前过分依赖队内主攻队员朱婷,进攻分配过于集中,接应二传位置和后排进攻比率不高,未能将进攻点分散,也体现出中国女排在接应二传和其他进攻位置的进攻实力存在不足。巴西女排在 4 号位区域的进攻比率和中国女排相当,也达到 46%,但 2 号位和后排进攻比率高于中国,分别达到了 19% 和 17%,说明其依靠球队整体的协同进攻特点鲜明,网前两翼的拉开进攻再辅助以后排立体进攻可分散拦网方的布局。美国女排的 4 号位平拉开是最有特点的进攻战术打法,速度之快、弧度之低让各队的拦防对其都较乏术,侦测发现其 4 号位进攻比率高达 49%,是几支球队中最高,2、3 号位的进攻比率相当,达到了 20% 和 21%,但后排进攻比率是几支球队中最低,仅 8%,说明美国女排依靠副攻的 2 号位跑动和接应二传的 2 号位进攻牵制,4 号位进攻依旧是其惯用打法。

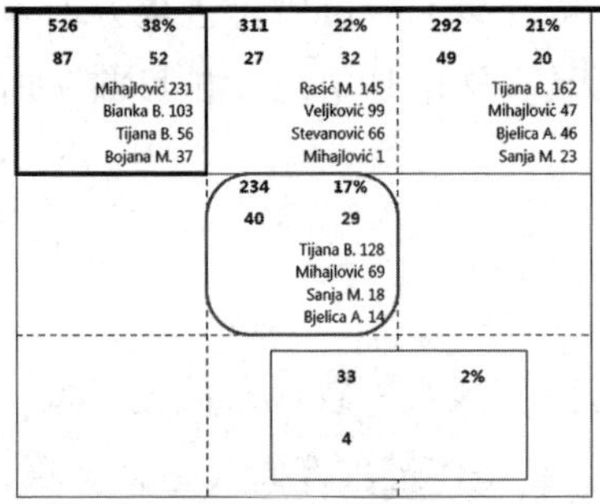

526	38%	311	22%	292	21%		717	41%	344	20%	312	18%
87	52	27	32	49	20		102	64	28	44	50	27
Mihajlović 231		Rasić M. 145		Tijana B. 162			Miryam F. 258		Chirichell 146		Egonu P. 232	
Bianka B. 103		Veljković 99		Mihajlović 47			Lucia B. 203		Anna D. 117		Lucia B. 37	
Tijana B. 56		Stevanović 66		Bjelica A. 46			Egonu P. 103		Raphaela F 60		Indre S. 23	
Bojana M. 37		Mihajlović 1		Sanja M. 23			Caterina B 53		Sara B. 17		Caterina B 8	

塞尔维亚进攻区域图：
- 234 / 17% / 40 / 29
- Tijana B. 128
- Mihajlović 69
- Sanja M. 18
- Bjelica A. 14
- 33 / 2% / 4

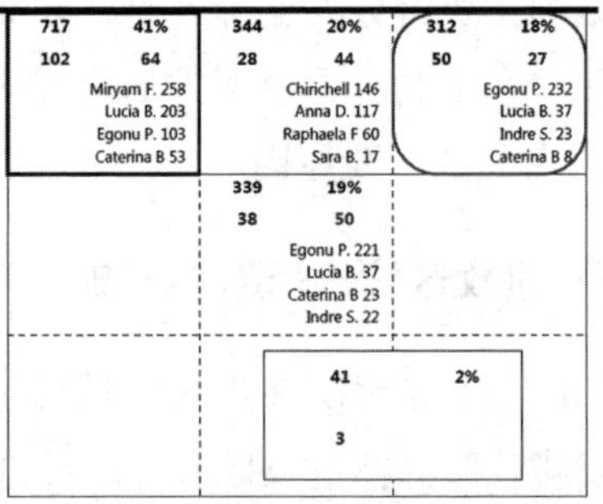

意大利进攻区域图：
- 339 / 19% / 38 / 50
- Egonu P. 221
- Lucia B. 37
- Caterina B 23
- Indre S. 22
- 41 / 2% / 3

注：方框内分别为进攻次数最多与百分比，圆圈为进攻次数最少，长方形为二次球占比。

图8-5　塞尔维亚进攻区域图（12场）　图8-6　意大利进攻区域图（15场）

虽然塞尔维亚、巴西、意大利、荷兰4国女排的4号位区域的进攻比率在本队内全部进攻最高，达到38%~46%，但通过侦测发现，这几支欧美强队的4号位进攻不仅局限于主攻手，几名接应二传在4号位同样承担了很大比重的进攻任务，其中博斯科维奇为103次，埃格努为103次，坦达拉高达108次，斯洛特耶斯45次。数据表明，目前欧美女排强队的接应选手在各位置的进攻实力均表现不俗，打破专位进攻的局限，但观察中国女排的4号位进攻很少有接应二传参与，基本为主攻队员承担，表明我国女排队员的专位进攻具有单一性，主攻手除了承担大量的一传与防守任务之外还要大量地参与进攻，这对进攻效果往往会造成一定的影响。排球属隔网对抗项目，进攻区域的选择最终目的是使对方不能有效地组成严密的集体拦网，造成以多打少、以强攻弱、一对一对抗或设法使对方的拦网人不能正确地判断进攻人的扣球路线和击球时间，特别要尽力造成防守方拦网起跳时机和拦阻路线的错误，尽量造成对防守队员的强大心理压力和威慑力，进而动摇其全队士气，打乱其拦防整体布局。二传队员在组织进攻时除提高稳定性之外，还需提升进攻组织节奏、扩大视野范围，在传球前要善于观察本方进攻队员和对方拦网队员的动态，结合本方队员技术特点和能力，同时要密切兼顾进攻队员的状况，才能更好地配合，作出合理的进攻区域分配，撕破对手拦防。通过中国女排与欧美强队在进攻区域的对比，发现欧美女排强队在进攻区域选择方面具有更分散的特点，队内的核心进攻点相对均衡。

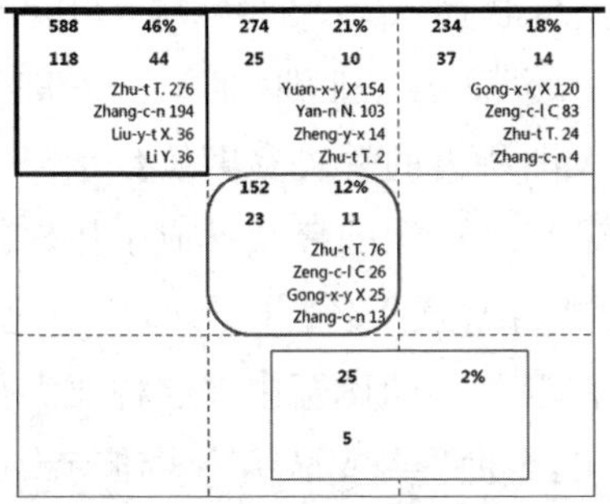
588 46%
118 44
Zhu-t T. 276
Zhang-c-n 194
Liu-y-t X. 36
Li Y. 36
274 21%
25 10
Yuan-x-y X 154
Yan-n N. 103
Zheng-y-x 14
Zhu-t T. 2
234 18%
37 14
Gong-x-y X 120
Zeng-c-l C 83
Zhu-t T. 24
Zhang-c-n 4
152 12%
23 11
Zhu-t T. 76
Zeng-c-l C 26
Gong-x-y X 25
Zhang-c-n 13
25 2%
5

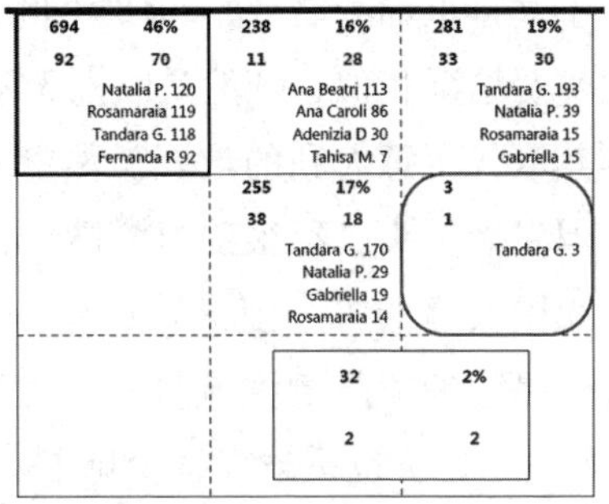
694 46%
92 70
Natalia P. 120
Rosamaraia 119
Tandara G. 118
Fernanda R 92
238 16%
11 28
Ana Beatri 113
Ana Caroli 86
Adenizia D 30
Tahisa M. 7
281 19%
33 30
Tandara G. 193
Natalia P. 39
Rosamaraia 15
Gabriella 15
255 17%
38 18
Tandara G. 170
Natalia P. 29
Gabriella 19
Rosamaraia 14
3
1
Tandara G. 3
32 2%
2 2

注：方框内分别为进攻次数最多与百分比，圆圈为进攻次数最少，长方形为二次球占比。

图 8-7 中国进攻区域图（12 场） 图 8-8 巴西进攻区域图（11 场）

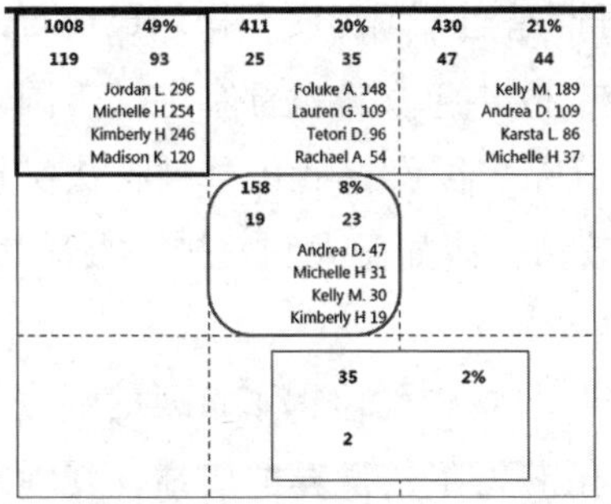
1008 49%
119 93
Jordan L. 296
Michelle H 254
Kimberly H 246
Madison K. 120
411 20%
25 35
Foluke A. 148
Lauren G. 109
Tetori D. 96
Rachael A. 54
430 21%
47 44
Kelly M. 189
Andrea D. 109
Karsta L. 86
Michelle H 37
158 8%
19 23
Andrea D. 47
Michelle H 31
Kelly M. 30
Kimberly H 19
35 2%
2

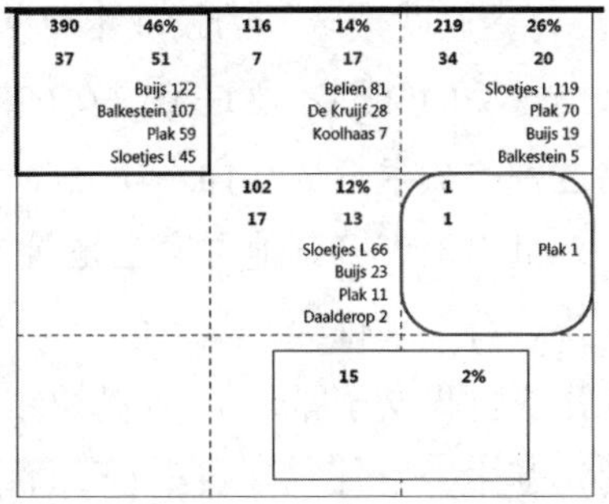
390 46%
37 51
Buijs 122
Balkestein 107
Plak 59
Sloetjes L 45
116 14%
7 17
Belien 81
De Kruijf 28
Koolhaas 7
219 26%
34 20
Sloetjes L 119
Plak 70
Buijs 19
Balkestein 5
102 12%
17 13
Sloetjes L 66
Buijs 23
Plak 11
Daalderop 2
1
1
Plak 1
15 2%

注：方框内分别为进攻次数最多与百分比，圆圈为进攻次数最少，长方形为二次球占比。

图 8-9 美国进攻区域图（15 场） 图 8-10 荷兰进攻区域图（6 场）

8.4 欧美女排整体实力领先亚洲女排

2018 年世界女排锦标赛中国女排获季军，在排名前 10 名的球队中，除日本作为东道主获第 6 名，其他 8 支球队均为欧美球队。作为亚洲女排的代表球队的泰国女排仅获第 13 名，韩国女排获第 17 名。时隔 62 年，女排世锦赛决赛又一次是两支欧洲球队间的对决。当今女子排坛在经历了上一阶段追求快变打法之后，再一次向男子化的“高快结合”转变。强力型接应二传埃格努、斯洛特耶斯、博斯科维奇的横空出世，让当今女子排坛更加重视进攻，凭借更犀利的进攻压制对手。

这是世界排球不断高大化的趋势，也是排球向高大化、简单化发展的结果。欧美女排在发展高大化的同时也在不断提速，高大化的同时技术也有更细腻的表现。小快灵技术优势明显的日、泰、韩等队在高大队员强力进攻和高拦防面前已经占不到任何优势。

除了女排世锦赛之外，2018年世界女排联赛总决赛的名额与2017年世界女排大奖赛情况相似，依然是欧洲3席、美洲2席、亚洲1席，唯一的变化是由土耳其取代了意大利的位置。尽管各大洲所占的总决赛席位数量与上赛季一致，但发展势头已经很明显，欧洲的升势和亚洲的疲软形成了比较鲜明的对比。入围决赛的唯一亚洲球队中国女排名列第9名，以前的"快速多变"打法曾经是亚洲球队的主流打法，然而在近些年的比赛中，这种亚洲传统的"快速多变"打法也是越来越少见了。在当今世界各支队伍中，唯有泰国女排依旧保持着这种"快速多变"的打法。在2018年的亚运会比赛中，泰国女排凭借"快速多变"的打法一举夺得了亚军，创造了泰国队史上的最佳战绩。"光速拉开，速度排球"的技战术打法可谓是当今世界女子排坛最流行的打法了。这个打法的开创者便是美国女排，在2014年女排世锦赛上，美国女排正是凭借这种技战术打法从而夺下了冠军。在美国女排凭借这种打法实现大突破之后，世界上许多其他国家也是纷纷效仿，诸如意大利女排、土耳其女排、巴西女排、日本女排等。

在当今世界女子排坛上，"高快结合"打法依然占据了重要的地位。在近些年的比赛中，主打"高快结合"的队伍获得了较优异的成绩，其中塞尔维亚是典型代表。中国女排主教练郎平在接受采访时曾表示："2014年美国女排能拿到冠军是因为进攻很快，但现在欧洲球队又快又高，更男子化了，所以美国暴露性强攻就显得弱了。"2018年世锦赛的成绩印证了郎导的观点，卫冕冠军美国女排在六强赛后便惨淡出局，而8支欧洲球队小组赛全部出线。六强中有4支欧洲球队，半决赛有3支欧洲球队。荷兰女排历史上首次进入世锦赛半决赛，意大利女排时隔16年再度进入世锦赛决赛，塞尔维亚则是首次在世锦赛夺冠。

回顾以往世界排坛，亚洲球队以快变立足，通过高质量的一传与小球串联打造多样的战术变化；欧洲队多以高举高打立足，巴西、美国具有丰厚底蕴的球队强调两边快速拉开独领风骚。而如今这几大特点在相互融合取长补短，各队都意识到速度的重要性，就连昔日以高举高打著称的俄罗斯也开始追求整体提速。"高快结合"成为诸强普遍追求的目标。2018年世界女排联赛跻身预赛前5名的球队速度都比较快，中国女排与之交锋在速度上跟不上快节奏，中国队在对阵高快结合的球队中并不占优势，高快结合比较好的代表球队，以塞尔维亚、巴西和美国为代表都曾是中国队的苦主。目前中国女排以平均身高 187cm 的高度在世界排坛范围内占优，与欧美女排诸强相比网上高度相当。但亚洲传统女排球队如日本、韩国、泰国等，在高大化的当今排坛差距较大，加上速度优势已经在诸强提速后逐步缩小，没有赖以取胜的法宝，因此亚洲球队呈现出弱势也就在所难免。

8.5　高度实力派与整体速度派相互促进

目前国际排坛在向全攻全守的整体排球方向发展。随着运动员身体素质的不断提高，科学化训练水平的提升，现代排球的技、战术发展要求运动队和运动员必须全面发展。它不仅需要在攻防两端技术的全面、战术组合的全面，还包括运动员的体能、心智等素质的全面。在当今高强度、高水平的排球激烈对抗中，只有具备更好的阅读比赛能力才能有利于发挥。

以塞尔维亚、意大利为代表的高大化、实力派代表在一系列高水平比赛中呈现出较高的竞技水平，高度一直是排球项目的关键。中国女排作为亚洲女排的骄傲能与欧美女排保持多年的抗争局面，高度优势是区别于其他亚洲球队的主要特征。利用高度再配以快速多变的打法，中国女排一直处于世界排球的第一集团。日本、泰国、韩国等亚洲球队即便一传、防守出色，但没有绝对的制空高度，与欧美高水平女排对抗时往往处于下风。塞尔维亚女排作为一支欧洲新秀，其进攻打法与俄罗斯女排相近，队内各位置球员实力突出，高度、力量并存，利用队内多位核心球员的高度优势，快球掩护下的高点强攻是其惯用打法，即便采用简单、实效的战术组合也能斩获不俗的成绩。

巴西、美国女排现今属于整体全面型球队的代表，队内各位置的球员高度并不占绝对优势。目前的巴西、意大利、美国女排各队的平均高度均低于中国女排，但这几支球队的进攻节奏迅速、二传组织进攻点分散，队内具有多位进攻实力较突出的顶尖球员承担攻坚任务。巴西队内除了头号得分人坦达拉，还有主攻手纳塔莉亚和加比担纲进攻重任；意大利队中除埃格努在右翼展开攻势，主攻线还有希拉在左翼支撑，副攻线的基里凯拉和丹内希也有较出色的进攻实力；塞尔维亚队内的两门重炮博斯科维奇和米哈伊洛维奇分别在网前给各队造成较大的拦防压力，副攻拉西奇也是获得了各类赛事的最佳副攻的称号；美国女排虽没有顶尖得分手，但全队各位置进攻实力均衡，进攻点分散，利用速度优势占得先机。目前欧美女排的前排快攻体系与后排进攻体系融为一体，形成交叉掩护，前后排中间区域高点施压再两翼快速拉开是这几支球队的特点。

对于现阶段中国女排而言,发展网上高度和走大型化的道路顺应了国际排球的发展趋势,但若过分追求队员的身高也并非明智之选。平均身高超过187cm 的中国女排,是当今世界女子排坛最高的球队。2018 年女排世锦赛三位主打的主攻手朱婷、张常宁、李盈莹平均身高达到195cm。副攻队员袁心玥身高更是达到了202cm,过于追求队员的身高,在一定程度上会影响队员的移动速度,进攻端不利于两侧的快速拉开,拦网时不利于队员的快速移动和取位。目前中国女排除朱婷在进攻端充分利用高度优势取得了较好的进攻效果之外,接应二传龚翔宇,主攻张常宁、刘晓彤还有较大的上升空间需要磨炼。在副攻位置,袁心玥在世锦赛的发挥不尽如人意,进攻端并没能完全释放,与意大利队的世锦赛半决赛中,面对主力接应埃格努的45 分单人得分,袁心玥没有一分拦网进账,不能不说虽有高度,但受限于速度和取位判断,中国女排的副攻没有发挥出应有的实力。反观拉西奇、丹内希、阿金拉德沃等欧洲强队的主力副攻在进攻端的打法也有所转变,在进攻时更注重击球速度,而非单纯提升击球高度。如果身高超过2 米的袁心玥在进攻端能够在发挥高度优势的同时加快进攻节奏,她在3 号位的进攻效率将会更加出色,也更具牵制性。

欧洲女排队伍现在各项技术并不比亚洲队伍粗糙。一攻与反击组织节奏迅速,即便运用调整攻时也压低传球弧度,尤其是面对多回合的攻防时,欧美女排的高效拦网和后排防守结合得较紧密。通过教练组提供的实时数据,后排防守卡位已更合理准确并有针对性,反击过程中副攻手的远网快攻一直以来是亚洲球队的弱项,欧美女排的二传手敢于充分调动具有绝佳身体素质的高大副攻队员。而且目前欧洲这几支强队,她们的后排进攻位置也有所改变,与前排队员的协同性更强,具有较高的纵深组合度,击球位置也不局限于标准的1 号位后攻,后排进攻多结合前排副攻的跑动掩护,或者错位型后攻,如前排副攻第一点运用近体快或短平快,接应二传多运用1 号位后攻;前排副攻若参与跑长距离的背飞掩护,她们就运用1 号位和6 号位之间的错位后攻。巴西、塞尔维亚、意大利、荷兰女排经常运用这种战术。欧冠联赛和土耳其超级联赛中也时常看到类似的进攻打法,现在这种战术打法是国际排坛的进攻趋势。

第九章 结论与建议

9.1 结论

9.1.1 欧美女排强队凭借"高、快、全、变"的特征优势逐渐占据世界排坛的主导地位。呈现出以塞尔维亚、意大利为代表的高点强攻结合快攻掩护打法的实力型和以巴西、美国为代表的两翼快速平拉开、结合低弧度后攻的速度、技巧型;各队具有强攻比例大、进攻效率高,接应二传得分能力突显、前后排立体进攻协同性强的特征;进攻打法极具男子化,代表着当今女子排球运动发展的方向。

9.1.2 塞尔维亚女排作为2018年世锦赛冠军和里约奥运会亚军,各位置队员实力突出,全队进攻具有高快结合的整体全面化特征。进攻组织以副攻的短平快配合高点强攻为主要战术打法;强力接应博斯科维奇、主攻手米哈伊洛维奇是其队内的核心进攻点,击球高度可达2.94~3.02米,扣球速度为31.42米/秒,在各轮次均具有较高的进攻比例和进攻效率,进攻得分率高达50%;拉西奇在2点攻轮次时,进攻比例占全队的35%~46%,快攻节奏快、平拉开仅0.29秒。关键分阶段博斯科维奇的1、2号位大斜线是其惯用扣球线路,是欧美女排队伍中高点强攻的代表。

9.1.3 意大利女排作为2017年世界女排大奖赛和2018年世锦赛亚军,进攻组织具有高快结合、突出专位的总体特征。战术打法以4号位平拉开和1、2号位强攻为主要进攻手段,3点攻轮次时2号位的定点强攻占到进攻总数的36%,进攻效率高达52%;2点攻轮次时后排进攻比率高达47%。强力型接应埃格努是进攻核心,击球高度可达3.13米,主攻波塞蒂、希拉的4号位平拉开扣球以节奏快、击球手法多变、线路分化清晰的优势承担起左翼攻势;副攻队员短平快与背飞跑动多与接应的后排进攻形成协同掩护,进攻组织的速度与纵深水平较高,是高快结合与立体化打法的代表。

9.1.4 巴西女排作为2017年世界女排大奖赛和两届奥运会冠军,进攻具有技术细腻、战术灵活、纵深立体的总体特征。进攻组织采用两边平拉开,中间高点施压牵制对手。战术运用以2、4号位平拉开比率最高,前后排相互掩护;低弧度后排进攻的速度快、效果好。接应二传是巴西女排战术体系的核心。前排3点攻轮次时,不同区域进攻点分散,接应与主攻承担进攻比率较高,副攻其次;前排2点攻时,2、4号位区域进攻比率均衡,巴西女排依靠立体进攻的打法和强力接应的特征突显。

9.1.5 美国女排作为2018年世界女排联赛冠军与两届奥运会亚军,进攻组织具有快速、全面整体的特征。副攻队员背飞、短平快掩护下的2、4号位平拉开是其惯用打法,各区位进攻实力均衡、两翼传球弧度低平;充分利用网长,其2、3号位进攻比率高达41%,单脚背飞的进攻效率为48%。关键分阶段美国女排以主攻队员的4号位平拉开为进攻手段,传球弧度仅高出球网0.86米,进攻节奏优势明显、组织速度为0.79秒,是欧美女排强队中以速度制胜的代表。

9.1.6 对顶尖运动员的扣球特征画面与技术指标进行分析,结果表明以博斯科维奇、埃格努等为代表的实力型选手扣球技术特征为动作幅度大,腰腹动员充分,击球点与过网点位置高、球速快。击球高度为3.02~3.13米,球体过网高度为2.61~2.84米,击球球速为26~31米/秒,扣球效率为48.85%~53.66%,传球至击球时间为1.21~1.47秒,传球弧度高于网2.33~2.66米。

9.1.7 以坦达拉、拉尔森、波塞蒂等为代表的速度技巧型运动员的扣球技术特征为击球节奏快、击球手法细腻、线路多变,善于运用转体转腕平打等技巧突破对手拦防。扣球效率为36.59%~40.2%,击球高度为2.80~2.87米,球体过网高度为2.50~2.75米,击球球速为25~30米/秒,传球至击球时间为0.67~1.17秒,传球弧度低平,高于网0.86~1.06米。

9.1.8 欧美女排强队与中国女排相比,具有进攻组织速度快和击球高度高、前后排纵深掩护性强的优势,接应二传承担进攻比重大、进攻位置多变且进攻效率高,符合排球进攻向快、变发展的方向。中国女排接应二传与部分主攻队员在击球高度、击球速度、进攻效果方面与欧美女排强队队员相比具有较大差距,应进一步提高该专位运动员的进攻能力。

9.2 建议

9.2.1 针对目前世界排球强队的竞技表现，中国女排在保持高度优势的基础上应继续传承快速多变的战术打法，丰富战术组合、分散并扩大进攻区域；充分发挥速度优势，摆脱欧美女排的高拦网压制；提升接应二传、主攻手的调整攻和平拉开进攻能力，加大前、后排进攻组织的纵深水平；副攻队员在保持高度的前提下加快进攻节奏，提高远网快攻个人实力。

9.2.2 针对欧美女排强队的反击能力强劲，中国女排队员在面对高大集体拦网时应注意避强攻弱、丰富进攻线路、加快进攻节奏、提升击球技巧和变化；主攻队员应加强在不同区位的接发球和防守保障能力，以适应当今排球高水平对抗的需要，减少欧美女排有效反击的次数和比例。

9.2.3 针对欧美女排各强队的进攻特点，中国女排应贯彻发球带拦防的针对性策略。加大发球攻击性破坏其一传到位率，进而拦防其重点进攻人；针对不同对手，中国女排的接发球轮次进行追发前排主攻队员或长距离落点变化，进而破坏进攻节奏。

9.2.4 针对不同对手，应加强中国女排的各轮次惯用打法和重点进攻区域进行拦防预判；针对核心进攻人的进攻特点，击球高度、过网位置等指标集体拦网，封堵其主要线路，对其习惯性击球线路与落点进行针对性布防。

9.2.5 高水平运动员在不同轮次面对集体拦网时，根据本方的战术组织与对手的拦防布局，善于运用提点打长线、变线扣球、打手出界等个人扣球技巧。高大型运动员如埃格努、博斯科维奇以高度与力量优势为基础，矮小型运动员如波塞蒂、纳塔莉亚等多以速度和技巧突破拦防。建议中国女排运动员借鉴学习欧美矮小型运动员的技术运用特点，提高临场应变能力。

参考文献

[1] 黄汉升. 球类运动——排球 [M]. 北京：高等教育出版社, 2005.

[2] 排球竞赛规则2017—2020 [M]. 北京：人民体育出版社. 2017：43.

[3] Costa et al. Volleyball：Analysis Of Attack Performed From The Backcourt On Men's Brazilian Volleyball Super league（Brazilian Championship）[J]. Rev Bras Cineantropom Desempenho Hum 2017, 19（2）：233-241.

[4] Alfonso, Jóse Mesquita, Isabel Marcelino, Rui. Analysis Of The Setter's Tactical Action High-Performance Women's Volleyball [M]. Kinesiology, 2010：82-89.

[5] Costa, G. C. T. et al. Predictors Of Attack Efficacy And Attack Type In High-level Brazilian Women's Volleyball [J]. Kinesiology 46（2014）2：242-248.

[6] 筑波大学体育系排球研究室. 最优排球选手的技术分析 [J]. 体育科研, 1982（10）：19-21.

[7][日] 丰田博. 日本排球技术和战术 [M]. 李铁明, 译. 北京：人民体育出版社, 1979：154-156.

[8][日] 砂本秀義. 日本—古巴对抗赛排球技术分析和比较 [C]. 李铁明, 译. 日本体育协会科学研究报告, 1980：60-68.

[9][日] 桥原孝博. 三次元映像摄影法によるバレーボール一流选手のスパイク动作に关する研究, 昭和58年度筑波大学院修士论文, 1986：150.

[10][日] 都泽凡夫バレーボールワールドガシブ81における一流选手のスパイク动作に关する实例的报告, 日本体育协会スポーツ科学研究报告第4报, 1982：46-55.

[11] 都泽凡夫. 优秀排球选手如何才能跳得高——来自生物力学的启示 [J]. 浙江体育科学, 1986（4）：100-101.

[12] 桥原孝博. 关于排球跳跃距离研究 [J]. 日本广岛体育学研究,

1995，21（1）：25-30.

[13] 苗大培，龟古纯一. 前排扣球和后排扣球技术的生物力学对比分析[J]. 中国体育科技，1993，30（3）：55-60.

[14] 八阪刚史. 用DLT法对排球比赛中扣球高度的研究[C]. 日本体育协会科学研究报告，1996：25-30.

[15] M. 奥黑曼. 排球扣球时摆臂的动力分析[J]. 体育科技，1982（4）：42-42.

[16] Theresa Maxwell, "Cineniatographie analysis of the Volleyball spike of selected topcalibre female athletes" Volleyball Tech，1983，7（1）.

[17] 福明. 排球正面扣球的生物力学结构[J]. 译报，1985（5）.

[18] 刘志成. 运用电脑对排球扣球，发球和防守的生物力学分析[J]. 中国体育科技，1986（2）：1-11.

[19] Tomica Rešetar, Mareli & Cacute, Nenad Janković. Discriminant Analysis Of The Sets Won And The Sets Lost By One Team In A1 Italian Volleyball League-A Case Study [M]. Kinesiology，2004：75-82.

[20] Castro, Jose Souza, Adriano. Mesquita. Isabel. Attack Efficacy In Volleyball etite Male Teams [J]. Perceptua & Motor Skills，2011：395-408.

[21] 王世伟，王艺，葛春林. 2014年女排世锦赛中国队与其他强队技战术比较分析[J]. 成都体育学院学报，2015，41（04）：85-90.

[22] 陈珂，祁博敏. 2013年世界女排大奖赛总决赛中国队与巴西队技战术运用分析[J]. 四川体育科学，2014，33（06）：51-56.

[23] 王鹏龙. 2011年女排世界杯中国队与意大利、美国、日本队一攻扣球效果对比分析[D]. 西安体育学院，2012.

[24] 张欣. 第16届世锦赛中外女排一攻与防反效果比较研究[J]. 沈阳体育学院学报，2011，30（05）：135-136.

[25] 许瑞勋，王贺振. 中国与世界女排强队四攻战术效果对比研究[J]. 河南师范大学学报（自然科学版），2011，39（06）：161-163.

[26] 安昊. 2015年女排世界杯中国队与塞、美、俄、日技战术对比分析[D]. 四川师范大学，2017.

[27] 王钊. 中国与日、韩、泰女排防反系统战术特征的对比分析[D]. 鲁东大学，2015.

[28] 张智琪. 2012年奥运会中国女排与主要对手一攻扣球效果的对比研究 [D]. 西安体育学院, 2013.

[29] 刘德军. 中国女排一攻战术结构特征与效果分析 [D]. 西安体育学院, 2011.

[30] 刘文. 中外女排进攻战术运用效果比较研究 [D]. 河南大学, 2013.

[31] 何会权. 伦敦奥运会中国女排与对手集体战术运用效果的对比研究 [D]. 河北师范大学, 2013.

[32] 张兴林, 李毅钧, 钟秉枢, 葛春林. 中国女排技术统计分析与变革启示: 以2013年世界女排大奖赛为例 [J]. 首都体育学院学报, 2014, 26 (02): 162-166.

[33] 张宏志. 伦敦奥运会中国女排与欧美强队技战术比较分析 [J]. 体育文化导刊, 2013 (03): 62-65.

[34] 仲潇. 大奖赛上中国女排技战术运用效果分析 [J]. 中国教育技术装备, 2010 (25): 159-165.

[35] 金学斌, 吴毅, 张新芳等. 第9届世界杯女排赛中国队及与比赛各对手战术运用效果比较分析 [J]. 西安体育学院学报, 2004 (05): 72-74.

[36] 王腾. 2013年世界女排大奖赛中外女排技术运用对比分析 [D]. 太原理工大学, 2015.

[37] 吴志伟. 2013年世界女排大奖赛总决赛中国队与各队技术运用效果对比分析 [D]. 成都体育学院, 2014.

[38] 赵会青. 2015年女排世界杯朱婷个人进攻技术的研究 [D]. 山东体育学院, 2017.

[39] 程宇. 2014—2015年世界大赛中国女排与美国女排的技战术运用效果对比分析 [D]. 南京体育学院, 2016.

[40] 赵一刚. 中国与美国、巴西、意大利女排优秀主攻手攻防能力对比研究 [D]. 鲁东大学, 2016.

[41] 杨江明, 柯育平. 中美巴土四国女排发球和接发球技术比较研究 [J]. 体育文化导刊, 2013 (02): 66-69.

[42] 张玉红. 中国女子排球队进攻实力研究——以2012年伦敦奥运会为例 [J]. 体育研究与教育, 2013, 28 (02): 100-103.

[43] 林梓洋. 中国女排和美国女排扣球进攻实力比较分析 [J]. 当代体

育科技，2017，7（28）：215-216+218.

[44] 袁彤. 中外女排主二传队员竞技能力的比较研究[D]. 山东师范大学，2010.

[45] 李斌，张孝民. 伦敦奥运会女排比赛中国队与四强球队主攻手进攻能力比较研究[J]. 安庆师范学院学报（自然科学版），2013，19（02）：98-101.

[46] 江炬. 伦敦奥运会我国女排与世界强队差距分析[J]. 体育文化导刊，2013（10）：51-54.

[47] 舒为平，石翔宇，任静涛，赵娟. 备战里约奥运会：中国女排技战术特征研究[J]. 成都体育学院学报，2016，42（02）：69-75.

[48] 韩静. 中外优秀女排主攻技术比较[J]. 体育文化导刊，2011（07）：46-49.

[49] 时立新，宋永晶，杨青宝. 2008年北京奥运会巴西女排夺冠分析[J]. 长江大学学报（自然科学版）理工卷，2008，5（03）：98-100.

[50] 刘文波，刘海龙. 中国女排与世界强队进攻打法运用效果的比较[J]. 武汉体育学院学报，2011，45（03）：93-97.

[51] 张高飞. 第30届奥运会中外女排进攻技战术特点和效果的对比研究[D]. 河南师范大学，2013.

[52] 卢光保. 中国女排与世界强队竞技能力对比分析[J]. 体育文化导刊，2015（04）：116-119.

[53] 曾黎，黄延春. 中国和巴西优秀女排运动员近体快扣球技术的三维运动学对比分析[J]. 广州体育学院学报，2017，37（03）：69-72.

[54] 黄延春. 世界女子排球竞技格局分析[J]. 体育文化导刊，2015（04）：132-135.

[55] 张宏，孟范生. 巴西女排各轮次一攻进攻规律研究[J]. 河北体育学院学报，2010，24（03）：74-77.

[56] 赖亚文. 中日女排进攻技、战术特点比较研究[J]. 成都体育学院学报，2011，37（03）：38-41.

[57] 黄延春. 中外优秀女排进攻结构差异及原因对比分析——以2013年中外女排大赛为统计样本[J]. 河南教育学院学报（自然科学版），2014，23（03）：77-81.

[58] 马倩. 世界高水平男女排进攻战术打法运用差异分析[D]. 北京体

育大学，2011．

[59] 郭希涛，陈诺，谢光辉．2005 年世界女排大奖赛中国女排与欧美女排扣球技战术运用分析[J]．成都体育学院学报，2006（05）：75 - 77．

[60] 赵斌．2011 年中外女排进攻战术特点及强弱轮次的比较研究[D]．西北师范大学，2012．

[61] 张琦．世界高水平女排进攻战术效果的分析研究[D]．北京体育大学，2013．

[62] 史兰涛．第 11 届女排世界杯中国队与外国强队技战术对比分析[D]．辽宁师范大学，2012．

[63] 朱林，张晶晶，于宁波．中日女排一攻系统强攻效果分析[J]．体育科技文献通报，2013，21（12）：72 - 74．

[64] 李毅钧，李华燕，邵东明，杨管．中国女排 2015 年世界杯夺冠技战术特点分析与巴西奥运展望[J]．北京体育大学学报，2015，38（11）：120 - 125．

[65] 潘月红，任玉庆．第 16 届女排世锦赛中国和俄罗斯进攻技战术运用效果的比较研究[J]．搏击（体育论坛），2013，5（02）：76 - 78．

[66] 张之飞．2010 年世界锦标赛中国女排与世界强队技战术的对比研究[D]．河南师范大学，2012．

[67] 郑帅．女排比赛进攻战术体系"后排进攻"的研究——以伦敦奥运会中国女排为例[D]．成都体育学院，2013．

[68] 高小梅．中国女排后排进攻的特点与战术创新的研究[D]．长江大学，2012．

[69] 孙桂芳，孙桂芹，胡思诺，杨永明．2011 年世界杯中、外女子排球队后攻应用比较研究——兼谈和合效应对中国女子排球队伦敦奥运会参赛影响[J]．中国体育科技，2012，48（04）：32 - 38．

[70] 姜宝，王超．2011 女排世界杯赛中日两队后排进攻效果的对比分析研究[J]．运动，2013（07）：39 - 40．

[71] 张忠新．2006 年世锦赛中国女排与部分世界强队进攻效果分析研究[C]．北京：第八届全国体育科学大会，2007．

[72] 刘冰．沙滩排球比赛技术统计系统"BVSS"的设计与实现[D]．北京体育大学，2007．

[73] 苏宴锋, 王红英, 张峰筠等. 沙滩排球竞争情报智能服务系统的理论框架与实践 [J]. 上海体育学院学报, 2016, 40 (3): 52-53.

[74] 孙科. 智慧·技术·精神——中国女排里约奥运夺冠对话录 [J]. 体育与科学, 2016, 37 (5): 8-9.

[75] 葛春林, 张兴林, 黄勇潮. 对新一届中国女排一攻进攻结构和效果的分析 [J]. 武汉体育学院学报, 2005, 39 (11): 67-69.

[76] 李世明. 运动技术诊断概论 [M]. 北京: 科学出版社, 2014: 182-183.

[77] 孟范生, 项贤林, 张忠新等. 竞技排球数据挖掘系统的功能与运用 [J]. 上海体育学院学报, 2009, 33 (6): 91-93.

[78] 周明华, 潘峰. 世界高水平女子排球竞技过程规律的定量分析与研究 [J]. 首都体育学院学报, 2012, 24 (1): 68-70.

[79] 陈贞祥, 仰红慧. Data volley 软件在排球技、战术统计分析中的应用研究 [J]. 中国体育科技, 2014, 50 (3): 19-24.

[80] 张兴林. Data volley 软件在排球比赛临场信息采集与处理领域的应用分析 [J]. 韩山师范学院学报, 2009, 30 (6): 79-83.

[81] [EB/OL] 中国排球协会官网女排联赛技术统计, http://www.volleychina.org/topscorer/w/.

[82] 葛春林, 郝霖霖, 张波等. 2015 年女排世界杯中国女排接发球进攻及防守反击特点分析 [J]. 北京体育大学学报, 2015, 38 (11): 113-114.

[83] 靳小雨, 姜冠军, 任汝岗等. 中国女排与世界高水平女排攻防战术运用能力的比较分析 [J]. 北京体育大学学报, 2013, 36 (3): 128-132.

[84] 杜宁, 李毅钧, 陈华伟等. 我国高水平女排技战术信息侦测研究 [J]. 北京体育大学学报, 2017, 40 (8): 106-108.

[85] 虞重干主编. 排球运动教程 [M]. 北京: 人民体育出版社, 2009.103.

[86] 郝霖霖, 葛春林, 古松等. 高水平女子排球接扣球防守站位阵型探讨 [J]. 中国体育科技, 2015, 51 (6): 69-70.

[87] 潘迎旭. 中国排球运动的可持续发展研究 [M]. 北京: 北京体育大学出版社, 2007.

[88] 陈小蓉. 竞技体育技、战术创新理论的研究 [D]. 北京体育学院博士学位论文, 1992.

[89] 盖洋. 中国竞技排球技战术发展特征及体能训练理论体系与实证研究 [D]. 北京体育大学博士学位论文, 2008.

[90] 陈亮. 对抗性项群比赛中竞技表现的阶段性"涨落"现象 [D]. 苏州大学博士学位论文, 2013.

[91] 高玉花. 竞技战术节奏的理论诠释及其在排球竞赛中的应用 [D]. 苏州大学博士学位论文, 2013.

[92] 张禹. 排球运动员智力特征的研究 [D]. 北京体育大学博士学位论文, 2005.

[93] 谢洪志. 现代竞技排球运动防守技术、战术特征与应用研究 [D]. 苏州大学硕士学位论文, 2009.

[94] 聂盼水. 排球规则的演变对技战术的影响 [D]. 武汉体育学院硕士学位论文, 2008.

[95] 李信强. 对影响排球主攻手竞技能力主要因素的研究 [D]. 山东师范大学硕士学位论文, 2003.

[96] 朱永军.《孙子兵法》与竞技排球战术谋略 [D]. 武汉体育学院硕士学位论文, 2007.

[97] 郭志雄. 排球的节奏"制胜论"[M]. 内部发行, 2004.

[98] 石岩. 我国优势项目高水平运动员参赛风险的识别评估与应对 [D]. 北京体育大学博士学位论文, 2004.

[99] 熊焰. 运动员竞技能力的参赛变异及其成因与对策 [D]. 北京体育大学博士学位论文, 2005.

[100] 苏华成. 中国与意大利、巴西、美国女排攻防对抗技术链的比较研究 [D]. 西南交通大学硕士学位论文, 2008.

[101] 袁伟民. 我的执教之道 [M]. 北京: 人民体育出版社, 1988.

[102] 陈小蓉. 体育战术学 [M]. 北京: 人民体育出版社, 2000.

[103] 乔平, 周强. 竞技战术与计谋 [M]. 广州: 广东人民出版社, 2002.

[104] 姚家新.《孙子兵法》与竞技战术的理论审视 [M]. 北京: 北京体育大学出版社, 2007.

[105] 李宗浩, 孙敬, 张欣等. 高水平排球队核心竞技能力、制胜规律及其对策研究 [J]. 北京体育大学学报, 2008, 31 (7): 865 - 867.

[106] 葛春林，吕雅君，尹洪满．最新排球训练理论与实践［M］．北京：北京体育大学出版社，2003，90．

[107] 全国体育院校教材委员会．运动训练学［M］．北京：人民体育出版社，2000．

[108] 李宗浩主编．中国体育教练员岗位培训教材（排球）［M］．北京：人民体育出版社，2003．

[109] 黄文添．当代排球技战术的主要特点［J］．中国体育科技，1996，32（12）：49－50．

[110] 刘伟春．世界女排进攻战术简单化：排球技战术发展的一个过程［J］．天津体育学院学报，2004，19（2）：106．

[111] 赵西堂．中国男子排球队与世界强队进攻时间特征的比较分析［J］．中国体育科技，2011，47（2）：32－36．

[112] 李毅钧，郭荣，赵文娟．排球理论与方法［M］．西安：西北大学出版社，2000．

[113] 丰田博，松平康隆，池田尚弘，斋藤胜．日本排球技术和战术［M］．北京：人民体育出版社，1979．

[114] 倪丰国，祝嘉铭．排球技战术研究［M］．上海：上海教育出版社，1979．

[115] 梁中南．"五连冠"与"三连胜"的奥秘——执教上海男排二十三年探索［M］．上海：学林出版社，2010．

[116] 琳达·A．科路卡等著，葛春林等译著．排球（决胜因素系列丛书）［M］．北京：北京体育大学出版社，2009．

[117] 米山一朋著，周竹君译．图解排球技术和战术［M］．北京：人民邮电出版社，2017．

[118] 塞西尔·雷诺著．朱禹丞译．排球技术与战术教练指导手册［M］．北京：人民邮电出版社，2016．

[119] Alfonso J, F. Esteves, R. Araújo, L. Thomas, I. Mesquita (2012) Tactical determinants of setting zone in elite men's volleyball. J. Sports Sci. Med., 11: 64–70.

[120] Alfonso J., I. Mesquita, R. Marcelino, J. da Silva (2010) Analysis of the setter's tactical action in high-performance women's volleyball. Kinesiology, 42:

82 – 89.

[121] Bergeles N. , K. Barzouka, N. Elissavet (2009) Performance of male and female setters and attackers on Olympic-level volleyball teams. Int. J. Perform. Analysis Sport, 9: 141 – 148.

[122] Bozhkova A. (2013) Playing efficiency of the best volleyball players in the world. Research in Kinesiology, 41: 92 – 95.

[123] Costa G, J. Alfonso, E. Brant, I. Mesquita (2012) Differences in game patterns between male and female youth volleyball. Kinesiology, 4: 60 – 66.

[124] Durkovic T, N. Marelic, T. Resetar (2008) Influence of the position of players in rotation on differences between winning and losing teams in volleyball. Int. J. Perform. Analysis Sport, 8: 8 – 15.

[125] Eom H. , R. Schutz (1992) Statistical analyses of volleyball performance. Res. Q. Exerc. Sport, 63: 11 – 18.

[126] Garganta J. (2012) Trends of tactical performance analysis in team sport bridging the gap between research training and competition. Rev. Port. Cien. Desp, 9: 81 – 89.

[127] Hughes M, R. Bartlett (2002) The use of performance indicators in performance analysis. J. Sports Sci, 20: 739 – 754.

[128] Lobietti R, R. Di Michele, F. Mermi (2006) Relationships between performance parameters and final ranking in professional volleyball. In Proceedings of WCPAS 2006 Szombathely 24 – 28 August 2006, World Congress of the Society of Performance Analysis in Sport.

[129] Marcelino R. , J. Sampaio, I. Mesquita. (2012) Attack and serve performances according to the match period and quality of opposition in elite volleyball matches. J. Strength Cond. Res. , 26: 3385 – 3391.

[130] Mesquita I, B. Cesar (2007) Characterisation of the opposite player's attack from the opposition block characteristics. An applied study in the Athens Olympic games in female volleyball teams. Int. J. Perform. Analysis Sport, 7: 13 – 27.

[131] Miskin M, G. Fellingham, L. Florence (2010) Skill importance in women's volleyball. JQAS, 6, Article 5. DOI: 10. 2202/1559 – 0410. 1234.

[132] Palao J, I. Ahrabi-Fard (2011) Side-out success in relation to setter's

position on court in women's college volleyball. International Journal of Performance Analysis in Sport, 23: 155 – 167.

[133] Palao J, P. Manzanares, E. Ortega (2009) Techniques used and efficacy of volleyball skills in relation to gender. Int. J. Perform. Analysis Sport, 9: 281 – 293.

[134] Palao J, J. Santos, A. Urena (2007) Effect of the manner of spike execution on spike performance in volleyball. Int. J. Perform. Analysis Sport, 7: 126 – 138.

[135] Přidal V. J. Hanćák, J. (2012) Effects of the quality of selected kinds of game skills of an individual on the set outcome in men's top-level volleyball. Acta Facultatis Educationis Physicae Universitatis Comenianae, 52: 49 – 60.

[136] Quiroga M., J. Garcia-Manso, D. Rodriguez-Ruiz, S. Sarmiento, Y. De Saa, M. Moreno (2010) Relation between in-game role and service characteristics in elite women's volleyball. J. Strength Cond. Res., 24: 2316 – 2321.

[137] Rodriguez-Ruiz D., M. Quiroga, J. Miralles, S. Sarmiento, Y. de Saa, J. Garcia-Manso (2011). Study of the technical and tactical variables determining set win or loss in top-level European men's volleyball. JQAS, 7, Article 7. DOI: 10.2202/1559 – 0410.1281.

[138] Zadraznik M., N. Marelic, T. Resetar (2009) Differences in rotations between the winning and losing teams at the youth European volleyball championships for girls. Acta Universitatis Palackianae Olomucensis Gymnica, 39: 33 – 40.

[139] Silva M, Sattler T, Lacerda D, et al. Match analysis according to the performance of team rotations in Volleyball [J]. International Journal of Performance Analysis in Sport, 2016, 16 (3): 1076 – 1086.

[140] Han Joo Eom, Robert W. Schutz. Statistical Analyses of Volleyball Team Performance. Research Quarterly for Exercise and Sport. 1992, 63: 1, 11 – 18.

[141] J. M. Palao, J. A. Santos, A. Ureña. Effect of team level on skill performance in volleyball. International Journal of Performance Analysis in Sport. 2004, 4: 2, 50 – 60.

[142] Carmen Fernandez-Echeverria, Alexander Gil, Alberto Moreno, Fernando Claver & M. Perla Moreno. Analysis of the variables that predict serve efficacy in

young volleyball players, International Journal of Performance Analysis in Sport. 2015, 15: 1, 172 – 186.

[143] Laios Yiannis & Kountouris Panagiotis. Evolution in men's volleyball skills and tactics as evidenced in the Athens 2004 Olympic Games. International Journal of Performance Analysis in Sport. 2005, 5: 2, 1 – 8.

[144] Antonio García-de-Alcaraz, Enrique Ortega, José M. Palao. Effect of age group on male volleyball players' technical-tactical performance profile for the spike. International Journal of Performance Analysis in Sport. 2015, 15: 2, 668 – 686.

[145] Norman Stutzig (Dr.), Bernd Zimmermann, Dirk Büsch, Tobias Siebert. Analysis of game variables to predict scoring and performance levels in elite men's volleyball. International Journal of Performance Analysis in Sport. 2015, 15: 3, 816 – 829.

[146] Miguel Silva, Tine Sattler, Daniel Lacerda, Paulo Vicente João. Match analysis according to the performance of team rotations in Volleyball. International Journal of Performance Analysis in Sport. 2016, 16: 3, 1076 – 1086.

[147] Miguel Silva, Daniel Lacerda, Paulo Vicente João. Match analysis of discrimination skills according to the setter defence zone position in high level volleyball. International Journal of Performance Analysis in Sport. 2014, 14: 2, 463 – 472.

[148] Miguel Silva, Daniel Lacerda, Paulo Vicente João. Match analysis of discrimination skills according to the setter attack zone position in high level volleyball. International Journal of Performance Analysis in Sport. 2013, 13: 2, 452 – 460.

[149] Natalia Valladares, J. Vicente García-Tormo, Paulo Vicente João. Analysis of variables affecting performance in senior female volleyball World Championship 2014. International Journal of Performance Analysis in Sport. 2016, 16: 1, 401 – 410.

[150] Patsiaouras Asterios, Charitonidis Kostantinos, Moustakidis Athanasios, Kokaridas Dimitrios. Comparison of technical skills effectiveness of men's National Volleyball teams. International Journal of Performance Analysis in Sport. 2009, 9: 1, 1 – 7.

附　录

附录1　Data volley 统计欧美各队场次明细图（注：美国、意大利为缩略图）

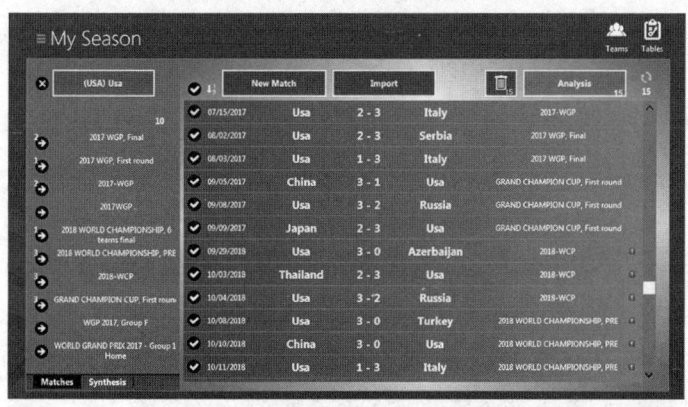

图1　巴西女排对阵场次（11场）

图2　美国女排对阵场次（15场）

303

图3 意大利女排对阵场次（15场）

图4 塞尔维亚女排对阵场次（12场）

图5 中国女排对阵场次（12场）

附 录

图6　荷兰女排对阵场次（6场）

附录2　Data volley 进攻战术代码

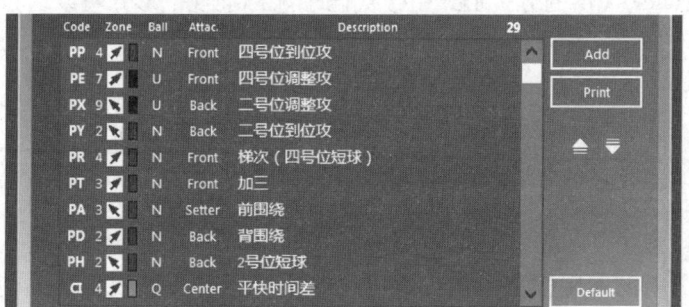

图7　战术代码1（强攻类）

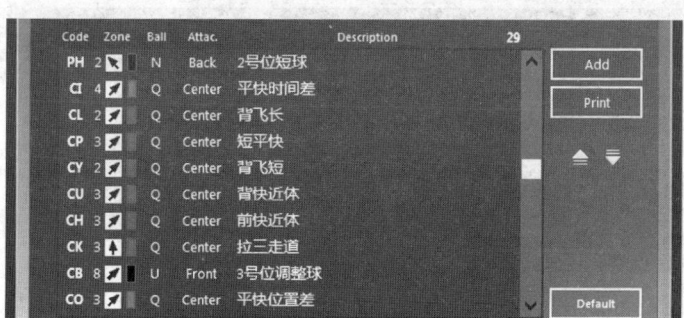

图8　战术代码2（快攻类）

305

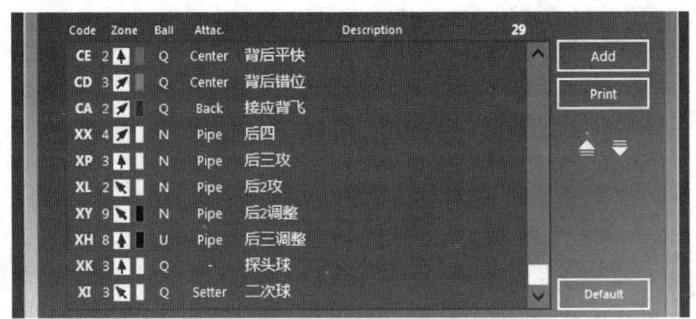

图 9　战术代码 3（后攻类与二次球）

附录 3　排球技战术信息侦测分析软件（Data volley 4）功能释义

（1）按队员个体、技术选择、二传所在轮次统计技战术信息

Data volley 提供的分析形式由于代码录入标准规范形式可以通过对代码检索与条件选择来对队员技战术信息以及运用效果进行统计分析。该软件提供完全相同的三种分析对话框（见图 10），而且从图中不难看到它还可以根据选择不同的队员、不同的技术、总体技术数据汇总、进攻区域选择、进攻线路落点、二传分配球规律、不同轮次等为检索条件。为了使数据分类更为细致，软件还提供对某类代码检索的前置，同步后续等指标的设置大大地方便了对数据分析的实际需要。例如，可以通过设定一传到位情况为前提，来了解球队的一攻或防反状况等。

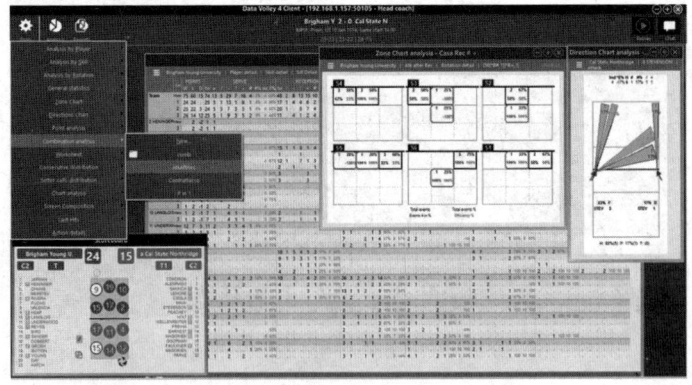

图 10　"按技术统计"的分析条件窗口

选择好分析条件后，点击 process 按钮，将会得到分析结果窗口。在生成的分析结果的表格界面中，

Brasil | Player detail | Skill detail

Player	Skill	Type	S	Set	Ind	*E%	Tot	=	%	BP	pS	/	%	BP	pS	-	%	!	%	+	%	#	%	BP	pS
Team	Serve				5	46%	437	26	6%	.	26	17	4%	.	.	208	48%	48	11%	103	24%	35	8%	35	.
	Reception				5	57%	407	25	6%	25	.	29	7%	26	.	122	30%	.	.	53	13%	178	44%	.	.
	Attack				6	25%	638	48	8%	32	16	50	8%	32	18	114	18%	6	1%	160	25%	260	41%	77	183
	Atk after Rec				6	26%	335	27	8%	27	.	24	7%	24	.	57	17%	4	1%	84	25%	139	41%	.	139
	Transition				6	24%	303	21	7%	5	16	26	9%	8	18	57	19%	2	1%	76	25%	121	40%	77	44
	Block				3	.	183	67	37%	11	44	5	3%	.	.	35	19%	4	2%	22	12%	50	27%	41	8
	Dig				1	35%	333	103	31%	18	58	31	9%	.	.	106	32%	7	2%	52	16%	34	10%	.	.
	Free ball				8	91%	56	.	.	.	.	.	.	.	.	3	5%	2	4%	9	16%	42	75%	.	.
	Set				6	74%	179	10	6%	5	5	11	6%	.	.	1	1%	4	2%	152	85%	1	1%	.	.
1 MARA F.	Serve				4	.	1	.	.	.	.	.	.	.	.	1	100%	.	.	.	.	.	.	.	.
	Attack				5	.	1	.	.	.	.	.	.	.	.	.	.	.	.	1	100%	.	.	.	.
	Atk after Rec				5	.	1	.	.	.	.	.	.	.	.	.	.	.	.	1	100%	.	.	.	.
	Block				.	-100%	1	1	100%	.	1	.	.	.	.	.	.	.	.	.	.	.	.	.	.
3 NAIANE D.	Serve				3	33%	6	1	17%	.	1	.	.	.	.	3	50%	1	17%	1	17%	.	.	.	.

图 11 “按队员统计”技术分类统计分析

以“按队员统计”为例，分析表格内容依次为：队员、技术、类型、轮次、局次、IND（加权平均分）、Eff（实际效果率）、Tot（动作总数）；效果统计方面以进攻为例分为六种效果，如效果为“=”为进攻失误的动作次数、占此动作总数百分比、往返球得/失分（BP）次数、接发球进攻得/失分（pS）次数；效果为“#”是进攻的得分的动作次数、占此动作总数百分比、“/”是进攻被拦死的得分动作次数、“!”是进攻被拦回的次数、“-”是进攻被防起的次数、往返球得分（BP）次数、接发球进攻得分（pS）次数等（见图 11）。

（2）按二传在不同轮次的进攻区域图表分析

若要了解对手的进攻区域和不同位置进攻比重，该软件可以通过对代码的分类整理把代码中所能表达的区域以图形形式直观地呈现出来（见图 12）。尤其是对对手进攻实际发生区域的描述最为适用，它可以根据需要把对手或是本方六轮进攻的区域上的进攻效果在一个不大的图形中表达出来。根据分析的需要可以显示必要的技战术效果数据，这使得教练员或队员可以非常直观地了解自己以及对手情况，并把数据与他们的观察结果直接地对应起来。

（3）队员扣球与发球的线路、落点分析

为了进一步了解进攻、发球等主要技战术情况，Data volley 软件通过对球运行轨迹的描述来反映直观的信息。它提供了把数据代码中所标出的球的运行起止区域来画出球的运行轨迹。如一个扣球从我方 4 号打到对方 1 号区，软件就可以画出球从对方场地 4 号打到 1 号。软件以手工录入数字的形式为利用软件检索这些信息提供快捷方便的查询功能。为了区分出球的效果，还可以用不同的颜色标出得分或失分，是成功或失败，解决了人工画图中无法分类检索的难题。如图中是中国女排主要对手巴西女排主要得分人接应坦达

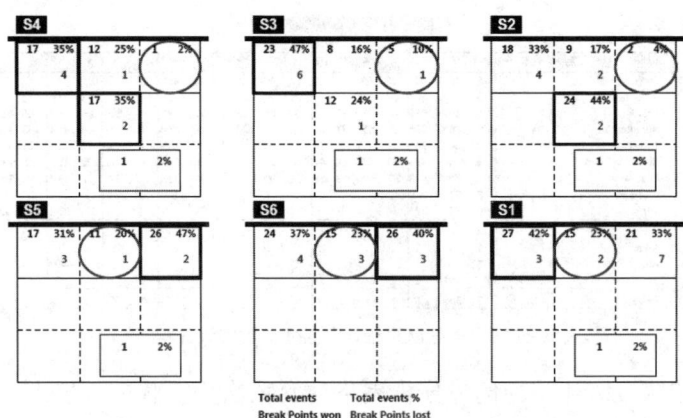

图12 二传不同轮次进攻"区域图表"的分析条件窗口

拉的防守反击的扣球路线（二传队员在不同轮次条件下）。在实际运用当中，运用该软件可以调出某个队员的进攻路线（见图13）或者是发球路线。进攻的线路、落点等不同颜色符号或字母含义分别为不同效果，可详细分析其技术表现，具体见表1。

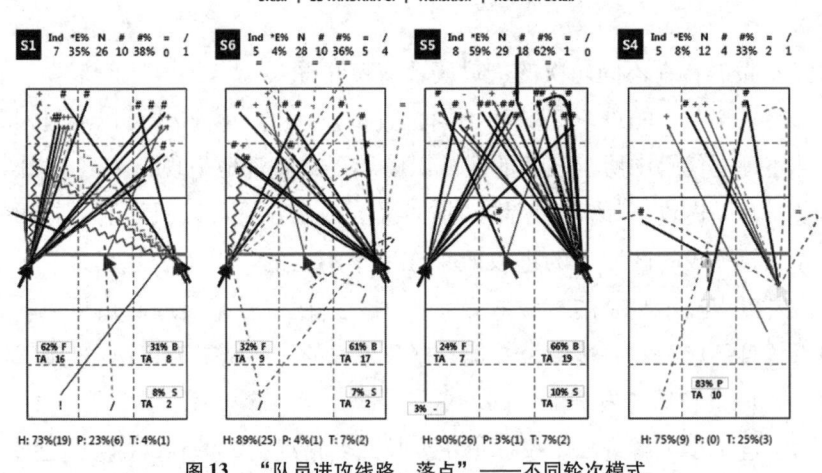

图13 "队员进攻线路、落点"——不同轮次模式

在方向图表的分析设置中，还提供了根据对手的不同进攻种类进行进攻路线的分类描述，如图为巴西队的重点得分人在比赛中运用不同战术的进攻路线、落点位置。例如，其中PY、XP、PE、PP分别代表2、4号位调整攻、6号位后排攻、4号位平拉开（见图14）。

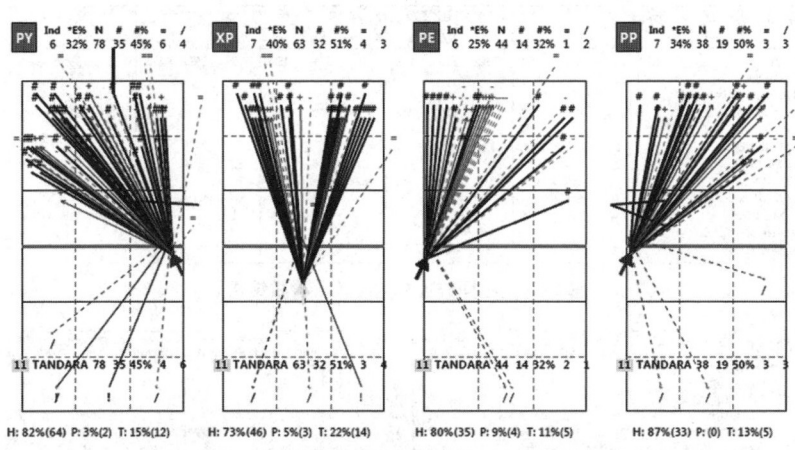

图 14 "队员进攻线路、落点" – 不同战术模式

表 1 Data volley 软件包进攻战术符号释义

符号	E%	N	=	=%	#	/	F	C	B	S	P	H
	效率	总数	失误	失误率	得分	破攻	二传身前进攻	副攻进攻战术	二传背后进攻	轻打	后攻	发力
符号	#线	–线	=线	折回线	!线	+线				直线	弯曲线	弧线
	得分	一般	失误	被拦死	拦回	破攻				扣球	轻拍	吊球

(4) 按战术运用频次与效果分析

该软件可以按照事先规定的战术代码分类，把对手主要战术应用效果以列表的形式进行统计。其中可以根据实际需要选择是以队员或轮次进行分类统计，如图 15 所示是以队员作为战术应用效果为分类标准。通过这样的统计，可以帮助教练员了解对手的主要队员或轮次的战术运用频率，把握对手进攻战术规律。

(5) 按各队队员得分明细分析

比赛对抗过程中，侦测对手的一条最重要的信息，就是必须准确了解对手的各队员的进攻能力或主要进攻人是谁。要获取这方面的信息，可以通过该软件的得失分分析从而全面地了解得失分信息。图 16 显示的是巴西女排各队员的具体得失分情况 Points 得分项和 Attack 进攻项。从图表中我们可以发现，巴西队的主要得分人是 7 号、11 号和 12 号，其中 11 号是巴西队进攻的重点得分人。

Brasil | Player detail | Attack

Player	S	Set	PP 4号位到位功 Tot	*E%	#%	PE 4号位调整攻 Tot	*E%	#%	PY 2号位到位攻 Tot	*E%	#%	XP 3号位后攻 Tot	*E%	#%	PX 2号位调整攻 Tot	*E%	#%
Team		Mat	133	23%	42%	132	18%	35%	103	28%	45%	77	25%	42%	39	31%	41%
1 MARA F.																	
4 ANA CAROLINA D.																	
7 ROSAMARAIA M.			33	18%	39%	35	11%	26%	3	67%	67%	3	-33%		5	60%	60%
9 ROBERTA S.																	
10 GABRIELA G.			18	44%	56%	12	8%	33%				3					
11 TANDARA G.			29	38%	52%	28	36%	39%	67	31%	43%	52	38%	50%	27	33%	44%
12 NATALIA P.			33	21%	33%	38	16%	37%	22	18%	50%	17		29%	4	-25%	
13 AMANDA F.			2	-50%		1	-100%					1	-100%				
15 MONIQUE P.			4	25%	50%				7	14%	29%				3	33%	33%
20 ANA BEATRIZ C.																	
21 SARAELEN L.			1			3	-67%		1								

图 15　“不同进攻战术统计”分析结果

BRASIL	Set 1 ② 3 4 5	Vote	Points Tot	BP	W-L	Serve Tot	Err	Pts	Reception Tot	Err	Pos%	(Exc%)	Attack Tot	Err	Blo	Pts	Pts%	BK Pts
1 C MARA LEAO		.	.	.	.	.	.	.	.	.	.	.	.	.	.	.	.	.
3 NAIANE RIOS	▭ ▭	.	.	.	.	1	.	.	.	.	.	.	.	.	.	.	.	.
4 CAROL DA SILVA	3 3	.	1	.	-2	6	1	.	.	.	.	.	5	.	2	1	20%	.
5 ADENIZIA DA SILVA	▭ 3	6.3	3	.	+3	4	.	.	.	.	.	.	3	.	.	2	67%	1
7 ROSAMARIA M.	5 5 5	5.5	6	1	-9	15	2	.	24	7	50%	(29%)	22	2	4	6	27%	.
9 ROBERTA RATZKE	1 1 1	6.5	3	2	+3	7	.	1	.	.	.	.	2	.	.	2	100%	.
11 TANDARA CAIXETA	4 4 4	6.1	13	1	+6	12	2	.	2	1	.	.	28	3	1	13	46%	.
12 C NATALIA PEREIRA	2 2 2	5.7	9	6	-1	7	1	.	22	5	50%	(41%)	21	3	1	9	43%	.
13 AMANDA FRANCISCO	▭ ▭	.	.	.	.	1	.	.	3	.	33%	(33%)	.	.	.	.	.	.
14 L GABI SOUZA		.	.	.	.	.	.	.	.	.	.	.	.	.	.	.	.	.
16 DRUSSILA COSTA	▭	.	.	.	-2	.	.	.	3	.	67%	(33%)	2	.	2	.	.	.
17 L SUELEN PINTO	▭ ▭ ▭	.	.	.	-1	.	.	.	13	1	46%	(23%)	.	.	.	.	.	.
20 ANA BEATRIZ CORREA	6 6 6	6.7	10	5	+9	6	.	.	1	.	.	.	12	1	.	7	58%	3
21 MONIQUE PAVAO	▭ ▭	.	.	.	-1	.	.	.	.	.	.	.	3	.	1	.	.	.
Players total			45	15	+5	59	6	1	68	14	47%	(31%)	98	9	11	40	41%	4
	Points won:	Ser	Att	Blo	Op.Er													
	Set 1	1	15	.	3	19	3	1	24	4	58%	(38%)	38	3	6	15	39%	.
	Set 2	.	13	3	4	21	2	.	21	6	33%	(14%)	25	3	3	13	52%	3
Head Coach JOS?ROBERTO	Set 3	.	12	1	6	19	1	.	23	4	48%	(39%)	35	3	2	12	34%	1
Assistant PAULO COCO																		

图 16　统计队员时的“重点得分人”分析结果

（6）二传队员战术组织选择情况分析

该软件具有一项有效分析对手二传选择进攻区域的功能。通过该分布图，球队可以直观了解对手各轮次的主要进攻区域，它有利于本方前排拦网队员了解对方二传手的进攻区域选择的某些规律，关键分阶段的分配球特点，在对手二传组织战术前对最有可能的进攻区域具有预判。图 17 显示 2017 世界女排大奖赛中国女排的主要对手巴西女排的二传手在不同轮次的各轮一攻战术进攻区域选择情况，从总体区域到比分的各环节分配球具有具体体现。其中 S1—S6 代表二传手（Setter）在 1—6 号位轮转时的 6 个不同轮次。

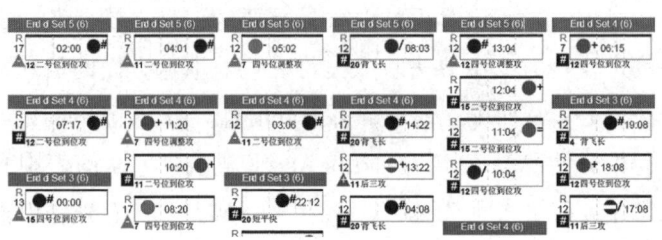

图 17　“不同阶段战术分配缩略”图

(7) 视频剪辑分类情况分析

Data volley 软件提供了另外一类强大的视频剪辑功能。主要原理是在录入比赛代码的同时进行比赛视频采集，在事后通过把比赛代码与视频中的技战术动作一一对应，就可以通过检索代码的形式检索某一类视频录像。如把对方六轮的一攻轮次剪辑在一起，如把对方主要进攻人的所有扣球或某一类扣球剪辑在一起。通过这样的剪辑功能，十分方便教练员或运动员更为直观地了解对手。本研究仅提供主要对手的技战术纸质信息，故文中未体现视频模块。

(8) 数据信息及分析结果资料的可存储性

软件中不同功能和效果的相关数据、分析结果图表以及一些比赛的影像资料均可以按 PDF 文件或 Excel 文件保存。球队教练组和运动员可以在日常训练和比赛前或赛后调取相应数据资料，使用时也非常便捷，可以很大程度上改善统计分析的效率，也为教练组制订训练计划以及备战不同对手的比赛提供比赛策略，为本方球队提供及时可靠的数据支持，在高科技训练备战的背景下，为资料数据库的建立奠定了坚实的基础。

附录 4　Data volley 战术侦测图符号释义

(1) 扣球线路、落点图

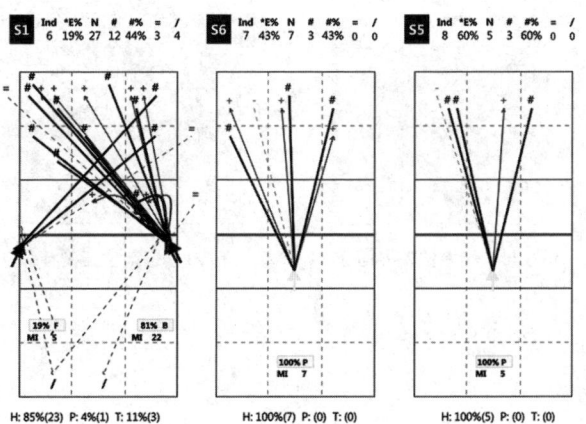

注：S (1—6) 代表二传在 (1—6) 号位；E% 为效率、# 为得分数、#% 得分率、= 失误、/ 被拦死、H 发力、P 轻搓、T 吊球、线路符号 # 为得分、线路符号 + 为破攻、线路符号 − 为被防

图 18　二传在不同轮次，进攻队员进攻效果与线路、落点图

（2）进攻区域位置图

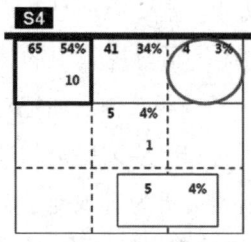 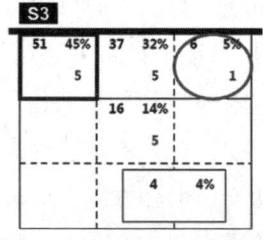 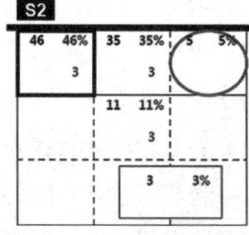

注：S（1—6）代表二传在（1—6）号位；方框内分别为进攻次数最多与百分比，圆圈为进攻次数最少、长方形为二次球占比。

图19　二传在不同轮次，击球区域图

（3）Data volley 场地位置图示与符号释义

该软件为了更好地区分场地区域和位置，精确地表明进攻线路落点，发球线路等情况，将排球的每个半场均匀地划分为9个区，分别为1—9，每个区域内，再细化分为ABCD四个位置。因此，排球半场就被均匀地分成了36个小区，每个小区长、宽均为1.5米。这种位置划分打破了我国教科书中场地仅6个位置的局限，在训练、比赛的实践中能更精确地明确场上的位置关系，清晰地甄别击球后的线路与落点，为运动队提供精确的参考依据，详见图20、图21。

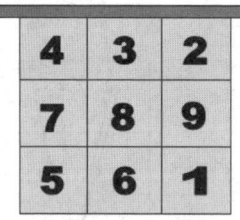 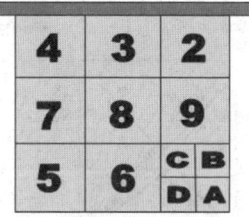

图20　场地位置界面图　　图21　场地位置坐标